U0505547

冷战后的日本与
中日关系研究丛书

复旦大学年度中日关系战略报告书系列之一

中日关系
2014—2018

胡令远　臧志军　[日]川岛真◎主编

上海人民出版社

撰稿者简介与分工

1. 撰稿者简介

川岛真　日本东京大学大学院综合文化研究科教授。从事中国外交史、东亚地区当代国际关系研究。专著《中国近代外交的形成》获"三得利学艺奖"。另有《通向近代国家的探索 1894—1925》（2010）、《21 世纪的中国》（2016）、《中国前沿》（2017）等专著，以及合著《现代日中关系》（2017）等。

田岛英一　日本庆应义塾大学综合政策学部教授。专业研究领域为中国政治与社会，代表作有专著《中国人的活法》（「中国人」という生き方）、《上海：大陆精神与海洋精神的熔炉》（上海：大陆精神と海洋精神の融合炉）等，另有合著多部，在相关学术期刊发表论文多篇。

青山瑠妙　日本早稻田大学现代中国研究所教授、所长，日本亚洲政经学会理事。研究方向为现代中国外交、中日关系等。专著有《中国外交史》《中国的亚洲外交》《现代中国外交》等，曾获得第 24 届"大平正芳纪念奖"。在相关学术期刊发表论文数十篇。

加茂具树 日本庆应义塾大学综合政策学部教授，曾任日本驻香港总领事馆领事。专业方向为中国政治研究、区域研究。专著有《现代中国政治与人民代表大会》（庆应义塾大学出版会，2006年），编著有《现代中国的政治制度》《中国改革开放的转换》（均由庆应义塾大学出版会出版），另有中日文学术论文多篇。

汪鸿祥 日本创价大学教授，复旦大学日本研究中心兼职研究员。曾在日本东京大学、北海道大学、庆应义塾大学从事研究和教学。专业研究方向为国际关系、日本政治，代表性研究成果有《战后国际关系史纲》，另发表中日文学术论文数十篇。

宋志勇 中国商务部研究院亚洲研究所所长、研究员。1995年任职于对外经济贸易合作部国际贸易研究所（商务部国际贸易经济合作研究院前身），2008年1月至2012年5月曾在中国驻日本大使馆经济商务处任二等秘书，2016年起任现职。主要研究领域为中日、中韩经贸关系、区域经济合作等。

江新凤 中国人民解放军军事科学院研究员，大校军衔，军事学博士，博士生导师。主要研究日本军事、亚太安全、中日关系等。兼任中华日本学会常务理事。代表作有《日本军情解析》《世界军事发展年度报告》等。

武心波　上海外国语大学中国学研究所所长、研究员、博士生导师。复旦大学法学博士、日本研究中心兼职研究员。研究方向为中日关系、亚太国际关系、国际政治文化等。专著有《"一元"与"二元"的历史变奏——对日本"国家主义"的再认识》，发表论文数十篇。

胡令远　复旦大学国际问题研究院教授，院学术委员会主任、日本研究中心主任、博士生导师。主要研究方向为中日关系、文化·文明与国际政治。专著有《文明的共振与发展》等3部，主编《日本的主要社会思潮与中日关系》等10部，发表论文数十篇。

臧志军　复旦大学国际关系与公共事务学院教授，法学博士，博士生导师，日本研究中心兼职研究员。曾在日本爱知大学、中央大学、关西大学、日本国际问题研究所、亚洲经济研究所等机构从事讲学或研究工作。著有《政府政治》《社会变革与文化改造》等。

冯玮　复旦大学历史学系教授、博士生导师，日本研究中心兼职研究员。曾留学日本京都大学。专著有《中国人和日本人——对历史与现实的比较·反思·批判》《日本通史》《日本经济体制的历史变迁——理论和政策互动》等9部，合著有《世界现当代史》等6部，

另有《菊与刀——日本文化诸模式》等译著 6 部，以中、日、英文在国内外权威、核心刊物发表论文百余篇。

徐静波　复旦大学国际问题研究院教授、日本研究中心原副主任。专业领域为中日文化关系、中日文化比较。专著有《东风从西边吹来——中华文化在日本》《近代日本文化人与上海（1923—1946）》《和食：日本文化的另一种形态》《解读日本：古往今来的文明流脉》等 9 种，另有译著 16 种、编著 12 种。现为教育部人文社会科学重大攻关项目首席专家。

包霞琴　复旦大学国际关系与公共事务学院教授、博士生导师，上海市日本学会理事，复旦大学日本研究中心理事。研究方向为日本政治与外交、中日关系等。专著《战后日本亚洲外交》，主编《变革中的日本政治与外交》《转型期日本的对华认知与对华政策》等，发表学术论文数十篇。

李双龙　复旦大学新闻学院副院长，日本研究中心兼职研究员，日本东京大学博士。主要研究方向为跨文化传播学、传媒经营与管理、当代期刊研究等。代表成果有《国有企业有线电视发展的趋向》《传播媒介的复合作用与村落的变貌》《中国入世与传媒经营创新》等。

高兰 复旦大学国际问题研究院教授、日本研究中心副主任、博士生导师。主要从事日本外交思想史、中美日关系、海洋战略研究。专著有《双面影人——近代日本对华外交的思想与实践》《冷战后日本对华外交的思想与实践》《中国海洋强国之梦》等 5 部，在国内外发表学术论文 70 余篇。主持国家社科基金研究专项重大项目、上海市哲学社会科学基金课题等。

张浩川 经营学博士，上海科学公共政策研究中心理事长、首席研究员。复旦大学发展研究院研究员、日本研究中心原副主任、理事。专业方向为国际经营、中日经济、中小企业，著作《中国中小企业的挑战》（日文版）、《日本留学指南》等，在国内外发表学术论文数十篇。

贺平 复旦大学国际问题研究院教授、日本研究中心副主任。国际政治博士，主要研究领域为国际政治经济学，重点关注贸易政治学、东亚区域合作、美日经济关系，著有《区域公共产品与日本的东亚功能性合作：冷战后的实践与启示》《贸易与国际关系》《贸易政治学研究》等。

王广涛 复旦大学日本研究中心青年副研究员，日本名古屋大学法学博士。主要从事日本政治与外交、中日关系、东亚国际关系等领域的教学与研究。专著有《冷战后日本的国内政治与对外政策》，在《世界经济与政治》《日本学刊》《国际政治科学》等中日文期刊发表论文 20 余篇。

2. 各年度课题组成员分工

2014 年度

胡令远：课题组协调、总论、统稿

臧志军：总论

冯　玮：总论

包霞琴：专题一

张浩川：专题二

徐静波：专题三

李双龙：专题四

2015 年度

胡令远：课题组协调人、总论（一）、统稿

臧志军：总论（一）

川岛真：总论（二）、评论

加茂具树：专题一、评论（贺平译）

包霞琴：专题二

高　兰：专题三

贺　平：专题四

冯　玮：专题五、六

2016 年度

胡令远：课题组协调、总论、统稿

臧志军：总论

川岛真：评论（薛逸群译）

汪鸿祥：专题一

冯　玮：专题二

江新凤：专题三

高　兰：专题四

包霞琴：专题五

宋志勇：专题六

贺　平：专题七

田岛英一：评论（奚伶译）

青山瑠妙：评论（奚伶译）

2017 年度

胡令远：课题组协调、总论、统稿

臧志军：总论

川岛真：总论、评论（均由徐伟信译）

冯　玮：专题一

汪鸿祥：专题二

江新凤：专题三

高　兰：专题四

包霞琴：专题五

宋志勇：专题六

贺　平：专题七

王广涛：专题八

田岛英一：评论（王广涛译）

青山瑠妙：评论（王广涛译）

2018 年度

胡令远：课题组协调、总论（一）、统稿

臧志军：总论（一）

川岛真：评论（徐伟信译）

武心波：总论（二）

冯　玮：总论（三）

王广涛：专题一

汪鸿祥：专题二

江新凤：专题三

高　兰：专题四

宋志勇：专题五

贺　平：专题六

包霞琴：专题七

青山瑠妙：评论（王广涛译）

加茂具树：评论（贺平译）

编委会名单

主编：胡令远

顾问：郑励志　林尚立

编委：（以姓氏笔画为序）

王广涛　王　勇　包霞琴　李　玉　李　薇　杨伯江
杨栋梁　吴心伯　吴寄南　胡令远　贺　平　徐　平
高　兰　高　洪　郭定平　朝东育　蔡建国　臧志军
樊勇明

◎ 丛书序 ◎

以冷战结束为分际，世界政治、经济之理念与格局均发生巨大而深刻的变化。塞缪尔·亨廷顿指出，21 世纪国际政治角力的核心单位不再是国家，而是文明，是不同文明间的冲突。"冲突的主要根源将是文化，各文明之间的分界线将成为未来的战线"。

冷战结束后，伴随着民族主义的抬头，经济全球化、国际化浪潮的风起云涌及其逆流，风云际会借势崛起的新兴国家群体的快速发展，美国、欧洲、俄罗斯等进入多事之秋，实力相对走低，加之恐怖主义等非传统安全因素的急剧上升——等等一系列要素，催生了新的国际格局和地缘政治版图。在巨大而深刻的变化背后，作为推手的原动力究竟为何？其在多大程度上能够印证亨廷顿"文明的冲突与世界秩序的重建"，目下尚难给出确切答案。

在以断言"冷战"结束标志历史终结而暴得大名的弗朗西斯·福山看来，苏联解体、东欧剧变、冷战结束，标志着共产主义的终结，历史的发展只有一条路，即西方的市场经济和民主政治。人类社会的发展史，就是一部"以自由民主制度为方向的人类普遍史"。自由民主制度是"人类意识形态发展的终点"和"人类最后一种统治形式"。但反观冷战后国际政治的实践，历史不仅并未沿着福山所指方向顺利前行，反而是其结论或正在被终结。所以，近年福山也不得不由未终结的历史引申出他对未来的预测。其指出：全球政治未来的重要问题很简单：那就是谁的模式会奏效？如果"一带一路"倡议达到中国策划者的预期，那么从印尼到波兰，整个欧亚大陆将在未来二三十年内发生变化。对此，世人足可拭目以待。

弹指间冷战结束已三十余年，旧秩序与新常态，现实与历史的交错与蝉蜕，特别是近年，世界的各种变化令人眼花缭乱乃至瞠目结舌。由历史的巨眼以观之，这或许是一种征兆——所谓"风起于青𬞟之末"：冷战结束后，一方面伴随着以 IT 为代表的科技的巨大进步和人类社会自身的发展，人们的生活方式、思维模式必然发生相应的变化，并投射到国家间乃至不同文明间的关系上。与此同时，世界政治权力观念的变化与权力转移也会成为伴生物。而具有古老文明并焕发出新的生机的中国的崛起，是冷战结束后世界与世推移的最大变量。百年变局的中国梦，首先是中国自身的变化外化为推动世界变革的内在逻辑与动力。中国曾经为人类与世界文明做出过杰出的贡献，但那既不是历史的绝唱也非余响，在实现中华民族伟大复兴的同时造福人类，两者既互为表里，更并行不悖。

在战争与和平、全球治理等关乎人类命运与前途的重大历史与现实课题方面，当世界的目光更多地聚焦中国时，中国提出了"构建人类命运共同体"的历史与哲学命题，并辅之以"一带一路"作为践行平台，获得世界积极回应。其中，推动建设相互尊重、公平正义、合作共赢的新型国际关系，不言而喻是摒弃冷战思维、避免"修昔底德陷阱"的重要理念与路径选择。

构建人类命运共同体和新型国际关系，是全人类共同努力的一个历史性过程。其中，中国的一代学人，无疑对此肩负着重要的历史使命。千里之行，始于足下。作为以日本和中日关系为术业的专门研究机构，复旦大学日本研究中心将以日本为案例，探究构建人类命运共同体与新型国际关系的理论建设、实践路径等。此即出版本套丛书之初心。

冷战结束后，日本的政治、经济、社会意识等均发生了重大变化，并对中日关系产生了深远影响。随着中日两国综合国力的逆转，中日关系也随之发生了急剧而深刻的变化。面对这一历史性重大变局，需要两国发挥高度政治智慧。如何使中日关系平稳度过焦虑期，在新的历史条件下达成新的平衡，从而行稳致远，这不仅事关两国人民的根本福祉与利益，同时对于东亚地区乃至世界的和平与繁荣，均具有重大意义。

我国学界虽然对战后至冷战结束的日本及中日关系研究成果甚丰，但对冷战后三十余年来的日本及中日关系的变化及未来趋势尚缺乏系统而深入的研究。本套丛书，拟从举凡政治、经济、外交、社会、文化诸方面，对冷战后的日本与中日关系作一系统梳理与分析，以求抛砖引玉之效。

本套丛书，以复旦大学日本研究中心专职研究人员的专著为主体，以中心兼职研究员、中心的博士后和培养的博士生之专著为辅构成系列。此外，对本中心具有特殊价值或纪念意义的论文集，也适当择取阑入。

本套丛书延聘国内外资深专家学者为顾问和编委，惠予指导与监督。

2020 年，复旦大学日本研究中心迎来创建 30 周年，这套丛书也是向本中心发展历史上这一重要节点的献礼之作。

30 年来，复旦大学日本研究中心的成长，离不开中日两国众多相关机构与友人的鼎力支持与指导，我们期待能以高水平、高质量的系列研究成果，以副大家多年来给予的厚望与厚爱！

未来的中国不仅在经济上继续造福世界，更要在思想和理念上为人类的进步提供航路上的灯塔，做出应有贡献！

"不积跬步，无以至千里"，而"路漫漫其修远兮，吾将上下而求索"！

是为序。

复旦大学日本研究中心主任　胡令远

◎ 目录 ◎

中日关系: 2015

中日关系: 2016——低位徘徊与嬗变

中日关系：2017——战略对峙中的转机

中日关系：2018——回归常轨　踉蹡前行

◎ 代序 ◎

中日关系四十年——访徐敦信

编者按：《解放日报》首席记者郭泉真于《中日和平友好条约》签订 40 周年之际，采访了外交部原副部长、原驻日大使徐敦信先生。该访谈登载在《解放日报》2018 年 10 月 23 日第 4 版，经受访者本人同意，特选录于此，代为本书序言。

记者按语：在复旦学英文时，四平路两侧还是大片农田，一块块连向远方，别说进城，连周日去五角场买点日用品，徐敦信也两年几无一次。

两年后，因一次外事活动尴尬，周恩来总理、陈毅副总理在接机现场布置，采取措施加快培养非通用语翻译，徐敦信也因此被安排改学日语。

五年后，第一次出国的徐敦信，在日本东京的上空见证了词典上的"万家灯火"。

十五年后，1978 年随邓小平访日的他，亲见了一系列改革开放经典故事的历史现场。

之后，三度驻日工作 12 年之久，前后跟 19 位首相打过交道，历任外交部亚洲司副处长、处长、副司长、司长、部长助理、副部长、中国驻日大使，全国人大外事委员会副主任委员，及中国国际问题研究基金会会长、复旦大学特聘研究员。毫无疑问，他是四十年来中日关系核心区域的长期在场者，舟行于波的前沿操作者，独具心得的权威观察者。

周边外交同样如是。在外交部分管亚洲事务时，他直接参与了中新建交、中文（莱）建交、中韩建交、中印尼复交、中越关系正常化、中印边界磋商，为政治解决柬埔寨问题，他多达 17 次往返，终促成外交范例。

四十年前的今天上午，1978 年 10 月 23 日，共和国领导人第一次访日第二天，邓小平在日本首相福田赳夫官邸出席仪式，双方外长签字互换批准书正本，两国历史上第一次平等缔结的《中日和平友好条约》从此生效。

归国 11 天后，召开了 36 天的中共中央工作会议，邓小平发表著名讲话《解放思想，实事求是，团结一致向前看》。虽然在日随访已有心理准备，但见讲话鲜明提出"要善于学习""自己不懂就要向懂行的人学习，向外国的先进管理方法学习""不仅新引进的企业要按人家的先进方法去办，原有企业的改造也要采用先进的方法"……44 岁的徐敦信依然觉得惊心动魄，大为振奋。向资本主义国家学已石破天惊，向历史上欺负过我们的国家也学，足见非凡胆略——在此之前，没人敢这么说。

紧接着，两天后，党的十一届三中全会历史性召开。

徐敦信说，改革开放 40 周年与中日"条约"40 周年，只是时间上的巧遇，并非刻意安排，不过其中，也有一些内在关联值得深思。

当前的中日关系，有一个词，我们还没用

记者：您怎么看当前的中日关系？

徐敦信：正在"改善"，"正步入正常轨道"，这些表述是事实。审时度势，有这个需要。从双边关系、地区来说，是好事。同时我觉得，也还有一定的保留。过去中日关系遇到问题时，有一个词叫"转圜"。我专门查了词典，指"挽回"，有一点利用机会、恢复原状的意思。当前没用这个词，我觉得也有道理。适当留有余地，无非是还要再看一看，希望双方继续相向而行。

记者：2009年鸠山由纪夫就任日本首相，我们用了这个词，提到"2006年中日关系实现转圜"。

徐敦信：安倍首相2012年上台后，在背道而驰的路上走得太远。不仅涉及中日关系一些重大原则问题，而且涉及两国关系的定位，就是日本你怎么看我们中国，怎么看你们自己。中日关系还是不是最重要的双边关系之一、互为合作伙伴、互不构成威胁。这是过去没有过的。

记者：近来有些变化的核心原因是什么？

徐敦信：毕竟是近邻。以中国为敌，经济没有好处，政治上不得人心。安倍首相这一段，也遇到了和中国同样的问题。经济全球化、自由贸易、多边主义，现在都面临特朗普的挑战。中日双方都感到需要妥善应对。内政上，安倍首相虽然第三次连任，但明年春天有地方选举，年中还有参议院选举。还记得上次安倍当首相一年辞职吗？一说肠胃有病；另一说真正原因是参议院选举失利，在党内交代不过去。日本战后首相中，安倍迄今已跑了70多个国家，算首屈一指。但一个重大缺陷是周边外交。不止中国，还有韩国、朝鲜以及俄罗斯，有时也想有所改观但没成功。和中国关系搞僵，对得意之笔的外交失分，有很大影响。重视中日关系，中国是不变的。希望两国关系真正走向正常，应对好共同关心的、比较现实的课题，应对好挑战，发展好经济，开辟创新合作新天地。

中日近邻是命中注定，只能学会友好相处

记者： 总体上，您会怎么把握中日这 40 年？

徐敦信： 去年是两国邦交正常化 45 周年，今年是中日和平友好条约签订 40 周年，两件大事本应是一件事，操作上分了两步走。这是当时从实际情况出发，中方建议，日方欣然赞同的。现在看，这种做法是明智的，排解了干扰甚至风险。

中日这 40 年，大体分两段。冷战结束前，20 世纪七八十年代到 90 年代初，两国关系开局良好，飞跃发展，相得益彰。冷战结束一直到目前，总的来说，风风雨雨。中日关系在某些重要方面不进反退，民间感情大幅度下挫。

除了冷战结束的原因，有一点我想强调。两国国内政局及经济发展，一进一退，此消彼长。日本经济泡沫破灭，一落千丈。中国改革开放，蒸蒸日上。日本朋友不管是好朋友，还是做买卖的朋友，心里有个适应过程。日本人对中国，历史上是敬畏的，尊中国为老师、老大哥。明治维新先走一步，中国落后了，日本人有自负感。在这种心理基础上，两国邦交正常化后很长一段时间，日本既有知恩图报、内疚的（心理），也有要长期领先于中国、害怕失去既得利益的（心理），种种因素加在一起，导致相对顺畅地支持中国现代化建设。当然他们也得到了好处。但如果平起平坐，甚至超过他们，就感到不自在了。这种不健康的民族主义，拉了中日关系的后腿。所以我说，中日之间不仅是老问题，还有一个新的定位问题有待解决。

实事求是说，中日 40 年总体上还是向前发展的。特别是开始那一段，应该说很好，对双方，对亚太地区，对和平，都有利。后面这一段就磕磕碰碰，不是太令人满意了。但该发展的还是发展了，只不过有斗争，有起伏。评价不要太悲

观，说成一无是处。变化看到了就行了，怎么解决是当前课题。我们希望重新走上正轨，真心希望脱离旧的冷战思维。

记者：今年 3 月王毅外长答共同社记者提问，说到今年是中日和平友好条约缔结 40 周年时，引用了八个字——"不忘初心，方得始终"。

徐敦信：作为长期研究者，在我看来，中日互为近邻这件事，是命中注定，没得挑选，只能学会友好相处。从历史教训看，和则两利，斗肯定俱伤。从中国角度看，我想多说两句。尽管日本在历史上，得益于中国甚多，加害于中国最烈，中国老百姓的感情是客观存在，可以理解，但我们没有停留于此，还是重视中日关系。不管怎么说，日本还是我们周边最为发达的国家，近水楼台先得月。实践也证明，经济互补，合作有益。

起航前夕，一次适逢其时的调查研究

记者：在您看来，40 年前中日签约，与改革开放是什么关系？

徐敦信：这不是计划中的。我们原来预料，签约要快得多。时间上是一个巧合。但两者之间也有客观的关联，甚至是内在的关联。中日缔约确实是赶上了我们改革开放的前夕，两国关系敞开大门，客观上为改革开放提供了条件。反过来也为日本发展提供了可能。更不用说日本后来碰到困难，也从中国得到很多好处。客观关联是不争事实。

内在关联上，这两件事都是小平同志亲自过问，亲自操办，推动实现的。有个现象我感触很深。他应邀访日，当然是为宣告条约生效，不过这已是水到渠成的事。我观察他心里更多是看重这一次机会。改革开放起航之前，去考察一个发达的近邻，为我们国家下一步谋求更大、更好的发展。

记者：一路随访，您觉得什么最触动他？

徐敦信：小平同志每次参观都很兴奋，问了很多问题，作了很多评论。他的评论，我感到最重要的，就是"时间"。坐新干线时问他感想，就是快啊，速度很快，好像后面有人拿了鞭子在赶。他强烈感到，时间宝贵。

记者：时不我待。

徐敦信：20 世纪六七十年代，日本发展变化实在太快了。现在人家感叹我们，当时我们感叹日本。1963 年我第一次去东京，是 1964 年奥运会前夕，正在大兴土木。当时根本不见高速公路、高铁，一流饭店电视也是黑白的。隔一两年第二次去，都有了。当时北京、上海路灯都有，不过仍有些昏暗之感。1963 年我们代表团飞抵东京时，天已暗。一眼看下去，一片灯海，很亮的亮光。"万家灯火"这个词早就有了，这次总算亲眼看到了。另一个亲眼看到的，是当时坐火车，两位日本老太太上来后，买了两盒饭，吃了半盒后，剩下的没带走。我看了就觉得，日本的温饱问题算是解决了。否则稍微节省一点的，那半盒可以不要了，那一盒至少会带走。

等到 1978 年，跟随领导人访日，看到的东西更高级。新日铁是代表性的钢铁企业，日本人非常想跟中国人做买卖，几个月前就做准备，海陆空都动员了，陆上警卫，天上直升机巡逻，海上潜水员下去，专门检查接待我们的气垫船。我有个印象，不提大家可能不知。下船后，每人发了一副白手套、一个安全帽，一圈考察下来，白手套整个还是白的。工艺上也很先进。烧熔化了的大钢锭，通过传送带，一条线下来，就压延成可以做汽车的薄板。这我们当时没有。后来又听说，现场操作的工人只有十几位。真是吓了一跳，简直不可思议。在汽车厂也是，主要看了机械手，自动焊接零部件，现场一片火花，人却没几个，都在遥控操作。小平同志幽默，说自动化效率高，保证质量，也不罢工。

事后还听过一些趣闻。比如日本朋友介绍，这个厂人均年汽车产量 94 辆。我们确实看到了差距。那次回国后，没有过多久，深圳大标语"时间就是金钱，效率就是生命"，就见诸报刊。这就是改革开放的思想观念在变化。

记者： 正好在改革开放前夕，向就在身边、唯一的发达国家，做了一次适逢其时的调查研究。

徐敦信： 拿来主义嘛。考察，宣讲，跟日本政要和企业家等就现代化交换意见，也不止这一次。一些改革开放的思路、思想，从中形成。更重要的是回来后那个讲话，对解放思想起到极大作用。没多久，袁宝华等领导同志就带团去日本，蹲点式实地考察，不弄明白不回来。紧接着连年举行经济知识交流活动，还请一些日本专家，交流现代化管理经验教训。中国人还是聪明的。回头看，小平同志访日，两个 40 年巧遇，应该说对中日都非常有意义，对今后也有值得借鉴之处。

该弄清是非黑白的时候，美国人煮了一锅"夹生饭"

记者： 对周边外交，您最大心得是什么？

徐敦信： 我长期关注的是东北亚、东南亚、南亚近 30 个国家。就这部分地区，包括我们在内，绝大多数是发展中国家，历史上有共同的遭遇，现在有共同的使命——发展经济，提高老百姓的生活水平。特点是多样性，意识形态、宗教信仰、文化传统差异不小。更重要的是冷战阴影至今遗留，在全世界也不多见，甚至于某些国家之间的历史积怨，还未完全消除。边界领土问题、历史遗留问题也特别多。在这样一个背景下，我们的周边外交方针政策，从与邻为善、以邻为伴，到亲、诚、惠、容，过去如此，今后也不会变。发展起来以后，强调共同富裕，互相帮助，都没有问题。但有一条，这并不等于历史遗留问题我们可以随便丢掉。涉及国家领土主权等核心利益，是我们的，我们还是要坚持。这不矛盾。这个事情把握好，我觉得很重要。

处理这些问题，当前叫维权斗争。有历史文献、事实根据，人证物证俱全，这是中国的呀！但相当一段时间，我们作为外交官，真是心急如焚，鞭长莫及。现在有能力了，这不是抢占别人的东西，人工岛礁也不是中国发明的，这种维权是需要的。我们不理亏，不嘴软。没有实力无可奈何，有了实力还缩手缩脚，那就是不负责任了。

从外交讲，维权也得有必要的耐心，不上挑拨离间的当。霸权主义者用自己的逻辑想我们，吓唬一片。我们有自信，有毅力，有理、有利、有节，讲究恰到好处。

记者： 有段时间，或者说一直以来，关心外交的人们常常会谈到"硬"和"软"，激烈争论，一度说"缺钙"。软硬之间，您觉得恰到好处的点在哪？

徐敦信： 网上也有批评我的（笑）。中国有个成语，叫刚柔并济。我理解就是该硬的时候就硬，该软的时候就软。软和硬，从外交角度讲，有史以来，国内国外，都是相对的，相辅相成的。涉及核心利益、领土主权等大问题，把事情本身的是非曲直弄清楚，是我的当然坚持，不是我的绝不伸手，这是一个大原则。实事求是得人心，它是合理、合法、公平的，因而也是得道多助的。还要看机遇，看是不是解决问题的最好时机。日本在历史问题上，老是斗一阵好一点，好一阵又来了，政界如此，审编教科书也如此，还有靖国神社问题，等等。我们既要坚持原则也要有自信。

记者： 您觉得日本为何总这样？

徐敦信： 战后日本对是非黑白，没有及时彻底分清楚。美国人只开了个头，该抓的抓了，该放的放了，当年反战的一些政党、人士，恢复了自由。但没有多久，国际局势发生变化，东风劲吹，美国在欧洲需借助德国，在亚洲明显是借助日本，于是抑制政策很快就变成扶持政策。用我的话说就是釜底抽薪煮了一锅"夹生饭"。夹生饭的特点就是开头没煮熟，以后怎么煮也难煮熟了。日本的拨乱反正半途而废，一笔糊涂账。所以有些日本人，你问他二战教训是什么？他说找错了对象，不该跟美国打仗，否则怎么会败。

记者：意思是不打珍珠港就好了。

徐敦信：从历史逻辑讲，这是不可能的。但他就这么想。日本电影《山本五十六》里，偷袭珍珠港成功后，大家提灯游行庆祝，唯一在海边低头散步、闷闷不乐的山本五十六却说，你们去美国看看他们有多少烟囱，即可知这场战争日本必败。电影着意宣扬什么，不言自明。

1989 年打破西方联手制裁，突破口选在日本，选对了

记者：从亲历的共和国外交选 3 个案例，提供给外交学院学生或研究者，您会请他们注意什么？

徐敦信：一是中日邦交正常化和中日缔约。这是中国近代从屈辱史到发展史的一个转折，在中日关系重建和发展过程中充满了战略、策略和重要方针。二是1989 年打破西方联手制裁，突破口选择日本是成功的。日本最先恢复高层互访，天皇访华，恢复人员交往，重启经贸合作不是一厢情愿，而是互有需要。三是促成柬埔寨问题政治解决。涉及当时的中苏关系和外交全局，也是联合国发挥作用成功了的一件案例。

记者：外交上，既要广交朋友，又得善做工作，怎么把握坚持与灵活？

徐敦信：中曾根首相很有特点，他在日本评价并不算太高，认为他摇摆太大，取个绰号叫"风见鸡"，是一种装在屋顶上看风向的装置。我有些不同看法。对政治家的变化，要具体分析。进步的，前进的，应该欢迎。相反的自然另当别论。他参拜靖国神社，我们坚决反对，绝不退让。但去了以后，我有两句话，一是知过必改就好，二是知难而退也罢，总之不能再去，不去就好。小泉五年去了

五趟，"政冷经热"五年。

中曾根很聪明，他对小平同志相当崇敬。小平同志也做他工作。改革开放之初，日本大企业动作非常之慢，中小型来了很多，大的很慎重。小平同志跟他讲，我们是近邻，你们将来得到好处可能最多。后来验证了。日本人自己也总结经验说，被大众、通用抢了先。

一位王太子的一次来访，命运扇了一下翅膀

记者： 您读的扬州实验小学，好像就是今天的梅花书院所在。后来读扬州中学，也是当时最好学校。再后来，考进复旦，学的是英语，怎么突然转去北大学日语？

徐敦信： 扬州给大家的突出印象是游玩、休闲，不大注意到还有一条，就是尊师重教。我小时，扬州已有"出租自行车"了，抵押学生证、校徽，可骑一两小时，把全城兜遍。一路看到的大房子，漂亮的房子，学校、医院，就这两个。突然转学北大，是大概 1957 年前后，阿拉伯国家一位王太子兼外交大臣，到中国来访问。欢迎仪式在机场举行，当时外交部还没有高水平的阿拉伯语翻译，每次都请高校老师来帮忙。那天快过年了，飞机很晚到，寒风之下，列队欢迎。周总理、陈老总都去了，红地毯上致欢迎词。之后王太子上去致答词，讲了一段按后来报道对中国很友好的话。可是我们请来的这位翻译听不懂。该国驻中国大使说，不能怨翻译，我们王太子讲的是方言。那么你行不行？他说我只会法文。又临时找英文的，通过两遍翻译，才算凑合了过去，现场尴尬了很长时间。周总理、陈老总就在机场，叫来管干部的同志，交代赶紧培养。于是从全国选调近百名学英语、法语、俄语的学生，到北大非通用语。

记者： 您后来跟周总理接触多吗？

徐敦信：不算多。当时中日还没建交。但周总理很重视对日外交，所以接触还是有。1963 年我随一个歌舞团访日，周总理来审查节目，我们都在场。他很细致。看了节目后，提的意见非常细，我一个外行听了都觉得很有道理。

我记得最清楚的，是中日之间文化交往面很广，也很深，我们这个代表团，又是日本工会系统邀请。如果我们的团长从没去过，谁都不认识，对历史现状不了解，就很难交流。所以周总理当场决定，换一位熟悉日本，在日本知名、有朋友的任团长。演员也增加了好几位有分量的。女声独唱"洪湖水浪打浪"的演员，在电影里是一名游击队员，农民打扮，那天上台穿了"布拉吉"，就是长裙子，当时年轻漂亮的都爱穿这个。周总理看了就说，这不对，服装和歌词不配，还是穿接近农民的服装。

记者：为什么这样一个活动，他抓得这么细？

徐敦信：当时对中日关系，周总理很重视。讲话中，不止一次讲到中日关系。日本来的民间代表团，几乎都见，而且谈的时间都很长。一了解情况，二做工作，推动中日关系恢复、发展。重视民间外交，"以民促官"，这是周总理当时提的。邦交正常化为什么能实现？日本人自己也说，得益于其国内的舆论推动，许多地方议会做决议，要求尽快恢复邦交，形成了全国各地都在呼吁，真正是到了人心所向、大势所趋的地步。

自己砸自己的汽车，这不是胡来吗

记者：对今天的中国来说，除了国家外交，我们的民间外交、公共外交，您怎么看？

徐敦信：信息化时代，重视公共外交，重视老百姓对外交的认知，对外交政策的认同，这是很重要的。从这个意义上讲，我们外交的知识、观念、策略，国内应该更普及一点。基本知识就行，不要求专业化，这样对推行外交有好处，至少是国内的舆论基础。现在交往也多了，外国人来，走在路上，不再被围观。出去的也很多，出去以后不适应外面情况，把自己习以为常的一套带出去的，也很多。到处抽烟，大声说话，坐电梯不注意让女士先行，等等。文化素质还有一个提升过程。

更重要的，是理解。国家领导人说一件事，外交部处理一个问题，能够得到认同、理解，而不是相反。有差距，靠知识的普及。

记者： 十多年来，尤其对日，我们有过全国性的舆论和反应。民众与政府之间，遇到热点问题的时候，是否会形成一种客观上的相互关系，如何把握？

徐敦信： 日本人做了错事，说了错话，刺激了我们的神经，国内起来反对它，批评它。这种情况过去也有。个别的说过头话，做过头事，难免。但如果变成有这么一些人，一哄而上，出现些过火的言行，这就值得去思考，是不是要加强教育引导。我们去全国宣讲，面向高校师生、干部，开几千人大会。从大局，从利益，从国家形象，讲如何全面地看，如何团结多数，如何做得得体、有利，而不是给自己脸上抹黑。

记者： 近些年来，对外冲突依然有，但这种过激，好像确实是少了。

徐敦信： 我们当时去各地讲，应该说，都是"马后炮"了。事情已经发生，只能给大家讲一点道理。比方自己砸自己的汽车，这不是胡来吗。

记者： 这么多年外交工作，压力最大是哪一次？

徐敦信： 说实话，还真没感到太大的压力，总觉得是光明的。1989 年 1 月，日本裕仁天皇去世。首先一个很大的难题，是葬礼怎么参加。派大使级的前往不是不可以，疏远的也有成例，但是不是要派更重量级的人去，很费脑筋，上级也很重视，都在探讨。最后中央采纳了派外长作为国家主席特使前往，两个名分加在一起，分量有了，道理也有了。后来日本方面反应很好，海外华侨华人反应也很好。没过度，也没失礼，恰到好处。

记者： 外交工作根本的是国家地位和影响？

徐敦信： 是的，外交是为国内服务的。外交最希望国家安定团结，最希望我们经济发展，国力增强。这是撑腰的东西，说话有底气，受人家重视。弱国无外交，搞外交的人最懂得这个道理。国内的事情搞好太重要了，把自己的事情搞好太重要了。我们的国歌不要忘记。《义勇军进行曲》，"冒着敌人的炮火前进"，这个炮火可以是无烟的，遏制你、制裁你、利用你的矛盾整你，孤立你，不让你发展。还是要有安危的意识。不说过头话，谦虚谨慎，也很重要。

（本文略有删节）

◦ 前言 ◦

伴随着冷战的结束，世界格局发生了重大调整和变化，中日关系也进入多事之秋。特别是随着两国综合国力的逆转，在战略调适期的肇始阶段，既有及新产生的结构性矛盾集中爆发，21 世纪 10 年代初两国关系跌入战后以来最低谷。

如若中日两国战略对峙的态势长期持续下去，作为一水之隔的世界一大一强的邻国，不仅彼此要耗费大量战略资源，成为国家难以承受之重，而且对地区乃至世界来说，也绝非福音。在两国关系的至暗时期，双方的有识之士殚精竭虑，致力于寻求摆脱困境的良方。政治学者、曾获孙平化著作奖、时任复旦大学副校长的林尚立教授希望能拿出"复旦方案"。具体做法是打造机制化中日两国专家学者交流平台，以共同撰写年度《中日关系战略报告书》方式，在深入探讨交流、切脉问诊的基础上，拿出切实的建言献策方案，为两国关系的根本好转贡献政治智慧。

由此，经 2014 年尝试之后，自翌年始，由中日两国一线学者共同撰写的年度《中日关系战略报告书》次第展开。在中日关系的困难时期，这一合作方式本身即逐渐引起双方社会广泛注意。同时，为处于"现在进行时"的中日关系所做的及时、集中解读及其应有的方向性，做出了独特贡献。

今天，2014—2018 年五个年度的《中日关系战略报告书》

结集出版，对于深切认识五年间发生巨大变化的中日关系，必将有所裨益。在报告书撰写过程中，事涉重要问题时，无论是两国学者间的激烈交锋，还是具有高度共识，基本上均为两国学界代表性或主流观点。譬如，关于引发近年中日关系恶化的起因，中方学者认为日本政府的"购岛"事件不能辞其咎；日方学者则持肇始于2008年中国公务船巡航钓鱼岛之观点。关于中日关系改善的时间节点与原因，日方学者认为始于2014年安倍首相来中国出席APEC、并实现与习近平主席的会晤；中方学者则认为，迟至2017年安倍首相才真正意识到中日关系必须进行调整并付之于行动。在改善的原因方面，日方学者强调中美关系恶化是重要催化剂；中方学者则认为在中美贸易摩擦之前，安倍首相就已经出于日本政治外交的需求而开始主动调整中日关系。

不言而喻，激烈的交锋，目的在于增进相互了解与理解，并在此基础上最大限度取得共识。在共同撰写《中日关系战略报告书》的数年中，中日双方学者逐渐形成一个重要共识：即直面日益崛起的近邻中国，虽然日本在经贸领域总体上视之为机遇，但在安全保障特别是作为海洋国家的海上通道安全方面，却产生了严重的战略性疑虑和担忧；而中国宣示和践行的和平发展理念，对日本来说，还需要更长的时间来印证。从近年中日关系发展变化的实态来看，这一战略疑虑，正逐步衍化成在战略上与中国相拮抗的日本的国策，并有进一步加重的趋势。中日关系的改善能否行稳致远，与此紧密相关。如何化解日本的战略疑虑、防止其最终成为"自我实现"的目标。就需要中日两国共同探求新的历史条件下 ① 两国新的战略平衡点何在？两国根本利益的最大公约数何在？在持续深入的交流和共

———————

① 大致以冷战结束为分际，中经过渡期，至2010年中国GDP反超日本为节点。基本特征为中国综合国力快速增强，这一变量引发并逐步加重近邻日本对中国的战略疑虑，中日渐次形成战略博弈态势。同时，美国也逐渐将中国作为真正的战略对手应对。从而，东亚进入与冷战时期不同的新的地缘政治格局时期。

同探索过程中，不断积累共识，冀以趋利避害，平稳度过战略失衡期，谋求新的历史条件下中日关系的长足发展。

不言而喻，两国机制化的智库交流，应为探索和积累以上共识的主要平台之一。从这个意义上来说。复旦大学以共同撰写年度《中日关系战略报告书》方式，打造机制化中日双方专家学者交流平台与网络的做法，无疑是有益的尝试。作为阶段性成果，其所贡献的这本合集，允为早期收获。各年度报告书主要采取中方学者撰写总论与专题，日方学者进行点评的方式，以便于碰撞与交流，收到良好效果。今后，如何进一步深化这一合作，以期发挥更好的作用，为中日关系的行稳致远做出应有贡献，成为中日双方学者正在思考的重要课题。

复旦大学国际问题研究院院长吴心伯教授，对各年度《中日关系战略报告书》的撰写、发布以及结集出版等，给予悉心指导和大力支持；复旦大学国际关系与公共事务学院院长苏长和教授，对本书的出版惠于指导并玉成其事；中国社会科学院世界历史研究所张艳茹副研究员悉心整理的《中日关系大事记（2014—2018 年）》，可与报告书相观照；上海人民出版社对本书出版给予大力支持。于此，特表由衷谢忱！

除个别技术性调整外，本书基本上依照各年度《中日关系战略报告书》原貌进行结集。限于水平，错舛之处在所难免，敬祈方家批评指正。

复旦大学《中日关系战略报告书》课题组

（胡令远执笔）

2019 年 5 月

中日关系: 2014

——多层面和中长期战略的视角

一、总　论

（一）中日关系的焦点与困局

中日关系近年急转直下，其直接的导火索和根源，无非是日本的右翼政客外借美国"重返东亚"之机，内用最能触痛民族情感的领土主权问题所"惹的祸"。同时，在这一祸害的肇端里，隐含着他们用意深险的战略考量。如果我们对中日间领土主权争议问题稍加梳理，就不难看出这一问题只不过是他们为了操弄中日关系所打的一张王牌——其工具性不言而喻。

关于中日岛屿之争，日本政府的所谓立场是："尖阁诸岛"① 无论从历史看还是从国际法看，都是日本的固有领土，现在在日本的有效支配下，因此不存在需要解决的主权问题。② 《（日本）政府关于尖阁诸岛领有权的基本见解》称：（1）"尖阁诸岛被纳入日本版图前，是不属任何国家的无主岛屿"；（2）"尖阁诸岛主权和日清战争（甲午战争）无关"；（3）"尖阁诸岛系根据《旧金山和约》第三条而非第二条为日本所有，并按照日美《冲绳归还协定》归还日本"。但是，日本政府的上述主张完全站不住脚。

（1）日本政府称，自1885年以来，日本政府通过冲绳县当局等途径多次对钓鱼岛及其附属岛屿进行实地调查，慎重确认其不仅为无人岛，而且没有受到清朝统治的痕迹。在此基础上，于1895年1月14日在内阁会议上决定在岛上建立标桩，以正式编入日本领土之内。但是，《日本外交文书》第18卷记载，1885年9月22日，冲绳县令西村舍三根据日本内务省指示，对钓鱼岛进行调查后发现其并非无主地，遂据实禀报。10月21日，日本外务卿井上

---

① 即中国领土钓鱼岛及附属岛屿。以下同。

② 参见日本外务省网站：http://www.mofa.go.jp/mofaj/area/senkaku。

馨致信内务卿山县有朋："此刻若有公然建立国标等举措，必遭清国疑忌，故当前宜仅限于实地调查及详细报告其港湾形状、有无可待日后开发之土地物产，而建国标及着手开发等，可待他日见机而作。"上述史料明显推翻了日本政府的说法。而根据 1744 年出版的中国官方文献《大清一统志》第 280 卷记载，中国至迟在 1403 年已发现并利用钓鱼岛及附属岛屿，而日本文献则迟至 1884 年才提及钓鱼岛。"尖阁诸岛"这一名称，更迟至 1900 年 8 月方由冲绳县师范学校教师黑岩恒在日本《地学杂志》发表的《尖阁诸岛探险记事》中首次使用。

（2）日本之所以将"尖阁诸岛开拓日"定在 1895 年 1 月 14 日，盖因日本当时已经在中日甲午战争中获得了决定性的胜利。《日本外交文书》第 23 卷记载，1894 年 12 月 27 日，内务大臣野村靖致函外务大臣陆奥宗光，称："久场岛、钓鱼岛建立所辖标桩事宜，今昔形势已殊，有望提交内阁会议重议此事如附件，特先与您商议。"翌年 1 月 11 日，陆奥宗光复函表示支持，野村靖即于 12 日"呈请阁议"。日本政府的日本将钓鱼岛及其附属岛屿纳入日本版图与甲午战争无关的说法，明显与日方的史料记载相矛盾。

（3）关于钓鱼岛问题与旧金山和约的关系，当时在中国代表参会问题上，美国支持台湾当局参会，而英国则支持新中国政权参会，最终美国国务卿杜勒斯和英国外交大臣莫里斯达成妥协：两岸均不邀请参会。另外，几个主要对日参战国，如苏联、印度、缅甸，均没有签约。印度尼西亚虽然签署了和约，但未获国会批准而无效。在此背景下产生的旧金山和约对于中国当然不具有约束力。不仅如此，即便是主导旧金山和约制定的美国政府迄今也只承认日本对钓鱼岛拥有"治权"，而不承认其拥有"主权"。

日本政府关于钓鱼岛问题的立场在日本并未获得完全的支持。其立场主要由两部分组成：一是钓鱼岛及其附属岛屿是日本的；二是不存在需要解决的主权问题（即不承认存在主权争议）。日本政府的前一立场在日本拥有广泛的支持。2010年9月7日中日"撞船事件"发生后，10月5日，日本《读卖新闻》公布的民调结果显示，90%的受访者表示赞同"应明确主张'尖阁诸岛'（即钓鱼岛及附属岛屿）是日本领土"，只有5%的受访者认为"不必要"。2012年石原慎太郎提出所谓"购岛计划"后，据日本雅虎网调查，有90%以上受访者表示"支持"。但是后一主张则未获得同样的支持。2013年8月，日本内阁府发表关于钓鱼岛问题的民调结果显示，仅有48%的受访者了解日本政府关于钓鱼岛"在日本实际控制下，不存在需要解决的主权问题"之立场。实际上，在日本，很多人在赞同政府关于钓鱼岛是日本领土之主张的同时，认为中日之间存在着主权争议。正因为如此，近年来日本政府强化了关于钓鱼岛"不存在主权争议问题"的宣传。2014年1月，日本文科省宣布，计划在初中和高中教科书编写指南中写明钓鱼岛是"日本固有领土"。之所以这样做是因为安倍政府认为，原来教科书的提法"不够醒目"，而且同"不存在主权争议"的官方立场矛盾；右翼喉舌《产经新闻》也称，现有的教科书"过度描述与别国的主权争议，无益于引导学生形成深刻认识"。

中国的立场是：钓鱼岛及其周边附属岛屿是中国的固有领土；这些岛屿曾经在甲午战争后，根据《马关条约》和台湾岛一起被日本强行掠夺；第二次世界大战结束后，根据《开罗宣言》和《波茨坦公告》，它们已经回归中国；1971年，日美根据《冲绳归还协定》，将钓鱼岛纳入归还区域是非法的。与此同时，中国方面注意到在钓鱼岛及其附属岛屿的主权归属问题上中日之间存在着争议，因此中国方面在强调主权在我、寸土不让的同时，也一贯主张搁置争议。

中国方面搁置争议的主张曾经是两国执政者事实上的共识（有的研究者称之为"默契"）。日本方面不承认争议的存在，背弃有关搁置争议的重要共识（或默契）是导致近年来两国之间岛屿主权争端升级的重要原因。

目前，要求任何一方在主权归属问题上作出让步是不可能的，但是以某种方式回归以往的共识和默契却是可能和应该的。首先，争议是客观存在的。不仅中国方面同意这一点，国际社会和日本国内不少人也承认这一点。第二，双方曾经有过搁置争议的共识和默契，这一事实也是客观存在的。第三，搁置争议对于双方而言虽然都不是最佳结果，却都是最为现实有益的选择。因此，那种关于双方在岛屿争端问题上不可能退让、这一问题不可能得到解决的观点，不免失于简单和机械。

当然，搁置争议并不意味着中国方面在钓鱼岛主权归属问题上的立场有任何动摇。

（二）历史认识问题和日本的原罪包袱

对于日本当政者来说，历史认识问题未必是展现政治情感与理念的场域，却已经成为这些政客操控舆论、塑造形象、谋取利益的工具。诸多日本执政者在参拜靖国神社问题上的种种表演，或进或退，或隐或现，或大放狂言或故作暧昧……，已经充分地表明了这一点。更有甚者，某些日本当政者甚至在历史认识问题上妄言之后，突然反身试图以对历史认识问题的某种程度的所谓"退让"（例如承诺"停止参拜"）来和中国方面进行交换。由此可见，与其说是中国在打历史牌，不如说是日本右翼政客在利用历史问题做文章。

从中日关系的角度看，如果说在历史上受害最深的是中国的话，那么在历史认识问题上受害最深的其实是日本。不管是否承认，对日本而言，久挥不去的"中国梦魇"实际上正是源自潜意识中对于中国的负罪感。历史认识问题是日本的而非中国的包袱。2013年1月25日，习近平总书记会见来华访问的日本公明党党首山口那津男时表示，以史为鉴，才能面向未来。日方应尊重中国人民的民族感情，正确处理历史问题。

在近期，要日本当政者完全卸下历史包袱是不可能的。日本的诸多当政者在历史、理念、价值甚至是血缘方面与过去有着太紧密的连续性。因此，历史认识问题作为中日关系的一个"顽症"，仍将长期存在。

（三）中日关系的根基所在和日本的对华迷思

1. 基础

当前的中日国家关系，处于 1972 年 9 月两国邦交正常化以来最坏的状态。这种恶化的趋势，并非始于 2012 年 9 月起激化的领土主权之争。20 世纪 90 年代中期以后，中日关系表面上不断发展，从 1998 年的"友好合作伙伴关系"到 2008 年的"战略互惠关系"，确定了越来越高的发展目标，其实两国之间的关系在不断走低。其背景，乃人们经常提及冷战的结束、中日之间综合国力对比的变化等，其实这只是外因。外因只有在与内因的互动中才能产生作用，中日关系恶化至此的根本内因在于日本政府背弃了 1972 年 9 月中日邦交正常化时双方确认的中日国家关系的基础。

战后中日关系的基础，是由 1972 年的《中日联合声明》、1978 年的《中日和平友好条约》、1998 年的《关于建立致力于和平与发展的友好合作伙伴关系的联合宣言》，以及 2008 年的《关于全面推进战略互惠关系的联合声明》——这四个政治文件确立的一系列基本原则。在这四个文件中，最重要的是 1972 年的《中日联合声明》，因为它是其他三个政治文件的前提和基础。

《中日联合声明》文本中有四项基本内容：一是确定责任、反省历史。即

"日本方面痛感日本国过去由于战争给中国人民造成的重大损害的责任，表示深刻的反省"；二是确认一个中国的原则。即"日本国政府承认中华人民共和国政府是中国的唯一合法政府。中华人民共和国政府重申：台湾是中华人民共和国领土不可分割的一部分。日本国政府充分理解和尊重中国政府的这一立场，并坚持遵循波茨坦公告第八条的立场"；三是确认双方和平友好相处。即"双方同意在和平共处五项原则的基础上，建立两国间持久的和平友好关系，并且确认在相互关系中，用和平手段解决一切争端，而不诉诸武力和武力威胁"。四是确认面向未来发展中日关系。即"中华人民共和国政府宣布：为了中日两国人民的友好，放弃对日本国的战争赔偿要求"，以及实现邦交正常化、发展两国的睦邻友好关系，对缓和亚洲紧张局势和维护世界和平作贡献。这四项基本内容是此后中日国家关系的基础。不能忘记的是，在邦交正常化谈判时，中日双方还达成一个重要共识，那就是搁置双方有关钓鱼岛及其附属岛屿领土主权归属问题的争议。这一共识当时虽然没有形成文字，但是它确实是邦交正常化谈判得以进行并最终达成协议的重要前提。因此，它也是中日国家关系的重要基础之一。换言之，中日邦交正常化时确定的中日国家关系的基础由五大方面构成：一是"历史认识"；二是"一个中国"；三是"搁置争议"；四是"睦邻友好"；五是"面向未来"。

中日国家关系的上述五大基础是相互联系在一起的。没有对于过去历史的正确认识，就不可能真正实现面向未来的中日关系；没有对于搁置争议的共识和遵守，就不可能有睦邻友好关系。

邦交正常化以来中日关系的曲折，其根本原因在于日本政府在若干重要原则问题上的摇摆不定；近年来中日关系的急剧恶化，其根本原因在于日本政府对于上述重要基础的背弃。

2. 焦虑

近代以来的很长一段时期内，日本是亚洲唯一的工业化国家；第二次世界大战以后，日本从战争废墟上开始建设，在较短的时期内将国家建设成为世界第二大经济体。因此，日本很多人骄傲地将自己视为亚洲的"优等生"。当然，这在某种程度上是可以理解的。与此同时，日本又是一个生存危机意识极为强烈的国家。从幕末时期开始，不仅是关键时刻，即便是平常时期，统治精英也不断渲染所谓的生存危机，塑造国民的生存危机感，久而久之，生存危机意识强烈几乎已经成为日本国家和主流舆论的特征之一。

冷战结束以后，在中国，人们将更大的精力投入到了改革开放和经济建设之中，国家的综合国力不断上升、国际影响力不断扩大。与此形成对照的是，日本自泡沫经济崩溃以后，经济、政治、社会和对外关系陷入长期严重的停滞状态。中国在一些领域开始接近甚至超过了日本。中日力量对比的变化及其趋势使得日本统治精英产生了极大的对华焦虑。层出不穷的"中国威胁论""中国崩溃论"，本质上都是对华焦虑情绪的反映。不仅如此，在统治精英和主流媒体的极力渲染下，这种焦虑广泛蔓延和渗透，在很大程度上左右了日本国民的对华认知。

3. 迷思

日本国家的对华焦虑集中体现在安全领域，其反应的激烈程度远远超出了正常的防范性反应范围。近年来日本的对华政策及其实践表明，日本政府正在实施对华"全面遏制"的战略，实际上已经将中国定位于"准敌对国家"。从 20 世纪 90 年代中期开始的以所谓对付来自"朝鲜的威胁"名义进行的军备建设，到近年来赤裸裸的岛屿作战演习，从前些年的"价值观外交"

到近年来的"俯瞰地球仪外交",从以往对南海周边国家暧昧的官方开发援助(ODA)到近来公然提出所谓的"海上安全合作",甚至于连技术装备出口、建立双边自由贸易区以及加入 TPP 之类的经济贸易领域的议程,都被从遏制中国的战略手段角度加以研判和实施。不仅如此,日本还三番五次地企图拉美国下水,在亚太地区组建新的针对中国的军事同盟。如此深险的用心和做法,不禁让人们警觉:日本是否正在企图第三次用武力阻断中国崛起的进程?

日本政府视华为敌是缺乏理智的。第一,尽管中日之间有着这样那样的问题,但是迄今为止中国并没有将日本视为战略敌手。第二,中国的发展对于包括日本在内的周边国家和其他国家来说,是和平的和共赢的。第三,中国的军事战略是防御性的,尽管其军事力量的活动领域有所扩大,但是任何不抱偏见的人都可以看出中国军事战略的防御性属性。第四,即便在极大地牵动着中国国民感情的敏感的领土和历史认识问题上,中国政府采取的仍然是冷静和有节制的做法。如果日本执政当局是理智的,其不可能完全看不见上述各点。

日本政府之所以执意虚构并坚信所谓的"中国威胁"、采取对华全面遏制战略,主要受到三个因素的影响:一是对华恐惧,二是社会达尔文主义的外交思维,三是保守主义的信念。

关于恐惧。日本对华恐惧的形成其实与日本执政者的历史认识密切相关。日本国家和民族在历史上对中国、韩国等国家和人民犯下过极其野蛮的侵略罪行。但是诸多日本当政者却不愿意正视这一事实。日本国家以及执政当局的历史认识,与中国等受害国政府和国民的认识之间存在着巨大的差异,近年来这种差异甚至还有扩大之势。在此背景下,日本统治集团在潜意识之中就无法摆脱对有朝一日会遭受对方报复的恐惧。长期以来,日本的统治集团和主流媒体或明或暗地不断指责中国、韩国等国家揪住历史问题不放，恰恰从一个侧面反映出了这种恐惧。只要这种恐惧迷思一日不消除，日本的对华政策规划就难以变得坦然和正常。但是解铃还须系铃人，要放下历史的包袱归根结底需要日本自身的努力和诚意。

关于社会达尔文主义。日本的东亚外交思维方式陈旧，与其说是停留在冷战时期，不如说更加具有 19 世纪末社会达尔文主义的色彩。冷战的特点之一是意识形态的对抗，虽然近年来日本为围堵中国，以"价值观"说事试图建构价值观联盟，但是日本外交更加注重的是实际利益而非意识形态，所谓"价值观"只不过是其用来构建反华同盟的工具。日本的亚洲外交信奉的是将生存竞争、弱肉强食视为自然律的社会达尔文主义的理念。虽然时过境迁，日本自身已经不具备成为区域霸主的能力，但是其非常担心中国会成为这样的国家。因此，日本的对华外交缺乏双赢、共赢的想象力和相应的努力。

关于保守主义。战后日本的保守主义势力虽然与美国建立起了同盟关系，但是其从未放弃过推翻第二次世界大战后盟国对日安排的企图。复兴"独立"和"强大"的日本是日本保守正统的夙愿。其具有标志性的目标就是修改和平宪法，使日本重新成为西方军事列强中的一员。尤其是安倍再度执政后，继承保守正统的衣钵，强调修宪是其"毕生的事业"，强行推进"解禁集体自卫权"。修宪和重新晋身于列强军事俱乐部，需要重新塑造日本的舆论。与日本的庞大军备相比，朝鲜的导弹显然不足以煽动民众的危机感，而被认为是"揪住历史不放的"中国自然成为最好的说事对象，尽管中国并不是日本的威胁，尽管中国之所以强调以史为鉴完全是因为日本自己放不下历史包袱。

美国的实力已经下降，日本的统治集团清楚地看到了这一点。但是其仍然千方百计地试图拉美国下水，期盼中美之间的军事冲突。其用心可谓深险：这一方面可以遏制中国的成长，另一方面也可以在利用和消耗美国的资源和实力的同时，提升日本在美国对外战略中的身价，改善日美之间的不平等关系。这种如意算盘，应该也是日本不遗余力地宣扬"中国威胁论"的目的所在。

（四）改善中日关系的路径考量

1. 基本判断

中日关系的僵局是由深层次、结构性的矛盾所决定的，它既包括战略层面，也包括心理层面，既有现实因素，也有历史因素。因此，中日关系难以在可以预期的将来获得根本改善。当前的努力重点，应该是防止关系的进一步恶化，即所谓"止损"。

2. 中方努力的方向

（1）确认目标

中日关系是我国对外关系的重要方面，但是其毕竟只是一个局部；就目前状况而言，虽然日本因素已经妨碍我国在东亚地区的和平和安全利益，但是尚不足以动摇我国总体外交态势。中国的对日外交仍然应该服从于我国自身发展战略和对外政策的总目标，而不是相反；我国的对外政策总目标是实现国家发展目标的途径和手段，而不是相反。不断确认和把握我国国家发展的总目标以及对外政策总目标并且以此来指导对日外交，是极为重要的。

（2）增信释疑

即使在非常敏感的领土争端问题上，日本的国民和社会舆论也并非完全支持日本政府否认存在搁置争议的立场。在历史认识问题上，尽管受到统治集团和保守舆论的误导，日本国民在一些历史细节问题上并不认同中国方面的主张，但是他们总体上并不否认日本历史上对华侵略这一事实，很多人程度不同地也知道一些日军在战争中的暴行。日本大部分国民在历史认识问题上并不缺乏良知，他们缺少的是对于真相的了解。在如何看待中国崛起问题上，日本国内也存在许多误导和误解。舆论是可以影响的，影响舆论的最基本途径是真相和沟通。

（3）底线准备

近年来，中方在东海维权问题上，以坚决果断的态度回应对方的挑衅，顺势而为，获得了重大进展。可以设想，未来中方在继续进行常态化巡航等主权宣示行动的同时，将继续针锋相对地回应对方的挑衅行为；同时中方将继续加强军事斗争的准备，因为只有这样才可能遏制极端势力和冒险者的蠢动，防止东海问题走向失控。

（4）管控危机

加强中日关系中高危领域的研判和管控工作，同时注意在这些领域加强对于我方舆论的引导，防止某些非理性因素影响国家发展和对外关系的全局。

继续支持和鼓励中日之间的民间交流和地方交流；维持双方政府之间的事务性和程序性往来；继续维护和支持两国经贸关系的互利发展；视时采取改善中日国家关系的举措。

（5）有重点地开展全方位外交

影响中日关系的最大外部因素是美国；美国的"亚太再平衡"战略是激发日本全面遏制中国战略冲动的重要因素；没有美国的全面支持，日本没有能力将东海争端升级为全面武装冲突。因此，就对日外交而言，对美外交仍然是其重要组成部分。

中国开展全方位外交的目的当然不是为了应对"日本因素"，但是在一段时间内，通过民间外交、媒体外交等途径，以扎实的史料和严密的逻辑揭露日本在历史认识、钓鱼岛主权归属等问题上的谎言仍然是必要的。

（6）中国德性的塑造与新型国际关系准则的引领

中国传统政治文化中有"恃德者昌，恃力者亡"的理念，中国的崛起不能只是经济、科技等"硬件"的长足发展，而同时应该注重"柔性内功"即德性的修炼，才能具有近悦远来的文化、文明魅力。在处理中日关系时，中国一方面要清醒地立足于现实，另一方面也要致力于超越现实乃至历史的努力。包括中日关系在内的复杂和全新的国际环境，应该成为中国创设新的国际关系理念、塑造新型国际关系的重要机遇，从而向世界展示处理国家间关系之德性与理性双辉的新范式。

二、专题研究

◆专题一：政治与外交

战略互惠还是战略抗衡——日本对华政策的转型与特点

近年来，日本的对华政策处于急剧的转型过程中，其突出特点是从战略互惠转向战略抗衡。日本对华政策的转型不仅基于中日两国实力的此消彼长，而且还基于对未来亚太秩序中日本地位的焦虑和担忧。日本的部分精英不甘心失去一百多年来在亚太地区的优势地位，所以要竭尽全力维持现有亚太秩序，遏制中国的快速崛起，保持自己的优势地位。重振"明治雄风"、不输给中国的政治意志使安倍等鹰派政治家的对华政策愈加强硬，中日关系进入了1972年以来最复杂的转折期。

一、中日关系转型的拐点

中日关系目前处于1972年邦交正常化以来的最低谷，有学者认为具有"准冷战"特征，因为双边关系陷入了全面"冰冻"期，几乎处于"政治绝交"的状态。

中日关系转型的拐点是2010年钓鱼岛海域发生的撞船事件。撞船事件发生后，日本政府的立场异常强硬，具体表现在：（1）高调否认存在领土争议；（2）否认中日间存在"搁置争议"共识和默契；（3）以国内法处置中国船长。日本政府的强硬做法与过去两国政府慎重处理领土争端的做法和默契背道而驰，其背后原因是民主党部分少壮派政治家想利用当时中美在南海问题上的矛盾取得领土争端上的突破，从而巩固政坛地位，获得民众更高的支持率。但在中国疾风暴雨式的反制措施下，菅直人内阁最终决定以"顾全中日关系大局"为先的原则释放船长，中国的外交斗争取得成功。但此后民主党政权在外交战略上转向美国，积极修复鸠山执政时期留下的日美矛盾。特别是野田上台后迅速实现访美并发表共同声明《面向未来的共同蓝图》，再次强调"日美同盟是亚太地区和平与安全保障的基石"，从战略上转向配合美国"重返亚太战略"，对华采取"软制衡"的政策。

2012年9月野田内阁出台所谓钓鱼岛"国有化"政策，就是认为国际环境有利于日本，加之中国又正在忙于准备召开十八大，认为是一次千载难逢的机会。在野田看来，实施"国有化"政策不仅客观上可以进一步加强对钓鱼岛的控制，又可以借口防止石原慎太郎"购岛"后采取更强硬措施，并推断中国即使采取反制措施也不会过度强硬。但野田的误判导致他很快下台，从而为安倍"梅开二度"提供了机会。

安倍内阁的对华政策更加强硬，并且显示出在战略上全面抗衡中国的特点。他不仅在领土问题上坚持"三不立场"——不承认有领土争端、不承认有搁置共识、不进行领土谈判，而且公然参拜靖国神社，挑衅中国在历史问题上的底线；在国际舆论上"抹黑"中国，诋毁中国"以武力改变现状"，破坏中国"和平崛起"的国际形象；在外交上不仅联美制华，而且还合纵连横，积极在东亚地区构建"对华包围圈"。结果使"钓鱼岛事件"上升为"钓鱼岛危机"，中日两国之间潜在的各种矛盾集中爆发，中日关系跌入1972年以来的最低谷。

二、日本对华政策转型的特点

这次日本对华政策的转型是全面而深刻的，其特点可以从战略、认知、战术和舆论战等方面加以总结。

1. 战略上，目前日本的对华外交走在了从"战略互惠"滑向"战略对抗"的边缘。冷战结束后，中日关系的战略定位几经摇摆和调整。20世纪90年代后，由于苏联解体和冷战结束，中日友好合作的战略基础发生动摇，但1998年江泽民主席访日期间签署的《中日共同宣言》使中日关系得到重新定位，"致力于和平与发展的友好合作伙伴关系"是面向21世纪中日关系的战略定位；进入21世纪后，小泉内阁在历史问题上无视中国国民感情，连续参拜靖国神社的做法又使中日关系产生激烈碰撞，中日关系陷入"政冷经热"的怪圈；2006年安倍上台后为打破僵局而首访中国，并确立了致力于"战略互惠关系"的共识，使起伏不定的中日关系再次得到稳定；直至2010年中日钓鱼岛海域撞船事件以及2012年野田内阁"国有化"政策后，日本民主党少壮派政治家和自民党鹰派政治家在领土问题上"毅然决然"对抗中国，"钓鱼岛事件"上升为"钓鱼岛危机"；安倍上台后提出"俯瞰地球仪"外交，试图从战略上抗衡中国的快速崛起，建立所谓"对华包围圈"来牵制中国地区影响力的上升，中日关系滑向了全面冷战和战略抗衡的边缘。

2. 对华认知上，日本对华政策的转型基于对华认知的改变。近年来日本媒体喧嚣着"咄咄逼人的中国""膨胀的中国""威胁的中国"等论调，"强硬中国"的新形象占据日本主流社会。大部分日本人认为"中国的崛起已经不是潜在和未然的命题，而是现实和已然的事实"。"这次中国的崛起是全面的综合实力的崛起，不仅经济上成为世界第二，政治上还是联合国安理会常任理事国，在二十国集团、世界银行、国际货币基金组织等国际组织中的影响力也不断扩大"。特别是中国军事上的实力大大提升，二战后日美在亚太地区的军事主导地位受到前所未有的挑战。面对全面崛起的中国，日本政府采取的政策是围堵与抗衡，强调要提升对华"遏制力"和"威慑力"。于是，三年内两次修改日本防卫计划大纲，加强西南诸岛的防卫力量和侦察力量，要求驻日美军引进最先进武器威慑中国，积极参与和组织各种军演威慑中国。日本主流舆论也都认为，必须对华强硬，"对中国这样的大国必须有遏制力量否则恐怕会走向独断霸权主义"，不接受中国的全面崛起成为日本主流社会的共识。

3. 战术上，首先采取"联美制华"政策。美国一直是中日关系的最重要变量，美国的"亚太再平衡"战略在日本看来是奥巴马放弃了上台之初的对华"绥靖政策"，"美国的回归亚洲在日本被解读为向中国传递坚决的信号，是中美两国集团论（G2）的幻灭以及日本对美的战略价值提升。"日本再次"借船出海"，积极采取措施加强日美同盟的军事合作能力。一是增强美国在日本的军事攻防能力；二是通过军事演习加强日美同盟的军事一体化；三是扩大日美同盟的范围，包括宇宙空间合作、情报侦察合作、应对网络攻击合作等，日美军事合作越来越向纵深发展。日本某著名战略派学者认为，"在亚太地区支持美国行动的日美同盟可以使中国谋求霸权付出更大成本，可以影响中国对风险的认识，也有利于遏制中国改变现状的行动"。其次是在东亚地区拉帮结派，构筑"对华包围圈"。一是积极推进东南亚安全外交，确立多边和双边等安全领域的合作；二是推动建立日澳、日俄、日印之间的"2＋2"机制（外交部长和国防部长的会谈机制）；三是建立"日美＋N"机制等，通过上述积极外交活动，主动构建亚太地区网络型安全体系，为日本在未来东亚地区新的安保体系中占据重要位置、获得主要发言权做准备。安倍明确说过"日本外交首先要强化日美同盟，然后将同东南亚和印度的关系提高到更高水平的基础上再来同中国搞好关系"。

4. 在国际社会打造"负面中国"的形象。一是夸大钓鱼岛海域的紧张局势，将日本塑造成受害者，批判中国"以武力改变现状"，将中国塑造成霸权者，以此赢得国际社会的同情和支持；二是通过积极的外交活动游说国际舆论，通过达成一定国际舆论共识来围堵中国，将日本塑造成"国际规则的守护者"，将中国说成是"国际规则的破坏者"，以达到诋毁中国国际形象的目的；三是以自由民主人权等价值理念为标准将中国列为"异质国家"。日本现实主义派学者高坂正尧认为，国际政治是"力量的体系"和"利益的体系"，同时也是"价值的体系"。日本将中国认定为与欧美日等西方国家不能共享"价值理念"的"异质国家"，积极推行价值观外交，以此占据国际舆论的高地。

5. 经济上出现"去中国化"趋势。改革开放后中日关系发展的深厚基础是经贸关系，目前中日每年的贸易总额高达 3000 多亿美元。小泉执政时期虽然政治关系出现倒退，但经济关系依然不断发展，所谓"政冷经热"的现象。但是，近两年来中日的经贸关系出现新的变化，连续两年中日贸易额出现下降。在安倍内阁抗衡中国战略的影响下，日本政府积极参与美国主导的 TPP 谈判以平衡中国在亚太地区经济影响力的上升，安倍上台后遍访东盟十国，鼓励日本企业投资转向东南亚国家，经贸领域的"去中国化"倾向有所呈现。

三、日本对华政策转型的原因

日本对华政策的转型既源于中日双边实力的此消彼长，更源于对未来亚太秩序中日本地位的焦虑和担忧。冷战结束后，如何应对崛起的中国成为日本近代以来首次面临的挑战，日本的对华政策一直摇摆不定，中日关系因此起伏动荡。90 年代后，在日本主流媒体同时喧嚣着"中国威胁论""中国崩溃论"和"中国机遇论"等截然不同的中国观。2008 年美国金融危机爆发后，日本一度对美国非常失望和不满。2009 年 8 月民主党上台后，在外交方面提出了两个令人瞩目的目标：一是要构建一个紧密而对等的日美关系；二是要加强亚洲外交，致力于"东亚共同体"建设。鸠山内阁以高支持率组建政权，其原因之一是国民对民主党政权的外交充满期待。在对华政策方面，鸠山首相执政 8 个多月的时间里，中日首脑在双边、多边场合会见了 7 次，是"中日首脑外交的繁忙期"，日本舆论界也充满了对中国的友好气氛。与此相对，鸠山内阁时期的日美同盟则"漂流"了 8 个月，在普天间机场搬迁问题、印度洋美军补给问题、调查"核密约"等问题上鸠山的强硬态度让美国感到愤怒，鸠山内阁在美国的打压之下迅速垮台，日本的外交政策不得不再次回到以日美同盟为基轴的路线上来。

2010 年后中日关系出现的根本性变化，既有钓鱼岛撞船事件等偶然因素的推动，又有日本内政的剧烈动荡以及美国亚太战略的调整等多方面原因。

1. 从日本内部来看，冷战后 20 多年来日本一直停滞不前，政局动荡，经济衰退，日本大多数国民希望走出低谷，需要强硬的政治家带领日本走出闭塞停滞。而安倍等鹰派政治家的内政外交目标非常明确，就是要"夺回强大的日本"，摆脱战后体制，走向正常国家。这是安倍的政治理念，也是日本鹰派政治家的夙愿。这种诉求一定程度上迎合了民众的期望，目前得到了日本主流社会的支持。

2. 从国际环境来看，进入 21 世纪后，世界处在历史的大变动、大转折时期，新兴国家的群体性崛起使产业革命以来以欧美为中心的国际体系开始动摇，权力转移非常明显。这对 150 多年来紧紧追随西方的日本来说是巨大的冲击。在国际格局大转换时期，日本非常在意自己在未来秩序中所处的位置，日本精英阶层已经形成共识，认为在中国还未创建新秩序之前必须通过努力创建有利于日本的新秩序，以维持日本在亚太地区仅次于美国的地位。民主党少壮派政治家前原诚司在 2011 年访美发表演讲时就认为，日美两国要合作构筑亚太新秩序，"今后，处于转型期的亚太地区，我们两国面临的首要风险是不能全面全力地投入地区新秩序的形成，现在最主要的是整备地区制度的基础，日美两国在其中发挥什么样的作用，是我们的重大责任"。可见，这一轮日本对华政策的调整基于亚太地区主导地位和影响力的博弈和较量，目标是牵制中国快速崛起，保持日本在亚太地区的优势地位。

3. 美国的"亚太再平衡"战略给日本带来了机会。日本最大的噩梦是被美国抛弃，中美竞争和对抗关系可以提升日本的战略地位，可以因此受到美国的重用，从而维持日本在亚太地区仅次于美国的特殊地位。随着战略重心的转移，美国也期待一个在广度和深度上能够给予美国更大支持的日本，从2013年日美"2 + 2"会议声明和决定在2014年底之前修改《日美防卫合作指针》等举措来看，日美两国在战略大方向上具有相当大的契合度，日本在美国亚太战略中的地位得到迅速提升，增加了日本对华强硬的底气。

4. 对中国崛起的焦虑与抵制。进入21世纪后，日本清楚地意识到，中国在未来亚太秩序的塑造过程中影响将越来越大，日本极力要维持的"美国霸权"体系已经出现瓦解的迹象。日本学者进藤荣一在《亚洲力的世纪》一书中认为，"美国的全球霸权已近黄昏，但美国主导的霸权秩序依然存在，新秩序尚未达成，世界充满许多不确定性，各种势力认知的差异容易引起碰撞和冲击"。从近年来中日关系恶性循环的情形来看，日本对150多年来在东亚地区的优势地位和优越心理不可能轻易放弃，它无法接受150多年在东亚优越地位的历史被改写，无法接受中国的再度崛起，它坚信西方主导的国际体系的瓦解将使它失去该有的"位置"，这种对未来的"不安"和"焦虑"转化成对华政策的强硬和抵抗。日本著名国际政治学者冈部达味认为，"日本长期是东亚唯一的发达国家，因此很多人对中国的崛起有抵抗。"特别是安倍等鹰派政治家所谓"不输给中国"和重振"明治雄风"的意志，对日本对华政策的转型起到了推波助澜的作用。

5. 自主防卫诉求的推动。面对世界格局的转型和美国不可避免的相对衰落，日本越来越认识到不能陷入对美国的过度依赖。特别是在防卫领域，正在不断冲破战后束缚，增强日本自主防卫的力量。日本学者松村昌广认为"日本必须凝聚国家安全战略共识，加紧提升军事应对能力，实现自己的国家自己保卫；日本在短期内还能仰仗美国的霸权，但从中长期来看，应努力降低对美国的依赖，逐步实现摆脱对美从属关系"。目前安倍内阁推动的"安保三箭"和解禁集体自卫权等举措，可以说明日本的防卫政策发生了重大调整，应对中国军事崛起成为日本防卫政策调整的最关键因素。

四、基本评估

1972 年中日邦交正常化后，日本是中国改革开放的支持者和援助者，中国很好地利用了日本的资金和技术发展自己；同时，在战略上共同抗衡苏联的威胁和扩张，为中日战略友好关系奠定了深厚的基础。冷战结束后，日本又率先打破了西方国家对中国实行的经济制裁，支持邓小平南方谈话和更深入的改革开放，两国的经贸关系得到了前所未有的深入发展；进入 21 世纪后，中日关系进入"政冷经热"阶段，两国在地区影响力和领导力方面的竞争加剧，"东亚共同体"战略上的摩擦和矛盾表明两国的地区战略既有竞争又有合作；而 2010 年后中日关系陷入矛盾集中爆发期，甚至走到了战略竞争和战略抗衡的边缘。

如何评估这一轮日本对华政策的战略调整？中国又应该做出怎样的应对？中国是否有能力影响甚至塑造日本未来的对华政策？中国的对日政策也面临着新的转型和挑战。

第一，中日关系进入了全新时期，这是中国崛起和时代发展的必然结果。在纷繁复杂的国际背景下，中日关系也陷入了激烈博弈的战略竞争之中。安倍强硬对华政策的背后是"不输给中国"的意志在支撑，政治、经济、安全领域的较量和博弈将在未来一段时期成为中日关系的主要特征。

第二，由于中日实力的此消彼长，日本不再成为中国的"帮手"，但是，我们要防止日本成为中国的"风险"。中日关系进入了"强强相对"的新时期，过去的应对模式可能不再灵验，中国应该站在战略高度进行权衡，需要更多的观念创新和制度突破。

要避免中日关系走向传统的"安全困境"和"军备竞赛"，坚持中日两国"合则两利，斗则俱伤"的箴言，站在亚太地区和平与繁荣的高度，缓和中日两国在东海的紧张局势，坚持领土问题上"搁置争议，共同开发"的原则方针，使中日关系回到互利合作的轨道上来。

在钓鱼岛领土问题上，要使日本政府认识到，2012年的"国有化"举措已经打破了过去的默契与共识，现在需要面对现实达成新的共识。目前最紧迫的课题是恢复谈判建立危机管理机制，防止钓鱼岛海域和领空发生"擦枪走火"，学界要加强交流与研究，可以探讨"海洋和平特区"等方案，以缓和钓鱼岛海域的紧张局势。

在参拜靖国神社等历史认识问题上，日本国内舆论是分裂的，中国要团结有良知的日本人，让更多日本民众理解中国人民的感情，牵制右翼政治家的"妄言"和"妄举"。

第三，从长远来看，中日关系的稳定发展有利于中国的顺利崛起。近年来，日本政坛虽然出现了右倾化的趋势，但日本政界还有温和派和对华友好人士，日本国内要求缓和中日关系、稳定和发展中日关系的民意依然存在。我们应该加强与这些人士的对话和交流，从而牵制鹰派政治家的对华强硬政策。

第四，要采取措施缓和日本国内消极的对华认知，不要把所有对中国的担忧都看成对华敌视。日本主流舆论对中国的认知有很多"误判"和"误认"，要分辨是"恶意的误认"还是"无意的误认"，要通过加强交流和解释来粉碎"恶意炒作"，缓和舆论气氛，防止对中国的负面认知固化成偏见。

第五，要积极推进大周边外交活动，通过"富邻、睦邻、安邻"等周边外交政策，打破日本试图利用中国在领土领海问题上的争端构筑"对华包围圈"。目前中韩关系和中俄关系发展顺利，牵制了日本的包围政策。同时，中国要增加军事透明度，积极推进与周边国家的安全合作，倡导新型合作安全观，以主动合作与开放的姿态积极创建未来东亚地区的双边或多边安全合作机制。

◆ 专题二：经济与贸易

转型期的日本经济及其对中日政经关系的影响

从纯经济学的视角出发，只要国民安居乐业，生活水平不断提高，哪怕只是能够维持较高水平的现状，那也不能够称为"失败"。自 20 世纪 90 年代日本泡沫经济崩溃以来，日本经济就出现了这样的情况。但是，由于以中国为代表的发展中国家的迅速崛起所带来的鲜明对照，按照宏观经济常用的经济指标，人们一般认为日本经济出现了长期萎靡不振，被称之为"失去的二十年"。

事实上，虽然自 1990 年之后日本经济发展的宏观指标不尽如人意，但就国民生活水平而言并未出现大幅度的滑坡，甚至还有继续缓步上升的势头。之所以出现这样的矛盾，究其根本，在于日本经济整体正处于转型期。

一、日本经济社会的结构性变化

在探讨日本经济转型之前，有必要考察近 20 年来日本经济社会整体的结构性变化或显著的表现。如果说"明治维新"带来了国家资本主义的全面发展，最后走向了军国主义的扩张；那么战后美国对日本社会结构的重建，奠定了战后日本经济高速增长的基础；而在通过自身努力克服了两次石油危机和广场协议所带来的负面影响后，又遭受泡沫经济崩溃重创的日本，从 90 年代起开始反思过快的经济发展所带来的诸多弊端，经济学界也开始摸索真正的"富饶社会"。日本经济也面临着向"北欧福祉型国家"发展，还是继续扩大经济规模、增强国力、成为在世界范围有强大影响力的国家之间的选择。

战后的经济高速增长不仅把日本经济推向了世界经济的前沿，同时也为日本社会带来了新的变化。首先，日本成为世界上贫富差距最小的国家之一，在橄榄球形的社会结构中，诞生了1亿人口的中产阶级（日本全国人口1.2亿）。经济发展的恩惠遍布全国各地的同时，人类自身的"惰性"也在国民中蔓延。日本国民对就业的观念也开始转变，全国非正规雇佣的劳动者不断增加，即便是在学堂里也充满了"快乐教育"。

其次，日本已经快步进入了老龄少子化社会。2013年日本65岁以上的老人已经达到31988000人，占全体人口的25.13%；而新生儿只有1045026人，出生率仅为0.82%（参见图1）。

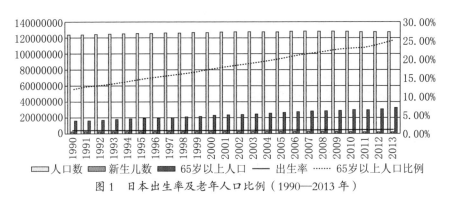

图1　日本出生率及老年人口比例（1990—2013年）

再次，富裕的物质生活促使大批的日本人走出国门，1990年日本出境旅游人数已经突破1000万大关，占全体人口的8.92%。其间虽然有起伏（受"9·11"事件、非典等影响），但在2012年，该人数已经猛增到1849.07万人，比例也上升到14.60%。与他们的先人在20世纪40年代奔走西方列国寻求经营之道所不同的是，这次他们开始体验，甚至是享受世界与日本的差距（见图2）。

然而，这些在其他国家看来可称为艳羡的社会现象，反而为日本经济转型的苦难埋下了伏笔。

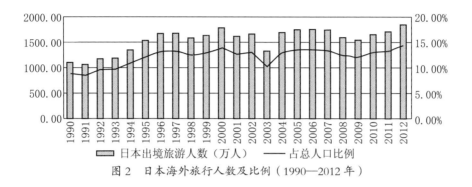

图 2　日本海外旅行人数及比例（1990—2012 年）

二、宏观经济的"低迷"

90 年代起，日本经济的主要指标的确发生了明显的变化。

第一，国内生产总值（GDP）的增长已经失去过往的势头，经济增长率一路下滑，甚至出现了多年的负增长（8 年为负增长）。但是也应该看到：尽管名义 GDP 总量从 1990 年的 4300398 亿日元增加到 2012 年的 4696032 亿日元（增长 9.9%），增长不多。但是，实际 GDP 总量从 1990 年的 4299855 亿日元，增加到 2012 年的 5110115 亿日元（实际增长 18.8%）。而且，实际 GDP 为负增长的年份也只有 5 年（见图 3）。

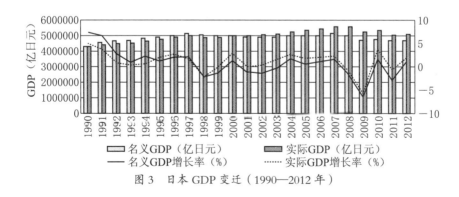

图 3　日本 GDP 变迁（1990—2012 年）

况且，以上的统计数据来自日本内阁府，如果使用世界银行按照购买力平价的美元计算的话，情况就大相径庭。世界银行的统计显示：日本的 GDP

虽然已经退居世界第三，但是总量依然可观，与 1990 年相比，几近翻了一番；人均 GDP 也几乎翻了一番，逼近 50000 美元大关（见图 4）。

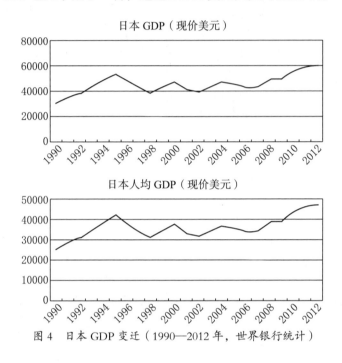

图 4　日本 GDP 变迁（1990—2012 年，世界银行统计）

第二，CPI（居民价格消费指数）到 90 年代中期为止还能基本保持上升势头，但是从 1997 年起明显进入了徘徊不前的局面。而同期，日本人均实际可支配收入的变化也没有太大的减少。事实上从 1990—2007 年之间，人均实际可支配收入的增长率虽有徘徊，但是基本还在上升趋势；而在 2009 年跌入谷底之后也已经开始了反弹，2012 年的日本家庭实际可支配收入还比 1990 年略有所增长（见图 5）。鉴于长期的通货紧缩、物价 20 年不变（甚至是下降）的实际情况，就国民生活水平而言，日本并不像想象的那么差。这也是在日本生活，并没有生活水平直线下滑的实感的原因。

第三，进入 90 年代，日本失业率明显上升，虽然 2002 年开始有所好转，但是与之前的 2% 相比，2012 年已经翻了一番（见图 6）。即便如此，日本的

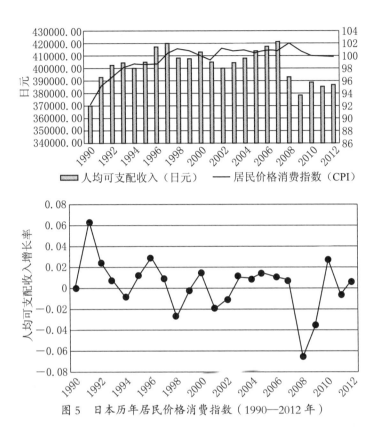

图 5　日本历年居民价格消费指数（1990—2012 年）

失业率在先进国家中依然属于低水平（2012 年美国 7.80%，德国 6.70%）。诚然，失业率的上升并不只是不景气的缘故，与日本社会思潮的变化也有着密切的关联。当今更多的年轻人不愿意被企业制度所束缚，自愿地选择了非正规雇用的就业形式。

图 6　日本失业率变化（1990—2012 年，%）

第四，在众多宏观指标中，股市变化可谓最惨不忍睹。1989 年逼近 4 万日元的日经平均指数最低时跌破 1 万日元，即便是后来受"安倍经济学"利好政策波及，也仅能够回复到最盛时期的一半（见图 7）。

图 7 日经平均指数变化（1989—2013 年）

从以上几项常规的衡量经济发展的指标来看，日本经济的确出现了或多或少"萎靡"的症状，但 20 余年并没有给日本国民带来灾难性的后果。从日本实际生活来看，遍及各地的商家店铺，琳琅满目的商品物资，安全安心的低犯罪率（OECD 官网显示，2007—2012 年，日本居民对治安信任指数上升了 4.7%；以 2004 年犯罪率指数为基年 100，2010 年日本犯罪指数为 83；以上指标均远远优于 OECD 平均水平），可以说，日本国民的生活依然便捷与安全。

从这个意义上说，泡沫经济崩溃后的日本完全可以走一条偏向于北欧发展模式的道路，注重民生、营建一个和平的高福祉国家。但是，以中国为代表的发展中国家的迅速崛起，和日本民族特有的强烈的"岛国危机意识"，让日本的精英开始谋求变革，希望重振日本往日的辉煌，开始了日本经济全面转型的"折腾"。

三、产业结构转型的"困惑"

（一）产业政策的失灵

日本经济全面转型的磨难，首先表现在其产业政策的失灵。这里，也许用日本的精英还没有确定到底想把日本经济引领向何方这个表述更为贴切。泡沫经济崩溃后，日本政府先后提出"金融立国"（2004年12月《金融改革计划——金融服务立国的挑战》）、"投资立国"（2005年春《21世纪前瞻》）、"观光立国"（2006年12月《观光立国推进基本法》；2007年6月《观光立国推进基本计划》）、"服务业立国"等战略导向，但多是昙花一现。准确地说，日本政府始终在这些新理念与高度成长中屡试不爽的"制造业立国"战略之间举棋不定。

与经济高速发展期不同的是，日本的大企业已经不需要以往"保护船式"的政府支持，他们已经可以独立面对世界的挑战。诚然，这其中本身有政府与跨国公司之间的"博弈"，日本国内民主化的推进和日本特有的反对"政企"勾结的"洁癖"（1999年开始禁止企业向政党捐赠）等诸多要因。但是最根本的原因，还在于日本的大企业最擅长的、最具竞争力的、最核心的利益还是停留在制造业上。所以，日本政府90年代后推出的各类产业诱导性的政策，大都遭到日本企业的冷落。其中包括冲绳金融特区、新兴产业集群设想等。而日本政府反复强调的"ALL JAPAN"战略，也是应者寥寥。

（二）产业结构的变化

从90年代后日本产业结构的变化来看，显示出以下特点。

（1）第一产业、第二产业从业人员比例逐渐萎缩，而第三产业从业人员比例则保持了逐年递增的势头（见图8）。应该说这样的产业人口结构正趋于稳定，也符合经济学的基本原理。2013年日本从业人口6311万人，其中第一产业233万人（3.69%），第二产业1541万人（24.4%），第三产业4537万人（71.57%）。

（2）从日本主要产业在GDP所占比重的变化来看，政府机关服务产出所占比重显示出增长倾向，非营利组织产出所占比重也呈现上升趋势，而产业整体所占比重开始下滑（见图9）。其中，制造业所占比重从1994年的22.1%下跌到了2012年的18.2%，其他显现下降趋势的还有农林水产业、矿业、建筑业、水电煤业和金融保险业。而信息通讯业和服务业、房地产业的涨势较为明显，批发零售业和运输业基本保持不变。应该说，第一产业的萎缩和第二产业的下滑，以及第三产业的增长，符合先进国家的发展规律。而信息通讯业和服务业的迅猛崛起，更是经济全球化的具体表现。

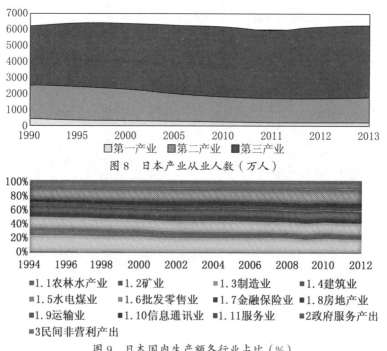

图 8　日本产业从业人数（万人）

图 9　日本国内生产额各行业占比（%）

（三）贸易结构的变化

在贸易结构方面，随着经济全球化的深入和发展中国家的崛起，日本的主要贸易国和地区也发生了变化。

出口排名中，美国虽然依旧保持第一，但占比明显下滑。1990 年还未进入前十的中国，2000 年出现在第四位，2005 年开始占据第二位，且占比涨幅迅速。韩国、中国台湾和中国香港，则基本维持了原有的规模。从区域来看，对亚洲地区的涨幅较为明显，而对欧盟的出口比例缩水较为严重（参见图 10）。

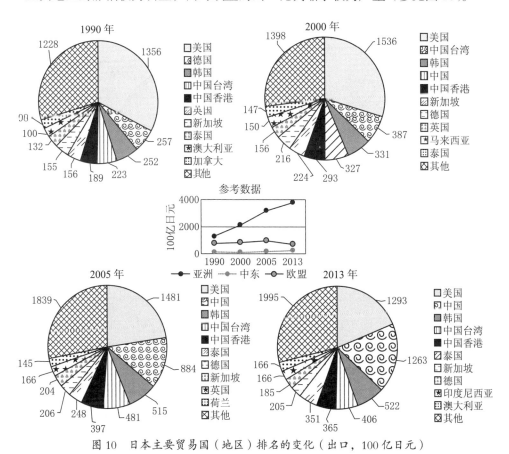

图 10　日本主要贸易国（地区）排名的变化（出口，100 亿日元）

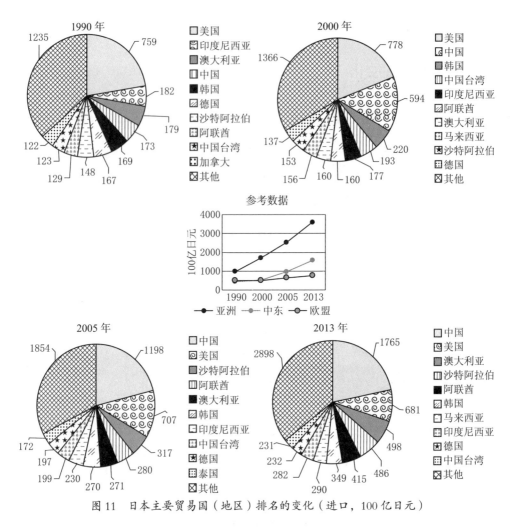

图 11 日本主要贸易国（地区）排名的变化（进口，100 亿日元）

而在日本的主要进口国（地区）排名中，2000 年还处在第一位的美国已经被中国替代，退居第二位。第三位多为原油、天然资源出口大国所占据。整体来看，亚洲、中东比重增加，欧洲比重减少的趋势与出口国（地区）的情况相仿（参见图 11）。

其次，从主要贸易商品的变化来看，1990 年之后汽车始终牢牢地占据着出口产品的第一位。1995 年之后，长期占据第二位的电子部件在 2011 年被钢所替代，退居第三。而曾经在 1990 年还排名第二的事务用器械，则于 1995

年开始沦为第三，并在 2002 年退出了三甲。而在进口产品当中，原油始终占据第一位。交替占据第二位的衣类及附属品和电子元件，在 2007 年之后被液化天然气所替代。1999 年之前还保持第三的水产品，也已经在 2000 年被挤出了前三。

（四）小结

综上所述，可以看到面临转型期的日本，无论在产业结构还是在贸易结构的变化中，始终充斥着制造业的身影。泡沫经济的崩溃不但没有削减日本制造业的实力，反而让日本的制造业增添了新的活力。进口能源、原材料和零部件，在添加附加价值之后转卖给全球消费市场的经济成长模式，依然在日本根深蒂固。

四、企业转型的失败

日本产业结构调整的失灵，不仅在于政策和产业导向上。其实，1990 年后日本企业自身在几次决定性的变革中，也都没有能够尝到胜绩。

（一）国际化战略

90 年代后，经济的全球化全面升级，全球产业链重组的需求一浪高过一浪，企业经营也从传统的"规模经济"（规模效应）转向"范围经济"（产业集群），进而步入"连结经济"（全球最优化）。

显然，日本企业没有做好相关的准备。当他们热衷于"范围经济"带来的效益的时候，欧美企业已经顺利地占领了产业链的顶层，合理地运用全球供应商做到了全球资源最优配置与组合。如汽车行业中，欧美的汽车厂商已经大量实施零部件的模块化，大型部件的外包化和生产的标准化，在降低成本的同时把主要精力投入新技术、新能源的开发，甚至向汽车金融等汽车产业的衍生产品和跨领域商业模式拓展。而日本的汽车厂商还沉浸在传统的制造业中乐不思蜀，甚至还纠结于在欧美已经泛用化的个别零部件加工技术的改良。

（二）全球标准大战

当欧美企业推陈出新地摆出一套套全球标准，巩固其产业链主导地位的时候，日本企业再度败下阵来。即便是号称"日本品质"的 JIS 标准（日本工业标准），也被欧盟标准的 ISO 所全面代替。日本行业协会内部的钩心斗角和保守迂腐，让他们失去了借助日本产品风靡世界的大好形势、确立日本模式成为世界标准的机会。全球标准大战也使得日本在金融大改革中，将"购入原价会计制度"改成了"时价会计制度"，损失惨重。

而在 21 世纪的人才大战中，面对以美国 MBA（工商管理学硕士）为代表的人才教育规范化战略咄咄逼人的攻势，日本的人才教育再度败下阵来。倡导学术自由化的大学、高等教育机构与日本文部省（教育部）官僚体系格格不入，以及日本式"快乐教育"的恶果让日本企业在人才争夺战中溃不成军。直到这两年，日本文部省才痛定思痛，调整战略，推出"全球化 30"（到 2020 年为止引进 30 万留学生）等计划，谋求争取更好的生源来推动日本教育的改革。刻板的法务省也终于配合外务省的引援计划，开始放宽技术移民等高水平人才的引进（如 2014 年 3 月 11 日开始将技术移民的入籍所需时间从 5 年缩短为 3 年等）。但其在国际竞争中的劣势，并不是一朝一夕可以挽回的。

（三）本土化策略

在全球化和全球标准化中屡战屡败的日本企业，在本土化的推进中也接连受挫。小语种的日语受到适用范围等自身的限制，本来就对企业颇多连累。虽然在日本对外官方开发援助（ODA）的开展中日语得到了一定的普及，并为日本企业打造了不少的海外精英。但是，随着在全球化推进和全球标准争夺中的接连失利，日本企业再度陷入迷茫。文部省开始转向强推英语教育的政策，削减了海外日语推广的经费。论资排辈的企业高层又大多不善外语，加之日本年轻人大多不愿出国留学（日本文部科学省统计，2010 年日本共58060 人赴海外留学，其中赴美国留学 21290 人，中国 16808 人，英国 3851人。同 2009 年相比，减少约 3.1%），也导致日本企业在语言上的劣势更加雪上加霜。

一方面海外当地的高级人才由于语言障碍与总部的沟通不畅，另一方面又没有决心对当地的高级人才全权委以重任，在全球开展业务的日本企业的本土化进程步履艰难。虽然，出现了 NEC、东芝等大公司委任外籍人士担任地区总负责人的个案，但是就日本企业整体而言，实在是凤毛麟角。"争取全球化人才、培养全球化人才"的决心，也多只停留在口号上。

（四）日本式经营"三种神器"的失灵

除了企业对外部环境变化的不适应之外，日本企业自身的内部经营，也遭遇到了前所未有的瓶颈。80 年代所向披靡的日本式经营"三种神器"（终身雇佣、年功序列、企业工会），也开始失灵。

　　自财阀解体后，靠金字塔形承包系列（带有资本、人员参与主导经营的日本式外包）开始出现松动。金字塔底端的中小企业开始谋求"资金上的独立""技术上的独立"，甚至是"战略上的独立"。特别是日本中小企业的海外拓展，已经由被动式地跟从顶层企业，向独自发展转变。在汽车行业中，甚至出现了这种承包系列无奈解散的情况。如日产和马自达，先后解散了原承包系列中的"协力会"（零部件供应商联合会）。这给长期以来以稳定的固定交易伙伴促进关联企业共同发展的日本企业发展战略，带来了更多的动荡。

　　而年功序列（论资排辈）的企业内部晋升制度，也越来越多地受到日本年轻人的抵制。欧美企业能力主义的薪酬体系逐渐开始被日本国民接受，不少日本代表性的企业开始使用欧美企业惯用的年薪制度、绩效考评制度。日本经济社会中的"就社"（进入一家企业工作到退休）开始向真正的"就职"（一生从事一项工作）转变，日本劳动力市场的封闭性被打破，劳动力市场的流动性出现了大幅度的松动。随之而来的是近年日本非正规雇佣人口的激增（见图12），与1987年711万人相比，日本非正规雇佣人数增加到1813万人。这也大大增加了社会的不稳定因素。准确地说，非正规雇佣员工及其家庭的生活水平大大低于正规雇佣员工，他们是受到经济不景气冲击最大的日本人。

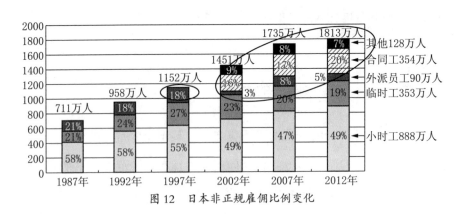

图12　日本非正规雇佣比例变化

至于原本就是一团和气、极其弱势的日本工会，在"失去的二十年"中更是疲态尽显，现在连组织"春斗"（每年春季定期要求工薪上涨的工会活动）的气力也没有了。

日本式经营"三种神器"的失灵，直接给转型期的日本企业带来了更多的苦恼。加之原本就饱受非议的经营决断能力、战略应对能力等问题，内忧外患中，日本企业的国际竞争力也直线下滑。

（五）产品结构调整

由于日本有 1 亿所谓中产阶级，日本企业面对国内市场必须不断推陈出新，尽量缩短产品周期以谋求能够满足这些中产阶级需求的产品。而随着日本国内生活水平的不断提高和消费者个性化需求的扩大，表现在产品上就出现了"单一产品大量生产"向"多品种少量生产"的转变。在这样的转变中，依然要维系日本国内产能过剩的"同质企业群"（运用类似技术生产类似产品的企业群）显然很不现实。

于是更多的企业把视线转移到了国外，但是面向日本国内的产品结构在面对全球市场的应对上又出现了问题。面对贫富差距日益增大的海外市场，在新产品开发、新技术引进等方面被欧美企业甩在了身后的同时，又不得不面对发展中国家企业紧追不舍的日本企业，显然没有显示出足够的灵活性。特别是在新兴市场，欧美企业往往依靠强大的品牌战略，推出高端产品迎合高收入人群；新兴发展中国家的企业，则聚焦于低收入人群生产大众化产品。习惯于国内面向中产阶级的产品设计和推广的日本企业，又陷入了高不成低不就的尴尬境地。如在汽车行业中，日系汽车在与欧美系列的竞争中输在品牌上，而在与发展中国家企业的竞争中又输在价格上。

（六）小结

由上所见，无论是面对全球市场的变化，还是企业内部的改革，日本企业的转型都屡屡受挫，高速经济发展期培育的强大的生产力正面临着最大的危机。如90年代日本拥有十大汽车厂商，但是在全球化兼并浪潮中，现在仅剩下丰田、本田和富士重工，连老牌的三菱汽车也几经转手，失去了往日的优势。

五、安倍经济学的最新动向

面对经济宏观指标的不如意，产业结构调整的彷徨，企业战略调整的无力，日本的精英开始给日本经济注入"猛药"，以求起死回生，"安倍经济学"应运而生。

"安倍经济学"的主要经济政策，被称为刺激日本经济的三支"利箭"。分别是：大胆的金融政策，灵活的财政政策和吸引民间投资的成长战略。其中第一支箭和第二支箭是实现第三支箭的基础，而这三支箭最终的目标，是在10年内达到平均每年名义GDP增长3%，实际GDP增长2%，人均GDP增加150万日元的效果。

该政策实施一年以来，日本仍然没有从根本上扭转持续15年的通缩格局。其中，第一支箭实施的结果是日元贬值21%以上，物价仅上升0.7%；第二支箭的公共投资效应根本没有显现出来；而第三支箭的实施更是遥遥无期。因此，2014年日元贬值空间已经有限，依靠输入型通胀提升物价的可能性已经非常小，而货币政策对物价调控功能已经微乎其微。即便是继续实施第二波量化宽松，其效果如何也难以预测。从目前来看，日本的经济形势不容乐观，"安倍经济学"很可能在消费税税率上调后"寿终正寝"。而随着时间的推移，高达240%的国家债务问题会日益凸显，悬而未决的债务风险随时都可能给日本经济致命的一击。

六、总结与政策建议

诚如上文所言，目前困扰日本经济转型的问题很多，如在国家政策、产业层面，其中更夹杂着"债务危机""国内产业结构的重组""老龄少子化""产业空心化"等一系列的问题。究其根本，转型的方向是关键。如果日本依然举棋不定，势必会加剧这些问题的恶化。因为，日本国家的走向将直接决定日本国内市场的供需条件，而市场供需失衡才是日本经济"失去的二十年"的根本要因。

深处转型期的日本经济自然诱发了日本社会整体的动荡，也给中日关系蒙上了阴影。从这个视角出发，深入了解日本经济的实际情况、及时把握日本经济的走向，对改善中日关系具有重要意义。

首先，必须清晰地认识到，中日两国的共同利益更多的还是体现在经济利益上。虽然中日两国的经济关系已经从单纯的相互补充开始向合作型的相互竞争关系转变，但是在今后较长的一个阶段内，还是存在诸多共同利益（如中日韩 FTA 等）。

其次，日本国内政经分离趋势十分明显，而日本的经济界又有着与中国合作的迫切需求。应该合理运用政府与跨国公司之间的矛盾，分清敌友，区别对待。这里特别值得关注的是，安倍二次掌权后日本企业中亲中高层开始出现失势的情况，令人担忧。

再次，90 年代后，日本经济始终是日本国民衡量日本政党执政能力的风向标。掌握日本国民对日本经济的评价，也可以洞悉日本政治的走向。而转型成功与否更会受到媒体舆论的左右，帮助日本国民正确理解日本经济所面临的深层次根本问题，也许可以成为一种外交新手段。

最后，"安倍经济学"解决不了日本经济的根本问题，而其主打经济牌的周边外交也难以奏效。"金钱外交"的成败关键，还是在于经济合作领域的战略设定和具体的合作项目是否可以真正实现互利互惠。如何合理运用经济牌，结合新丝绸之路以及金砖五国等新思路、新经济制度，开创符合中日两国共同利益的经济合作新模式，应该是当前极为紧迫的课题，也是中日经济合作共赢的新思路、新方向。

能否把握住机会，现在实际上球在日本手里。期待在政治、外交、军事上制衡中国的同时，又能从中国获得经济利益的最大化，无疑这不仅做不到，反而只能把中日关系带入死胡同。安倍政权的对华战略思维，做到彻底改弦更张很难，但应该到了调整之时。

◆ 专题三：日本社会

从社会思潮的流变看日本社会政治倾向的演变

一、所谓现代的日本社会思潮

某一国家的社会思潮，反映了一定的历史时期内，这一国家的国民对社会现实的实际感应和价值取向及价值判断。虽因国民的阶层阶级不同，其利益诉求也会有相当的差异，但每一个社会，总会在一定的阶段形成相对主流的社会思潮，反映在政治领域和对外关系上，更多的是与一个国家和民族的整体利益相关联，当各种社会思潮呈现出一种相对的趋同性时，就应该引起人们高度的关注。因此，对战后，尤其是冷战结构解体、日本经济总体陷于低迷时期的日本社会思潮进行梳理和剖析，有助于我们观察日本社会的内在结构究竟出现了怎样程度的变化，各阶层国民的利益诉求表现在哪些主要的层面，在对世界和周边国家的认识和应对上会出现怎样的趋向。

如果将战后日本的社会思潮简单地分为左翼和右翼的话，左翼主要是指社会主义和社会民主主义的思想，右翼主要是指强烈的国家主义和激进的民族主义思想，居于中间的，还有秉持西方自由主义精神的、具有民主主义倾向的、相对理性和中庸的政治姿态。在右翼，还存在着极端的、非理性的民族主义思想，罔顾基本的国际准则和人类的普遍利益，将本国的国家和民族利益放大到了极致。这些表现为不同政治倾向的社会思潮，即反映了不同社会背景、不同社会阶层的人们的价值取向，它在战后的日本历史长河中，根据社会发展的不同阶段和国际环境的变异，也会出现相应的此消彼长，从而在一定的历史时期内，形成相对主流的某种社会思潮。在考察这些日本社会思潮时，我们还必须充分注意到日本独特的民族精神和民族文化，其价值判断的表现，往往由这些精神和文化作为其底蕴。

现代社会思潮，主要通过各主要社会媒体，包括报纸、杂志、广播电视、图书以及近年来兴起的包括互联网在内的各种新媒体的言论表现出来。

二、冷战结构解体前的主要社会思潮

1945 年日本战败以后，由于波茨坦公告精神的宣传和落实以及美国占领军对战争时期极端国家主义思想和势力（包括经济领域）的清算，战前和战时甚嚣尘上的国家主义和法西斯主义势力受到了打击，加之被压制长久的左翼势力的复活，遭受战争磨难的一般国民对既往战争的反省和思考，一时间和平主义思想代表了大多数民众的利益诉求。但随着冷战格局的形成和朝鲜战争的爆发，在美国的扶植下，具有反共色彩的右翼势力重新抬头，1955 年体制形成后，中间偏右的政治势力长期主持了日本的政治舞台。但是在整个 20 世纪五六十年代，具有社会民主主义倾向或自由主义精神的思想，依然是社会的主流，历史学家井上清和家永三郎等是前者的代表，他们看到了近代日本的帝国主义性质，对此有较为深刻的批判；思想家丸山真男等是后者的代表，他们更多地从江户时期以来日本思想的底流来把握日本民族在近代的命运的某种必然性。而 60 年代前期轰轰烈烈的反对日美安保条约的民众运动，则汇集了社会主义、社会民主主义和自由主义等与右翼相对立的各种社会力量，其参加者主要是大学教授、学生、自由职业者以及部分工人阶级，代表了当时社会中坚力量的声音。

同时，战前和战时的国家主义和偏激的民族主义势力远远没有泯灭，战争时期曾是国家机器一部分的政治人物在受到短暂的冷落后立即重新活跃在战后的政治舞台上，当上自民党总裁并成为首相的岸信介是最典型的代表。

而在知识界或舆论界，在 20 年代末期曾是左翼文学家、入狱后转向成了当局意识形态吹鼓手、战后仍然坚持其右翼政治立场的林房雄，在 1963 年出版了一部厚厚的《大东亚战争肯定论》，即是这一思潮的有力体现，绝不可将这种肯定侵略战争的认识简单地理解为一小撮右翼分子的狂妄之举，他实际上标志着明治以来不惜以帝国主义的方式追求强国或大帝国之梦的激进民族主义意识已在相当程度上深入到了一部分日本国民的骨髓，一旦出现了与之相适合的社会环境和国际氛围，这种情绪或意识就会急剧膨胀，从而再次成为主流社会思潮。

80 年代前期，日本经济发展的奇迹引起了全世界的惊叹和赞美，在某种程度上，日本成了一个模范国家。它的企业文化、经济管理模式首先受到了欧美先进国家的关注和研究，它在世界上，尤其是东南亚地区，受到了人们的仰视，资本和技术的输出、ODA 援助的实施，奠定了日本东亚区域经济领袖的地位，日本的古典文化随同它的流行文化风靡全球。此时，对日本民族精神的内省、对近代日本的批判性思考已经大为减弱，战后一个时期曾经有较大势力的左翼力量，在富裕的中产阶级迅速成长起来之后，逐渐走向衰弱。随之而起的，是日本要成为一个政治大国甚至军事大国的欲求，在民众中滋生开来。曾三次组阁的中曾根康弘政府，明确提出了"回归保守"的口号，中曾根提出的另一个理念是"健康的民族主义"。因为民族主义一词在战后一直带有一定的贬义色彩。中曾根企图用"健康的"（日文原文是"健全的"）这一定语赋予它新的意义。1985 年 10 月，他在外国记者俱乐部会见记者时说："我认为，我们必须要由具有自信心的民主主义的基石，而构成这一基石的另一方面是健康的民族主义。"基于这一想法，中曾根在日本推行"战后政治的总决算"，力图修改宪法，努力摆脱战后美国的影子，因此，他强调要确立"日本的国家定位"。1985 年 7 月，他在法国索邦大学作演讲时指出："已经占了世界经济一成水平的日本，却还缩在远东的一个角落里，如同与国际社会无缘似的，我们不能再对承担国际义务和责任闭目无视了。"① 有日本学者评论说，中曾根的这些言论表明，作为经济大国的日本，应该具有领袖国家一员的自觉，来承担相应的作用和责任。为鼓起日本民族的自信心，中曾根甚至以首相的官方身份第一次参拜了列入了甲级战犯牌位的靖国神社。中曾根的言行虽然受到了左翼和一部分中间力量的批评，但还是受到了日本国内舆论较为广泛的好评，这也说明了中曾根的大国主义政策，表达了相当一部分国民的心声。

三、冷战结构解体后尤其是近年来日本社会思潮的主要表现及其分析

进入 90 年代以后，日本的内外局势出现了两个新的变化。国内是繁荣一时的泡沫经济崩溃，日本经济进入了长期低迷状态，80 年代的自豪感严重受挫，民众中出现了迷茫和焦躁的情绪；国际上，一方面是苏东社会主义阵营解体，东西方严峻对立的格局由此消解，另一方面是，中国经济开始强劲发力，到了 21 世纪以后，出现了明显的崛起态势。

这些国内和国际局势的变化，使得日本的社会思潮出现了新的动向，尤其是对中国的认识和姿态上。中国在经济发展上对日本资金和技术的需求在相应减低，而日本对中国市场（包括投资市场）的依存度在提升，而随着中国在海外的市场扩展，尤其是能源市场的确保和海外投资的增长，原来互补性很强的中日经济，在进入 21 世纪以后，尤其是近年来，呈现出明显的竞争态势。在意识形态和政治体制上仍然是社会主义的中国，在冷战格局解体、

① 引自日本历史科学协议会编：《日本现代史》，东京青木书店 2001 年版，第 461—462 页。

社会主义力量大退潮后的西方世界眼中，其"不协和性"也日渐突出。起始于 90 年代中期的"中国威胁论"卷土重来，加剧了中日之间的不祥和气氛。2009 年 9 月，民主党政权上台，鸠山首相出于国际关系平衡的考量，提出了建设"东亚共同体"的设想，中日关系稍显缓和，但这并未改变中日之间结构性的内在矛盾，2010 年中日之间因为钓鱼岛撞船事件的爆发和中国经济总量首次超过日本而跃居世界第二大经济体的位置，使得中日之间内在的结构性矛盾进一步加剧，终于在 2012 年因日本推行钓鱼岛"国有化"的行为而导致中日之间的全面对立。因历史认识的差异和领土问题的争端，日本国民对于中国的对立情绪空前高涨。在这样的背景下，强硬的安倍政权赢得了大多数日本国民的喝彩，与之相呼应的社会思潮，也越来越朝着国家主义和民族主义的方向转化。

这些社会思潮，在对外关系上，出现了如下的新动向，即近年来日本社会思潮中的国家主义和民族主义的倾向。其矛头的对象，已经从早年的美国或部分的苏联完全转向了今日的中国。战后不久，反对美国霸权主义的倾向一直存在于日本社会的部分阶层，它主要来自左右两个方面。以社会民主主义为主要指向的左翼力量一直对于美国试图将日本塑造为世界反共阵营中的中坚力量的政策抱有强烈的抵触感，并由此引发了对追随美国政策的本国政府的反抗，60 年代的反安保民众运动就是这一思潮的集中体现。随着日本经济高速增长的实现和富裕的中产阶级的迅速成长，一般民众的反美情绪得到了大大的缓释，来自左翼的反美声浪渐趋衰弱；以国家主义和皇道思想为指向的右翼力量，对于美国影响中的现代民主理念、对战前日本的否定和军事上对日本的掌控政策的反抗，在战后一直存在，主要体现为对战后和平宪法的不满。80 年代初期日本实现了经济大国并跻身七国集团的行列，这一脉的力量越来越表现出要挣脱美国、再度成为独立的强大帝国的反美倾向，石原慎太郎与人合著的《可以说"不"的日本》（1989 年）、《依然可以说"不"的日本——日美之间的根本问题》（1990 年）、《可以坚决说"不"的日本》（1991 年），可以说集中体现了这一思潮的声音。冷战结束后，苏联或俄罗斯在远东的影响力迅速消减，与此同时，中国的力量迅速崛起，最终于 2010 年在经济体量上超过了日本，并在地区乃至世界事务上日益发挥着主导的作用，这使得日本人感到追求政治大国的欲望受到挫伤，成为地区领袖的企图受到严重的挑战，日本人觉得自己的发展空间受到日益增大的中国的严重挤压，因此自 90 年代随着经济低迷而开始萌发的焦虑感、烦躁感或者说躁动不安的情绪开始转而向中国发泄，甚至希望借助美国的力量来与中国抗衡，具体表现在企图对侵华历史的否定和在钓鱼岛等领土问题上的强硬态度。

对华强硬的社会思潮的内在思想资源，主要来源于两个方面。第一是基于近代以来日本人追求地区和世界强国的政治理想，其主要的内涵是"皇国"和"帝国"思想。皇国思想又与"神国"思想紧密相连，最初的根源，来自江户中期由本居宣长和平田笃胤倡导的"复古神道"，欲以日本的国粹来排斥外来的儒教、佛教等文化元素，在近代就演变为"国家神道"，后来又与对外扩张的"帝国"思想合为一体，追求所谓"八纮一宇"的政治构想，导致日本在近代走上了帝国主义甚至军国主义的道路。作为一种政治机制，帝国主义与军国主义自然在战后遭到了全世界的唾弃，但其思想的余脉，却依然盘根错节地在一部分具有国家主义思想的民众中得到了沿承。80 年代日本经济的兴盛和国家的繁荣，促进了日本国民民族自豪感的高扬，使这一思想以温婉的形式（日本民族优秀论、日本文化优秀论）重新张扬起来，也激发了一般国民重塑地区大国乃至世界大国的欲求。中国的强势崛起以及对日本的阻遏，直接阻挡了具有这样情结的日本国民的政治理想的实现，由此激起了他们对华的强硬姿态。第二是自欧美传入的自由民主人权等西方近代思想。这一思想在明治时期即已萌生，经思想启蒙运动引发了自由民权运动，最后促成了宪法的制定和国会的开设，以后又有大正时期的民主运动和短期的政党政治，但这些思想和实践在强大的天皇统治以及日后专权的军部势力面前都惨遭失败，战后对战前体制的清算和保障民权的新宪法的制定，以及实际的民主政治的运作，使得战后出生或成长起来的新生代，都比较认同西方的价值观，以此作为参照系来反观中国，由此对于中国体制的批判，一直不绝于耳，以致在今天的日本国民中，意识形态的对立，已经成了一种思维定势。安倍政府的所谓价值观外交等，就是利用了国民中的这一思想倾向。这两种思想资源，一个源于日本本土和日本人的内在精神，一个起始于近代，来源于西方的传播，两者交织在一起，成了排斥和批判中国的重要思想资源，也构成与中国对抗的社会思潮的思想底蕴。

◆ 专题四：大众传媒

日本媒体报道的态势（右倾化）与中日关系的走向

一、引　言

2014 年 3 月 3 日，一个由日本律师、教授等组成的市民团体，向日本广播协会（NHK）现任会长籾井胜人寄出了要求其立即辞职的劝告书。该团体还表示，如果籾井拒绝辞职或免职的要求，他们将拒绝支付 NHK 收视费用。这份劝告书，在 NHK 因高层言论右倾引发"信任危机"的当下，一石激起千层浪。此前，1 月 25 日，NHK 新上任的会长籾井胜人在就职记者招待会上公开声称："慰安妇哪个国家都有……国家让你向东你总不能往西吧？"不久后，NHK 经营委员长谷川三千子和百田尚树先后发表"不存在什么南京大屠杀，美国向日本投放原子弹才是大屠杀"等言论。

长期以来，将"政治中立"视为立身之本的 NHK 高层"雷语"频出，举世震惊。事实上，NHK 的一系列"失言风波"并非孤立事件。自日本首相安倍晋三上台后，一些日本媒体的"右倾化"现象已引发国际社会的广泛关注。日本媒体"向右转"，无疑与安倍政府的政治操控有关。在右倾抬头的当下，日本媒体是否会再次走上为军国主义"招魂"之路？安倍执政以来日本媒体报道体制到底发生了哪些变化？日本民众对中国和中国人的形象发生了怎样的变化？这些都有必要进行研究。

二、日本媒体的报道体制及其近年来的变化

近年来，从很多新闻报道中都可以看出，日本媒体对华报道已经存在负

面、虚假新闻偏多的倾向,逐渐偏离所谓的"平衡",原因有哪些?在日本"向右转"的过程中,日本媒体又扮演了怎样的角色?

日本媒体"向右转",首先可以从他们特殊的媒体机制中寻找原因。日本媒体历来重视对政治领域的报道。一个典型例子是"记者俱乐部报道机制"。在日本的每个政府部门(如外务省、大藏省等)中,都有这样一个办公室,里面有书桌和电脑。每个媒体都会派一名记者常驻这间办公室,一旦该部门需要发布新闻,就由记者俱乐部的记者进行报道。因此,各家媒体对政治报道的口径往往高度统一。这种西方国家极为罕见的记者俱乐部机制,使记者和政府部门的关系非常紧密,也很容易使日本媒体受到政府的影响。

其次,日本媒体都是具有垄断性质的大集团,一个集团下包含电视台、报纸和文化出版业,这些大集团相互鼎立,有学者把它称为"系列"体制。比如,《读卖新闻》和日本电视台是一个系统的,《每日新闻》和 TBS 电视台是一个系统的,《产经新闻》和富士电视台是一个系统的……它们关系非常密切。也就是说,当其中的某一家报纸右倾的时候,其所联动的电视台等也会右倾。媒体的集团化和记者俱乐部,从体制上阐释了当日本政府要对媒体施加影响时,为什么媒体很容易出现一边倒的情况。

在当今日本右倾的大环境下,媒体要"独善其身",保持中立或清醒,确实面临着巨大的压力。日本的右派团体非常激进,如果媒体发布了左倾言论,右派就会采取一系列过激手段,比如放炸弹、集会、游行,或拒绝订阅报纸。这使得媒体遇到了一个尴尬的现状:右倾没问题,公正却可能惹来麻烦。

这一倾向尤其在日本首相安倍晋三上台后显现,他采取了具有鲜明"安倍特色"的媒体策略,并且较为明显地体现在了 NHK 的改变上。受此影响,NHK 高层右翼言论频出,会长籾井胜人表示 NHK 的国际报道"自然"要"同政府立场一致",节目内容"至少不能偏离日本政府观点",在战后日本媒体的发展史上更可谓具有"颠覆性"。这些言论引发了人们对一直以政治中立为运营方针的 NHK 的公信力的质疑。作为公共广播机构和日本媒体代表的 NHK 产生如此乱象，引人深思。

众所周知，NHK 是依靠政府拨款和民众收视费维持的公共电视台。依照《放送法》第 64 条第 1 项，NHK 每个月要收取观众的收视费，这是其收入的主要来源。收费是以家庭为单位，含卫星电视在内，年费一般在 25000 日元左右，合人民币 1500 元。NHK 对收视费的倚重，也远远超过对国家拨款的依赖。NHK 的这种"民众性"，是其保持客观公正的根本。

但安倍上台后，这一局面发生了很大改变，这源于安倍晋三特殊的媒体观。2014 年 2 月初，他在 NHK 的经营委员会安插了自己的亲信。这一举动，使 NHK 被认为是安倍的"右翼传声筒"。而安倍则认为，政府出资了，自然有权利要求 NHK 更多地站在政府的立场来报道。因此，他加大了对 NHK 的掌控，并开始控制日本的舆论。

在 NHK 事件中，不是没有反对的声音。2 月 10 日，日本记者会议要求 NHK 新会长籾井胜人辞职，以及将安倍的亲信百田尚树和长谷川三千子踢出 NHK 的经营委员会。不过，如今安倍政府右倾明显，自民党官员又在政府的各部门身居要职，在掌权者步调一致的情况下，要改变现状的可能性不是很大。

不过，就 NHK 的公营性质而言，它与国家直接运营的国营媒体不同，也与日本大多数自谋生路和能自主决定广播节目的民营媒体不同，比较接近英国的 BBC、德国的 ARD 和韩国的 KBS。根据日本的法律，作为享有国家财政补助和免税等权利的代价，公营媒体的事业预算和节目编辑方针等都须国会承认或反映国会及执政党的意向，所以籾井是想打一个法律底线内的"擦边球"。

另外，会长在 NHK 的地位相当于最高执行者（COO），但其权力在经营委员会和监察委员会之下，经营委员会的委员长才是最高经营者（CEO），而最近该会主要干部 10 名理事全体辞职，可视为该机构的自律和经营高层对来自财界的"外行"会长的集体抗议。

同时我们也应该看到，战后 NHK 在报道活动中总体上是恪守中立和客观的原则立场的，这在国际社会已有一定的评价，最近籾井的发言致日本国内外舆论哗然，其实正好证实了该媒体机构对长期奉行的报道姿态的背离。

当然，和战前相比，日本媒体和政府之间的关系已经有了很大的变化。现在媒体大多具有独立的经营权，也形成了成熟的独立办报理念。日本媒体的宗旨是促进政府为民众服务。可以说，日本媒体以读者为本的办报理念，是传统媒体至今极具生命力的缘由。因此，就目前而言，政府对媒体施加的影响应该是有限的。

在形式上，战后日本的言论自由、报道自由已由宪法条文明确加以保证。因经历过"言论统制"和由此招致的黑暗历史的苦痛，日本传媒界整体上对政府干预言论的活动有着很强的警觉和抵制意识，对监督政府依然具有使命感。这是我们当前对日本媒体"谨慎乐观"的一面。

当然，同时应看到，日本传媒界也存在着各种"自主规制"的禁忌。主要有"菊花禁忌"，不报道关于皇室的负面新闻等；"樱花禁忌"，控制对警方或警察组织的报道等。此外还有，"在日韩国和朝鲜人禁忌""记者俱乐部禁忌"等。

三、日本民众对华观（形象）的变迁

当前，单纯期望日本媒体能做到真正的客观中立，已经不太容易。其中很重要的一个原因是媒体引导角色的不充分。

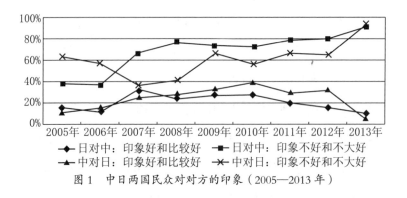

图 1　中日两国民众对对方的印象（2005—2013 年）

中日民间高峰对话"北京—东京论坛"的日方举办单位——日本民间非营利组织"言论NPO"在2013年8月曾经做过一项关于日本媒体现状的调查，受调查者为日本社会的精英分子。结果显示，有高达七成的受访者认为，在中日关系上，日本媒体当前的报道姿态并不够客观。同时，也有近七成的受访者期待日本媒体能够在右倾化环境下，报道与政府不同的声音，起到平衡舆论的引导作用。当然，这并不容易做到。这与日本媒体在体制上存在局限性，使得平衡报道陷入了一定的困境有密切关联。我们可以从三个方面来解释这一现象：即，单纯反映民意；"民意政治"面前被动地存在；媒体从业人员从本身价值判断出发，难以超越国家利益做到新闻报道的真正平衡。

日本媒体的这一倾向直接影响了日本民众对于中国的看法或形象。以日本"言论NPO"所做的调查可以获知，2013年日本人对于中国的印象与2012年相比又大幅度下降了，对中国抱有"不好印象"的日本人的比例达到了90.1%，创造了历史的最差纪录（见图1）。

当问到对目前的中日关系，持何种看法时，近八成的日本民众表示"不大好"和"不好"，这一比例也是前所未有的，从一个侧面也表明中日关系已经到达一个冰点（见图2）。

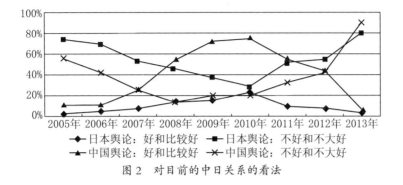

图 2　对目前的中日关系的看法

我们试图了解上述看法或印象源自哪里。根据日本的"言论NPO"所做的"关于中国的信息来源调查"便可得知，占第一位的是来自"日本媒体"，排在第二的是"日本的电视剧、信息节目、电影"，第三才是"日本书刊（包括教材）"（见图3）。可见，占前三位均来自报纸、电视以及书籍等传统媒体的信息。报纸在日本的发行量之大远远超出人们的想象，世界上发行量最大

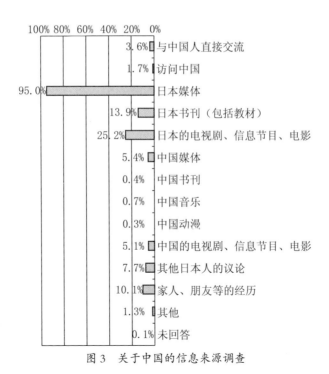

图 3　关于中国的信息来源调查

的报纸《读卖新闻》就在日本，它与《朝日新闻》《每日新闻》《日本经济新闻》《产经新闻》一同被称为日本的五大报纸，占据了日本报业市场的大部分份额。而电视媒体在日本人的日常生活中也占据了很高的地位，平均每个日本人每天看电视的时间达 3 个多小时，而且电视频道少，相比而言对受众的影响力就大幅度地增强了。

四、日本媒体报道态势的变化对中日关系的影响

众所周知，安倍现政府在历史问题上的一些错误表态已经不断招致国际社会有识之士的批评。有学者认为，日本人的历史观在二战后呈现出比较分裂的状态，在迷失与反省中徘徊。作为对社会舆论有重要影响的媒体，日本媒体是如何认识这段历史的？

战后，日本的媒体也有反思。在传统的日本五大报纸中，带有左派色彩的《朝日新闻》的反思力度更大一些。《朝日新闻》一直持比较积极的态度，在报道和论说中坚持人道主义和和平主义的原则，对日本的战争犯罪和错误的战争认识进行批判。另一大报《产经新闻》的论调虽不至于直接肯定战争，但不时会就一些具体问题进行民族主义及国家主义的自我辩护和歪曲解释。而《读卖新闻》《每日新闻》《日本经济新闻》则介于两端之间，对不同具体的历史问题的观点倾向，常会呈现流动性。其中《读卖新闻》数年前做出的反省姿态在一定程度上表明了日本媒体的一种历史认识。2005 年 6 月 4 日，《读卖新闻》发表了长篇社论，针对日本首相参拜靖国神社的问题，提出"首相不应参拜合祀了 A 级战犯的靖国神社"的主张。此外，《读卖新闻》还编著《检证战争责任》一书，对日本发动战争的原因、经过、结局以及责任进行了全面调查。尽管该书的反省也存有一些争议，比如强调了一些历史事件的偶

发因素，但被认为是战后 60 年来日本人第一次系统全面地检讨战争历史，揭露了日本"从来没有以日本国或者日本人民的名义自主追求过战争责任"。

另外，2006 年初，日本传媒界的两位大佬曾有过一次备受瞩目的对谈。《读卖新闻》总主笔渡边恒雄与 20 多年来不仅在市场竞争方面，而且在政治主张方面的"死对头"《朝日新闻》的社论主笔若宫启文坐到一起，就两报长期对立的靖国神社等问题进行了一次对谈。在这次对谈中，两位日本媒介的大佬共同认为"'只要日美关系好，亚洲外交就会顺利'是一个愚蠢的短见，下任首相假如还是选择参拜靖国神社，日本的亚洲外交就会彻底失策"。

这次对谈的内容发表在《论座》杂志 2006 年 2 月号，被抢购一空。也是在这次对谈中，渡边提议，切断日本与邻国之间恶性循环的最好办法是认真检讨历史罪行，努力让大多数日本国民认识到："事实上，那就是侵略战争。"

尽管这样，这种来自媒体内部的反思声音并不多，更何况我们也不能简单指望这位既反对参拜靖国神社，也一直主张修宪、自称保守正宗的媒体精英对历史问题的反思和反省会完全与我们处于同一水准，这也是在一些愿意认真和诚实面对那段历史的日本人士身上，我们虽能看到他们就某些个别问题所做的较深省察，但却难见其有对历史整体做出正确总括的原因。尤其是随着报业竞争的不断加剧，如何争得更多的读者，成了左右报纸经营的一大要务。

诚然，对二战失败的反思也来自一部分的学者，比如日本新闻史学家、早稻田大学名誉教授山本武利等。山本武利 1940 年出生于日本爱媛县，日本著名传播学家、历史学家，先后任职于东京大学新闻研究所、关西学院大学、一桥大学、早稻田大学。山本先生是日本一桥大学名誉教授和早稻田大学名誉教授，曾经在中国传媒大学和复旦大学做过访问学者。主要著作有《报纸政治广告的历史》(朝日新闻社，1972 年)、《广告的社会史》(法政大学出版局，1984 年）、《特务机构的谋略》（吉川弘文馆，1998 年）、《黑色宣传》（岩波书店，2002 年）、《朝日新闻的侵华战争》（文艺春秋，2011 年）等。可惜，这些反思停留在学者层面，并没有对媒体形成约束，随着他们的退休、继承人的缺失，反思声音也越来越弱小。

对于未来的中日关系的走向，认为"会朝改善的方向发展"的只有一成左右，而认为"会进一步恶化"的达到了近三成，可见日本人对中日关系的未来走向持悲观态度（见图 4）。

2014 年 6 月 13 日，美国《纽约时报》网站发表了早稻田大学教授加藤典洋题为《安倍和新闻界》的文章写道，2013 年 12 月 26 日，安倍成为 7 年来首位参拜靖国神社的在任首相。当天晚上，安倍同日本一些最著名报纸的编辑和记者共进晚餐。第二天，同首相共进晚餐的人中只有一人报道了他参拜靖国神社的事。这位《每日新闻》的时政版编辑批评安倍的参拜行为会引发国际社会的反对而有损国家利益，但是他也提到"首相动机的重要性"。

加藤教授在文中还提到他对有关安倍行动的公开报道进行了调查，调查发现，自安倍上台以来 17 个月中，他已经同著名的媒体人物在至少 36 个场合一起进餐，这些进餐活动不是在首相官邸进行的，而是在私营餐馆更加亲密和欢乐的氛围中进行的。由此可见，安倍与媒体保持着良好的关系。

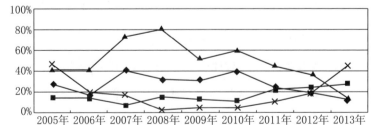

图 4 对未来的中日关系走向的看法

前述的日本民间非营利组织"言论NPO"2014年9月9日又发布了最新的"日中共同舆论调查"，其结果称，回答对中国"印象不好"的日本人比例升至93%，达到2005年调查开始以来峰值。而同时也看到另外一组数据，据日本驻沪总领事馆的不完全统计，截至2014年8月，赴日旅游的中国游客创同期的历史新高。解读这一现象，必须用新的观念或理论结合当下的实际来重新进行思考。其中，媒体的影响力也不容小视。

在中日关系问题上，日本媒体近年来所采取的避重就轻、无端猜测，甚至是恶语中伤的报道方式误导了日本民众的中国观或形象，偏离了其标榜的"客观公正、不偏不倚"的原则。

中日关系: 2015

一、引　言

随着中国的快速发展，中国的外交也面临越来越复杂的局面和各种挑战。因之，中国主要大学的智库功能，也就顺势而发，迅速成为为社会和国家提供高水平智力服务之新的增长点。其中，复旦大学近年异军突起，成绩斐然，位列全国综合性智库前十名，全国高校智库秘书处也设在复旦大学，复旦大学国际问题研究院成为外交部政策合作研究重点基地，其中美国研究中心位列全国专业智库前十名等等——得到业内和社会的高度评价，在国家发展的关键阶段作出了突出贡献。

在中国所直面的外交难点上，中日关系不言而喻是仅次于美国的、非常棘手的一个重要方面。如何对症下药，使中日关系重回建设性轨道，也是智库的担当所在。复旦大学国际问题研究院于2014年利用本校综合性优势，组织相关专家撰写和发表了《中日关系：2014——多层面和中长期战略的视角》研究报告，收到很好的效果。在此基础上，副校长林尚立、国际问题研究院院长吴心伯认为，如果组织中日两国的专家学者，共同为中日关系把脉，一起撰写研究报告，应该更能切中肯綮，而且本身也是一种很好的合作尝试。

循着这一思路，也非常感谢中日关系名家——东京大学川岛真教授、庆应大学加茂具树教授，他们在百忙中或利用讲学之便、或专程到复旦，一起商议合作的可能性。在协调会上，大家一致赞同这一创意，认为双方一方面应从中日关系的现实出发，同时也应从更高的层面，共同探讨和认识中日关系的实质，争取提出新的相关理念，以及可操作的政策建议，双方并商定了具体合作的方式及实施办法。譬如，针对双方学者参与人数多寡悬殊的情况，大家商定请日方学者对中方学者所写内容进行点评，这既是一种很好的交流形式，也弥补了平衡感不足的问题。

这份研究报告是中日学者共同努力、密切合作的成果。其得失利钝，既需要大家的评判，也需要实践的验证。

二、总　论

（一）2015：中日关系的关键年

1. 中日"安全困境"迅疾深化的 2015 年

冷战后特别是近年中日关系恶化的表征所在多有，举凡钓鱼岛主权争端激化至剑拔弩张，国民感情由邦交正常化以来数十年的良好状态而跌入相互好感度仅在 20% 以下低位徘徊，高层正式往来几近断绝，就连两国最强韧的经济合作关系也处于踟蹰不前、前景堪虞的境地。凡此种种的背后，也即中日关系全面恶化的根本症结何在？是值得深思的。只有找出病源，才有可能对症下药，以求痊愈之策。

其实，病根并不难寻绎。显然，这主要源于日本在"国家安全"面临关键新变量时所产生的战略焦虑与纠结。

大致以冷战结束为境界，日本遭遇了所谓"三重苦"。第一重苦，相较于其他领域，战后的日本经济曾经长期一枝独秀、重构并且支撑了战后日本国家和民族的荣耀感。但是随着泡沫经济的破裂，这一经济基础呈现塌方式崩溃，并且经历"失去的十年"以及"再一个十年"，直至今日尚未真正找到出路。不言而喻，日本在长期经济不景气中备受煎熬。第二重苦，是支撑战后近 40 年的所谓"55 年体制"的终结。随着这种超稳定政治结构的瓦解，日本进入了"十年十相"的政治动乱期。第三重苦，则是社会安全神话的破灭：奥姆真理教地铁沙林毒气杀人事件，阪神大震灾及"3·11"大地震等自然灾害引发的包括核电安全在内的一系列深刻的社会问题，老龄少子社会的深刻化使人们对日本的未来以及"医疗""老后"等社会保障等普遍持有不安感等等，堪称殷忧。

在遭受以上经济、政治、社会三重"内忧"的同时，外部近邻的中国却一日千里，驰骋在发展的快速道上。在巨大的落差面前寻找出路，出于紧迫感和沉重的压力，实际上往往容易陷于"慌不择路"，而缺少从容，则易"剑走偏锋"。面对重叠累加、前景茫然、令人窒息的国内问题，再直面作为巨大存在的近邻中国的迅速崛起："敢问路在何方"——日本的精英阶层自然不能不做根本的考量，以及战略性因应之策。

前所举近年中日关系全面恶化的种种表征，特别是2015年日本在安保方面的举措，应该说已经基本上印证了日本的根本考量与战略抉择所在。面对中国的崛起，理论上讲，日本有三种选择：一是视作机会，积极合作，收互利共赢之功；二是视作威胁，纵横捭阖，冀制衡迟滞之效；三是承认现实，长袖善舞，获左右逢源之利。很遗憾，我们看到的是：制衡中国——不幸成为日本的首选，而且日本也似乎于其中找到了"敢问路在何方"的突破口。也即，在一步步实施这一根本考量及战略的过程中，人们看到"十年十相"终结于安倍晋三长期政权，其在党内总裁选举中甚至可以做到"不战而胜"，满足了日本需要一个政治强人及政治安定的诉求；"安倍经济学"又似乎找到了解决泡沫经济崩溃后日本经济长期低迷的一剂良药；此外"安倍经济学"的新三支箭，包括"一亿总活跃"也貌似可以解决诸多社会问题。

与摸索解决上述冷战后日本的"三重苦"为表里，在如何因应中国崛起方面，也逐渐摸索出主要抓手和配套工程。即日本右翼政客以钓鱼岛主权争议为抓手，最大限度煽动民族主义情绪以推动国内政治目标之实现，其中就包括推高日本需要"政治强人"诉求、稳固安倍右翼政权、进而扩军修宪等；同时，就是要明确坐实日美安保条约适用于钓鱼岛，真正借助日美军事同盟以实现国家安全目标。如果回过头来看日本政客先从否认钓鱼岛主权问题中日间存在共识，到抓扣中国渔船用日本国内法处理，再到"购岛闹剧"，结果由美国总统明确钓鱼岛适用《日美安保条约》第五条，可以说日本右翼政客一步步达到了既定战略目标。同时乘势而上，推进"俯瞰地球仪外交"，在全世界不遗余力地打造中国"以实力改变现状"的负面形象；与此同时，积极编织美日澳印菲越对华包围网。在日本国内配套方面，首先进行顶层设计——设置国家安全保障会议（NSC），同时突破武器出口三原则，并置宪法原理于不顾，以"内阁决议"方式通过解禁集体自卫权，继而在2015年，以打包方式，在执政联盟控制的参众两院强行通过相关法律，并将于2016年春季正式实施。缘此，日本彻底突破战后"专守防卫"安保理念与举措，战后和平宪法徒成具文和空壳。因此，2015年注定成为中日"安全困境"迅即深刻化的一年，加剧了脆弱的中日关系的阵痛。

2. 中日关系阵痛加剧的结构性缘由

上述日本的战略选项之所以最终倾向于第二种，其实践给冷战后特别是近几年中日关系所带来的全面恶化的严重后果，不能简单地归因于安倍晋三个人乃至安倍政权，安倍并不具有那么大的政治张力。客观地说，它应该是日本精英阶层主流意志的表现。其原因也并不简单地在于一般所谓日本为了"彻底走出战后"、成为"普通国家"，或者所谓配合美国"亚太再平衡"战略制衡中国、同时期待最终摆脱美国——成为一个真正意义上的主权国家。虽然与以上这些战略考量和目标有内在关联，但究其根本原因，还在于以下主导性结构要素。

首先，在最重要的国家安全方面，日本认为日益强大的近邻中国具有**"不确定性"**。这并不一定是基于"意识形态""社会制度"不同等所产生的疑虑，而是出于传统现实主义的考量。也即，强大了的中国到底会怎样对待日本，并不具有"确定性答案"。以此为前提，那么，日本就不可能把国家命运寄予"可以确保安全"的逻辑和一厢情愿上。尽管中国强调"和平崛起"，而且实际上中国也并没有强大了就要欺负包括日本在内实力不如自己的邻国的意识以及战略图谋——但日本觉得不能把国家安全系于这种"未被证明"的宣示之上，而国家意志与相应战略也是易变之物。况且近代以来，中国屡遭日本欺侮，虽然中国一再强调不会将自身经历的痛苦再施诸别国，报所谓一箭之仇。但中日间的历史心结一再通过各种方式表现出来，也是不争的事实。中日间缺乏战略互信，其根源在于"未来"和"历史"。

其次，日本国家安全的先天脆弱性特点亦是重要因素。作为资源匮乏的岛国，日本几乎所有的战略物资皆仰赖于海上运输线；同时，缺乏战略纵深，也不可能以空间换时间待机以求制胜。所以，二战中在太平洋战场上一旦日本失去海空优势，"一片白幡出石头"——全盘皆输的命运其实那时就已经决定了。在中国一面，冷战后特别是近年恰恰随着国力的提升，对海外战略物资的依赖度大幅提升，日益增多的海外利益需要保护，所以把建设海洋强国作为战略目标、发展海上力量是很自然的诉求和必然选项。其中，客观地说并没有将来以此制约日本的考量。即便是钓鱼岛主权争端激化之后，中国发展海上力量的战略考量与以此制胜钓鱼岛之间显然极不对称，充其量是点与面的关系。问题的关键是，中国发展海上力量虽然是一种自然诉求，并未带有制约日本的"故意"，但正如国际关系中的系统效应理论所揭示的，尽管中国是"非故意"的，但在地缘政治中其所产生的系统效应所及，恰恰是日本最在意的海上安全的"软肋"与"痛处"。因为中国发展海上力量是一种内在逻辑的自然行为，所以不可能逆转；而日本对海上安全的神经质般高度敏感，也恰恰是源于自然禀赋，所以也很难人为改变。不仅东海，日本对台海、南海的感受，也都是独特的，即日本政客常说的，其间关涉到日本"死活"。这样一种缘于"内在逻辑"与"自然禀赋"所形成的"形格势禁"架构，在特定的时空，成为中日"安全困境"的要素之一，是自不待言的。

此外，对日本而言，似乎机会成本虽然很高，但依然值得期待和一搏。这主要出于两个方面的考量：一是对自身力量的自信，即日本依然是名列前茅的世界强国，尚有雄厚的博弈资本，二是看准了美国制衡中国的意志和决心。日美联手，胜算的概率值得期待。更何况可以借此实现修宪扩军，使日本成为普通国家的"溢出效益"。近年安倍政权在安保方面屡屡突破战后以来的禁区，达成战后数十年来日本右翼政客孜孜以求包括解禁集体自卫权在内的诸多目标，如前所述，这并非安倍本人有多大政治张力，而在于形格势禁，时势使然。如此的"早期收获"，可能预示着更多的"机会之窗"。所以，安倍政权在日本所选择的这条道路上，还会加速前行。其给中日两国带来的"安全困境"的加深和阵痛的加剧，是不言而喻的。

3. 走出困局：需要更高的政治智慧与更强韧的战略忍耐力

（1）误算的代价——难以承受之重

如前所述，对于日本来说，中国是否真正能够"和平崛起"，出于现实主义的考量，难免心中存有疑问。因而，就难以消除一个强大了的中国对日本的国家安全终归具有"不确定性"之疑虑。那么，以合纵之策联美制衡以防患于未然，就成为安倍政权主导的日本的基本国策。

中国是否"和平崛起"，固然需要时间来证明。但仅以传统现实主义的零和思维来看待和因应，显然并非明智之举。在全球化、区域合作，各国利益交织日益密切的当今世界，新兴大国的发展模式必然以新的理念、方式、路径来实现，世界主要国家特别是守成大国对此应予以客观评价并讲求因应之道，以求共赢，方是上策。切忌先入为主，只从负面揣测，从而产生误算乃至战略误判。即如中国，它能以历史上西方列强的方式崛起吗？历史的发展、人类的进步，决定了中国只能以和平的方式获得自己的发展，别无他途。另一方面，中国的和平崛起，有其自身的逻辑和必然性，也是别人制衡和阻滞不了的。如果硬要制约和抗衡，最终的结果也必然是徒劳的，况且大国博弈，其对人类的灾难性后果自不待言。

（2）双方共同努力，加强多方面多层次交往

民间交往对于增信释疑极为重要，高层交往则有助于表明己方的战略立场、减少因为信息传递不畅而导致的战略误判。中日之间自从小泉前首相在任时多次参拜靖国神社，引发高层交往骤减，中经"购岛闹剧"，一直到现在，这种局面并未改观。高层正式交往需要必要的氛围和条件，安倍首相因为选择了一条联美制衡中国道路且越走越远，所以尽管他多次表示希望实现中日首脑会谈，但被外界普遍视为不过是一种缺乏诚意的策略手段。即便如此，因为高层正式交往对于减少战略误判至关重要、对于转圜两国关系具有特殊的积极意义，所以，双方还是应该共同努力，积极创造条件，加强高层往来。从更长远的战略目光和两国人民的根本福祉考虑，中方不妨以更开放包容的姿态，克服阻力和障碍，促成和推动双方高层的互动；日方则主要应为此创造适当的气氛，当然更重要的是拿出起码的诚意。

（3）让经济合作少些政治障碍

安倍在第一个任期时，曾积极倡导中日两国建立战略互惠关系。虽然他的潜台词是摒弃中日友好，只做生意，但还是使中国对他梅开二度时曾予以相当的期待。但他重新执政后敌视中国的做法，使两国的经济合作止步不前。

从制衡中国的战略考量，他对中日韩三国的自由贸易协定（FTA）谈判持消极态度，而热衷于加入意在排斥中国的 TPP。给经济合作增加人为的政治障碍，损人不利己，对徘徊不前的日本经济和新常态的中国经济，无疑都是重大损失。

（4）南海危机管控迫在眉睫

从种种迹象看，美国意在加大对南海的军事介入。而日本 2015 年通过解禁集体自卫权相关法案后，2016 年春即进入可以实施的节点。如果日本缘此将军事触角正式伸向南海，无疑等于火上浇油。特别是由于历史的原因，中国对日本的军事行动有一种特别的反感。未来的南海危机，将是考验中日关系的试金石。

（5）日本不要把台湾地区领导人变更视作"机会之窗"

民进党上台、台湾地区领导人的变更或许将给中日关系带来变数，出现东海、台海、南海联动博弈局面。特别是日本解禁集体自卫权后，军事触角向南海延伸正在成为新的动向和趋势之时，日本在政治、军事、经济、社会文化与台湾地区的互动，就格外具有敏感性。众所周知，台湾是中国的核心利益之所在，日台之间任何"异动"对中日关系带来的影响，日本须有充分的评估，三思而后行。

（6）用"战略忍耐力"消弭"战略不适期"甚或"战略对撞期"——中日美需要更高的政治智慧

中日关系离不开美国要素。当下，对于中国的崛起，无论日本还是美国，都处于一种不适应期——无疑对三国来说，这是一个充满焦虑、容易情绪化因而极易产生战略误判的危险期。特别是战后已经 70 年，日本精英阶层经历代际更换，彻底"走出战后"、成为普通国家的政治诉求日益变成政治实践。在国家安全方面，则注重经略海洋，这又恰恰与中国的崛起也需要经略海洋可以说迎头相撞——形成了某种"战略对撞"，也是毋庸讳言的。

值得庆幸的是，不同于冷战时期两大阵营政治、经济皆壁垒分明，现在尽管三国间矛盾重重，但同时三国之间经济和战略利益的相互交织和交汇，也是客观存在，不容忽视的。所以就中日两国而言，尽管近年关系全面恶化，但在钓鱼岛主权争端等关键问题上，并没有失控，双方还是克制的。我们期待在目前成为焦点的南海问题上，日本不要军事介入。

如何度过前述的"危险期"，政治智慧和作为其表现的战略忍耐力是不可或缺的。中日美在其间的作为，关涉亚洲乃至世界的安全、福祉和繁荣。古语所谓：系天下之安危，能不慎之乎！

◆点评

（一）川岛真

1. 所提出的"经济、政治、社会"三重苦，确实对日本决策过程有不小作用。

2. 2015 年日本对安保的一些措施，不一定能由国内因素来说明，而是可能由国际构造，特别是美国为主的安保体系和环境的变化来说明比较符合事实。美国对同盟国的负担要求有所变化，美国对同盟国要求深化同盟国之间的关系，反映着美日新 guide line。所谓安保法制，基本上是对应美日新 guide line 的国内措施。

3. 有关修宪问题，日本国内也有各种意见。日本应该考虑东亚地区的和平安全，不可以提高东亚安全风险。日本在战后七十年一次也没有修改宪法，可以理解需要调整内容适应现实，但是同时也要考虑东亚和平。

4. 基本上同意本文所提的六点建议，特别是在"钓鱼岛主权争端等关键问题上，并没有失控，双方还是克制的"之分析。两国要建立更多、更深厚的对话机制，摸索各种合作机会和方法。有关台湾、南海等问题，双方应了解对方的想法和态度，保持东亚的和平和发展。

（二）加茂具树

1. 确如文中所指出的：中日关系面临战略性挑战，从此进入与此前不同的新型关系阶段。

2. 改善中日关系尤其需要"氛围"，这一"氛围"应该是指定期举行中日两国首脑会谈的条件。但首脑正式会谈无法顺利实现，其原因在于，日本社会的理解与中国社会的理解，其中存在着巨大差异。

（二）2015 年的中日关系

2015 年为战后 70 周年，所以"历史"成为中日关系的一个焦点问题。安倍首相的谈话和中国 9 月 3 日的仪式都跟历史有关。虽然中日双方都主张自己的立场，但冷静地对待此问题，能避免历史问题的全面恶化，首脑会谈也实现了几次，此为中日关系的成果。

但是，历史问题还没有解决，以后日方作为加害者，应该以实事求是的态度，以及人权概念来诚心诚意地处理此问题。

历史问题为中日关系的一个大问题，但是 2015 年的中日关系发生的一系列问题，都是由东亚和世界秩序的变化带动的。日本也按照新日美 guide line，策划新安保法制，引起了不少争论，特别是解禁集体自卫权等新的概念。

但是，日本政府的政策基本上符合新的安保环境，以及美国的要求。这些问题不一定为安倍首相的个人问题，而是构造性的问题。中方在南海的行为也引起了世界的注视。对中国来说，南海的岛屿历史上属于中国，所以中国的行为都属于保护自己的主权。但是美国和日本的立场不同，日本和中国的首脑都认识到此问题的危险性。但是，中日双方没有找到解决方式。

对中日两国关系来说四个文件还是最重要的基础，应尽量实践四个文件所提的内容。另外，我们还需要按着现在的现实调整两国关系。目前，中日关系不只在东亚，而在世界各地。我们可以找出新的合作机会，譬如在非洲等地方开拓新的合作关系。

中日两国目前为世界第二和第三大经济体，两国之间的经济关系也很密切。但是，2015年日本对中国的投资减少了不少，是因为中国的工资提高等新的现象。日方认为，中国算是世界上很重要的大市场，但是日本海外制造业的基地，不一定在中国，目前转到东南亚等地方了。另一方面，日本的保险业等服务产业对中国市场的兴趣也提高了。总的来说，中日经济关系也符合中国经济转型。还有，中国来日游客的所谓爆买也引起了重视，对日本经济来说中日经济关系是新的重要因素。

日本有关中国的舆论还是不好，百分之八十的人还是对中国没有好感，但是百分之七十的人认为中日关系很重要，这是因为经济关系。以后的中日关系，应该期待国民的良好感情。但是，媒体的报道大部分是负面性的，所以双方都有误会误解。双方应该建立多元的渠道，为了避免误会误读的发生，进行多元对话。

　　日本社会差不多接受了作为经济大国的中国，以后如何接受作为政治大国的中国，此为一个挑战。中国是世界有数的几个大国之一，但是生活方面，还不一定是先进国家，也有不少社会问题。日本算是先进国家，一定会有很多经验，给中国提供参考。双方应该寻找共同的课题和利益，才能找出新的可能性。

三、专题研究

◆ 专题一：政治与外交

中日关系：内政与外交

"迈入本世纪，国际社会的权力平衡出现前所未有的变化，并对国际政治力学形成很大影响。以中国、印度为首的新兴国家是造成这波权力平衡变化的主体，尤其是中国在国际社会的存在感更是与日俱增。"[1]

以上出自 2013 年 12 月经日本内阁会议决定的《国家安全保障战略》（以下简称《战略》）。《战略》展望了未来 10 年情势，旨在让富裕与和平的日本社会保持继续发展。该《战略》取代了 1957 年内阁会议议决的《国防基本方针》，成为其后日本政府有关国家安全保障的基本方针。

如同《战略》所述，中国近年在东海、南海地区海空域的外交政策与军事作为，引起日本社会高度关注与担忧。而且，日本社会大多怀疑中国所欲追求的国际秩序，与现存的国际秩序有所抵触。与此同时，日本社会又将中国视为国际社会解决区域或全球问题所需的主要行为者。也即，日本社会的对华认识是多样而又复杂的[2]。而且，日本社会所观察到的中国形象，与中国

---

[1] 「国家安全保障戦略について」『内閣官房』，http://www.cas.go.jp/jp/siryou/131217anzenhoshou.html。

[2] 日本社会普遍认为：中国的对外行为与中国国内政治社会情况间存在密切互动（"外交是内政的延续"）。若想了解中国对外政策、对外行为相关问题，便需要先看清国内政治情况。有鉴于此，日本社会中的一种说法是中国的国内政治导致了中日两国关系的变化。从 1970 年代迄今的 40 多年间，中日关系在良好期和不稳定期间反复摆荡。中日关系为何会如此"起伏不定"呢？日本社会经验性地认为，中国国内政治的变化与中日关系的起伏密切相关。2006 年 10 月至 2008 年 6 月，中日关系较为（转下页）

社会自我认知的形象，彼此间亦存在差异。因此，包括中国在内的国际社会，若想进一步洞察未来日本的对华政策、对东亚外交，有必要深究及理解日本社会究竟是如何定位中国的。

本稿的撰写目的在于，探讨究竟是何种原因，让日本社会一方面认为中国是令人感到不安与担忧的国家，另一方面又认同中国是解决区域或全球问题所需的主要行为者。

与其他国家相比，日本社会中的中国存在感较强，且本质上也有所不同。个中原因不胜枚举，包括中日间相近的物理距离、长期的社会文化交流历史、日本侵略中国的史实、中日两国大规模的经济交流、近年在东海肇生的紧张状态，以及中国观光客赴日旅游人数在近年的急增等。

根据日本内阁府每年发表的"外交舆论调查"，与 40 年前调查初始时相比，"日本社会对中国的'亲近感'"呈现急遽恶化状态。而这个调查结果在中国国内亦广为人知（所谓的没"亲近感"，指的是一种"感到两国间的关系有距离"的感觉，并非意指"讨厌"或者"不喜欢"）。①

20 世纪七八十年代日本社会对中国的"亲近感"一直维持在 70% 上下。

（接上页）良好。然而自 2008 年 6 月后，两国关系急转直下。2006 年 10 月安倍晋三首相访华，2007 年 4 月温家宝总理访日，同年 12 月就任首相的福田康夫访华，2008 年 5 月胡锦涛主席又对日本进行访问。在这两年间，中日首脑尝试通过互访来改善两国关系及建构双边相互信赖关系。2008 年 6 月，中日两国达成共识，要为东海成为和平、合作、友好之海进行合作，两国共同发布《日中关于东海共同开发的谅解》。然而此后却形势突变，中日关系急剧降温。当前，中日关系的改善也同样如此。2014 年 11 月安倍晋三首相为出席 APEC 首脑峰会而访问北京，并与习近平主席举行首脑会谈。在会谈后，中日关系便出现转暖趋势。目前，中日两国又开始为东海成为和平、合作、友好之海进行协议与合作。那么，让两国关系开始改善的缘起何在？日本媒体的主流观点认为是从安倍首相访华半年前的 2014 年 6 月。当时，前首相福田康夫访华，并与习近平主席举行会谈。

① 「外交に関する世論調査」『内閣府大臣官房政府広報室』，http://survey.gov-online.go.jp/index-gai.html。

然而，近年却已降至 20% 以下。且根据该调查，日本对中国的"亲近感"，在 1988 年至 1989 年时降至 18%，2003 年至 2005 年时降至 15%，2009 年至 2010 年时降至 18%，呈现显著恶化情形。我们在展望中日两国关系发展走向时，对这种"'亲近感'恶化"情形感到忧虑。

具有讽刺意味的是，日本社会的对华认识会产生如此剧烈的大幅转变，竟是日本社会对于中国抱持高度关心的副产品。对于中国政府对外行动和中国社会变化，日本社会往往反应敏感。对日本社会而言，中国是令人在意的邻国。

此外，相较于其他国家，日本的对华认识亦显得"特异"。根据 Pew Research Center 实施的 Global Attitudes & Trends 调查，在 40 个调查对象国家中，日本的对中国好感度远低于各国。另外，有关中国成为超强并超越美国之可能性评估，日本社会亦出现明显低估和不看好的情形。①

日本社会的对华关心显现出反应敏感的特性，且相较于他国或许还展现出"特异"的一面。然而这样的关心当然并非仅是单一取向，而是同时存在多种不同的取向。

日本社会对华关心取向之一，体现在将中国的发展视为"机遇"的看法上。举例而言，2014 年 11 月因出席 APEC 首脑会议而访问北京的安倍晋三内阁总理大臣，其与习近平主席举行首脑会谈时所发表的言论，便足以代表此一关心取向。根据外务省公布的文书资料，安倍首相对习近平主席表示："中国的和平发展对国际社会和日本是个机遇，作为世界第二与第三大经济体的中国与日本，应该共同合作，推动区域与国际社会的和平与繁荣。"

日本政府一直以来，均维持着这样对中国的关心取向。2008 年胡锦涛

---

① Global Indicators Database，"Pew Research Center"，http://www.pewglobal.org/database/.

主席访日之际，中日双方发表《中日关于全面推进战略互惠关系的联合声明》，日方在该声明内表示"中国自改革开放以来取得的发展给包括日本在内的国际社会带来巨大机遇，日方对此表示积极评价。中国愿为构建持久和平、共同繁荣的世界作出贡献，日方对此表示支持。"而在更久之前的1979年12月，当时访问中国的大平正芳首相于北京演讲时，亦曾指出，当时中国开始实施的改革开放政策，是"贯穿国际合作的支柱"，并正面评价和提及"期待更加富裕的中国的出现"，以及表示日本将开始向中国提供官方开发援助。

中国的发展能够带来"机遇"——日本社会的这种中国认识，在这40年始终如一。另一方面，中国成为使权力平衡产生变化主体的事实，则让现今日本社会出现另一种不同的中国关心。

冷战结束后，美国始终处在权力中心地位，除凭借军事或经济力量，再加上以价值观或文化为源泉的软实力，美国依然是世界综合国力最强的国家。然而，美国在国际社会的影响力，正处于变化且已与以往不尽相同，亦是难以忽视的事实。面临这种情形的美国，明确表示出将安全保障政策及经济政策上的重点向亚洲移转的方针（对亚太地区的再平衡）。

国际社会的权力平衡变化，促进国际政治经济重心由大西洋转向太平洋。同时，也是导致整个国际社会统治结构（governance）逐渐失去一强有力领导者的原因，造成世界贸易组织（WTO）的改革谈判和联合国气候变迁谈判陷入停滞。

日本处于这样的国际社会变化中，其关心必然集中于关注中国这个促成权力平衡产生变化的主角的一举一动上。对日本而言，"如何面对中国"，是与其思考如何让富裕、和平的日本持续发展时——"日本应如何应对"密切相关的。

既然如此，日本究竟做何"选择"呢？

现今，日本社会的"选择"已很明确。根据前述内阁府实施的"自卫队防卫问题舆论调查"（2014年实施），日本社会对美日同盟高度评价。自首次调查的1978年至2014年期间，认为"美日安全保障条约具正面助益"的舆论从62.5%升高至82.9%，而认为"没有助益"的看法则始终维持在10%—18%。此外，在有关"应采取何种方法以保障日本安全"这种未来性问题方面，亦出现同样的舆论倾向：回答"如现状般以美日安全保障体制与自卫队来保障日本安全"的比例高达84.6%，且此数值在近年一直呈现持续上升态势。①

采取相同方式实施的"外交舆论调查"中，针对"对美国的亲近感"这个问题，回答"感到亲近"的比例在1978年到2014年间，大约维持在67%—84.5%的摆幅之间。而且，舆论对美国的"亲近感"在这10年来一直处于上升状态。

这些舆论调查结果说明，日本社会是经判断后而自主性选择美国，而非盲目追随跟从美国。日本社会对美国的认识是：美国是维持富裕与和平的日本社会持续发展不可或缺的存在。前述《战略》提道："在过去60多年间，以美日安全保障体制为核心的美日同盟对我国的和平与安全，乃至亚太地区的和平与稳定发挥不可或缺的作用。近年来，对国际社会的和平、稳定与繁荣亦发挥越来越重要的作用。"而这也是存在于日本社会中的广泛共识。②

相较之下，日本社会有关中国军事安全保障方面的认识较为严苛。在前

---

① 「自衛隊・防衛問題に関する世論調査」『内閣府大臣官房政府広報室』，http://survey.gov-online.go.jp/h26/h26-bouei/index.html。
② 「外交に関する世論調査」『内閣府大臣官房政府広報室』，http://survey.gov-online.go.jp/index-gai.html。

述"自卫队防卫问题舆论调查"（2014 年实施）中，设计有"日本和平与安全层面所关心之事"项目，对此有 60.5% 的受访者回答为："中国军事现代化及其在海洋的活动"。2009 年首次调查时同一问题的比率为 30.4%，2011 年则提升为 46%。以往，日本对于本国和平与安全问题方面的最大关心是朝鲜半岛形势。然而，至 2014 年，日本社会对"中国军事现代化及其在海洋的活动"的关心度，已超越"朝鲜半岛"问题。

日本社会的中国关心出现如此转变，若仅以"这是对中国威胁感增高的结果"来解释的话，是既不充分亦不正确。此外，将日本重视美日同盟理解为"对美国奉承"，同样是既不充分亦不正确。

日本社会一方面将中国的发展当作自身发展的机遇，另一方面又选择美国以维持自身的和平与安全。其实，日本社会的这种选择，自 1951 年签署旧金山和约并与美国签订安全保障条约迄今，一路走来始终贯彻如一。若问及"对日本社会而言的'安全观'源自何处？"，其答案毋庸置疑是"来自与美国的关系"。日本社会大多深信，战后 70 年间由美国提供的国际公共产品，仍是维持今后包括日本社会在内的整体国际社会和平、稳定与繁荣所需之物。日本社会亦认识到，当面之际将"安全观"来源指向美国系属合理的判断。2015 年 5 月，安倍内阁向国会提交的"和平安全法制关联两法案"的背景因素，亦与此"判断"密切相关。

何以今日的日本社会，虽然认识到"中国为国际社会解决区域或全球问题所需的主要行为者"，同时又对中国由"期待与不安所交织"而成的关心程度不断高涨呢？原因并非复杂，关键在于，日本社会所认为的迄今造就战后 70 年和平、稳定与繁荣的"安全观"，与中国所追求的"安全观"——这两者间是否存在差距。两种"安全观"果真有差距吗？如果有，又是什么样的差距以及应该如何去处理？

　　如同中日两国情形一般，包括中国、美国或是其他亚太国家及"一带一路"沿线国家，这些国际社会行为体各自抱持着有与己有利的安全观，因此呈现出多样而复杂的情形。所以，要在其中寻找共识和共同利益并非易事。

　　2014 年 11 月习近平主席与安倍晋三首相举行首脑会谈以来，中日关系呈现逐渐好转趋势。同时，围绕"安全观"来源问题，或将是今后中日关系的重要课题。

专题二：安全保障

理念与现实：从"专守防卫"到"新安保法案"

2015 年是日本政府继续在"摆脱战后体制"、走向"正常国家化"道路上大步迈进的一年。在内政方面，自民党于 2014 年 12 月赢得众议院绝对稳定多数席位后，彻底摆脱了"扭曲国会"的尴尬，一系列重大法案得以在众参两院顺利通过。在民主党弱化和在野党"碎片化"的政治生态下，自民党"一党独大"的政治格局基本稳定。而在自民党内部，2015 年 9 月自民党总裁选举中，安倍以"唯一候选人"无投票连任，任期三年至 2018 年，长期执政无疑已经成为现实。在外交方面，安倍内阁继续以"积极和平主义"为理念，大力推进"俯瞰地球仪"外交，不仅成功访美，修改了"日美防卫合作指针"，加强了双边安全合作，而且积极推进与东盟、澳大利亚、印度等国家的政治、经济与安全关系，试图进一步扩大在亚太地区的国际影响力和话语权。此外，作为安倍外交短板的对华和对韩关系方面，搁置了三年之久的"中日韩三国首脑会谈"在首尔成功举办，中日关系继续走出僵局，保持回暖势头。但双边关系依然脆弱，"中国威胁论"在日本依然强劲，建立战略互信更是任重而道远。日韩关系在年底就慰安妇问题达成了协议，排除了双边关系发展的最大障碍。但慰安妇问题要真正达到日本所期待的"最终且不可逆"几乎是不可能的，双边关系的进一步发展依然困难重重。

2015 年对日本政治外交影响最为深远的莫过于"新安保法案"在众参两院的相继通过，该法案将于 2016 年春季开始生效实施。所谓"新安保法案"共包括 10 个修正法和 1 个新立法。10 个修正法统一冠名为《和平安全法制整备法案》，包括《武力攻击事态法修正案》《重要影响事态法案》《自卫队法修正案》等。①1 个新立法是《国际和平支援法案》，该法案通过后，日本政府可以随时根据需要向海外派兵并向其他国家军队提供后方支援，所以该法案被称为"海外派兵永久法案"。②

一、新安保法案的三个关键点

新安保法案的本质是解禁集体自卫权。安倍内阁在 2014 年 7 月通过内阁决议解禁集体自卫权以后，就开始对国内的相关法案进行修改以适应集体自卫权的实施。2015 年被媒体称为"安保之年"，围绕着是否需要通过这些法案，不仅在国会进行了激烈的辩论，而且整个社会舆论产生了严重分裂，大规模游行示威重现街头。有些媒体将新安保法案称为"战争法案"因而持强烈反对态度，也有媒体认为只是"有限地解禁了集体自卫权"而不必大惊小怪。日本政府解释说"由此能够确立一个无论平时还是发生非常事件时都可'毫无疏漏地'应对各种事态的安全保障体制，提高日本整体的威慑力。"可以说，日本的防卫安全政策迎来了战后最大的转折点。那么，新安保法案究竟新在哪里？对日本的防卫政策带来了哪些具体的变化呢？

新安保法案涉及 11 部法案，牵涉的领域非常广泛，但最令人关注并引起争议的有以下三个关键点。

第一，修改"周边事态"到"重要影响事态"，日美防卫合作的范围大幅

---

① 10 个修正法，包括《武力攻击事态法修正案》《重要影响事态法案》《自卫队法修正案》《PKO 协力法修正案》《船舶检查法修正案》《美军等行动通畅化法修正案》《海上运输规制法修正案》《俘虏对待法修正案》《特定公共设施利用法修正案》和《国家安全保障会议（NSC）设置法修正案》。

② 过去日本向海外派兵都要经过国会专门立法，在立法当中设置派兵的条件，包括派兵的工作任务，派兵的地域和派兵的截止时间等。但《国际和平支援法案》通过后，只要政府做出决定，就可以随时向海外派兵。

度扩大。巩固和加强日美同盟关系是新安保法案的一个核心指向，多数修正法案都与日美防卫合作有关。美国对于日本解禁"集体自卫权"持欢迎态度，其根本原因就是希望日本在更广泛的国际安全舞台上帮助美国，为其分担安全责任。日美同盟经常被美国指责为"纸上同盟"，由于和平宪法的制约，日本虽然"在国际法上拥有集体自卫权但不能使用"，日本在安全领域总是无法满足美国的期待。而安倍首相在2015年4月访问美国期间，两国修订了"日美防卫合作指针"，双方安全领域的合作无论是广度还是深度都有了很大的扩展，摒弃"周边事态"概念使日美防卫合作的地域进一步扩展到全球。而"重要影响事态"的界定是"如若放任不管则可能发展为对日本直接武力攻击事态等对日本和平与安全产生重要影响的事态"，由于这个界定暧昧而不清晰，遭到日本在野党及其民众的严厉批评。

第二，增设"存亡危机事态"概念，为"集体自卫权"提供法律支持。根据《武力攻击事态法部分修止案》的界定，"存亡危机事态"是指"发生了针对与日本关系密切国家的武力攻击事态，并因此威胁到日本的存亡；国民的生命、自由和追求幸福之权利存在被彻底剥夺的明显危险的事态"，这时日本可以行使集体自卫权，与包括美国在内的关系亲密的国家一起动用武力。安倍首相在解释行使集体自卫权的具体范围时举例，比如在中东霍尔木兹海峡扫雷，如有国家在海湾布雷阻断正常通航，而日本认定这种事态，特别是海湾石油关系其生死存亡的话，那么就可以帮美国等国扫雷。另外一个例子是弹道导弹防御（BMD），如果有国家使用弹道导弹攻击美国，那么日本不能坐视不管，可以帮助美国进行导弹防御。由于不可能设想和罗列所有"存亡危机事态"，所以安倍在国会答辩时反复强调"由政府综合判断认定"。

第三，新设《国际和平支援法案》，成为海外派兵永久法案。"PKO法案"于1992年在日本国会通过后，首批维和部队于同年8月抵达柬埔寨参加联合国维和行动。但日本每次向海外派兵都需要制定一事一议的特别措施法，例如，伊拉克战争爆发后，日本于 2003 年 7 月在国会通过《支援伊拉克重建特别措施法案》。但这次《国际和平支援法案》通过后，不需要再像过去那样受到国会制约。在危急时刻，首相甚至可以与大臣们以电话会议的形式来确定是否向海外派兵，这就极大地降低了日本介入海外战争的门槛。

新安保法案的通过在理论上极大地拓展了日本动用武力的路径选择和范围，从"灰色事态""武力攻击事态""重要影响事态""存亡危机事态"到"国际和平联合应对事态"，日本在安保领域单独或与其他国家合作参与国际安全事务的概率大大提升，构建了从日本本土到亚太地区乃至应对全球事态的法律体系，而这些"事态"的性质如何界定，其解释权掌握在日本政府手中。在这样的背景下，如何规范和牵制政府的"暴走"成为日本民众和周边国家担忧的"重要事项"。据《日本经济新闻》5 月 25 日公布的舆论调查结果显示，有高达 55% 的民众反对国会通过新安保法案，表示赞成的仅有 25%。日本民众的反对主要基于两点：一是和平主义者，他们担忧日本拥有集体自卫权以后，自卫队介入战争的可能性扩大，日本被卷入其他国家特别是美国引发的战争的概率大大提升；二是立宪主义者，他们认为通过内阁决议解禁集体自卫权是违宪的，从程序上看存在很大问题，战后的民主立宪制遭到践踏。作为曾经遭受日本军国主义侵略最深的中国与韩国更是担忧日本未来能否依然坚持战后的和平发展路线？韩国政府曾表示，希望日本在讨论防卫政策相关事宜时，坚持"和平宪法"的精神，朝着对地区和平与稳定作贡献的方向透明地进行讨论，并坚决反对日本的集体自卫权适用于朝鲜半岛。中国外交部发言人华春莹也多次强调，由于历史原因，亚洲邻国和国际社会对于日本在安全领域的政策走向高度关注。希望日本能够切实吸取历史教训，坚持走和平发展道路，真正为亚洲地区的和平、稳定和发展多做一些积极有益的事。

二、新安保法案对中日关系的影响

新安保法案的通过意味着日本向"正常国家"化迈进了一大步，对中国的挑战在于应该如何看待和应对日益走向"正常化"的日本。客观地讲，战后已经70多年，日本摆脱战败束缚走向"正常国家"也是可以理解的，日本作为世界第三大经济体，更多地承担国际责任和分担国际事务也是合情合理。早在2008年胡锦涛主席访问日本时签署的《中日关于全面推进战略互惠关系的联合声明》中，中国就表示"重视日本在联合国的地位和作用，愿意看到日本在国际事务中发挥更大的建设性作用"。但问题是，这次日本通过新安保法案拥有集体自卫权的最大动因是为了提高威慑力和遏制力应对中国。安倍首相在国会辩论时多次宣称："由于中国在海上的活动、军费的增长以及朝鲜的核导弹开发等，导致东亚安保环境发生了严峻变化，日本必须提高威慑力"。应对中国的指向加剧了中国对日本安保政策和战略走向的疑虑，其结果不仅没有改善日本的安全环境，反而推高了东亚地区安全局势的不稳定和不确定，中日之间的战略互疑和对峙进一步加深。

中国对新安保法案通过后日本的防卫安全政策充满疑虑和担忧，主要表现在以下几个方面：

第一、解禁集体自卫权以及《日美防卫合作指针》的修订被视为日美两国"防务关系的历史性转折点"和"同盟历史上的新高点"，新指针确保两国安全合作全方位"无缝对接"，日美联合作战的干预能力和威慑力大大提升，特别是近年来多次举行的大规模"夺岛"演习使本来充满危机的钓鱼岛海域进一步充满不确定性。如何防止"擦枪走火"和"危机失控"，成为中日两国在东海面临的共同压力和课题。

第二、近年来日本大力加强与东盟国家的防务水平，意图提升东盟国家的整体海岸警卫能力，特别对与中国存在海洋领土争端的菲律宾和越南等国家，日本通过直接提供巡逻艇等军事装备以及间接提供 ODA 资金等方式帮助他们提升"海上能力建设"。这些行动加剧了南海的紧张局势，进一步恶化了中国在南海的安全环境，日本试图通过东盟国家来牵制中国海洋活动、围堵中国海洋发展的意图十分明显。

第三、2015 年南海局势不断升温和恶化，日本扮演了"吹鼓手"的角色。安倍首相无论在国际多边场合还是在与其他国家的双边会谈中，都要谴责中国在南海的所谓"改变现状"。不仅与美国、菲律宾在南海举行军事演习，日本海上自卫队的 P-3C 反潜巡逻机首次出现在南海海域上空，还与越南协商日本海上自卫队的舰艇使用越南的港口，甚至邀请远在欧洲的英国参加远东的军事演习。种种行为的目的，无非就是要在南海问题上"孤立中国"和"打压中国"。

种种迹象表明，中日之间已经陷入"安全困境"。历史经验告诉我们，国家之间的力量对比发生此消彼长时，会引起一些国家的不安和恐惧，从而会影响和主导这些国家的外交、安全和战略选择。对于地理位置相邻的国家来说，这种"安全困境"的作用更加明显。中日两国如何缓解这种"安全困境"已经迫在眉睫。中国舆论对于解禁集体自卫权、走向全面正常化的日本是否会"复活军国主义"充满担忧和焦虑。

冷静地看，日本要重蹈战前军国主义，日本国内民众首先绝不答应，相信战后日本和平主义信念依然深入民心，所以日本的正常国家化并不意味着日本走向军国主义化。但另一方面，"中国威胁论"在日本也依然强劲，从近几年日本的战略走向和安全政策来看，中国已然成为日本最大的防范和牵制对手。那么，一个在战略上挑战和遏制中国、给中国周边环境带来巨大压力、在国际社会不断抹黑中国的日本，中国究竟该如何应对？中国的对日政策面临巨大的挑战！

◆点评

（一）川岛真

1. 本文正确掌握日本的状况，"冷静地看，日本要重蹈战前军国主义，日本国内民众首先绝不答应，相信战后日本和平主义信念依然深入民心，所以日本的正常国家化并不意味着日本走向军国主义化"这一分析，也会被日本社会分享。

2. 本文提出的美日 guide line 和新安保法案的关系也很重要。这次的措施，不一定由国内政治的脉络而主导，基本上是日本对应国际安保环境的变化，以及对应美国要求的一个结果。目前的重点，在于日本政府以后如何用这些新的法案来做什么。

3. 不一定需要给民众的反对运动过高的评价，不要过高期待他们的活动。安保法案通过前后，舆论对安倍政权的支持率，只减少百分之五。过了一段时间，因为 TPP 交涉达成，支持率马上恢复。更严重的问题在于民主党不能对应自民党的政策，安保法案通过前后，舆论对民主党的支持率比自民党减少更多。

4. 所谓日本的"普通国家化"有什么样的内容。比如集体自卫权，世界各国都有此权利，当然中国也有此。以后，如果对中国来说不能接受日本成为所谓普通国家，那么为了保持东亚和平发展起见，双方应该交换意见，避免误会误读。

（二）加茂具树

1.《武力攻击事态法部分修正案》第 5 条及《国际和平支援法案》第 6 条

有关"得到国会的事先承认"这一点，是否应该加以注明。

2. 日本国内论及"新安保法案"时，出现过两种反对意见，希望进一步论述。同时还存在两类批评：政府对于集体自卫权应有方式的表述问题、国会对于"新安保法案"的审议手续问题。此外，还有并未充分提及的一点，即在国会审议过程中，日本国内在牵涉本国安保环境变化的基础上支持"新安保法案"的议论并不少。

3. "'中国威胁论'在日本也依然强劲，从近几年日本的战略走向和安全政策来看，中国已然成为日本最大的防范和牵制对手"。从安保方面来看，这类认识在日本国内不断加强恐怕也是事实。当然，正如贺平论文所言，从经济关系的侧面来看，中国的发展对日本是个机遇这一认识同样也在不断加强。前者与后者如何平衡，将是今后中日关系的关键所在。

4. "那么，一个在战略上挑战和遏制中国、给中国周边环境带来巨大压力、在国际社会不断抹黑中国的日本，中国究竟该如何应对？中国的对日政策面临巨大的挑战！"——本人对于其中的"在国际社会不断抹黑中国的日本"这一表述，不敢苟同。

专题三：海洋战略

中日关系的深水区：海上争端及其趋势

2015 年中国外交的关键词是"一个重点、两条主线"。"一个重点"就是全面推进"一带一路"；"两条主线"就是围绕和平与发展的目标，办好世界反法西斯战争胜利 70 周年纪念活动。在中国推进"一带一路"建设过程中，妥善处理好中日海上争端、促进中日海上合作是十分重要的环节。但是中日海上争端频繁，依然不容乐观。

一、2015 年中日海上争端概述

2015 年安倍政府加快实施新安保政策，标志着战后日本长期坚持的"专守防卫"安保政策被彻底颠覆，日本自卫队试图进一步协助美军，以有效应对中日钓鱼岛争端、"朝鲜导弹威胁"及南海紧张局势等。针对进入钓鱼岛领海及其附近海域巡航的中国公务船，日本进一步加强了海上控制与反制措施，中日海上对峙形势严峻。

日本 2015 年版防卫白皮书将中国的"威胁"摆在突出位置，首次单独设置"海洋问题动向"章节，指责"中国的单边行动正在损害航行自由等原则"。白皮书还首次炒作南海岛礁问题，并刊登一组反映中国在岛礁填海的高清图片，指责中国虽然倡导"和平发展"，但在海洋权益冲突问题上，试图依靠实力改变现状。

2015 年日本加强对南海问题的介入，美国推动日本扩大在南海地区的军事存在。10 月，美日海上力量甚至在南海举行联合军演，参加演习的日本海上自卫队宙斯盾级护卫舰"冬月"号虽然没有进入中国主张拥有主权的岛礁附近 12 海里海域，但是参与了美军对南海的监视行动。另一方面，安倍政府不想"引火烧身"，因南海问题引起国内民众对其安保政策的质疑，更不想承担安全风险和政治军事成本，因此对美国的要求反应模棱两可、犹豫不决。

此外，日本与菲、越、印尼三个国家建立"战略伙伴关系"，菲、越是在领土主权问题上与中国存在纠纷的国家，引起中国强烈关注。例如，日本从武器装备、能力建设等方面支援菲军和海警。3 月 22 日，日本与印尼交换共同防卫文书。6 月 21 日至 27 日，日本同菲律宾海军举行联合军演。11 月，日本与越南就日本海上自卫队舰船停靠越南金兰湾达成共识。此外，强化日印关系，确定日本海上自卫队和印度海军定期举行联合训练，加快建立全方位防卫合作关系。

日本介入南海意在东海，希望增加在钓鱼岛问题上与中国进行博弈的主导权，减轻日本在东海和钓鱼岛海域的压力。日本不是南海问题当事国，但插手南海问题，无助于南海争议解决，也严重损害中日政治安全互信，与中日关系改善势头背道而驰。

关于东海油气田开发，7 月 28 日，日本首相安倍晋三在参议院和平安全法制特别委员会的审议中，称"2008 年的（中日）共识没有得到遵守"。安倍所说的共识，主要是指中日要共同开发东海包括春晓油气田在内的区域，日本指责中国在"单方面"开展作业。但是，根据 2008 年"6·18"共识，春晓油气田主权属于中国，是合作开发并非共同开发。安倍政府混淆概念，不利于中日就东海有关问题开展有诚意的对话与合作。

由此可见，2015 年中日海上争端不容乐观。虽然出现改善的机遇，但挑战更加严峻。

二、中日海上争端频繁的原因及其影响

自 2015 年 4 月亚非峰会以来，基于四点原则共识，中日关系趋暖，逐步改善。但是，中日关系的结构性矛盾没有得到根本解决，围绕历史认识、海上领土主权等问题，仍有激化的可能。

其根源在于，中日之间依然缺乏战略互信，这导致中日两国建立的许多对话机制等未能有效发挥作用。

第一，到 2012 年为止，举行了 13 次中日战略对话。中日战略对话，起始于两国关系的冰冻期，为确定两国战略互惠关系发挥了重要作用，但因钓鱼岛"国有化"政策的实施一度中断。

第二，中日安全对话。2015 年 3 月 19 日，中日举行第十三次中日安全对话，两国外交、防务部门人员参加。中方希望日方树立客观、理性的对华认识，坚持"专守防卫"政策，继续走和平发展道路。双方同意加强平等对话沟通，稳妥推进安全合作。

另外，中日海上事务协商谈判由来已久，比较重要的海上危机管理机制包括两个方式。

第一，海上联络机制。建立中日海上联络机制有助于双方在一些敏感问题上沟通，避免误判或误解引发军事冲突或对抗，但未能成功落实，主要原因在于中日双方意见不一。

第二，中日海洋事务高级别磋商机制。这一机制是中日双方涉海事务的综合性沟通协调机制。2015 年 1 月 22 日，中日海洋事务高级别磋商第三轮全体会议达成六点共识：即双方同意早日启动防务部门海空联络机制；中国公安部边防局与日本海上保安厅继续就打击走私、偷渡等海上犯罪进行合作；

中国海警局和日本海上保安厅建立双方总部之间的对话窗口；双方加强海洋政策和海洋法对话；双方根据有关国际法加强在搜救、科技及环境等领域的海洋合作等。2015年12月7日至8日在福建厦门举行第四轮海洋事务高级别磋商，来自中日双方外交、防务、海上执法和海洋管理等部门的人员参加本轮磋商。

由此可见，近年来，中日双方意识到构建危机管理机制的重要性和紧迫性。但是，由于缺乏足够的战略互信导致上述各种对话机制尚未充分发挥作用，难以实现真正的海上安全合作。

三、政策建言

从2014—2016年，中国担任亚信峰会主席国，倡导亚洲新安全观，即通过对话、协商、合作来共同应对安全挑战，实现东亚区域共同、可持续的安全。

为此，具体对策建议如下：

第一，从维护中日关系的大局出发，进一步发挥现有沟通机制的作用，谋求与日本双边谈判解决海上争端。首先，东海海域划界问题可以依据海洋问题的国际法、国际条约，遵循以公平原则为首的各项国际原则进行平等的磋商。积极准备与日本外交谈判的材料，继续磋商建立中日海上热线联络机制等具体细节问题，预防与处理中日海上可能出现的突发性冲突。

第二，加强中美关系，推动中日关系的改善。中国需要继续推进中美新型大国关系，加强中美军事对话与海上合作，增信释疑。

第三，加强与东盟的关系，促进中日关系的发展。中国与东盟应有效落实《南海各方行为宣言》（DOC），推动达成"南海行为准则"（COC），积极探讨签署中国—东盟国家睦邻友好合作条约，推动海上丝绸之路设想的具体落实。

第四，中国需要建立强大的海上力量。中国需要在近海发展强大的"反介入"（anti-access）能力，提高防御与威慑力量。依据2016年开始的"十三五"规划，继续推进强有力的中央领导的海洋管理体制，在海警局的协调体制下，增强海上打击力量和威慑力量。

第五，积极参与建设亚洲安全机制建设。上海合作组织、东盟地区论坛等一系列安全合作机制正在逐步发展和完善，但是亚洲安全体系的构建相对滞后，加快亚洲地区安全机制建设刻不容缓。

从长期来看，中国的海洋战略一定要"以我为主""以法治海""以海治海"，妥善处理与日本的关系，扩大合作空间，减少冲突与摩擦。中国需要以五十年、一百年的时间维度来长期规划中国的海洋战略。中国目前已经形成环渤海湾、长江三角洲、台湾海峡西岸、珠江和北部湾的港口链、港口群，中国的海运业和造船业也发展迅速。此外，中国正在加强海军的现代化建设。

今后，中国在发展本国海洋力量的同时，需要谨慎处理与日本的关系，积极推进与美国以及周边国家的海上合作，妥善解决东海资源开发、有效解决钓鱼岛主权争端、妥善解决南海争端，最终为解决台湾问题奠定基础，走出一条共建、共享、共赢的亚洲安全之路。

◆点评

川岛真

1. 美国对中国在南海的行为，以"海上航行自由"应对。中方如何看待这一举措？中美、中日应该分享中国对此的看法和分析。

2. 本文几乎没有提到澳大利亚的因素。2014—2015年，日本和澳大利亚几乎变成准同盟关系，太平洋出现新的三角安保体制。

3. 日本和世界很重视中方对UNCLOS的判断，中方也说"遵守国际法"。但是如何应对中国和美日等相关国家之间对围绕南海的"国际法"之不同看法。我想今后，中日双方应推动进行国际法专家之间的交流。

4. 日本一定不会直接干预南海问题，但是对日本的安保和经济来说，南海作为 sea lane 的一个核心而不能忽视。日本以后会继续跟越南，菲律宾等相关国家进行对话和合作。

5. 2015 年，台湾地区领导人马英九登陆太平岛引起世界关注。2016 年 5 月，民进党的蔡英文政府成立，如何对待南海问题，也应是中日双方非常重视的一个问题。

6. 本文的建言里面，有日方应该"积极参与建设亚洲安全机制建设"之部分。为了实现南海的和平，中日应该寻找合作机制，共同建设亚洲安全机制。

专题四：经济与贸易

机遇与挑战：中日经济关系的新内涵

无论是自身经济状况，还是双边经贸关系，2015 年对于中日经济而言都是不容乐观的一年。中日经济关系正进入近 30 年高速发展后的"转型期"乃至"阵痛期"，也面临着挑战与机遇并存的"新常态"。

2015 年，中国经济增幅放缓，年均降至 6.9%，创 25 年来的新低；在安倍经济学的支撑下，日本国内生产总值（GDP）的增长率也仅仅勉强达到 0.4%。

在贸易方面，根据中国海关总署发布的统计数据，2015 年中国货物贸易进出口总值为 24.59 万亿元人民币，比 2014 年下降 7%。其中，出口 14.14 万亿元，下降 1.8%；进口 10.45 万亿元，下降 13.2%；贸易顺差 3.69 万亿元，增长 56.7%；对日贸易下降 9.9%。[①] 根据日本财务省的统计，2015 年日本贸易收支的逆差为 2.8322 万亿日元，连续 5 年出现赤字，其中对中国的贸易逆差达到 6.1911 万亿日元，增长 6.8%，创历史最高纪录。[②] 而据日本贸易振兴机构的数据，2015 年中日贸易下降 11.8%，是 2009 年金融危机之后第一次出现两位数的下降，其中日本对华出口减少 12.3%，进口减少 11.3%。[③]

在直接投资方面，受全球经济形势、成本上升和规制障碍、中日政治关系等因素的影响，2014 年日本对华直接投资的实际利用额就已经下降了

[①] 《2015 年我国进出口总值 24.59 万亿元》，中华人民共和国海关总署，2016 年 1 月 13 日。

[②] 「平成 27 年分貿易統計（速報）の概要」、財務省、2016 年 1 月 25 日。

[③] 「15 年の日中貿易額、6 年ぶり 2 桁減　輸出入とも不振」、『日本経済新聞』、2016 年 2 月 17 日。

38.8%。根据中国商务部公布的数据，2015年日本对华投资实际利用额为32.1亿美元，同比又下降25.2%，已连续三年出现负增长，投资额仅为2012年高峰时的近一半。①

一、从中长期看 2015 年中日经济关系的变与不变

第一，区域自由贸易协定（FTA）的突破性进展为中日经济关系增添了新的变数。

2015年，亚太地区的FTA进一步呈现多轨多速、交叉重叠、良性竞争的态势，新的格局初具雏形。其中，最大的关注焦点在于"跨太平洋伙伴关系协定"（TPP）等"超级FTA"（mega FTA）的加速发展。TPP谈判历尽波折，多次推迟原定的最终结束期限，终成正果，包括日本在内的12个缔约方于2015年10月5日达成一致，并在2016年2月4日签署协定。根据国际货币基金组织公布的最新数据，2015年TPP缔约方的GDP总额约为30万亿美元，占世界总量的36.3%，以2014年的数据计算，其进出口贸易占全球总量的25.5%。TPP生效后，日本将撤销占贸易总额95%的商品的关税，在农林水产品上也将取消81%的关税。特别值得注意的是，TPP仅仅是当前多个跨区域"超级FTA"中的一个，不应孤立观察。正在谈判中的跨大西洋贸易与投资伙伴关系协定（TTIP）、日欧经济一体化协定（EIA）有可能与TPP形成强大的三角联动效应。

与此同时，中日共同推动的"区域全面经济伙伴关系"（RCEP）谈判也迈步向前。RCEP本身就是中国和日本对自身原先力推的"东亚自由贸易区"

---

① 《2015年1—12月全国吸收外商直接投资情况》，中华人民共和国商务部，2016年1月20日。

（EAFTA）、"东亚全面经济伙伴关系协定"（CEPEA）等既有区域合作倡议综合权衡基础上相互妥协的产物。截至 2016 年 2 月，RCEP 已经经历了 11 轮谈判和 4 次经贸部长会议。在 2015 年 8 月的吉隆坡 RCEP 经贸部长会议上，各方就货物贸易初始出价模式和服务贸易、投资市场准入减让模式达成一致，谈判取得突破性进展。11 月 22 日，各国领导人发表联合声明，RCEP 有望于 2016 年结束谈判。RCEP 成员国的人口约占全球的 50%，GDP、对外贸易和吸引外资分别接近全球的三分之一。

2015 年，中日韩 FTA 谈判进程也有所提速，10 月 30 日，借助中日韩领导人会议重开的东风，时隔三年五个月，中日韩经贸部长会议再度召开。12 月，三方举行了新一轮首席谈判代表级别的谈判。

2015 年 12 月 6 日，中国国务院印发《关于加快实施自由贸易区战略的若干意见》，这是关于中国 FTA 战略的指导方针。作为近期目标，意见提出要"加快正在进行的自由贸易区谈判进程，在条件具备的情况下逐步提升已有自由贸易区的自由化水平，积极推动与我国周边大部分国家和地区建立自由贸易区，使我国与自由贸易伙伴的贸易额占我国对外贸易总额的比重达到或超过多数发达国家和新兴经济体水平"。[①] 这一阶段性目标为中国的 FTA 建设设定了首要伙伴、参考数值和比照对象，使其进一步明确了主攻方向和发展重点，对于发展中日经济关系也意义重大。中国的亚太 FTA 战略并不是孤立的经济战略，而应与周边外交战略和亚太安全战略相辅相成。面对复杂的外交环境，中国需要通过加强经济合作降低周边国家对自身崛起的经济担忧和政治疑虑。因此，中国的 FTA 战略应首先立足于周边，以其为依托再行稳步扩展，通过经济合作和打造区域市场加强与周边国家的全方位联系。

---

① 《国务院关于加快实施自由贸易区战略的若干意见》，国发〔2015〕69 号，2015 年 12 月 6 日。

日本政府在其《日本复兴战略》中提出的目标是，到 2018 年 FTA 覆盖率达到 70%。这意味着，除了已经达成的 TPP 之外，日本还必须签署中日韩 FTA、日欧 EIA 以及 RCEP。对于日本而言，由于双重成员国的身份，TPP 与 RCEP 的互补性更为明显，TPP 带来的收益主要通过非关税壁垒的降低，而 RCEP 则有助于提供更大的、增长的亚太市场。而对于中国而言，关税减让仍是现阶段区域经济一体化收益的重要来源。①

第二，中日在区域基础设施投融资领域的竞争不断增强。

在中国倡导成立的亚洲基础设施投资银行（AIIB）和全面推进的"一带一路"建设的背景下，2015 年年中，日本政府提出了"高品质的基础设施投资"理念及其融资策略。其核心内容是在五年内，通过公私协作的方式，由日本政府（主要通过日本国际协力机构和国际协力银行）和亚洲开发银行（ADB）为亚洲提供总额 1100 亿美元（约 13.2 万亿日元）的基础设施资金。2015 年 6 月 14 日，日本内阁再度明确了《基础设施出口战略》提出的到 2020 年实现约 30 万亿日元（目前约为 10 万亿日元）的基础设施订单目标。

日本和美国是主要大国中未参加 AIIB 的两个国家。但无论是 ADB 还是 AIIB 在短期内都难以满足亚洲基础设施投资的巨大需求。根据亚洲开发银行研究所（ADBI）的测算，2010 年到 2020 年亚洲各国基础设施需要近 8 万亿美元的投资，此外还需要 2900 亿美元用于特定的区域基础设施项目，即平均每年需要近 7500 亿美元，而 ADB 的年度融资额仅为 130 亿美元左右。在中日两国为区域基础设施重大项目角力的同时，有理由期待双方在项目甄选、技术创新、质量控制、机制建设、运营维护等领域的良性竞争。由于需求远未饱和，对同一市场的争夺势必引起不同国家、不同机制、不同企业间的竞

---

① Kenichi Kawasaki, "The Relative Significance of EPAs in Asia-Pacific," *Journal of Asian Economics*, Vol.39, August 2015, pp.19—30.

争。但只要这种竞争是良性的、理性的、建设性的，那么由此产生的公共产品的"叠加效应"乃至"递加效应"对于亚太地区乃至全球的发展和稳定不无裨益。中日两国都应因势利导，将第三方国际产能合作和促进基础设施互联互通作为经济合作的新领域。

第三，中国游客赴日"爆买"成为中日经济关系的新增亮点。

中国游客访日热潮并非自 2015 年始，2014 年度就已达到 240.92 万人，同比增长 83.3%，但在此基础上，2015 年度增长的"动能"和"势能"无疑更为惊人。2015 年日本新语和流行语大奖、共同社评出的 2015 年中日关系十大新闻中，"爆买"一词都榜上有名。在日本年度汉字评选中，"爆"也名列第二。

根据日本政府观光局的统计，2015 年日本共接待外国游客 1973.7 万人次，同比增长 47.1%，这是 1964 年有统计以来的最大增幅，也是 1970 年之后时隔 45 年访日游客第一次超过出境日本游客的数量。其中，中国游客达到 499 万人，同比增长 107.3%，成为第一大来源地。中日关系相对稳定、日元贬值、日本简化签证等手续、中国游客整体出境热潮等都是主要原因。① 另据统计，2015 年访日外国人的消费达到 3.47 万亿日元，比前一年猛增 71.5%，第一次突破 3 万亿日元，人均消费 17.61 万日元。其中，中国人在日消费额达 1.42 万亿日元，占总额的 40.8%，人均消费 28.38 万日元，高出所有国家的人均消费水平近 11 万日元，高居榜首，且同比增长 22.5%。在购物支出中，中国游客人均消费 16.20 万日元，远远高出排名第二位的越南和香港游客近 7 万日元的水平。② 可见，尽管上述收益大多属于服务贸易的范畴，但事实上也

---

① 日本政府観光局（JNTO）「報道発表資料」、2016 年 1 月 19 日。
② 観光庁「訪日外国人消費動向調査 平成 27 年（2015 年）年間値（速報）」、2016 年 1 月 19 日。

使日本的制造业获益匪浅。

根据世界旅游业理事会（WTTC）测算，2015 年旅游业对全球 GDP 的综合贡献值为 7.8 万亿美元，占全球 GDP 总量的 10%。旅游业创造了 2.84 亿个就业岗位，占就业总量的 9.5%。中国国内旅游超过 40 亿人次，出境旅游 1.2 亿人次，中国国内旅游、出境旅游人次和国内旅游消费、境外旅游消费均列世界第一。① 中国游客赴日旅游和"爆买"不仅拉动了日本的住宿、餐饮、交通、娱乐服务、零售等行业，也是其亲身体验、亲眼见证之旅，对于相互的国民认知和各自的国际视野将起到深刻而微妙的影响。

在另一方面，2015 年，中国国家领导人也出席了中日友好交流大会，自民党总务会长二阶俊博率领 3000 人交流团访华。中国期待也欢迎更多的日本客人光临。

二、新形势下重新审视经济关系在中日关系中的特殊作用

围绕"政冷经热"的争论曾一度成为中日关系的一个热门话题。今天，产业链的深化、股市的联动、金融货币政策的协调等都展现出更加紧密的中日经济关系。在全球经济格局和各自经济态势变动的现实和预期下，经济关系在中日双边关系中的特殊作用也进一步凸显。在一定意义上，随着经济增速的下滑，两国也有理由对双边经济合作的战略收益更为重视。在今后一个时期，以下三点值得重点关注。

第一，借经济合作缓解供需错位，实现内需与外需的有机互补，通过区域合作助力国内经济。

---

① 《国家旅游局发布"2015 年世界旅游十大新闻"》，中华人民共和国国家旅游局，2015 年 12 月 25 日。

根据日本总务省公布的数据，2015 年日本家庭消费支出扣除物价变动因素实际比上一年度下降 2.3%，已连续两年出现负增长。前述名义 GDP 增长不尽如人意，最大的原因就在于国内需求的不足。与之相对应，来自中国的外需却前景诱人。2020 年中国的中等收入阶层将达到 4 亿—5 亿人。而到 2030 年和 2050 年，中国的中产阶级分别有望达到 11.2 亿和 12.4 亿，约为日本的 11 倍和 20 倍；另外，中国的高收入阶层也有望达到 0.4 亿和 1.19 亿，分别接近日本的 2 倍和 5 倍。[①] 由此带来的旺盛购买力对于人口老龄化和少子化现象日益严重、国内市场渐趋萎缩的日本而言将提供无限的商机。无论是安倍经济学还是《日本复兴战略》，要想真正取得成功，国内外的消费拉动必不可少。

值得关注的是，中国经济本身也正感受下行压力，以投资为主的经济刺激政策的副作用不容忽视，如何通过结构性改革，实现创新驱动和消费拉动，是今后一个时期中国经济面临的重大问题。在"爆买"的喜人景象背后，经济规制、产业发展、社会资本等领域都有诸多值得深思之处。中日两国如何借力各自的需求，实现供给优化，并在这一过程中携手实现结构转型，挑战巨大，但同样前景可期。

第二，继续珍视双边经济关系的镜鉴和互助作用。

2010 年中国名义 GDP 超过日本，跃居世界第二，短短五年之后已接近日本的 2.25 倍，而基于现有增速这一差距将进一步扩大。由于财政困难、预算改革等原因，日本以日元贷款为中心的传统对外援助手法日渐力有未逮，而经济社会发展中的各种技术、制度、经验（know-how）则成为新时期区域合作的重要载体，也是日本发挥其"软实力"的比较优势。当前，中国经济

[①] Asian Development Bank Institute，*Asia 2050*：*Realizing the Asian Century*，Manila：Asian Development Bank，2011，p.24.

面临环境和资源制约、出口导向型经济的瓶颈、人口红利减少、产能过剩等诸多问题。在完善社会保障制度、缩小贫富差距、环境治理、节能减排、循环经济、应对人口老龄化、城市化进程、地方债务、中小企业发展、创新与知识集聚等诸多领域，两国有着诸多互鉴互助的共同需求和现实基础。

目前中国的人均 GDP（按购买力平价计算）相当于 1985 年日本、1993 年台湾地区、1996 年韩国的水平，以名义美元计算，则与 1978 年的日本、1989 年的台湾地区、1991 年的韩国相仿。如何面对接近 5% 的平稳增长、如何调适高速增长期后的可能变化、如何最大限度地化解市场泡沫、如何培育可持续的产业竞争力，中日两国都不乏对对方的参照意义。[①]

第三，深刻认识中日经济合作的区域意义和世界影响。

中国是世界第二大经济体和最大的新兴市场、最大的制造业和货物贸易国；日本是世界第三大经济体，也是亚洲发达经济体的佼佼者。中日两国的经济关系"合则两利、斗则俱伤"，这不仅是共同的外交宣示，也有客观研究的现实佐证。[②] 任何一种经贸制裁都不是现实的政策选项，也必将伤人伤己。2015 年中国的进出口贸易自 2009 年金融危机之后第一次出现负值，2016 年 1 月和 2 月的数值也难言乐观。包括中国在内的新兴经济体的经济减速也已波及日本经济。利用修正后的引力模型不难发现，这不仅直接影响到两国的经贸关系，也由于两国与欧美等生产链上第三方的联系而造成巨大的间接影响。[③] 例如，2015 年由于中国在域内贸易中对进口产品需求的减少等原因，

---

① 中島厚志「中国経済「減速」を日本経済の経験から読み解」、WEDGE Infinity、2015 年 8 月 24 日。

② Masahiro Kawai, Innwon Park and Yunling Zhang, "Impacts of Trilateral Conflicts among China, Japan and Korea," A preliminary draft, Korea University, May 2014.

③ Willem Thorbecke, "Understanding the Evolution of Japan's Exports," Column：324, Research Institute of Economy, Trade and Industry, November 4, 2015.

亚洲发展中国家的出口增速从 5.0% 降至 3.1%，进口也从 5.1% 降至 2.6%。[①]

鉴于跨国公司在销售和外包上的网络化格局特别是对外直接投资中的第三方影响，有必要在传统"国别比较优势"的基础上重新认识中日共同的"区域比较优势"(regional comparative advantage)。[②] 换言之，有必要从区域乃至全球价值链整合的角度看待中日经贸关系。为了加强全球价值链的"韧性"，减少生产、物流、营销等成本，防范可能的风险，越来越多的国家除了关税之外，在投资承认、知识产权保护、劳工权益、环境保护以及其他一系列规制领域开展深度融合，提供整套而非单一的政策工具。这正是 TPP 等新型跨区域主义实践的主要目标。"贸易—投资—服务—知识产权的综合体"正在成为 21 世纪国际商务的核心。因此，"21 世纪的区域主义"的谈判焦点在于"各国国内改革的交换"而非传统的"市场准入的交换"，规制而非关税成为其重点。[③] 如何在对外经贸机制建设中拓展议题的广度和深度，如何提高规则制定和规制统合的共同意愿，如何加强规则的执行效力及其"外溢效应"，如何在"一带一路"建设的诸多项目中提高一体化合作的层级，都将成为中国在今后亚太区域合作中面临的重要问题。

这一中日经济关系及其自身经济问题的"外溢效应"有可能随着区域一体化的加深而进一步加剧。目前的中日区域联系主要通过贸易、对外直接投资和旅游等，随着金融等其他领域一体化的加速，应对此产生的风险和冲击

[①] "Overview of Developments in the International Trading Environment, Annual-Report by the Director-General," Mid-October 2014 to mid-October 2015, Trade Policy Review Body, The World Trade Organization, WT/TPR/OV/18, November 17, 2015, p.18.

[②] Richard Baldwin and Toshihiro Okubo, "Networked FDI: Sales and Sourcing Patterns of Japanese Foreign Affiliates," *The World Economy*, 2014, Vol. 37, No.8, pp.1051—1080.

[③] Richard Baldwin, "Global Supply Chains: Why They Emerged, Why They Matter, and Where They Are Going," in Deborah K. Elms and Patrick Low eds., *Global Value Chains in A Changing World*, Geneva: World Trade Organization, 2013, pp.13—59.

未雨绸缪。①

三、近期的合作展望与政策建议

第一，努力实现"中日高层经济对话"的机制化、稳定性和实体化。

根据 2015 年 11 月中日首脑会谈的协议，2016 年春天将召开"中日高层经济对话"，这是两国外交、经贸、财政等主要部门和中央银行首次设立的高层定期对话机制。尽管离"中美战略与经济对话"的层级和议题范围或许尚有距离，但这已充分表明两国对于双边经济关系的重视程度，在中国"新型大国关系"和周边外交的背景下也具有特殊的标本意义。如何在积极象征意义的基础上，确定议题、落实职能、推进执行值得期待。

2016 年日本和中国还将分别承办七国集团和 20 国集团峰会，在世界经济整体减速的情况下，两国在诸多全球和地区经济议题上有望重返利用这一"主场外交"发出自己的声音并加强彼此沟通和协调。

同时，借鉴"中日节能环保综合论坛"等已有实践，中日应加强政、官、商、产、学、研等各界的互动和协作。2015 年，中日财长对话重启，11 月首轮中日企业家和前高官对话会在东京举行，中日经济协会访华团也时隔 6 年与中国国务院总理会晤。这些已有的实践都有助于改善气氛、累积基础。

第二，以更大的政治决断推进区域经济一体化，防止以邻为壑的碎片化的加剧。

中国有必要借助中日、日韩关系有所缓和的有利局面，尽早签订中日韩 FTA，促成相关国家在 RCEP 谈判上达成基本共识，缓解 TPP 生效和潜在扩

---

① World Bank Group, *Global Economic Prospects, January 2016: Spillovers amid Weak Growth*, Washington, DC: World Bank, pp.73—80.

容对中国的负面冲击。在东北亚的区域一体化中，如何将 TPP 达成和中韩 FTA 正式生效（2015 年 12 月 20 日）对中日两国有可能带来的双重"贸易转移效应"有效转化为推进中日韩 FTA 和 RCEP 的动力乃至压力，值得各国深思。在 TPP 影响力日益扩大的背景下，中国应在考虑亚洲多样性和复杂性的基础上，实现 TPP 与 RCEP 的共容共存，最终实现高水平的、更具包容性的亚太自由贸易区（FTAAP），在此过程中，中日韩 FTA 无疑是地缘政治和地缘经济的重要基石。这一 FTA 不应是"最小公约数"的权宜之计，同样应是全面的、高标准的、新一代的。鉴于 FTA 和双边投资协定（BIT）对于对外直接投资的正向拉动作用，[1] 中日韩 FTA 以及更广泛的 RCEP 等区域 FTA 有望在直接投资等其他领域推动中日经济合作，鉴于新时期经贸合作的显著外溢，也有望催生或强化在其他非经贸议题领域的合作。

◆点评：加茂具树

1. 正如文中所言，包括经济和人文交流在内的中日双边关系，"围绕'政冷经热'的争论曾一度成为一个热门话题"，但已经出现新的变化，"产业链的深化、股市的联动、金融货币政策的协调等都展现出更加紧密的中日经济关系。在全球经济格局和各自经济态势变动的现实和预期下，经济关系在中日双边关系中的特殊作用也进一步凸显"，中日经济关系和人文交流正在向极为紧密的关系飞速发展。

2. 正如文中所指出的，在中日两国的经济关系领域，在促进共同利益、密切双边关系方面正在出现一些起到重要作用的萌芽。第一是"借经济合作缓解供需错位，实现内需与外需的有机互补，通过区域合作助力国内经济"，

---

[1] Shujiro Urata, "Impacts of FTAs and BITs on the Locational Choice of Foreign Direct Investment: The Case of Japanese Firms," RIETI Discussion Paper Series 15-E-066, 2015.

第二是"继续珍视双边经济关系的镜鉴和互助作用"，第三是"深刻认识中日经济合作的区域意义和世界影响"。中日两国社会应继续时刻认识到，这是两国共同的利益，也是理应得到进一步扩大的利益。

3. 尽管中日两国间一方面尝试探索共同利益，然而另一方面相互间理解仍旧不尽充分。日方研究者对中方日本研究者的分析所感到的不对劲之处有不少（并非指这样的分析是错误的），围绕这些观点，中日两国研究者间的探讨，对加深彼此的理解有着重要的意义。

专题五：历史与现实

战后 70 年节点上的"历史问题"

日本国家安全保障局局长、首相安倍晋三主要智囊谷内正太郎曾表示："对于 21 世纪的日本外交来说，如何与中国相处是最大课题。这个课题对于安倍政权而言，尤其困难，尤其沉重。"

安倍两次当选首相，中日关系均处于"冰点"。2006 年 9 月安倍第一次当选首相时，由于小泉纯一郎顽固坚持参拜供奉有"二战"甲级战犯的靖国神社，中日关系面临邦交正常化以来最为困难的局面。2012 年 12 月安倍再度当选首相时，因野田佳彦政权对钓鱼岛实施所谓"国有化"而导致中日关系高度紧张。

但是，安倍两次执政后的对华政策，存在明显反差。首次执政后，安倍不仅将中国作为首访国家，实行"破冰之旅"，就任 40 多天与中国国家主席胡锦涛两次会谈，表示希望中日双方能进行全面合作，提出两国建立"战略互惠关系"，没有参拜靖国神社，使中日关系迅速缓解。再次执政后，安倍不仅在执政一周年之际参拜靖国神社，而且处处和中国"较劲"。过去的一年，安倍政权在"历史问题"上的立场何以不能令中国满意？如何认识中日两国在"历史问题"上的对立和妥协？过去一年中是否存在"历史问题"再次浮现？如何避免隐患？本文试回答这些问题。

一、美国全球战略转变是认识中日"历史问题"的重要背景

安倍两次执政后的对华政策为何出现明显反差？按照自民党前干事长中

川秀直的说法："（安倍）首相不是以意识形态定标准的人。安倍的转变不是
'君子豹变'，而是立足于国家利益和国家战略考量的政治姿态。"那么，安倍
再度执政后，日本"国家利益和国家战略"究竟发生了什么变化？解析这一
问题，是认识安倍政权包括在历史问题上的表现的关键。

毋庸置疑，中日关系在很大程度上是中美关系的投影。2009 年，时任美
国国务卿的希拉里·克林顿提出了"重返亚太战略"。2012 年，美国五角大
楼又提出了"再平衡战略"，其遏制中国的用意，堪称司马昭之心——路人皆
知。美国这一国际战略的提出，是认识安倍两次执政对华政策所以不同的重
要国际背景。

2014 年 11 月 7 日，中日在共同发表的"四点原则共识"中提出，"双方
本着'正视历史、面向未来'的精神，就克服影响两国关系的政治障碍达成
一些共识"。但是，在过去的 2015 年，总体而言，日本方面并没有在克服历
史问题这一影响中日关系的"政治障碍"方面，采取令中方满意的举措。

值得注意的是，在再度执政之前的 2012 年 8 月，安倍公开表示，"有必
要否定或取消'河野谈话'、'村山谈话'等历届政府的所有谈话。"2013 年 3
月，安倍在接受韩国《月刊朝鲜》杂志采访时称，将在 2015 年纪念二战 70
周年时，以"安倍谈话"取代"村山谈话"。2013 年 4 月 23 日，安倍在参议
院答辩时称，"安倍内阁不会原封不动地继承村山谈话"。

但是，2014 年 3 月 3 日，安倍在国会却表示将继承向被日本侵略国家和
殖民国家谢罪的"村山谈话"，称"我国（日本）曾给很多国家，特别是亚洲
各国人民造成了巨大损害和痛苦。关于此认识，我将继承历代内阁的立场"。

安倍在历史问题上的表态为何"摇摆不定"？美国的态度是不可忽略的因
素。值得注意的是：就在 2014 年 3 月 3 日安倍表示将继承"村山谈话"的前
一天，即 3 月 2 日，美国《纽约时报》发表社论指出，安倍在历史问题上的

态度成为东亚地区的风险。美国基于《美日安保条约》虽有保护日本的义务，但并不希望卷入中日冲突，安倍政府正在置美国的利益于不顾。毋庸赘言，《纽约时报》对安倍的批评，和美国政府的立场一致。

2015 年 1 月 5 日下午，安倍在当年首次举行的记者会上表示，将在今年发表的关于战后 70 周年的"安倍谈话"中写入对第二次世界大战的"反省"，继承"村山谈话"，并表示其内阁"总体上继承了关于历史认识的历代内阁的立场，今后也将继承下去"。当天，美国政府即表示，希望日本继承承认殖民统治和侵略并表示深刻反省的"村山谈话"，以及围绕慰安妇问题进行道歉及反省的"河野谈话"。

安倍在参拜靖国神社问题上的表现，充分显示出美国的影响。2013 年 12 月 26 日执政一周年之际，安倍无视美国副总统拜登的劝诫前往参拜靖国神社，美国政府公开表示"失望"。此后，无论日本战殁者追悼日前，还是秋季大祭前，安倍都只是奉献玉串料等，没有再参拜靖国神社，日本政府也事先"透露"安倍不会亲自前往参拜。可以预见，在参拜靖国神社这个"历史问题"上，不会再有大的波动从而引发中日新一轮冲突。

二、安倍政权既欲摆脱"谢罪外交"，也须"继承历届内阁历史认识"

1995 年 8 月 15 日，日本战败 50 周年纪念日，日本首相村山富市发表了作为内阁决议的"村山谈话"，明确表示："我国在不久的过去一段时期，因国策错误而走上了战争道路，使国民陷入存亡危机，并因殖民统治和侵略，给许多国家特别是亚洲各国人民造成了巨大损害和痛苦"；"谨此再次表示深刻反省和由衷的歉意"。其中殖民统治、侵略、深刻反省、由衷的歉意，被视为"村山谈话"的四个"关键词"。安倍再度执政后，是否继承"村山谈话"

精神，一直受到舆论关注。

2015 年 4 月上旬，安倍开始正式拟定谈话措辞，由他口述，首相秘书官今井尚哉和主管外交的官房副长官补兼原信克等人记录。在记者会上，安倍将他的意图表露得非常明确，即不纳入"道歉"和"侵略"的表述。4 月 22 日，安倍在印尼首都雅加达召开的万隆会议 60 周年纪念峰会上发表演说，对过去的战争表示 deep remorse（"深刻反省"）。4 月 29 日，安倍在美国众参两院发表演说时，再次使用了 deep remorse 这一表述。安倍身边人士称，这是"观察外界的反应"。

5 月下旬，日本政府私下探寻中韩两国的态度，结果发现"情况依然严峻"。安倍遂表示，"此次希望按喜欢的做，不希望被任何因素束缚"，决定"既不在内阁会议上决定，也不表明'道歉'和'侵略'"，以"个人见解"而非"内阁决议"的形式发表谈话。据首相官邸人士透露，若以"政府见解"形式发表"安倍谈话"，很容易引起日本与中韩两国政府之间的外交摩擦。但是，与自民党联合执政的公明党却提出，"安倍谈话"应继承以往日本政府立场，有必要以"内阁决议"方式发表。公明党之所以坚持作为"内阁决议"发表"安倍谈话"，是因为安倍内阁国土交通相太田昭宏是公明党人，"内阁决议"需经阁僚一致同意并联署。没有公明党首肯，"内阁决议"无法形成。8 月 7 日，安倍在自民党高层会议上表示，他将在 14 日通过内阁决议发表"安倍谈话"，并在当天晚上将这一决议通报公明党党首山口那津男。山口明确要求安倍在谈话中写入"村山谈话"中的关键词，称"应采用有诚意的表述，向对方表达日本具有道歉之心"。

在经历"烦恼"和"纠结"之后，安倍表示，"希望拟定能与尽可能多国民共享的谈话"，确定了对包括"道歉"在内的关键词进行"间接表述"的方式。

2015 年 8 月 14 日，"安倍谈话"包括了舆论关注的四个关键词：殖民统治、侵略、深刻反省、由衷歉意，但其表述不仅断续，而且间接："事变、侵略、战争。我们再也不应该用任何武力威胁或武力行使作为解决国际争端的手段。应该永远跟殖民统治告别……我国对在那场战争中的行为多次表示深刻的反省和由衷的歉意。"

除了执政伙伴公明党方面的要求，安倍还受到来自三方面的压力。

一是来自日本学界和民间的压力。7 月 17 日，日本 74 名人文社会科学知名学者发表联合声明，敦促安倍晋三在战后 70 周年相关谈话中明确写入"村山谈话"中的关键词。NHK 最新舆论调查显示，42% 的受访者认为，"安倍谈话"应写入"具有道歉意味的词语"，而表示"不必进行道歉"的受访者仅占 15%。

二是来自中国的压力。8 月 5 日，在马来西亚首都吉隆坡举行的东盟外长会议期间，王毅外长在接受记者采访时表示，将对安倍晋三战后 70 年谈话内容"保持高度关注"。在与岸田文雄会谈后，王毅对记者表示："不仅中国人民，国际社会都在关注日本如何过历史这一关。"

三是来自韩国和美国的压力。韩国总统朴槿惠多次要求"安倍谈话"应"切实继承历史认识"。而日韩对立不符合重返亚太、亟须建立美日韩同盟的美国的利益。

必须强调，安倍自提出要发表"战后 70 周年谈话"，一直在摆脱"谢罪外交"和"继承历届内阁的历史认识"之间摇摆。最终，迫于自身需求和各方压力，安倍无奈地对四个关键词进行了"间接表述"。

中国政府认为，"安倍谈话"缺乏诚意。中国外交部发言人在答记者关于对"安倍谈话"的提问时表示："外交部副部长张业遂已向日本驻华大使木寺昌人表明中方严正立场。日本军国主义发动的侵略战争给中国和亚洲受害国人民带来了深重灾难。正确认识和对待过去那段历史，是铭记历史、捍卫正义的要求，是日本与亚洲邻国改善关系的重要基础，也是开创未来的前提。在国际社会共同纪念二战胜利 70 周年的今天，日本理应对那场军国主义侵略战争的性质和战争责任作出清晰明确的交代，向受害国人民作出诚挚道歉，干净彻底地与军国主义侵略历史切割，而不应在这个重大原则问题上作任何遮掩。"中国官方媒体、舆论也基本上持这一立场。

总之，"安倍谈话"没有成为"正视历史、面向未来"，"克服影响两国关系的政治障碍"的契机，中国政府对安倍"过历史这一关"的态度并不满意。但是，"安倍谈话"并没有导致中日关系进一步恶化。

三、"南京大屠杀"问题值得关注

2015 年当地时间 10 月 9 日晚，总部位于巴黎的联合国教科文组织在官方网站上公布了 2015 年最新入选"世界记忆名录"的项目名单，中国申报的南京大屠杀档案成功入选。日本外务省当即发表"新闻官谈话"，对南京大屠杀史料成功申遗表示"遗憾"，谈话批评称："尽管日本政府对南京大屠杀档案审议提出反对和质疑，但联合国教科文组织无视日方立场依然将其收录为世界记忆遗产，教科文组织缺乏作为联合机构的中立和公平，这一点存在问题，日方表示极其遗憾。"同时表示，为了不再让联合国教科文组织所从事的重要事业被再次"政治利用"，日方今后将要求其进行制度改革。

同一天，中国外交部发言人华春莹在例行记者会上表示，南京大屠杀是第二次世界大战期间日本军国主义犯下的严重罪行，是国际社会公认的历史事实。中方有关申报材料完全符合世界记忆名录的评审标准，申报程序完全符合教科文组织的有关规定，教科文组织国际咨询委员会严格按照有关程序，经过慎重讨论和研究作出了有关决定。日方的行为只能再次充分暴露出日本在历史问题上迄今仍在顽固坚持错误历史观。中方严肃敦促日方立即停止无理纠缠和对教科文组织的干扰威胁活动，切实正视和深刻反省侵略历史，纠正错误。

值得注意的是，中方 2014 年 6 月宣布将进行南京大屠杀相关档案申遗时，日方即要求中国撤回申报，安倍晋三和岸田文雄还向联合国教科文组织再三表示担忧，内阁官房长官菅义伟更是"批评"中方行为"一味强调中日过去某段时期内的负面遗产"，称"在中日两国努力改善关系之时，中方此举令人极为遗憾"。

中国外交部发言人则表示，中方此次申报世界记忆名录，目的是牢记历史，珍惜和平，捍卫人类尊严，以防止此类违人道、侵人权、反人类的行为在今后重演。我们不接受日方的无理交涉，也不会撤回有关申报。

日本政府还以申遗资料中有些只是复制品、原本保存在日本，以及部分照片可能伪造为由，要求中国全面公布资料，并曾试探派遣日方资料鉴定专家前往协助，但遭到中方拒绝。在与中方交涉的同时，日本外务省还向联合国教科文组织国际咨询委员会的 14 名专家指出了申报资料的学术疑点。但是，所有这些要求和建议均未获采纳。

与上述动向密切相关，2015 年 11 月 29 日，日本自民党成立了"学习历史思考未来总部"，由自民党干事长谷垣祯一任总部长。日本国际政治专家、庆应大学教授细谷雄一和日本明治大学特聘教授山内昌之等担任顾问。就任代理总部长的自民党政调会长稻田朋美对媒体表示："在重回致力于修改宪法的建党精神之时，成立考证历史的组织具有意义。"该组织计划邀请有识之士研究爆发太平洋战争的前因后果等历史。其中"南京大屠杀"也将成为研究对象。

2012 年 11 月，日本《产经新闻》就已报道："有关旧日军在中国制造的南京大屠杀遇难者人数，日本官方在教科书的编审中一直有多种说法。鉴于此，自民党决定，将在此次教科书的审定过程中明确指出遇难者人数以及具体历史依据。"由此可见，自民党早就想在南京大屠杀死亡人数上做文章。这一问题今后会否引发中日在历史问题上的新的冲突，值得关注。

四、避免"南京大屠杀"问题引发新的冲突

为了避免"南京大屠杀"问题引发新的冲突，中国当作出有效应对。

第一，传播日本学者的正确观点。在中国南京大屠杀档案申遗成功后，日本南京大屠杀问题研究专家笠原十九司在接受新华社记者专访时强调："保存负面历史史料正是为了警示后人不再重复过去的错误。南京大屠杀档案入选世界记忆遗产对于了解整个人类犯下的历史错误和战争罪行是非常重要的。"他呼吁日本的南京大屠杀否定论者亲赴南京，倾听幸存者的证言。笠原十九司特别强调，如果日本能出现敢于承认南京大屠杀事实、出席南京大屠杀纪念活动的领导人，那中日关系势必会得到改善。

日本东京新桥律师事务所律师新美隆在《抗日战争研究》1997 年第 4 期发表的《从国际法看南京大屠杀》一文中，以"日本在侵华战争中没有适用战争法规"为节标题写道："在 1937 年 7 月 7 日由卢沟桥事变发端的全面侵华战争开始后，陆军次官还特意向中国驻屯军参谋长发出训令，就回避交战规则的适用方法给予指示（陆支密第 198 号）。"正如《中日共同历史研究报告》写道的："日军在南京的烧杀淫掠，严重违反了国际法。"

综上所述，日本学者诸如此类的研究、报道和宣传，无论在深度还是在广度上，均应加强。

第二，传播日本大众传媒有关南京大屠杀起因的内容，"以其之矛，击其之盾"。2005年NHK播放的《中日战争扩大化的真相》就南京大屠杀的起因这样说道："入城后，日军发现南京街上有大量被丢弃的军服，认为中国军人换上便衣躲藏了起来，上海派遣军指挥部遂命令部队对包括难民区在内的区域进行扫荡，并明确指示：'凡青壮年一律视为败兵或便衣，全部逮捕监禁。'但命令发出不久即收到日本陆军省《关于适用国际法规的文件》。该文件称：'由于日中两国尚未处于国际法规定的战争状态，用陆战法规约束所有行动是不恰当的。俘虏一词的使用可能使战斗等同于国际法规定的战争，应尽量避免'。"随后，当地日军发出命令："明日，即16日，联队全部开往难民区，将残兵彻底抓获歼灭"，即将原来的"全部逮捕监禁"，改为"彻底抓获歼灭"。上海交通大学东京审判研究中心主任程兆奇发表于《历史研究》2002年第6期的文章《南京大屠杀中的日军屠杀令研究》指出："65年前日军攻占南京后对中国俘虏进行了大规模的屠戮，这一暴行出自日军高层的命令，还是基层部队的自发行为？由于现存材料残缺不全，给认识这一问题带来了困难，日本虚构派也因此否认屠杀出自自上而下的命令。"NHK纪录片的以上描述，说明大屠杀的发生和日本陆军省的文件密切相关。

第三，注重《中日共同历史研究》。关于南京大屠杀的发生，该报告中方的论述这样写道："由于无路可退，部分中国守军官兵脱下军装、扔掉武器，避入南京难民区。为了搜捕'败残兵'，日军仅仅根据男子的相貌来随意判断，因此，许多平民被误作军人而遭处置"；"由于日军后勤准备不足，且因俘虏众多而担心带来安全问题，一些部队于是'基本上不实行俘虏政策'，大量中国军人被俘后均遭日军集体屠杀。"日方的论述称："因没有宣战而停留在'事变'的程度上，日本在对待俘虏的有关方针和占领后包括保护居民在内的军政计划方面有欠缺。"这一论述虽有"轻描淡写"之嫌，但同样承认没有按国际法执行俘虏政策。这一结论，必须诉诸国际舆论，引起国际关注。

日方的论述还写道："日军的屠杀行为导致的死亡人数，据远东国际军事审判的裁决达20万人以上（对松井司令官的判决书是10万人以上），1947年南京战犯审判军事法庭公布为30万人以上。中国的见解以后者的判决为依据，而在日本的研究中，则以20万人为上限，有4万人、2万人等各种推算。"

必须强调，中方有关死亡人数30万，是以战犯审判法庭的裁定为依据的，具有国际法意义。而日方所定人数，是以秦郁彦个人的研究为依据的，而且如该报告日方论述中写道的，"对于牺牲人数的各种不同说法，其背景是对'虐杀'（非法杀害）的定义、所定地区、时期即埋葬记录、人口统计等资料的验证存在差异。"换言之，对南京大屠杀死亡人数，可以进一步进行实证研究。但是，对试图否定南京大屠杀的倾向，必须予以有理有据的揭露，以免混淆国际视听，并使"历史问题"这一中日关系的"政治障碍"更难克服。

◆点评　川岛真

1. 文中有"再次执政后，安倍不仅在执政一周年之际参拜靖国神社，而且处处和中国'较劲'"之记载。安倍2012年12月底第二次担任首相之后，确实他不一定积极改善中日关系。但是，他到2013年底的一年不去参拜靖国神社，此一年中方也不一定积极改善中日关系。所以，进行安倍两次担任首相之间的对比的时候，也需要考虑中方的因素。

2. 本文对美国rebalance/pivot的看法跟美国的原意有所不同。

3. 有关安倍谈话，所谓四个关键词不是政府本身设定的，而是日本媒体设题的agenda setting。还有，本文谈及安倍在美国国会进行的演讲，安倍谈话跟他在外国进行的一系列演讲之间的关系不可忽视。还有安倍本人2015年对历史问题之认识的变化也不少，2015 年底他对慰安妇问题的态度即显示了此种变化。

4. 南京大屠杀为历史事实，当时日军明确违反国际法和人权，进行了残虐行为。日本一定反省，并把此事实传达给子孙。有关死伤人数等问题，需要双方提供史料，而进行共同研究掌握史实，才会实现和解。

专题六：日本社会

日本 2015：老问题与新思潮

一、新安保斗争

2015 年 5 月 11 日，日本自民、公明两党就修改由《武力攻击事态法》《自卫队法》《周边事态法》等 10 个法案汇总而成的《和平安全法制完善法案》达成共识。这 10 个法案加上新制定的《国际和平支援法案》，即构成"新安保法案"。但是，执政党的这一共识，遭到部分在野党、学界和普通民众的强烈反对。

日本维新党提出颇有"对立"色彩的安保法案，并表示若该法案得不到充分审议，将在众议院抵制表决。民主党国会对策委员长高木义明则表示，"我认为不到审议最终阶段，就不可能进行表决。如果表决了，那会在宪政史上留下污点"。日本共产党则对集体自卫权行使条件模糊不清进行追究，要求撤回新安保法案。

日本共产党委员长志位和夫怒斥新安保法案是"蹂躏宪政体制的历史性暴行"。志位和夫还多次走上街头发表演说，谴责新安保法案对宪法的践踏。民主党党首冈田克也怒斥安倍无视立法程序："安倍首相居然在美国承诺将在夏季通过法案，这前所未闻。"

安倍政权强推新安保法案的做法遭到地方自治体普遍反对。据统计，日本全国至少有 331 个地方议会通过了给国会和中央政府的意见书，其中 144 个议会表示反对，181 个议会认为应该"慎重"，表示赞同的仅 6 个地方议会。

新安保法案也遭到学界的反对。7 月 11 日，日本朝日新闻社以全国 209

名宪法学者为对象进行调查，结果显示，在122名受访者中，有104人认为新安保法案"违反宪法"，15人认为"可能违反宪法"，只有2人认为"不违反宪法"。

日本民众对新安保法案的反对更加强烈。7月14日晚，至少2万名东京市民（主办方公布的统计数字）在市中心的日比谷公园举行大规模抗议集会，反对日本政府强推新安保法案。8月30日，作为"国会10万人·全国100万人大行动"反安保法案抗议活动的一部分，12万日本民众冒着酷暑，在东京日本国会大厦前举行反对新安保法案抗议集会。日本电视台9月4日至6日的舆论调查显示，65.6%的受访民众认为在本届国会通过安保法案"不好"，这一比率较上月提高了7.8个百分点。仅24.5%的受访者认为在本届国会通过安保法案"很好"。此外，46.6%的民众认为反对安保法案的游行示威"代表了民意"，36.9%的人认为"不代表民意"。

尽管如此，自民党方面仍表示，新安保法案的审议进程"不会因集会受影响"，自民党副总裁高村正彦在NHK电视台的节目中明确表示，即使牺牲内阁的支持率，也要在国会内通过安保法案。9月中旬这项法案获得通过。

安倍在强调修改安保相关法制的意义时称："提高威慑力之后，日本卷入战争的隐患就会消失。"但日本共同社则认为，"战后和平主义将不可避免地变质"。

毋庸置疑，日本社会各界之所以强烈反对"安保相关法案"，就是因为这些法案不仅颠覆日本战后长期坚持的专守防卫政策，而且意味着日本加入多国合力对抗外敌的共同体，即增强日本卷入战争的风险，而这和日本宪法第九条的规定明显相悖。因此，诸多法律专家直言其"违宪"。也就是说，担心"战后和平主义将不可避免地变质"。

既然反对声音如此强烈，安倍政权为何仍一意孤行？概括而言，主要有内政外交两方面原因。

内政方面,安倍重新执政前后多次表示,"修宪是我毕生的政治使命"。无论 2012 年自民党的竞选纲领,还是 2013 年和 2014 年度自民党"行动计划",修宪均是重要内容。但是,民调显示,日本民众大多反对修宪。2015 年 5 月初日本广播协会(NHK)的民调数据显示,不仅赞同修宪的仅 28%,而且 65% 受访者认为,"第九条是宪法最重要条款"。面对这种民意,作为安倍智囊"安保相关法律基础恳谈会"成员的京都大学教授中西宽于 2015 年 5 月 3 日在《读卖新闻》撰文承认,"即便修改宪法第九条的动议在众参两院获得通过,在全民公决时也必然被否决。"

由于修宪无法绕过民众这道坎,安倍便实施"迂回战略",即通过修改安保相关法案,使宪法第九条"名存实亡"。由于自民、公明两党在众议院 475 个议席中各占 290 席和 35 席,在参议院 242 个席位中各占 114 席和 20 席,因此这一"迂回战略"能否奏效,不存悬念。

外交方面,美国在北约的主要盟友英、法、德三国军费开支连年下降,令美国在北约中的防务开支比例已高达 73%。按布鲁金斯学会托马斯·怀特的说法,"北约继续存在是确定无疑的,但美欧关系的价值如今正不断遭受质疑"。于是,日美同盟作为"亚太版北约"的价值,日益凸显。不管是今年 1 月 29 日美国第七舰队司令罗伯特·托马斯表示,欢迎日本海上自卫队将巡逻区域扩展至南海,还是 4 月 27 日就重新修订日美防卫合作指针达成共识,乃至安倍史无前例的作为日本首相,登上美国众参两院联席会议论坛,发表题为《迈向希望的同盟》的演讲,都显示了日美加强同盟关系的共同需求。而且,新安保法和日美指针的修订,有着内在关联。

日本迎合美国的战略需求,也有自身目的。即在强化美日同盟的旗号下,达到扩充自身军力的目的。2013 年 1 月 13 日,安倍再次执政后即宣称,将在访美时告知美国总统奥巴马，日方拟加速允许行使集体自卫权的修改宪法解释的讨论，并称这是"安倍政府的大方针"。安倍政权清楚地意识到——如当年《防卫白皮书》所写的，由于财力等因素，"美国在世界的影响力正发生相对变化"。正是基于这一判断，安倍政权实施了以强化日美同盟为旗号，以"独立强军"为本质的战略。日本民众也清楚地意识到，一旦"新安保法案"获得通过，集体自卫权被解禁，日本将被绑上美国的战车，在美国与他国发生武装冲突时，行使"盟国义务"。这是日本民众反对新安保法案的主要原因。

日本新安保法案的核心，是解禁集体自卫权，提升日本在日美同盟中的地位，强化日美同盟，这对中国周边局势将产生不可忽视的影响。近年中日关系的持续紧张，使"新安保法案"不可避免产生影响。据日本《现代周刊》杂志爆料，6月初，安倍和各媒体负责人在东京一家高级中餐馆"赤坂饭店"召开"恳亲会"。席间安倍表示："安保法制是以南海的中国为对手的。既然说要干（即通过安保法案），那就得干。"安倍首相认为，"美军和日本自卫队都视中国为'假想敌'。"不管安倍是酒后"失言"还是"吐真言"，日美是否欲在南海问题上牵制中国，毋庸赘言。在东海方面，日本2015年度防卫费用达到创历史新高的4.98万亿日元，并大量用于购置加强离岛防卫和日美防卫合作的装备产品，如一次性采购20架作为现役P-3C巡逻机新一代机的喷气反潜巡逻机P-1；引进5架可向离岛投放部队的垂直起降"鱼鹰"运输机，30辆用于离岛登陆作战的水陆两栖战车，3架可进行长时间侦察的"全球鹰"无人侦察机，6架最先进的隐形战斗机F-35，等等。

日本2015年通过的"新安保法案"和1960年1月19日《日本国和美利坚合众国相互合作及安全保障条约》（通称"新安保条约"），虽然都具有强化美日同盟的特征，但日本社会"反安保"的动因，存在明显差别。

1959年3月28日，日本社会党、日本劳动组合总评议会、全日本农民组合联合会等 13 个政党和团体建立了"阻止修改安保国民会议",组织开展了声势浩大、绵延持久的反对修改安保条约的斗争。1960 年 5 月 20 日零点 6 分,由自民党左右的众议院强行通过了"新安保条约"。因此而愤怒的国民当天举行大会,通过了"要求岸内阁总辞职、解散国会决议",宣布:"我们将一直战斗到以这种暴行破坏民主政治的岸内阁倒台和丧失功能的国会解散。"1960 年 6 月 19 日,由于国会至会期最终期限未能召开,新安保条约自然成立。6 月 23 日,日美交换批准书仪式在东京港区白金台日本外相官邸举行,"新安保条约"正式生效。就在当天上午政府和执政党联络会议上,岸信介内阁表明了辞职意向。但是,2015 年日本各界反"新安保法案",并没有,也不可能达到推翻内阁的目的。

更关键的是,当年"反安保斗争"具有明显的反美倾向。但是这次反"新安保法",则没有这种倾向。不仅如此,随着中日关系的紧张,日本民众普遍希望强化日美同盟。2010 年 9 月 7 日中日因"撞船事件"导致中日关系紧张,10 月 5 日《读卖新闻》发表的民调显示,71% 的日本民众"希望强化日美同盟"。2012 年 9 月因野田佳彦政权企图对钓鱼岛实现"国有化"导致中日关系有"擦枪走火"可能时,2013 年共同社民调结果显示,75.9% 的受访者"希望强化日美同盟"。2015 年民众反"新安保法",主要是反对解禁集体自卫权,从而使日本有卷入战争的风险,这是我们了解这一问题的关键。

二、冲绳基地纷争

2015 年,是 1952 年日本将冲绳交由美国托管的《旧金山和约》生效 63 周年。目前冲绳 20% 的面积是美军基地,美军将冲绳建成了亚太地区的军事枢纽。但美军在感情上很难为当地居民接受,再加上军事基地给当地造成污染、噪音、事故以及美军军人犯罪等问题，冲绳人不断地发动抗议运动，要求美国关闭军事基地。

历届日本政府都对冲绳美军基地问题讳莫如深，但作为民主党第一任首相的鸠山由纪夫却在大选中把迁移普天间基地列入了选举纲领，向选民承诺任内完成美军基地迁移，结果造成了美国的极大不满。最终，美国在普天间基地迁移问题上毫不让步，鸠山也因为未能兑现选举时的承诺而黯然下台。此后，日本政府再不敢轻易触碰美军基地问题。安倍上台后强化日美同盟，提出将普天间军事基地迁移至冲绳本岛其他地方的办法作为一种权宜之策。

根据日美政府 2006 年达成的协议，普天间基地将迁至名护市边野古。然而，基地扰民让冲绳居民希望撤销美军基地的呼声日益高涨。2015 年，冲绳抗议行动进一步升级，反对日本政府牺牲冲绳利益、试图加强日美安保条约来制造紧张局势。在基地搬迁上，坚持推进边野古方案的中央政府与持反对立场的冲绳县政府纷纷出台对抗措施。

为了使冲绳致力于作为和平的缓冲地带而不与其他国家发生摩擦，2015年 9 月 14 日，日本冲绳县知事翁长雄志宣布，撤销对美军普天间机场搬迁地名护市边野古沿岸的填海造地许可。日本政府 11 月 17 日向那霸地方法院提起诉讼，要求判定冲绳县知事翁长雄志叫停美军新基地施工行政许可的政令违法，允许石井启一代为撤回该政令。2015 年 12 月 25 日，日本冲绳县政府也向那霸地方法院提起诉讼，要求法院支持冲绳县知事翁长雄志叫停美军新基地建设的行政效力，判定国土交通大臣石井启一终止这一行政令效力的行为违法，并叫停相关建设。由此可见，在美军基地建设问题上，冲绳县政府与日本中央政府间分歧相当严重。

此外，冲绳民众近年来一直进行抗议行动。2016 年 2 月 21 日，在富山、冈山、札幌、名古屋、大阪等多个城市举行集会，名护市长稻岭进在东京集会上发表演讲，指出"中央政府正试图强行推进填海工程，但正义和道义在我们这方。"

与冲绳的对立激化，成为安倍政府的一大悬而未决课题，冲绳地方与日本中央政府之间矛盾进一步激化，导致围绕冲绳美军基地问题新一轮更加激烈的反对运动。

冲绳最主要的经济支柱是旅游业，冲绳县政府和人民希望将本地经济转变为国际合作经济，在亚洲各国与日本之间发挥桥梁作用。日本政府授予冲绳放宽旅游签证的特殊政策后，来自中国的大陆、台湾、香港的旅客大增，冲绳旅游业受益颇大。冲绳希望在经济上拥有更多自主性，以改革推动经济发展。在日本，相对于其他地区，冲绳由于历史以及文化因素，比较容易理解中国的政策。美军基地集中，中国和冲绳均增加了不安全感。中国"一带一路"构想，以及亚投行的设立得到越来越多国家的支持。2015 年 4 月 14 日，翁长知事访华，希望加强冲绳与福建省的经济交流，开通那霸与福州的定期航线，为冲绳今后在中日之间发挥桥梁作用打下了基础。

四、建言与献策

（一）日方学者

1. 日中双方には誤解が少なくない。両国間の交流の場、対話枠組みを現在の 10 倍以上に増やすべき。

（中日双方存在很多误解，所以应该把两国间的交流平台、对话框架机制比现在增加 10 倍以上。）

2. 安全保障、国際法、経済など、両国間の喫緊の課題について、専門家交流の場を設けるべき。

（有关安全保障、国际法、经济等两国间的紧要课题，应该设置相关专家的交流平台。）

3. 海上の安全、東アジアの平和的発展のために、日中双方は東アジアなどで共同プロジェクトを実施すべき。

（为了海上安全、东亚的和平发展，中日双方应在东亚地区等携手实施共同项目。）

4. 日中双方は戦略的互恵関係の実質を実現すべく、これまでの四つの基本文書に書かれている内容を実施する。

（中日双方应该努力实现战略互惠关系的实质，实施迄今为止四个基本文件所写内容。）

5. 日中首脳会談、外相会談などハイレベルの会議をできるだけ多く実施すべき。

（尽可能多地实施中日首脑会谈、外相会谈等高层次交流。）

6. 安心・安全という日中両国が共有する普遍的な問題をめぐる協力を

深化させる必要がある（自然災害復興に関する協力、食品の安全や環境汚染問題への対策協力、国際犯罪対策の協力）。

（有必要深化包括"安心""安全"等中日共有的普遍性问题的合作，也包括自然灾害后的重建、食品安全、环境污染、国际犯罪等的对策合作。）

（二）中方学者

1. 高屋建瓴，共同探讨国际关系的新理念；

2. 强韧"战略忍耐力"，以消弭"战略不适及对撞期"。其间，特别要强化危机管控，防止战争悲剧的发生；

3. 加强多方面多层次特别是首脑间的交往，增进相互理解、防止战略误判；

4. 最大限度理解和照拂对方的核心关切；

5. 以更大的政治决断推进区域经济一体化，防止以邻为壑；努力实现中日高层经济对话的机制化、稳定性和实体化，深化两国经济合作。

中日关系：2016
——低位徘徊与嬗变

一、引　言

复旦大学国际问题研究院在相继推出《中日关系：2014——多层面和中长期战略的视角》《中日关系：2015》两本报告书之后，《中日关系：2016——低位徘徊与嬗变》又面世了。

过去两年，报告书课题组成员清一色为复旦大学学者。2016 年，随着商务部宋志勇研究员、中国军事科学院江新凤研究员的加盟，对中日经贸关系的发展变化，以及日本安全保障方面的军事态势，可以考察和认识得更加真切和清晰；另外，要深入了解日本社会的变化及其对中日关系的影响，也需要近距离感知与分析。复旦大学校友、旅日资深学者汪鸿祥教授今次加入课题组，弥补了这一短板。

东京大学川岛真教授一如既往，大力支持和热情参与这一工作，做出了独特贡献。庆应大学田岛英一教授、早稻田大学青山瑠妙教授皆在中日关系研究领域卓有建树，他们的参与为报告书增色良多。

这三年的中日关系报告书中，都包含有一个重要观点：即直面日益崛起的近邻中国，虽然日本在经贸领域总体上视之为使自身走出经济低迷期的战略机遇，但在安全保障，特别是作为海洋国家的海上通道安全方面，却产生了严重的战略性疑虑和担忧；而中国宣示和践行的和平发展理念，对日本来说，还需要更长的时间来印证。从近年中日关系发展变化的实态来看，这一战略疑虑，正逐步衍化成在战略上与中国相对抗的日本的国策，并有进一步加重的趋势。如何化解日本的战略疑虑、防止其最终成为"自我实现"的目标，就需要中日两国共同探求新的历史条件下 ① 两国新的战略平衡点何在？

---

① 大致以冷战结束为分际，中经过渡期，至 2010 年中国 GDP 反超日本为节点。基本特征为中国综合国力快速增强，这一变量引发并逐步加重近邻日本对中国的战略疑虑，中日渐次形成战略博弈态势。同时，美国也逐渐将中国作为真正的战略对手应对。从而，东亚进入与冷战时期不同的新的地缘政治格局时期。

两国根本利益的最大公约数何在？在持续深入的交流和共同探索过程中，不断积累共识，冀以趋利避害，平稳度过战略失衡期，谋求新的历史条件下中日关系的长足发展。

基于此，本报告书提出以机制化的智库交流为探索和积累这种共识的主要平台之一，并具体阐述了其成立的理由。我们殷切希望和期待两年来中日两国学者共同参与撰写这一《中日关系战略报告书》——能成为一种因缘，在此基础上，构建与打造上述平台。

本年度的报告书依然采取了请日本学者对中国学者所撰写的内容做评论的方式。其间，两国学者"不谋而合""所见略同"的共识部分所在多有；但不言而喻，也有不少不同看法，甚至一些歧见比较大而尖锐。不同之处主要有三：第一，相较于中国学者对中日关系"悲观色彩"较浓，日本学者则相对"谨慎乐观"，其理由在于虽然国民对华好感度很低，但同时大多数日本人认为中日关系"很重要"。既然是很重要的搬不走的邻居，除了和睦相处之外别无选择。所以从长远和根本来看，不必悲观。再者，日本学者认为不同于战前，日本现今已有一个相对比较成熟的市民社会，它会对日本的政治和外交发挥重要制约作用。第二，不应把造成目前中日关系困难局面的缘由只在双边框架中去认识，地区和世界格局确实发生了深刻变化，特别是美国对亚太及全球战略的刻意塑造。第三，日本是一个多元社会，不能一概而论。

"兼听则明"——善于倾听对方的意见，本就是中国的古训。正是在仁智之见的碰撞和辨析中，中日关系的症结才能真正明晰，良方才能从中获取——这从两国学者对中日关系如何建设性发展的具体建言献策中，可以得到印证。

这三年的中日关系报告书，总体上还处于尝试阶段。复旦大学副校长林尚立、复旦大学国际问题研究院常务副院长吴心伯，一直致力于推动和指导本课题组的工作。期待在学校和研究院领导、各位专家学者的共同努力下，使这一工作能够日臻成熟，达成预期目标，为中日关系的真正转圜和长足发展，作出应有贡献。

二、总 论

（一）概述

2016年的中日关系依然在低位徘徊，并处于嬗变中。

过去的一年，就日本国家层面来看，继续将中国视为日本国家最大和最紧迫的威胁的战略研判没有改变，中国因素继续在很大程度上左右着日本国家整体对外关系和对外政策。尽管日本领导人也发表过愿意改善中日关系的言论，但是，"中国扩张论"和"中国威胁论"仍然是在国际关系领域日本国家对外信息发布的主基调。一年来，日本不顾具有邦交关系的国家间交往的基本礼仪，继续在国际社会公然抹黑中国的国家形象，试图在国际上塑造出一个粗暴违反国际法、肆意破坏国际秩序、依仗实力扩张海洋疆界的中国国家形象。不仅如此，一年来，日本继续将构筑国际对华包围圈作为其整个外交活动的出发点和核心目标，日本领导人处心积虑，调动一切可以利用的资源，寻找一切可能利用的机会，试图从军事、政治、经济、法律等诸多层面构筑国际对华包围网，且虽然和者甚寡并不时受到挫败，但仍不思改弦更张。

就中国国家层面而言，进入21世纪以来，随着外交视野的更加区域化和全球化，作为双边国家关系的中日关系在中国对外关系中的地位下降；虽然中国政府并没有放弃与日本改善关系的意愿，然而，面对日本近年来一意孤行，在国际上对中国围追堵截，中国方面改善中日关系的热情与安倍第二次执政之初以及2014年北京APEC习安会之后相比，无疑已大大降低。

就民间层面而言，经过日本政府、主要媒体乃至于知识界之一部的刻意塑造，日本广大国民对中国形成了极大的误解，对华好感度继续维持在极低的水平。与之形成对照的是，由于赴日旅游人数的增加和资信的多样化，广大中国民众对于日本的整体认识和态度变得更加开放和理性。一方面他们继续坚决反对日本在对待侵略历史方面的错误认识，对于日本政治家美化对外侵略的言行极为厌恶，同时继续坚定地支持中国政府维护中国对于钓鱼岛主权和解决有关争端问题上的立场；另一方面，他们也高度肯定日本在国内城乡发展、环境保护、国民生活等方面取得的成就，赞扬日本总体环境的整洁和服务行业从业人员的素质。越来越多的中国人的这种两点论的对日认识，与日方民调所显示的大多数日本国民不加区别的一点论的对华认识，形成了鲜明的对照。

一年来，两国双边经济关系继续按照自身的逻辑正常运行，未受政治关系的太大影响。但是在某些第三国，围绕着交通等基础设施建设项目，两国开展了激烈的竞争。引发这种竞争的，既有经济方面的因素，更有日方试图在政治上围堵中国的战略意图。

（二）分析和展望

回顾邦交正常化以来中日关系的起伏过程，两国关系的好转大致有三种可能的模式：一是观念更新推动型，即因为自身对于世界和对于对方的思维方式发生根本变化，进而带来政策的变化，导致两国关系的好转。二是重大项目推动型，即双方意识到相互之间存在的某种重大共同经济利益，进而将这种利益转化为具体的建设项目，由此推动双边关系的改善。三是环境变化引领型，即双方所处的国际环境发生重大变化，自己的盟友和对方的关系出现重大转折，从而带动双方关系出现好转。

从目前看，中日国家关系在未来较长的时期中很难发生根本性好转，因为这种根本性好转，需要日本统治阶层（日本对华政策形成过程中有重要影响力的主体。其包括但不限于执政党及其有重要影响力的政治家，也包括主要在野党及其有重要影响力的政治家，主要财界团体及其代表人士、主要媒体及其有重要影响力的人士。近年来，这些组织和人士在对华基本认识方面虽然未必完全一致，但确实具有较多、较高的共识）转换既有的观念，而这几乎是难以做到的。

日本统治阶层的对华观念由三大部分构成：一是错误的历史认识，二是社会达尔文主义的思维定势，三是意识形态的偏见。基于这种观念，不管他们口头上怎样说，实际上他们并不相信中日之间会有真正的和解；并不相信一个大国能够强而不霸；并不相信社会主义制度能够提供一种文明发展、共同繁荣的范式。日本统治阶层实际上不承认除了实力以外还有什么可靠的安全保障手段，不认为当今日本除了广结军事同盟之外还有什么可靠的可以提升自身实力的手段，不承认这个世界除了强者为王之外还有什么共赢之道。正是因为存在这样一种观念，20世纪90年代以后，中日之间国力对比的变动才会引发日本越来越深刻的"焦虑"，并随着近年来两国国力对比的最终逆转和差距的逐渐拉大而由"焦虑"进一步发展成为"恐慌"，并随着"恐慌"程度的不断加深，在对华关系方面出现越来越严重的丧失理智的言行。

在中国看来，所谓"中国威胁论"，是别有用心者制造出来的虚假故事；但对于日本统治阶层以及受其影响的众多民众而言，"中国威胁论"并非一个绝然虚构的故事，而是基于他们的国际关系观念的必然产物。这种观念来自其百余来年的自我实践和自我说教，同时也在其他主要资本主义国家的对外关系中得到过反复印证。因而可以说根深蒂固，影响广泛，绝非通过被其视为威胁的中国和平发展理念的宣示而在短时期内就能改变。

推动中日双边关系出现中等程度的好转，有重大项目推动型和环境变化引领型两种可能。但是，就重大项目推动型而言，目前中日在高速铁路建设等一些重要产业方面已经形成竞争格局；一些存在一定互补关系的产业，因为战略预期的影响，无法在稳定的国际分工基础上形成重大项目；在环境保护、养老等产业领域，双方国情差别较大、相关技术门槛不高。虽有双方政府相关部门的支持、有关企业主体反复斟酌，但截至目前仍然无法寻得具体的重大合作项目。在国际环境变化推动型方面，能够对中日关系产生重大影响的因素当然是美国。但是在可以预期的阶段内，美国的亚太战略和对华、对日政策都很难发生根本转变。因此，这一变化引领因素也并不存在。

更加重要的是，日本方面深陷于传统的思维定势，中国方面厌烦于日本的死缠烂打，目前双方均缺乏改善双边关系的强烈意愿。由上可见，中日关系的真正改善将是一个漫长的渐进过程，中等程度的改善在近期也难以期待。

展望中日关系的未来，2017 年将迎来中日邦交正常化 45 周年、2018 年为中日和平友好条约缔结 40 周年——这些重要节点虽然会成为反思中日关系的良机，但总体来看，却未必能成为两国关系改善的契机。虽然安倍因为森友学园丑闻支持率降低，但能否动摇其政权根基还是未知数。而自民党关于延长总裁任期的决定，理论上使安倍可以执政至 2021 年。在安倍政权下，中日关系很难走出目前低位徘徊的状态。

同时，本报告书题目所标示的中日关系的"嬗变"，主要指 2016 年日本关于解禁集体自卫权相关法案正式实施之后，日本在军事方面将有大的拓展：一方面体现在武器装备的研发（特别是共同研发）、制造及销售上，另一方面则是在外交上大力增加军事内涵。安倍政府将更热衷于"2＋2"模式，并逐步使"防长"砝码加重。其在 2017 年的外交开局中对东南亚和欧洲的访问，无一不浸透这一色彩。日本以解禁集体自卫权为抓手强化日美军事同盟并以此为主要平台，以东海、南海为重点区域，以印太为广域战略依托，并拉拢北约，着力构建打造对华军事包围网络，是未来一段时间构成中日关系嬗变的主要因素。日本"出云号"战舰将游弋南海、即将举行的美日英法关岛军演，均是其具体举措。日本的这一安保战略，以及伴随这一战略的军事大国化，必将大大增加中国的军事压力，给中日关系带来变数，也不利于地区的安全与稳定。

中日两国未来的经济关系，随着TPP的流产，在地区合作方面可能会产生新的机遇，应该抓住有利时机，加强双方经济合作，造福两国人民。与此同时，特朗普政权的亚太战略尚未完全明晰，加之安倍政府制衡中国的战略将一以贯之，所以中日在经济领域的合作能走多远，也难做乐观的预测。

中日关系的未来，从长期和根本上来说，就日本而言无疑还是要寄望于广大日本国民，我们应该有信心并做好这方面的工作。

（三）思考和建议

虽然中日关系的改善与根本好转需要时间，但并不意味着我们可以消极等待。正是因为中日关系面临战后以来最严峻的挑战并关乎两国乃至东亚地区的未来，所以也就更需要两国有识之士审时度势，积极作为。

第一，从"实然"到"应然"：高屋建瓴，思考在新的历史条件下中日关系的根本相处之道——探索达成若干新的共识以及以何种合适方式表达并规范之的可能性。

目前中日关系的"实然"状态，无疑不符合中日两国的根本利益；而且，这样发展下去，还有进一步恶化的可能性。战后中日关系的发展大致经历了三个大的阶段：即战后至1972年中日邦交恢复，其后至冷战结束的90年代初，以及冷战结束至今。其间，产生了集中反映和规范中日关系的四个政治文件。从一定的意义上说，前两个政治文件解决的是"和平"问题，后两个政治文件则主要着眼于"发展"问题。历经曲折的"和平"问题即战后处理解决后，为中日关系的发展扫清了障碍，从总体上说两国关系其后获得长足发展并一度伴之以蜜月期。在今天看来，是多么令人向往和值得怀念的时代。冷战结束后的中日关系，大致以 2010 年为界，又可以分为两个阶段。从中日关系发展脉络及其趋势看，前一个阶段也可以说是一个过渡期。在这一过渡期中，产生了中日之间的第三和第四个政治文件。即随着冷战的结束这一人类社会发展和时代变迁的大关节的到来，中日关系也面临新的课题与挑战。特别是冷战结束后日本面临"三重苦"（参见本书"中日关系：2015"），而中国则在发展的快速道上迅猛前行。一方面日本走出泡沫经济崩溃后的困境亟须与中国合作，另一方面防范日益强大的中国的意识与举措也逐渐显山露水。在这样的情势下，中国也想通过加强两国经济合作来克服负面因素从而带动两国关系全面发展。因此，第三、第四个政治文件对两国关系的定位是较高的，其本质上反映的是中国提倡通过合作来发展提升两国关系的精神、理念和原则。待到两国综合实力发生逆转的节点真的到来，以"购岛闹剧"为标识，中日关系急转直下，直至今天的状态。

根据中国国家统计局和日本内阁府统计，2016 年中日 GDP 分别为 11.16 万亿和 4.78 万亿美元，中国为日本的 2.3 倍。这对战后一直以来以骄人的经济成就展示魅力、获得尊重并力图以此获取相应政治权利的日本，不能不产生巨大的心理冲击。另外，在产业方面，中日之间不仅由垂直分工日益演化成水平分工，而且中国更具规模效应优势；在金融领域，中国在世界银行所占份额不断加重，特别是随着亚投行的成立和运营，中国在世界经济领域的驱动作用和影响力不断大幅增加。对此，日本也备感不适与压力。在东亚地区，由日本引领的"雁行模式"也已成为历史，在区域经济合作中，无论是平台的搭建，还是实际的业绩，中国的作用与以往都已不可同日而语，地缘经济优势随着"一路一带"倡议的展开，必将有更长足之发展。在全球治理方面，长期以来作为非西方世界唯一成员的日本参与的七国集团（G7）——其作用日渐式微，而在取而代之的二十国集团（G20）中，中国则发挥着越来越重要的作用。

总之，无论是在双边、地区还是全球领域，日本以其独有的文化为底蕴的经济优势，依然占据独特地位，发挥着重要作用；但其总体的经济能量及其伴随的影响力，无论是在哪个层面，都被中国超越，并很快就大幅度拉大距离，也是不争的事实。随着这一"换位"，中日间天然具有的经济互补优势，在逐渐缩小；中国经济发展对日本的依存度不断降低，而相对于竞争或竞合关系的上升，合作共赢领域则相对收窄。以上种种，虽不乏经济发展规律本身导致的必然现象，但若把地缘政治的要素投射到这些经济现象上的话，其结果则另当别论。日本政府宁可牺牲部分经济利益，也要极力促成将中国排斥在外、意在把经贸规则打造成制衡中国的利器之TPP，应该是最好的注脚。

随着中国经济的发展和规模的迅速扩大，中国对海外能源的需求增幅巨大；同时，伴随对海外经贸、投资、大量和密集的人员往来，如何确保国人的安全与海外利益，也必然成为国家直面的重大课题。此外，已经成为世界第二大经济体的中国，作为安理会常任理事国，也被国际社会要求对世界和地区的安全承担更多更大的责任。因此，发展海上力量，应对传统及各种非传统安全，也就成为题中应有之义和必然选项。中共十八大提出建设海洋强国的目标，即是因应这一时代要求之举。对此，作为海洋国家、90%以上战略物资仰赖海外因而特别关注海上通道的日本来说，极为敏感，表现出疑虑与不安。特别是经日本右翼势力别有用心的歪曲与渲染，使其成为"中国威胁论"的主要来源与所谓依据。一方面，中国不可能因此而停止和改变自己的海洋战略，因为它是一种具有内在逻辑的自然需求；另一方面，我们也看到，包括菲律宾单方面提出的"南海仲裁案"，在东海、台海、南海、西太平洋、印度洋方向，在领土主权、海洋权益乃至军事方面等多领域，直接的、间接的、双边的、多边的——中日之间的博弈，时起时伏，连绵不断，有时达白热化程度。虽然这些博弈的热点区域有相邻接的地理因素，但海洋的影子非常浓重。不言而喻，这意味着海洋问题日益成为中日之间一种新的结构性矛盾。而日本，表现出的是一种执着甚或执拗。2014 年北京 APEC 会议前，中日之间达成四点原则共识，第一点是确认四个政治文件，第三、第四点主要涉及历史和重启各层次交往，第二点把海洋问题单列，突出了它作为影响中日关系新因素的分量。而且，双方事后对此还产生了不同解读，可见海洋问题的复杂性、敏感性、重要性。因此，探讨在新的历史条件下如何因应这一问题，对中日关系来说，其意义不言自明。

此外，另一在冷战能结束后出现的新现象，也给中日关系带来不可忽视的影响。这就是反映在相对于政治、军事、经济而言的"软"的一面，日本的所谓"价值观外交"，它被定位为战后日本外交的"第四根支柱"，可见在日本被重视的程度；而且，现在安倍首相只要有机会，就会祭出这一法宝。

本来随着冷战的结束，意识形态之争日趋淡化，但恰恰是日本政府变本加厉，将其作为外交的一面新旗帜。这说明在新的历史条件下，中日关系在"硬"和"软"两个方面的新冲突的彰显。日本右翼政客打造的这一以道德伦埋、价值规范为主要取向的外交新支柱，因为提倡及推进之人本身皆为历史修正主义者：否定事实俱在的侵略战争性质、特别是否定戕害妇女的战争受害者慰安妇问题，因而他们的政治道德伦理及个人品格首先就被广泛质疑，结果所谓的"价值观外交"效果不彰也在情理之中。质言之，"价值观外交"针对的是中国的社会制度及相应的价值理念，乃至中国的文化传统。所以，如同软刀子一般，对中国人民的精神伤害是深痛的，尤其不利领导人之间建立互信关系。同时，日本政府还将此应用于台湾问题。譬如蔡英文上台伊始，日本领导人在祝贺时刻意大讲与蔡英文当局"价值观一致"云云，其用意不言而喻。此外，在对待新疆、西藏分裂势力上，也有意贯穿这一意旨。凡此种种，严重伤害了中国人民的尊严与核心利益。

实际上，在1972年中日联合声明中，两国早就有"中日两国尽管社会制度不同，应该而且可以建立和平友好关系"的共识。现在的日本领导人汲汲于所谓"价值观外交"，希冀对中国进行软围堵，反映的是新的历史条件下日本对华战略的深刻变化与重大调整。

综上所述，冷战结束以后，由于国际环境的变化，特别是中日两国综合实力发生近代以来的根本逆转，在国际关系依然由以权力政治为核心理念的现实主义占主导地位的背景下，在随着冷战结束而民族主义乃至民粹主义上升的时代风潮中，加之复杂的地缘政治、地缘经济等因素，日本对中国的战略疑虑不断加深，两国关系渐呈全面战略对抗态势。包括2016年在内，近年在军事领域，日本的安保理念与举措发生了颠覆性转变，军费连年上涨；在政治领域，和平宪法的修改由2016年参议院选举结果已提上国会议事日程；在外交领域，日本政府以强化日美同盟为核心、以"2＋2"方式广织网络围堵中国战略在强力推进。意味着老的结构性矛盾非但没有化解，有的还在加深，同时新的结构性矛盾又在产生。

尽管如此，我们也看到两国的经济合作虽然受到一定影响，但并没有伤筋动骨；在解禁集体自卫权问题上，很多国民顽强地表达了强烈反对此举与维护和平的诉求，包括执政联盟公明党在内，主要在野党在相关法案审议时或千方百计予以阻止，或尽最大努力让其附有实施时的种种限制条件；而修改宪法第九条，在日本恐怕还有很长的路要走。

对于日本的战略疑虑，中国宣示的和平发展理念，还需要时间来印证。如何化解日本的战略疑虑，防止其最终成为"自我实现"的目标，需要中日两国共同探求新的历史条件下两国根本利益的最大公约数和新的平衡点，并不断积累共识。

因此，我们建议以机制化的智库交流为探索和积累这种共识的主要平台之一。习近平主席在北京、雅加达和杭州与安倍晋三首相的三次会见中，无一例外，均强调了坚持四个政治文件和四点原则共识的重要性。毋庸置疑，这些原则精神永远不会过时，如习近平主席在出席雅加达亚非会议应约与安倍首相见面时，就特别提到第四个政治文件中的两国"互为合作伙伴，互不构成威胁"，无疑具有重要现实意义。同时，对新的历史条件下两国之间所出现的新的结构性问题，以及对未来有根本影响的重大课题，中日双方也应该积极探索解决的新共识。而机制化的智库交流，可以为探索和积累这种共识提供一个主要平台。

在具体的路径选择方面，建议先以中日双方主要民间智库再逐步过渡到半官半民智库为主要平台，可能比较方便和具有现实性及可操作性。同时，注意与既存其他交流平台，如"21世纪中日友好委员会""北京—东京论坛"等的协调与融合。此外，也应与政府间各层次的交流等保持协调与默契。以期形成多层次交叉交流，而主要平台适时切换，由民间到政府，由低层级向中、高层级过渡。不断积累共识，到比较成熟、确有必要时，由政府层面达成具有一定约束力的原则共识文件，规范中日关系沿着正确的轨道建设性地发展，造福两国人民，为地区和世界的和平与繁荣做出新的贡献。

路径择定后，重要的一点是要使交流平台真正机制化。因为中日关系的发展还会不断出现反复，也不能排除进一步恶化的可能。但无论如何，以上的交流和探索是必要的，所以其机制化的意义不言自明。而民间性、半官半民性为此提供了条件。此外，在这一交流探索过程中，可以思考如何把握好如 2017 年中日邦交正常化 45 周年、2018 年《中日和平友好条约》缔结 40 周年等重要节点，使之成反思中日关系发展的经验教训，特别是探讨如何面对未来的重要契机。

以上过程，可能更多的是双方知识与政治精英的互动。但伴随这一过程，无疑民众的参与也不可或缺。扩大民间交往未必能够迅速改善国家之间的关系，但其有助于抵御别有用心势力的干扰，减少双方民众对于对方国家、社会和人民的错误认知，有助于形成相对健康的舆论环境，从而促使政府制定和实施相对正确的外交政策。就 2016 年双方普通民众的观光往来来看，中国赴日旅游的人数继续增长，但是日本国民来华旅游人数依旧偏少。虽然导致这一状况的因素很多，但是中国方面仍然可以通过扩大邀请日本不同领域、不同阶层人士访华，深入开展交流，以增进在新的历史条件下的相互了解和理解。

另外，建议中国编写并发表中日关系白皮书，面向日本普通民众而非统治阶层，全面、细致、深入和精准地说明中国方面对于有关问题的立场、观点和主张，以及改善中日关系的愿望、努力和建议，以点滴不断的持续努力，促成中日关系冰化雪融。一方面，中国应以宽阔的视野和超越性的政策展示自身新的国际关系理念，以真诚的行动和事实争取日本国民及国际社会的理解和认可；同时，对于日方右翼势力抹黑中国、踩踏底线的行为，也必须予以及时揭露与回击。

日本政府手中的资源早已今非昔比，中国的市场经济体制也更加成熟，双方的经济合作应该更加注重以企业为主、在商言商。除经济上确实合理、政治上确有必要，双方有强烈意愿和共识外，一般不宜再由政府出面组织重大经济合作项目。

◆点评

（一）川岛真

2016 年的中日关系仍然处于严峻的时期。从这一点来看，报告书的总论也会引发日方的同感。尤其在国民感情方面，日本的对华感情继续恶化，经济关系方面日本对华直接投资的下滑趋势仍在持续，中国游客的赴日"爆买"现象也有所降温。但 2017 年正值中日邦交正常化 45 周年，为此也出现了试图改善两国关系的势头，即并非只是一味地恶化。

回顾近年来的相关动向，通过 2015 年 8 月 14 日的安倍谈话，习近平主席在 9 月 3 日抗战胜利日上的讲话等，中日关系勉强得以维持。但当年年底围绕南海问题，日本在外相会谈及首脑会谈中主张"航行自由"以牵制中国，这种倾向在 2016 年依然持续，日本的报道给人的印象是中国对外政策的焦点似乎都集中在南海问题。同时，因朝鲜核试验引发中韩关系紧张，而"萨德"部署问题也成为了焦点之一。

此外，7 月临时仲裁庭对"南海仲裁案"作出最终"裁决"。尽管这也被预想会对中日关系带来一定的影响，但随后的中菲关系出现一定的缓和，9 月举行的 G20 峰会中日首脑会谈上也未触及南海问题，两者的关系似乎达成了一定的底线。然而，南海问题仍处于僵持状态，难言已得到解决，而东海的联络机制也有待形成。

2016 年秋特朗普当选为新一任美国总统，其言行不仅影响到中日关系，而且 2017 年之后的前景也成为未知数。对东亚而言，特朗普总统决定美国退出 TPP、且在南海问题上态度强硬等言行具有重大影响。此外，特朗普还暗示将重新审视一个中国政策。

十分遗憾的是，报告书中指出中国方面改善中日关系的热情与安倍第二次执政之初，以及 2014 年北京 APEC 习安会之后相比大大降低。实际上日本安倍政权积极改善两国关系的意愿并没有改变。安倍政权虽然在南海、东海等海洋问题，或是领土问题上与中国态度对立，但十分重视以经济为主的中日关系。在比较日本民间的对华好感度与中国民间的对日认识时，报告指出中国民众的态度趋向理性，而日本民众并非如此，这一点也需要加以补充说明。正如日本的"言论NPO"的调查显示，虽然日本国民对中国好感不高，但70%以上的受访者认可中日关系的重要性，这也应视为一种理性的表现，特别是中日的经济关系并未明显受到政治的影响也是佐证，而经济也确实正成为中日关系的基础。随着中国经济的发展变化，中日的经济关系也会受到影响，但中国市场对日本经济的重要性不言而喻。

另外，报告书中对中日关系的走向并不乐观，其实无须如此悲观，相反，中日关系正在进入一个"新常态"的阶段。正如报告书所指出的，中日两国间存在诸多结构性的矛盾，经常争执不下。但对此如何评价？关系到评判标准的问题。跨入21世纪，在摸索建立新型关系的过程中，不应只将评判的标准停留在以往"中日友好"的时代。即便存在感情的隔阂，理性认识中日关系的重要性将是今后中日关系的"新常态"。如果是这样的话，可以认为这一时代已经来临。相较理想主义，今后需要的应是一种冷静理智的关系，即互相抱有现实主义的考量，以此为出发点来权衡利害。

因此，报告书中提出"要共同探求新的历史条件下中日两国新的战略平衡点和两国根本利益的最大公约数"具有重要意义。而"在持续深入的交流和共同探索过程中，不断积累共识，冀以趋利避害，平稳度过战略失衡期，谋求新的历史条件下中日关系的长足发展"的方向性也值得首肯。同时，报告提议的"以机制化的智库交流为探索和积累这种共识的主要平台"，也是合理的答案。只有在这种积累下，才可以认清中日关系的"新常态"。

（二）青山瑠妙

如报告书所指的，2016 年的中日关系在整体低迷中变化，而这对中日双方的国家利益，绝非好事；同时另一方面，也存在较大的改善余地。

要使中日关系得到改善，智库的作用很大，民间交流也很重要。

从上述提案再进一步，即加深中日两国之间的相互理解，比什么都重要。比较中日关系和中美关系的话，相对而言中美关系比较稳定，而中日关系则向恶化方向发展。客观来看，尽管中美两国之间存在的问题，与中日两国之间的问题相差并不大，但中美关系的稳定可能是由于中美两国不断加深相互理解、政府间存在着多于中日两国数倍的、经常发挥作用的交流管道。

对于中日关系，悲观看法不少，但在另一方面，也有积极一面。72.5% 的中国人、53.3% 的日本人觉得"由于中日两国是重要邻国"，所以中日关系很重要；而 56.1% 的日本人、33.5% 的中国人认为，"亚洲的和平与发展需要中日两国的协同合作"。中日关系虽然呈现复杂的局面，相互之间持有负面印象，但不可否认，也存在着两国关系不断深入发展、向往和平、加强合作的趋势。

正如报告书所指出的，2016 年中国 GDP 已大大高于日本，达到日本的2.3 倍。但尽管如此，就人均 GDP 而言，相对于中国的 8027.7 美元，日本高达 34523.7 美元。对于中日两国来说，只有将对方认定为"大国"，或许才能够实现中日两国之间签订的第四个政治文件所说的"成为相互合作的伙伴、互不威胁对方"。

（三）田岛英一

报告书确切分析了日本社会的舆论、思潮及政府动向，从可能获得有意义提议的角度来说，值得高度评价。个人以为，其中关于社会焦虑、右倾化的看法，作为日本人应该予以虚心接受。

不过，近来中日关系已无法单纯在双边关系的框架下开展探讨。安保方面，无法从构筑以美国为核心的秩序意图里剥离出来；经济关系上，则有必要从全球市场经济参与者的"日本"和"中国"的视角切入。报告书主要从"中国立场分析日本"，然而当下中日关系的诸多问题，仅从"日本立场分析中国"或从"中国立场分析日本"——这一双边视角并不一定能充分解释、解决得了。而从"世界中的中日关系""区域中的中日关系"的视角切入，无疑是必要的。

第二，由客观条件、全球化带来的超越国境的类似现象应该予以注意。比如，报告书指出的日本的社会进化论意识、贫富差距拉大等，中国也类似。我个人无法与"美丽国家""夺回日本"——这些安倍首相的口号获得共鸣；与此同时，对提倡"振兴中华""民族复兴"的中国指责日本"复古主义""右倾化"，感到尽管指出的问题本身非常正确，但总觉得容易心生反感，不利日本对中国的友好感情。关键在于，认识态度需要从作为对象国家问题的角度，转变为作为双方共同问题的角度，然后携手合作去解决。而且，中日民间交流只有在这样的态度转换过程中才能够发挥重要作用。单纯提倡友好的交流如今已不合时宜，很难再吸引两国人民的目光了。

第三，两国在国家和社会层面存在逻辑不同的情况，也有关注的必要性。"日本""中国"作为一个整体进行阐述时，这样的差异往往容易被忽略。尤其在日本，受到市民社会自律性的束缚，舆论与政府的对立走向尖锐化的情况很多。围绕着安保法、核能发电问题、冲绳基地问题，民间屡屡进行大规模的抗议活动。我们该思考的并不是去叹喟日本社会的"右倾化"，而是去摸索如何与在这些运动中体现出来的市民良心开展合作。

第四，叙利亚问题、乌克兰问题、南海问题，以及在联合国、国际法庭，很容易出现"美英法 VS 中俄"的画面。俄罗斯在克里米亚问题上的做法、中国加强在南海的存在，也往往被对立面理解为新的扩张主义。"现有秩序的挑战者——中俄、现有秩序的维护者——美英法"，这一构图使安倍首相采取立场鲜明的战略成为可能，也不是仅仅作为安倍政权的问题去批判那么简单。当下，中韩关系也在这一年恶化到邦交正常化以来的最低点。不用说，问题的根源在于朝鲜的核武器与导弹开发。韩国切身感受到来自朝鲜的威胁，下决心引进萨德系统。美国很早就要求中国向朝鲜强力施压，但朝鲜瓦解对中国而言是有损国家利益的深刻问题，所以中方虽采取了抑制性措施，但结果韩国觉得依靠中俄无望，转而倒向美国。安倍政权的举措，也不能仅仅作为"日本"的单边问题来理解。

在报告书探讨的问题里，在此想讨论一下"价值观外交"。个人认为，就整体而言，其中涉及"普世与民族""真与伪""国家与社会"等不同的层面。

确实从第一次安倍政权时便提出了以价值观和地缘政治学糅合而成的"自由与繁荣之弧"的概念，并将自身定位在"自由主义阵营"（美国阵营），而将中国推到对立面。质言之，是将"自由""民主"等所谓"普遍价值观"作为诉求力的源泉，而把中国打入"反普世价值"一方的一种公共外交的手段。

三、专题研究

专题一：日本社会

日本社会的变化对中日关系的影响

近年中日关系风云变幻，呈现动荡复杂的状态。究其原因，既有国际环境变化的因素，也有日本社会变化的因素。本专题拟从影响中日关系的内因这一视点出发，对近年日本社会状况和社会思潮的变化作一考察分析。

一、近年日本社会状况的变化

2016 年底日本媒体选出了 2016 年日本社会十大事件，即：①熊本大地震；②小池百合子当选东京都知事；③日本选手在里约热内卢奥运会上获得 41 枚奖牌；④天皇表明生前退位的愿望；⑤奥巴马访问广岛；⑥大隅良典教授荣获诺贝尔生理学医学奖；⑦北海道新干线开通；⑧神奈川县 7 月 26 日砍人事件；⑨选举年龄下调至 18 岁；⑩ pokemon Go 7 月 20 日进入市场。

通过分类可以看到，其中的②④⑨反映了日本社会政治上的动向；①⑦⑧反映了日本社会自然环境、生活及治安环境的变化；③⑥⑩反映了日本社会文化科学的发展；⑤则反映了日本社会外部环境的变化。通过这十大事件可以对 2016 年日本社会略窥一斑。

近年日本社会状况的变化涉及广泛领域，限于篇幅，略举若干。第一，日本社会结构和阶层的变化。90 年代以后，日本社会的基尼系数出现较大幅度提高，据统计，日本的相对贫困率已位居发达国家最高水平。社会差距扩大的问题引起人们的关注。"差距社会"用语常见于日本媒体,"贫困"问题也常被提及。日本经济高速发展期出生的"新中间层",正在出现"上流"与"下流"的分化,而一部分年轻人正在加入"下流社会"。伴随差距的扩大、新中间层的分流,有可能引发各种社会摩擦和问题,这种社会内部的矛盾不仅将对日本的政治、经济和社会发展,而且将对日本对外战略包括对华战略产生各种影响。

第二,日本社会政治和决策的变化。有人认为,进入 21 世纪后日本政治进入了总体保守化的时代。现在日本各政党(除了共产党外)在内政外交上虽然有所区别,但是相差不大。与各政党意识形态色彩的淡化相辅相成,日本国民中也出现了保守化、非意识形态化的现象。其最鲜明的标志是庞大的无党派层的出现。据统计,日本选民中有固定支持政党的比例仅为 50% 左右,而无党派层则占到选民的一半左右。这说明,日本国民开始渐渐远离意识形态意义上的政治。结果使舆论操纵国民变得更加容易,为突破战后以来的"禁区",转变战后路线,准备了一定的条件。安倍政府及自民党主导下的政治及决策过程作为"内核驱动"部分,对日本国家战略走向及对外关系产生越来越大的战略性的影响。这一动向对于今后中日关系究竟产生什么影响值得关注。

第三,日本社会行政改革的变化。日本社会制度的疲劳及非适应性日益明显,引发从桥本行改到安倍政改的连续改革进程。这种改革进程仍在持续,按照预先设计,各项结构性改革措施到 2020 年将大体到位。改革会使社会发展增加活力,但也会带来一系列问题,将在一定程度上牺牲一部分人的利益,会引起他们的反对。但改革有弱化作为渎职温床的"政官财铁三角"结构、强化在国内市场竞争中获胜企业的国际竞争力等优点,因此改革是日本不可避免的道路。改革对日本国家政治生活包括安倍治国理政以及日本发展走向将产生综合性的影响。对日本行政制度及其改革进行综合系统的评估，将有利于我们从日本内部理解日本，对判断日本中长期战略包括对华战略的走向具有重要意义。

二、近年日本社会思潮的变化

有人认为，战后日本主要形成了三种有影响的社会思潮：一是和平主义民主主义思潮，有着左翼进步色彩；二是保守主义思潮，具有中间偏右的倾向；三是民族主义思潮，属于右翼性质。日本社会思潮随着内外环境的变化而发生着力量消长，大体经历了三个阶段的变化：战后初期到60年代初是和平主义民主主义思潮的高涨与左右两极思潮对立的阶段；60年代到80年代是保守主义思潮占主导地位的阶段；90年代到现在是民族主义思潮抬头与蔓延的阶段。

当今日本社会思潮的变化具有以下两个特征。第一，表现形态多元化。社会思潮纷繁复杂，左右混合，难以明确区分，呈现混沌的状态。整个社会没有明确的主流意识。55年体制下有代表人物，现在没有明确的代表人物。社会思潮的变化反映了各种势力的并存和较量。和平主义民主主义的思潮依然存在，但有所减弱。民族主义思潮逐渐上升，既有左翼民族主义，又有右翼民族主义。中道主义（公明党的中道主义理念为代表的）思潮有一定的发展。第二，影响时段短期化。20世纪日本社会思潮的影响相对比较长期，但是21世纪日本社会思潮的变化迅速，持续时间较短，今年出现一种思潮，明年就会发生变化。这种短期化明显地反映在青年一代意识的变化，政治意识的稀薄，对政治不感兴趣，热衷于自己的兴趣爱好，没有明显的政治倾向，没有明确的问题意识，对于左翼和右翼的政治没有明确区分，都可接受。社会思潮容易受到舆论媒体的影响，时而出现摇动。有人指出，安倍上台以后加强对媒体的控制，部分日本媒体日趋保守化和右倾化。

日本社会思潮中民族主义思潮的抬头值得注意。冷战后日本内外环境的一系列变化，为日本民族主义思潮抬头与蔓延提供了契机，日本社会开始总体保守化。有日本学者指出：民族主义的特征是：第一，回归传统的日本主义，第二，对和平宪法和民主主义教育进行"修正"。民族主义的政治诉求往往是跨党派的。自民党等政党的新生代保守派政治家在使日本摆脱战后体制，成为"正常国家"方面有着共同话语和高度共识。安倍等人之所以在历史问题上宣扬民族主义言论，原因之一是未能得到正确的历史教育，缺乏历史负罪感。民族主义直接作用于政治家的思想和行动，不仅左右日本国内社会政治生活，对外交政策也产生重大影响。民族主义思潮的表现是追求政治大国的目标，试图修改宪法的动向，为侵略历史翻案。民族主义思潮已经影响到日本的内政外交及政策制定。虽然主张"护宪""反战"的和平主义民主主义思潮依然有着影响，共产党等护宪政党以及"九条会"等护宪团体也在积极地开展活动，保守势力中也存在着反对极端民族主义的声音，但是，和平主义民主主义思潮日渐凋落，民族主义思潮日益抬头却是不争的事实。

日本社会思潮中改革思潮不可忽视。改革正逐渐成为日本社会的共识。改革思潮高涨的一个主要原因，是人们希望通过改革来寻找出路。改革的内容不仅涉及经济，还包括政治、行政、社会、教育等各个方面。现在，在教育等与日本发展方向有关的问题上，尚未达成共识，这一类的改革可能被烙上民族主义的印记。但是，在经济、金融等领域的改革方面，则取得较大的共识，因为限制、保护的政策和措施不利于日本的发展，需要采取开放的姿态，打破各种限制和壁垒。改革思潮的命运取决于日本社会经济形势的走向。审视 21 世纪的世界大势，要想在国际化信息化的时代生存下去，改革势在必行。当然，日本现在的状况与明治维新和战后初期不能相提并论，虽然泡沫经济崩溃，但实力仍然健在。因此，改革思潮究竟如何影响日本发展，有待观察。

日本社会思潮的未来趋势是由其所处的社会历史条件决定的。日本内外环境的变化是决定日本社会思潮走向的基本因素。舆论调查的结果表明，虽然日本人仍保持很强的优越感，但对自己国家的自豪感和自信有所下降。这种变化，反映了日本经济的沉浮和国际地位的变化。日本人的爱国心虽然出现淡薄倾向，但是依然深深扎根于日本人意识，难以发生大的变化。今后日本人的大国意识将会有所收敛，但是，以爱国心为支柱的民族主义仍会长久保持，并对日本的国内政治和对外战略包括对华战略产生影响。

三、日本社会变化与中日关系展望

在国际政治格局多极化和经济全球化的今天，中日关系也日益超出单纯的双边关系范畴，融入多边关系网络之中，对地区乃至世界和平、稳定与繁荣产生重大影响。近年来，中日关系处于起伏不定的状态，紧张与缓和的反复，摩擦与协调的并存，对立与对话的交叉，两国关系呈现出复杂的结构性变化的状态。两国加强在政治与社会文化领域的交流、切实深化相互了解、增进相互理解显得愈发重要。

关于 2016 年中日关系的变化，有媒体列举了十件大事，即：①习近平主席与安倍晋三首相在杭州 G20 峰会期间会晤；②中国访日人数近 700 万；③ TPP 即将流产，中国主导的 RCEP 将成亚太合作新选择；④中日韩领导人会谈因韩国总统遭弹劾而搁浅；⑤中国台湾企业鸿海收购日本企业夏普；⑥日本驻华大使换人（横井裕接替木寺昌人）；⑦第 12 届北京—东京论坛在东京举行；⑧为纪念孙中山诞辰 150 周年举行东京中山论坛；⑨华裔莲舫当选民进党代表；⑩日本乒乓球运动员福原爱与中国台湾乒乓球运动员江宏杰结婚。

通过分类可以知道，其中①④⑥反映了中日政府间关系的变化。②⑦⑧⑩反映了中日民间或半官半民交流的发展。③⑤反映了中日经济关系的动向。⑨则反映了在日华裔政治家的动态。通过这十件大事可以对 2016 年中日关系的变化略窥一斑。

必须指出，日本民族主义的抬头与蔓延对中日关系产生了不利影响。日本的民族主义旨在修改和平宪法，改变战后发展道路，美化侵略历史，煽动针对中国的排外主义，必须给以特别的警惕。安倍的对华战略与民族主义思潮的抬头和蔓延有着深刻的内在关联。安倍第二次组阁以后其内政外交的历史修正主义和保守主义的色彩明显加强，对外战略出现新的变化，对华战略也发生一系列新的变化，主要表现为：强化美日同盟，借助美国，打压中国；加强周边外交，拉拢相关国家，对抗中国；加强对华抗衡，采取各种对策，谋求对华优势。日本社会有些人大肆散布"中国威胁论"，部分媒体也推波助澜，煽动针对中国的民族主义情绪，使中国在日本国民中的好感度下降到邦交正常化以来的最低点。从长远来看，民族主义思潮在日本政界形成影响政府决策的重要因素，将长期影响未来日本的内外战略走向包括对华战略走向。

在注意日本民族主义动向的同时，不可忽视日本社会思潮变化的特征。从表现形态多元化的特征出发分析，就能理解日本社会对于中日关系并非只有民族主义思潮的影响，和平主义民主主义思潮和中道主义思潮依然产生影响。尤其是主张中道主义理念的公明党无论是在野党时期还是执政党时期都为发展中日关系发挥了重要的积极作用。从影响时段短期化的特征出发分析，就能理解日本对华政策和战略并非一成不变，而是随着内外形势的变化而变化。在分析日本社会的各种势力及其对中日关系的影响时，不能只看政党和政治家的动态，更需关注占选民一半左右的无党派层尤其是青年一代的动向和意识的变化，在未来的中日关系发展中，重点做好这部分人的工作，大力开展中日民间友好交流活动，促进中日关系健康稳定的发展。

尽管中日两国关系历经风雪，积重难返，但是民间层次的交流仍在继续发展。近年来，前往日本观光的中国游客有增无减。据日本观光厅统计，2016 年一年到日本观光的外国游客 2400 万人，其中中国游客占四分之一以上，达 637 万人。外国游客在日消费总额为 37476 亿日元，其中中国游客消费总额达 14754 亿日元（约合 900 亿元人民币），占外国游客消费总额的四成。外国游客在日人均消费额为 15.6 万日元，而中国游客人均消费达到 23.2 万日元（约合 1.4 万元人民币），位居榜首。许多中国游客通过日本观光，对日本社会的方便、洁净、安全等颇有好评，这有利于中日关系的改善。中国游客在日本的"爆买"则产生正负两方面的影响，另外，随着日本社会高龄化少子化的进展，日本对海外劳动力的需求日益增加，在日工作的中国劳动力有增无减。据日本厚生劳动省统计，2016 年在日工作的外国人劳动者首次超过 100 万人，比上年增长 19.4%。其中来自中国的最多，为 344658 人，约占总数的三分之一。围绕外国劳动者的接纳，日本政府将调整有关政策。中国游客以及中国劳动力作为民间的力量对今后中日关系发展的作用和影响值得关注。

◆ 点评

（一）川岛真

报告书指出日本社会的复杂化趋势以及民族主义思潮抬头，值得肯定，但还需加以补充说明。第一，关于日本政治社会中区分"右"与"左"标准的演变，以及"右""左"各自的情况，以前日本将主张修改宪法 9 条派视为

"右"，护宪派视为"左"。但90年代之后，随着政治局势的嬗变，该标准也出现了变化，如今接近于欧美的情况。第二，关于青年一代，有观点认为他们容易陷入贫困状态，这也助长了民族主义的倾向。但据内阁府有关外交的舆论调查显示，青年一代的对华感情好于其他年龄段。20—29岁的年轻人中，有四分之一者对中国抱有好感。其次就是30—39岁的人群。与此相对的是60—69岁及70—79岁年龄段的对华观感不佳。社会差距问题、民族主义与对华感情的关系极为复杂，这一点应加以注意。

（二）青山瑠妙

报告书指出，与民族主义并存的和平主义、民主主义、中间路线在日本社会依然影响力较大，这一点在理解日本社会方面非常重要。

（三）田岛英一

中国希望日本放弃日美同盟，显然是不现实的，而日本希望中国放弃钓鱼岛主权，也是愚不可及。在外交这一层面，日本政府与中国政府相互可以做的事非常有限。现在，两国政府能够触及的最佳着力点，在于市民社会层面的各项活动，最大限度保证草根级活动的自由，使两国民众开展草根级别的合作成为可能。其中，环境、人权、和平、历史等问题，从不同于民族主义的价值观（共通的善、"普世价值观"）来认识、分析、讨论，摸索解决之道。只有通过这样的合作，才能不会受到"民族"这一19世纪意识的灌输，才能维护两国友好的持续发展。

专题二：历史与现实

2016：日本处理"历史问题"的举措

一、日本处理"历史问题"的基本立场

2012 年，安倍首相以「日本を取り戻す」（日本内阁府译为"复兴日本"）为口号，领导自民党重新夺回了政权。执政后，安倍首相有关历史问题的言论和行为一度比较过激，如表示将以"安倍谈话"取代"河野谈话"、在执政一周年参拜靖国神社等等。但在经历了奥巴马政府对其参拜靖国神社公开表示"失望"、《纽约时报》载文强调须坚持"村山谈话"、前副国务卿理查德·阿米蒂奇在《读卖新闻》撰文批评安倍在历史问题上的发言"有时不过脑子"等一系列"现实"后，在过去一年，安倍政府有关"历史问题"的言行比以往"务实"。概括而言，日本对待"历史问题"的基调在 2015 年 8 月 14 日发表的"安倍谈话"中可以找到：既表示进行"深刻反省"，又努力摆脱"道歉外交"。而这种"务实"，明显服务于实现"复兴日本"的目标。

"复兴日本"有两个最主要的目标：一是修改宪法，二是成为安理会常任理事国。如何处理"历史问题"，对实现这两个目标有直接关联，而解决"历史问题"的关键，是能否与有关国家实现"和解"。在 2016 年，日本采取了两项引起全球关注的举措：一是就慰安妇问题和韩国达成"协议"，二是安倍首相和奥巴马总统共同祭奠了"广岛原爆"和"珍珠港事件"的罹难者。

"强征慰安妇"问题是影响日韩关系最主要的历史问题。为了解决这一问题，2015 年 12 月 28 日，日韩就"慰安妇"问题达成"最终、不可逆转的共识"。根据协议，日本在韩国成立专门财团，向受害"慰安妇"支付由日本政府提供的"治愈金"。2016 年下半年，日本政府向"和解与治愈基金会"支

付 10 亿日元（约合 6060 万元人民币），同时强调 10 亿日元"不是赔偿金"。日本政府还表示会向每名在世的原"慰安妇"发放 1 亿韩元，向已故原"慰安妇"家属发放 2000 万韩元（约合 12 万元人民币）。联合国对此给予积极评价，联合国秘书长潘基文也于当天发表声明，对两国就"慰安妇"有关问题达成协议表示欢迎。希望这一协议将对改善两国的双边关系做出贡献，并强调在承认历史的基础上，东北亚国家建立面向未来的关系至关重要。

但是，日韩官方有关慰安妇问题达成的协议是否果真"最终、不可逆转"，值得怀疑。事实上，日韩民间在历史问题上的"宿怨"并未因此消除。韩国国内民调机构当年 12 月 31 日公布的调查结果显示，对此"协议"，约 51% 受访者持反对态度，超过持肯定态度的 43%。2016 年 12 月 28 日，即双方达成"协议"一周年之际，釜山民众在日本驻釜山总领事馆前安放了一座"慰安妇"少女纪念铜像以示抗议。日本政府对此强烈不满，称"此举违反确认最终且不可逆解决慰安妇问题的 2015 年日韩共识"，并临时召回驻韩大使长岭安政和驻釜山总领事森本康敬，中断双方有关货币互换的磋商，推迟韩日高层经济对话。韩国政府则一再表示，安放慰安妇"和平少女铜像"属民间行为，政府无法要求民众如何做。

美国舆论对这一问题的论述，明显和日本官方立场相悖。2017 年 1 月 6 日，CNN 以《一座少女像为何引发外交争端》为题，对此事件背后涉及的日韩历史问题进行详细论述，强调"二战期间，日军从韩国、中国、印尼等地强征了 20 万名女性充当随军'慰安妇'"。第二天，1 月 7 日，日本内阁官房长官菅义伟在例行记者会上称，"在政府发现的史料中，没有直接证据显示军方、官方曾经强征慰安妇"。1 月 8 日，首相安倍晋三在 NHK 电视节目中也公开对韩国政府表示不满，称"日本诚实地履行义务。即便（韩国）政府出现更迭也应履行，这是国家的信用问题"。可以断言，双方围绕"强征慰安妇"问题的矛盾冲突仍将起伏，并未取得"最终且不可逆"结果。

日韩围绕历史问题的矛盾，不仅必然影响美国构筑日美韩同盟的亚太战略，而且影响日本"入常"。2005年3月20日，日本谋求"入常"之际，韩国《东亚日报》发表评论文章，强调"日本在领土主权问题上仍未摆脱帝国时期的思想，在历史问题上不但不对过去的侵略行为反省，反而企图美化丑恶的历史"。"如果日本成为联合国安理会常任理事国，不仅不会为国际社会作出贡献，反而会加剧国际矛盾。这是我们反对日本成为联合国安理会常任理事国的主要原因。"这番言论，反映了韩国舆论对日本"入常"的基本立场。

二、"历史问题"在日美关系中的意义

安倍首相和奥巴马总统共同祭奠"广岛原爆"和"珍珠港事件"罹难者，是过去一年与"历史问题"相关的又一重要事例。

2016年5月27日，奥巴马作为首位在职总统访问了日本广岛，并向原子弹爆炸遇难者慰灵碑献花和发表了简短讲话。中国媒体的报道聚焦于奥巴马没有"道歉"，以强调日美之间的"历史问题"并未解决。实际上，"不道歉"早已是美国既定方针。奥巴马赴日前，白宫国家安全顾问苏珊·赖斯明确表示，美国政府不会就广岛原子弹爆炸致歉。赴日后，奥巴马在接受《朝日新闻》独家书面采访，被问及"对于投放原子弹，美国是否应该表示道歉？当时为了尽早结束战争而投放原子弹的决定是否正确"时，明确表示，"关于对广岛和长崎投放原子弹的决定，我不重新发表意见"。

美国对日实施核攻击的"意见"，最早见于1947年美国陆军部长史汀生发表的《投放原子弹的决定》。史汀生在文章中指出，投放原子弹直接促使日

本投降，不仅避免了发动对日本本土的登陆作战可能造成的盟军士兵的伤亡，而且拯救了在"本土决战"中必将丧命的数以万计的日本人。奥巴马"不重新发表意见"，就是坚持美方一贯立场，强调投放原子弹是"正义"行为。

另一方面，不仅日本官方没有向奥巴马提出"道歉"要求，日本原子弹受害者唯一的全国组织"日本原水爆被害者团体协议会"，在送交奥巴马的请求书中也没有提"道歉"要求。该协议会事务局长、84岁的原子弹爆炸受害者田中熙巳向记者透露，"心里面是希望奥巴马道歉的，但现在须忍一忍"。旅居意大利罗马的日本著名作家盐野七生，在接受《朝日新闻》越洋电话采访时表示，日本不提"道歉"要求是明智的。不难发现，对是否要奥巴马"道歉"，日本朝野配合得相当"默契"。也就是说，不能将奥巴马没有"道歉"视为"日本的图谋没有得逞"。

奥巴马访问广岛的主要目的是为其政治生涯"加分"。2009年4月5日，奥巴马在捷克首都布拉格发表演说，称"作为拥核和唯一使用过核武器的国家，美国在采取行动时承担着道义责任"。这一讲话迅速引起广泛关注和好评。10月，诺贝尔委员会授予奥巴马诺贝尔和平奖，理由是："非常重视奥巴马创造'无核武世界'的意愿和为此所做的工作。"但是，奥巴马此后的表现显然令诺贝尔委员会失望。2015年9月17日，据英国广播公司即BBC报道，诺贝尔和平委员会前秘书长亚格兰德表示，"当时委员会决定颁奖给美国总统奥巴马是为了鼓励他，但后来并没有达到预定期望"。奥巴马在离任前夕访问广岛，意在显示他始终为创建"无核武世界"而努力。按他的说法说，是"重新激活我在布拉格呼吁建立'无核武世界'的情景"。

不可否认，奥巴马访问广岛有显示日美已"捐弃前嫌"的含义。同样按他的说法，"我和安倍首相一起访问广岛，还为了向世界表示，曾经的敌国可以实现和解并成为最强有力盟国的可能性。"这番话，是对2015年4月底安倍在美国参众两院发表题为《迈向希望的同盟》的演说，称"过去以命相搏的敌人，今天成了心灵沟通的朋友"的回应。

2016年12月27日，安倍在奥巴马陪同下造访珍珠港。行前，安倍即强调"只反省，不道歉"，"向世界传达和解的价值"。12月29日上午，日本防相稻田朋美从珍珠港返回后，即前往参拜靖国神社。此举意在表明：靖国神社里供奉的14名甲级战犯是由美国主导的东京审判裁决的。就这个意义而言，珍珠港和靖国神社堪称太平洋战争的"开始"和"结束"的标志。稻田朋美此举意在宣示："和解"并不等于"屈从"。

三、中国强调"历史问题"的目的

2016年，历史问题仍是影响中日关系的主要障碍。2015年底日韩两国政府就慰安妇问题达成"协议"后，中国外交部表示，"强征慰安妇是日本军国主义在二战期间对亚洲等受害国人民犯下的严重反人道罪行"，"我们一贯主张，日方应正视和反省侵略历史，吸取历史教训，拿出负责任的态度妥善处理有关问题，以实际行动取信于亚洲邻国和国际社会"。2016年底安倍造访珍珠港后，中国外交部表示，"没有中国等亚洲受害国的和解，日本历史这一页翻不过去"。

中日四点原则共识提出，要"以史为鉴，面向未来，克服历史问题这一影响中日关系的政治障碍"。那么，"日本历史这一页"如何才能"翻过去"？仅仅寄希望于日本政府对侵略历史进行彻底反思并向中国"真诚道歉"？如果日方做不到这一点，中日关系是否无法改善？

安倍首相多次表示"日中关系是最重要的双边关系之一"，"希望改善中日关系"。但是，为什么他对历史特别是战争责任问题的言行，一直遭到中国批判？值得回顾的是，2013 年初，安倍首相在接受《华盛顿邮报》采访时表示，"中国的爱国主义教育，其实等同于反日教育，制造与日本的冲突，有助于巩固民意"。虽然安倍以后没有再发表这种言论，但不能不认为，这番话是安倍真实思想的表露。即按照安倍的看法，"反日"是中国国际和国内政治的需要。

2005 年，日本和印度、德国、巴西联手，谋求成为安理会常任理事国。2013 年 9 月 17 日，中国外交部发言人在例行记者会上表示，"任何联合国会员国，包括希望在安理会发挥更大作用的国家，首先应该尊重历史，对历史负责，不能挑战世界反法西斯战争的胜利成果"。中国政府一再强调，"维护国际正义和二战后确立起的国际秩序十分重要"。中国维护"战后秩序"的立场，不仅是为了维护钓鱼岛主权，而是为了维护人类的正义与尊严。因而中国强调的"历史问题"具有"丰富内涵"，承载着"厚重分量"。同时，毋庸讳言，从一定意义上说，中日间的"历史问题"，也是现实国际政治和国内政治问题的反映。

四、中日在"历史问题"上应采取的举措

中日在历史问题上应采取怎样的态度，以下几个问题必须关注并处理好。

第一，合理区分中国民间和政府行为。日前，中国政府首次发表《中国的亚太安全合作政策》白皮书，就中日关系作了如下表述："2015 年以来，中日关系总体延续 2014 年底形成的改善势头"；"围绕日方在历史、涉海等问题上的消极动向，中方敦促日方切实遵守中日四个政治文件和四点原则共识，妥善管控分歧矛盾，避免给中日关系改善进程带来干扰。"

"2014 年底形成的改善势头"，始于北京 APEC 会议期间习近平主席和安

倍首相举行首次会谈以后。"妥善管控分歧矛盾",也成为中国政府的课题。2016年10月22日,上海师范大学举行中韩"慰安妇"雕像的揭幕仪式。在中国设立中韩少女双人像,尚属首次。日本内阁官房长官菅义伟24日对此表示"非常遗憾",中国外交部则表示,"如果能因此在东京也修建慰安妇铜像,可能有助于日本卸下历史的包袱,有助于赢得亚洲邻国的谅解"。但另一方面,舆论的"低调处理"也没有使此事成为"热点"。

第二,合理区分日本民间和政府行为。2017年1月,因日本APA酒店集团在上万间客房摆放前CEO元谷外志雄《无法言说的国家论》和《自傲的祖国日本——为复兴日本谏言》等书籍,引起舆论轩然大波。中国外交部对此回应称,忘记历史意味着背叛,否认罪责意味着重犯。日本一小撮人越是急于将历史罪行"清零",就越会激发"重启"这段记忆。日本政府不应该以所谓"言论自由"为借口推卸责任,更不应以所谓"过度聚焦历史"的说法误导民众。中国国家旅游局也要求所有出境旅游企业和旅游电商平台,全面停止和APA酒店的合作。但同时也明确指出,中国反对任何损坏中日关系"改善势头"的行为,而不是将个别人的言行视为整个国家和民族整体意志的表现。须知中日舆论环境存在明显差异是客观事实,一方面日本政府难免纵容非议,但同时若将任何此类案例均归咎于日本政府,也不是客观态度。

第三,对有利于中日关系改善的正确做法予以充分报道和肯定。习近平主席指出,"历史证明,中日友好对两国和两国人民有益","中日友好的根基在民间"。但由于中国国民对日本侵略历史的集体记忆,因此批判日本在历史问题上的"倒行逆施"很容易做到,而对顺应"改善势头"的积极现象在评价、宣传方面还需要加强。例如,2016年6月2日下午,日本三菱劳工部分团体在北京红十字宾馆举行"新闻通报会",宣布二战受害中国劳工代表与日本三菱综合材料公司达成和解协议。根据和解协议,后者向在二战期间被强掳至日本的 3765 名中国劳工每人支付 10 万元人民币赔偿，同时一次性支付 1 亿日元用于建立中国劳工受害者纪念碑，另支付 2 亿日元作为今后进行调查的费用。三菱综合材料公司还在官方网站上公开表示该公司是"非常喜欢中国的企业集团"。三菱的"悔罪之举"当然有商业利益考虑，但还是应该给予恰当的积极评价。

第四，既然是"历史问题"，尊重"历史事实"本身当为题中应有之义。就慰安妇问题而言，1993 年 8 月 4 日，时任内阁官房长官的河野洋平发表谈话，承认"在慰安妇的征集、运送、管理等方面，采用哄骗、强制等手段，总体上违反了本人的意志。"这一谈话史称"河野谈话"。日本内阁官房长官菅义伟将"河野谈话"同河野在发表谈话的记者会上承认"强征"进行区别，强调日本政府继承"河野谈话"的方针不会改变。这种区别显然有"刻意辩解"成分，关键是有没有"强征"慰安妇。对此，中国应与包括有良知的日本人和世界一道，用充分的史料和人证物证，予以回应，还原历史真相，给受害者以历史交代。

◆ **点评**

（一）川岛真

历史认识问题是横亘在日本与中韩两国之间的最大问题。安倍政府中的确有在历史认识问题上失言的阁僚，也不乏持保守思想的阁僚。而认为历史认识问题与"复兴日本"的言论有关联的想法也可以理解，但战后经过 70 年，日本社会的历史认识自身也在变化，呈现复杂化、多元化趋势。这与专题一的内容也密切相关。据 2015 年安倍谈话发表前后的舆论调查，日本绝大多数国民认为有必要正视过去的历史，并进行反省。不重视日本社会绝大多数人的历史认识，而是以一部分极端思想者代表日本进行分析的做法似乎失之偏颇。

其次，本专题相关分析似乎偏重于定性，即认为安倍政府从成立初期就抱有同样的历史认识，其相关政策也一成不变。但实际上安倍政府对历史问题的立场，在执政后的四年内出现巨大的转变。当然安倍及阁僚个人的历史认识也许没有大的变化，但安倍政府从执政前的选举期间、2013 年 12 月首相参拜靖国神社，到 2015 年 8 月发表安倍谈话，2016 年日美首脑共同访问广岛、珍珠港，日韩就慰安妇问题达成协议——态度发生了明显的变化。现在，安倍政府对历史问题的政策基调是"和解"。关于这一点，中日之间也有达成和解的可能性，如何去实现这一目标将是今后的课题。

（二）青山瑠妙

报告书围绕"历史问题"的提案非常重要，在涉及历史问题的草根级的交流管道方面进行扩充壮大尤其必要。

（三）田岛英一

正如报告书指出的那样，无论是第一次还是第二次的安倍政权，都提出了复古主义、民族主义口号，它们主要是面向国内的诉求。对于焦虑于贫富差距拉大、经济停滞，对中国游客的素质问题怀有不满情绪的日本国民，这些口号也许有一定的魅力。然而，不言而喻这是矛盾的。也即，对外是普世主义，对内是民族主义——这是一种像亚努斯神的具有两面性的政治。这里，存在作为政策的"真"与"伪"的问题。

一方面政治领导人个人的信念为民族主义，一方面又在外交政策上频繁地祭出"普世价值"。任由这一矛盾在"厌韩、厌中"情绪、国家利益优先的"现实主义"中发酵。无条件支持"价值观外交"的人在日本虽然也有不少，但真的信奉"普世价值"、不容许民族主义的虚伪的人的存在也是事实。比如，既有平时针对外国人进行仇视性演讲宣传的市民团体，也有反对这样的行为、并相当程度地成功封杀这种活动的为数众多的市民团体。日本社会正在被"虚伪的普世主义（本质是民族主义）"和"真正的普世主义"所撕裂。

问题在于，从这样的日本社会来看，中国也存在着犹如镜像般的相似情况。中国的对内价值观，在很多场合讲述与"爱国主义""社会主义"之间的关系；对于所谓"普世价值"，中国往往以一种警戒之心、过敏反应来对待。此外，中国在"钓鱼岛国有化"事件后，便将这一问题置于作为反法西斯战争的二战以及历史认识的脉络里，开展了公共外交（这一战略在奥巴马总统时代产生了效果，因为他本人出身于市民运动、对安倍首相的民族主义倾向保持警惕）。于此，中国位于联合国的多数，而日本则被推到"反法西斯"这一"普世价值"的对立面。

在这样的情况下，譬如即使中国将日本的行为批判为"冷战思维"，但日本社会也以"五十步笑百步"进行回应。对安倍政权不信任的日本民众，也对中国的行为产生不信任感。

解决的关键在于超越国境的社会合作与对话。比如，中国社会以"民族感情"之由让日本社会反省"从军慰安妇"问题，结果可能导致相反效果。历史问题，从民族主义的立场上解决不了。说起来，把"从军慰安妇"问题解释为"日本"针对"中国"的行为，并不一定合适。原因在于，"从军慰安妇"制度之所以理应受到批判，是因为它使女性不仅将走上社会的生命以战争的方式浪费掉，而且更是将女性作为泄欲工具、涉及两性的深刻伦理问题。而南京大屠杀，也不仅仅是"日本"对"中国"所实施的残虐行径，其间人类的报复性冲动、恶魔式的野蛮心性，借助战争这件隐身衣得到释放，从而肆意妄为地残杀非武装平民，这才是罪孽的本质所在。这是从"普世价值"

视角针对战争犯罪所给出的回答。日本社会和中国社会相互讲述历史时，应以这样的"普世价值"作为"通用语言"。如果只是从民族主义寻求答案，我们将不会从恶性循环之中挣脱出来。

在像法、德这些国家，能够围绕历史开展超越国境的对话，关键是存在一个自律性高、发达的市民社会。在这样的市民社会，能够一边摸索共通的善和"普世价值"，一边共同回顾本国的过去。遗憾的是，东亚市民社会的历史尚浅。即使"新冷战"趋势愈加明显，即使像特朗普这样本国中心主义至上的现实主义政治家在日本有影响力，中日之间依然有可能存在对话和相互理解的通道。不过，它们的主角不可能是在国家利益面前难以妥协的政府，也不是向政府提供咨询的研究者，而应该是真正相信"普世价值"的市民。因此，一旦出现了这样的市民，政府的行动也会慢慢受到其影响。在这个意义上，国家是一个因变量，社会是自变量。或许前途依旧漫漫，中日两国的市民社会能够达成多大程度的自律性，将最终成为中日友好和相互理解的必要条件。

专题三：安全保障

日本军事发展动向与中日关系

2016 年以来，日本的"军事正常化"进程进入重要转折期，其重要标志是"新安保法"正式实施。同时加快军事力量发展步伐，强化其西南方向军力部署，在继续与中国展开东海战略博弈的同时，不断加大对南海事务的介入力度，继续拉拢周边国家与中国抗衡，试图构建对华包围圈，给中日关系的健康发展和地区稳定带来影响。

一、日本军事发展动向

（一）正式实施"新安保法"，日本防卫政策发生重大变化

2016 年 3 月 29 日，日本"新安保法"正式实施。"新安保法"解禁了日本"集体自卫权"，为日本自卫队向海外派兵和军事介入地区冲突提供法律依据。"新安保法"使日本自卫队实现了多个"扩大"：由个别自卫权扩大到集体自卫权，为日本武力介入地区冲突打开大门；自卫队行动范围由日本周边扩大到全球，使自卫队可与美军在全球并肩作战；新增"武装保护在外侨民和武装撤侨""驰援护卫"等任务，扩大了自卫队的任务范围；允许自卫队在实施后勤支援、联合国维和行动时使用武器，扩大了武器使用权限。这些突破降低了日本动武的门槛，增加了日本军事行动的主动性和进攻性，使日本"专守防卫"防卫政策发生了重大变化。

（二）持续加大经费投入，全面提升军事能力

2016 年 12 月 22 日，日本内阁会议批准的 2017 年度防卫预算达 51251 亿日元（约合 438 亿美元），较上一年度增长 1.4%，为安倍执政以来的连续第 5 年增长，为其强军备战计划提供了有力支撑。安倍政府甚至还可能借特朗普政府要求日本承担更多驻日美军基地经费之机，突破防卫费不超过 GDP 1% 的限制。① 安倍政府增加防卫预算的目的是，重振军事，全面提升军事能力，建设一支"快反、持续、坚韧、互通"、能"无缝"应对各种事态的"联合机动防卫力量"，重点提升"侦察监视、情报搜集、远程投送、指挥控制与情报通信、岛屿攻防、导弹防御、太空防御、网络攻防、灾害救援及国际维和"等军事能力。② 这表明日本自卫队已经远远不满足于本土防御需求，而是把目光转向海外干预行动，要求发展远程机动、联合夺控岛屿、防空反导以及新领域作战等海外作战能力，打造一支海外干预型防卫力量。

（三）继续加强西南方向军力部署，重点提升海空作战能力

日本近年来把西南方向作为防御重点，不继强化西南方向军力部署。一是加强西南诸岛前沿军事部署。在与那国岛部署"沿岸监视部队"，在石垣岛和宫古岛部署"国境警备部队"，将军力部署向西南方向前沿推进。二是加强西南方向空中作战力量。把西南航空混成团升格为西南航空方面队，并将那霸基地的第 83 航空队升格为第 9 航空团，其所辖 F-15 战斗机飞行队由 1 个

① 《特朗普主张"盟国分担"日军费或突破 GDP 1% 红线》，《参考消息》2017 年 2 月 2 日。
② 『わが国の防衛と予算—平成 29 年度概算要求の概要』[M].防衛省.2016.

增至 2 个，使其成为"联合机动防卫力量"的核心。三是引进先进海空作战装备。至 2017 年度末，航空自卫队将引进 28 架 F-35A 联合攻击机，日本国产新一代"心神"X-2 战斗机也已进入试验验证阶段。同时继续引进预警机、反潜巡逻机、大型运输机、"苍龙"级潜艇、"宙斯盾"驱逐舰等海空装备，以提升侦察预警和海上作战能力。并在升级现有陆海基反导系统的基础上，探讨部署"萨德"反导系统，以提升联合反导作战能力。四是继续推进"两栖机动旅"的组建工作，并以钓鱼岛夺岛为背景，频繁开展联合夺岛作战训演，以提高两栖夺岛作战能力。

（四）积极介入南海事务，拉拢周边国家围堵中国

日本积极配合美国"亚太再平衡"战略，打着维护南海"航行自由"旗号，不断加深对南海事务的实质性介入。安倍首相在多个国际场合炒作南海议题，大造中国试图以实力改变南海局势的国际舆论，指责中国不遵守国际规则，影响地区和平与稳定，混淆视听，抹黑中国，支持怂恿菲律宾仲裁案，并要求中国接受仲裁结果。稻田朋美防相在访美时发表演讲称，日本将通过与美国海军进行联合巡逻、与区域国家的海军举行双、多边演习，以及对一些国家提供援助来加强其能力建设，强化日本在南海的参与度。日本向越菲等国提供巡逻船、训练机等装备，帮助其训练海岸警备队，增强其与中国抗衡的能力。同时在金兰湾、苏比克等地寻找补给基地，为进一步干预南海事务寻求支点。

二、对中日关系的影响

在中日两国力量对比发生逆转和美国推行"亚太再平衡"战略的大背景

下，日本以中国为主要对手，大力发展军力，加快实现所谓"正常国家"步伐，必将给中日关系和地区形势必将带来不利影响。

（一）中日战略互信严重缺乏，难以走出安全困境

自钓鱼岛"购岛"事件以来，中日关系跌入低谷，中日两国战略互疑加深，国民感情恶化。尽管四年多来中日关系有所改善，但战略互信仍严重缺乏，短期内两国难以走出安全困境。各种迹象表明，日本已把中国作为主要防范和遏制对手。日本把中国的军力发展和海洋活动看作是对日本的威胁和导致地区形势严峻的重要因素，并以"中国威胁"为借口，制定新安保法，强化日美同盟，提高军事威慑力。安倍甚至称如何应对中国是"本世纪最大的课题"①。日本以中国为主要对手的对华战略，加深了中日之间的战略互疑和对立心理，增加了两国摆脱安全困境的难度。

（二）日本有针对性地加强军事部署，加剧了中日东海紧张局势

日本不断加强西南诸岛军力部署，提升西南方向海空作战能力，并频繁展开联合夺岛演练，其主要目的是为与中国武力争夺钓鱼岛，同时为未来干预可能发生的台海冲突做准备，其针对中国的指向性非常明显。这不仅加剧了中日东海紧张局势，使中日发生海空军事摩擦的可能性增加，同时也加大了我国解决台湾问题的复杂性和艰巨性，对我海军远海军事训练行动也造成了干扰。

---

① 《安倍：告诉特朗普应对中国系本世纪最大课题》，环球网，www.huanqiu.com，2017年2月15日。

（三）日本高调介入南海事务，使南海局势更趋复杂化

日本并非南海问题的当事国，却高调介入南海事务，使南海问题变得更加复杂。特朗普上台后，美国可能继续在南海问题上采取强硬政策，计划向南海派出更多军舰向中国施压。[①] 从此前稻田防相的表态和特朗普要求日本承担更多责任的对日政策来看，日本今后可能继续积极配合美国的南海政策，不排除与美国在南海实施联合巡航等行动的可能性，并通过在南海海域举行或参与联合军演、在金兰湾和苏比克停靠舰艇、向越菲等国提供装备和训练支援等方式，显示在南海地区的军事存在，提高对南海相关国家的影响力。这不仅加剧了南海地区的紧张局势，也使得南海问题变得更加复杂。

（四）日本联手遏华，加大对中国安全环境压力

日本在加强日美同盟的同时，拉拢澳、印、韩、东盟等周边国家，试图建立对华包围圈。特朗普当选美国总统后，日本首相和防相频频访美，竭力显示加大对南海参与力度的姿态，并重新确认《日美安全保障条约》第5条适用于钓鱼岛，协美遏华意图十分明显。日本与澳签署《物资劳务相互提供协定》，与印签署《日印核能协定》，与韩签署《军事情报保护协定》，深化与周边国家的军事合作，加大对中国东海南海维权行动的牵制。同时加大对越菲等国的装备支持，增强其在南海问题上与中国抗衡的能力。日本试图联手周边国家牵制中国，加大了对中国周边安全环境的压力，同时也严重影响中

---

① 《美媒：美国海军正计划在南海对华发出新挑战》，环球网，www.huanqiu.com，2017年2月13日。

日关系的健康发展。

历史与现实表明，中日两国合则两利，斗则俱伤。日本若继续把遏制中国作为其发展军力和开展地区安全合作的主要目的选项，不仅会使原本困难的中日关系雪上加霜，甚至可能将两国推向战争边缘，同时也会给本地区和平与稳定造成冲击。为避免出现最不利局面，两国应寻求更多利益契合点，扩大合作面，并加强东海危机管控，防止发生海空摩擦。同时，中国方面应做好应对一切挑战的万全准备。

◆点评

（一）川岛真

军事安全保障问题的确是中日之间的敏感问题，对于这一问题，有必要从增强军备的部分与地区安全保障的视点分开进行探讨。日本明显在加快军事力量的发展，不断加强日美安保合作。奥巴马政府要求安倍政府等盟国增加防卫费的分担比例，承担更多的防务开支，同时试图将与盟友的关系转变为"相互主义"。所谓的安保法案基本上是基于新的《日美防卫合作指针》，该指针则是根据奥巴马政府的要求制定的。因此，将安倍政府的安保政策都视为其自身意图的反映则存有疑义。同时，奥巴马政府提倡加强盟友之间的关系，在这一方向下，安倍政府尝试解决慰安妇问题以改善日韩关系，并与澳大利亚结成准同盟关系。中国应该重视这种以美国为核心的加强盟友之间关系的动向，"萨德"也是这种同盟国网络的象征之一。

其次，从地区安全保障的观点来看，如何维持东亚地区的和平与稳定是一个重要课题，中日在这一方面的合作是不可或缺的。鉴于"海上紧急联络机制"的磋商进展缓慢，重要的是从区域整体的视角出发推动合作。

（二）青山瑠妙

中日两国之间在安全保障方面隔阂很深。随着"新安保法"的实施，日本与同盟国之间签署《物资劳务相互提供协定》（ACSA）成为可能，现在日本正考虑与美国、澳大利亚、英国等发达国家就 ACSA 的签订开展谈判。

然而，"新安保法"即使实施，如报告书所言，现行宪法对于"军事政治化"存在较大制约力。

专题四：海洋战略

中日海洋问题的新态势

一、中日海上争端的新变化

2016年是中日海上安全极为不稳定的一年，出现了诸多新变化、新危机。

第一，海上军事对峙的频率、强度增加。

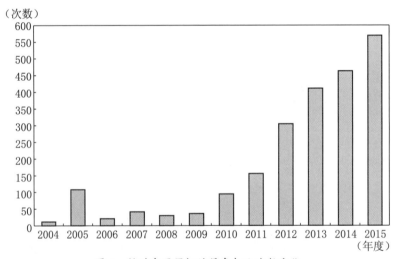

图1　针对中国军机的紧急起飞次数变化

资料来源：日本2016年版防卫白皮书。

根据日本防卫省统合幕僚监部的统计，2016年4月至12月，日本自卫队战斗机紧急起飞次数为883次，为历年之最。其中针对中国军机的次数为644次，与2015年同期373次相比增加近1倍；此外，针对俄罗斯军机的次数为231次，2015年同期则为183次。

2016年，中国海上巡航覆盖整个南海，海上维权更加主动，海上执法的强度和力度为历史之最，全年派出舰船 715 航次，飞机巡航 162 架次，协办海洋环境刑事案件 4 起，查处海上治安案件 166 起。在中国海上巡航、海上执法过程中，中日海空对峙的次数、频率、危险程度也随之增加，海上安全形势依然严峻。

第二，中日海上冲突的国际化倾向。

2016 年 7 月 12 日，南海仲裁案临时仲裁庭对"南海仲裁案"作出最终"裁决"，声称中国对南海海域没有"历史性所有权"（Historical title），否定中国主张的"断续线"。基于《联合国海洋法公约》，中国政府发表了有关声明和白皮书，表明了不参与、不接受"南海仲裁案"及不接受、不承认非法裁决的严正立场。但日本则强烈敦促中国遵守这一"裁决"，并多次要求菲律宾执行这一裁决。由于中菲两国政府的共同努力，菲律宾杜特尔特总统在应对南海问题时采取比阿基诺三世更为务实的做法，中菲关系进入转圜轨道，安倍政府的图谋落空。

自 2015 年以来，在美日的共同推动下，南海和东海问题两次被列入 G7 的议题之中，南海问题成为中日两国关系改善的重大障碍。2016 年 4 月 11 日，在日本广岛市召开的七国集团（G7）外长会议上发表了海洋安全声明，再次确认根据国际法维护海洋秩序的重要性，加大了讨论问题的范围以及指责中国的力度。2016 年 5 月 27 日，七国集团峰会在日本三重县伊势志摩闭幕，会议通过首脑宣言，南海问题依然成为议题。虽然 G7 声明没有真正的法律效力，但日本认为，此举能引起国际社会关注。安倍政府的以上举措，导致南海局势更加复杂化、国际化。

第三，海上危机管理的机制建设缓慢。

早在 2007 年 4 月，中日已同意建立"海上紧急联络机制"。2015 年以来，中日就建立两国防务部门海空联络机制达成一致，2016 年 11 月 25 日在东京举行的第六轮专家组磋商，加深了对对方立场的理解，并一致同意为早日启动运行该机制继续磋商。但由于中日双方对于"领海、领空不涵盖在机制内"的问题，特别是关于钓鱼岛海域主权的各自主张争执不下，磋商进展依然缓慢。

二、特征与实质

中日海上争端频发，至今仍未突破危机，究其实质，大致体现出以下 5 个特征。

第一，中日两国出现了海权博弈的局面，海权竞争结构开始形成。

进入 21 世纪以来，中日海上争端不断凸显，原因之一在于东亚地区传统海权大国日本与力争成为海洋强国的中国之间的海权博弈。

随着 2010 年中国 GDP 总量首次超过日本，成为世界第二大经济体以来，中日之间的陆权竞争结构开始变化。中国提出海洋强国战略、"一带一路"倡议，不断加强海洋力量建设，中日之间的海权博弈正式走向前台，中日海权竞争结构开始形成。加之中日两国海洋意识的差异，特别是海洋国际合作的经验性缺失，中日之间海权博弈的程度不断增强。

日本是传统的"海洋立国"国家，自近代以来，日本就开始探索海洋立国的道路和具体政策，历经不同历史时期的争论、挫败和调整，现在进入了一个新的历史阶段。即，日本海洋战略作为一项国家综合性战略，其核心是日美海权同盟。即以日美同盟为主轴，推行所谓民主海洋国家联盟的大战略，将日本的国家力量和国际影响扩至世界各主要海域，最终建立起一套确保日本国家安全、经济利益的海洋综合安全保障体系，维持现有的美日主导的东亚海洋秩序，作为西太平洋的海上强国再次崛起。日本实施新安保法以来，加强了对东海、南海、海上安全的资源投入力度。

另一方面，中国是陆海兼备的国家。日本认为，中国海权的发展，挑战了东亚地区现存的海洋秩序，严重挑战了日本对钓鱼岛的"实效支配"，影响了日本的海上通道安全，威胁日本的海上生命线。近年来，作为陆海复合型国家，中国在继续通过陆权来维护国家利益的同时，正在发展海权以适应国家发展的需求。中国与周边陆地国家基本解决了边界领土纷争，但来自海上的挑战却愈加严峻和紧迫。中国面对的海上安全形势正呈现逐步恶化之势：在东海与日本存在着钓鱼岛问题，在南海则与部分东盟国家存在着岛礁争端，上述问题又因为美国的介入变得更加复杂和棘手。特别是，由于中国是新兴的海洋国家，在处理诸如海洋领土主权、海上通道安全、海洋资源开发三大问题上，一方面需要借鉴他国经验，同时更注重探索中国特色的海权发展道路。中国社会长久以来海权意识淡薄，中国正在推进的海洋强国战略、"一带一路"倡议本身尚处初步阶段。由于国际宣传不足，包括日本在内的周边国家对中国海权发展方向认识不清，出现了一定的疑虑与警惕，甚至出现激烈的冲突、摩擦，使得中国在维护自身海洋权益过程中遇到很大困难与挑战。

第二，中日两国海洋安全认知出现严重分歧。

2016 年 3 月以来日本正式实施新安保法，日本认为，以日美安保体制为核心的日美同盟关系确保了战后日本的和平发展，也确保了战后以来包括中国在内的地区各国共享和平繁荣，而中国军事现代化以及海洋活动对东亚地区的和平与繁荣带来结构性挑战。中国则认为，中国的军事现代化以及海洋事业的发展，是为了营造适合本国和平与发展必不可少的国际环境的题中应有之义。

第三，日本对华认识的"两义"性特征，制约了日本对华外交的协调空间。

　　包括海洋问题在内的日本的对华认识观，存在协调与对立"双重含义"的所谓"两义性"特征。即，在经济层面，日本认为中国对本国经济既有积极影响也存在对立要素；在安保层面，认为中国军事发展具有重大冲击，同时也需要提高与中国的政治协调。日本认为，从防范因素出发，周边各国加大了对日本作用的期待，日本希望乘势开展积极外交。例如，美国实施"亚太再平衡"战略，期待日本等地区盟国发挥更大的作用，即使在特朗普政府刚刚上任不久对外政策不明确的情况下，美日同盟的体制依然保持不变；印度与日本建立了"特别战略性全球伙伴"关系；印尼一方面强化了与中国的关系，同时与日本、美国等国缔结伙伴关系协定，以确保外交的"动态均衡"；澳大利亚则着力关注与美国及其同盟国的合作。

　　但是各国认识到，必须加强与中国的协调关系，陷入与中国的对立关系成本巨大，不希望直接与中国对峙。其结果是，日本如果提出明显针对中国的议案，其他国家不会积极响应。

　　第四，中日关系的结构性矛盾、战略性矛盾没有得到根本解决。

　　除了中日结构性矛盾以外，中日之间的战略性矛盾不断凸显。由于历史问题等未能得到彻底解决，中日没有实现战略性和解。加之钓鱼岛领土争端等问题逐步升级，而中美在南海的紧张对峙也日益激化，所以今后中日之间将会继续保持目前状态，甚至走向亚洲新冷战。

　　第五，日本认为中国倡导的与"人类命运共同体"理念相关的"一带一路"倡议存在两面性，因而对此消极观望。

　　日本认为，从积极方面来看，"一带一路"倡议可以带动陆路、海路的基础设施建设，提供国际公共产品，抑制海盗、打击恐怖势力，维护海洋安全。从消极方面来看，"一带一路"倡议将扩大中国的影响力，中国未来据此可以牵制日本。

三、对策建议

2016 年中国提出深化海洋法治建设，加大海洋环境保护力度，实施海域海岛综合管理，深度参与全球海洋治理，维护海洋权益等工作目标。全国人大常委会审议通过了《深海海底区域资源勘探开发法》和《海洋环境保护法（修正案）》，国务院批准《无居民海岛开发利用审批办法》，国家海洋局制定上报了《南海及其周边海洋国际合作框架计划（2016 年～2020 年）》，开通南海专题网站，明确了中国 255 个南海海底地理实体的命名。南沙岛礁民事项目建设取得关键性进展，观测监测等项目主体工程如期竣工。2017 年 1 月，正式对外发布海洋预报信息。实施南沙岛礁生态调查保护，开展珊瑚礁生态系统原位监测试点。

2017 年，中国将具体落实经济富海、以法治海、生态管海、维权护海和能力强海五大体系，推进海洋强国建设。为此，特提出以下建议：

第一，"以海治海"。推动"南海行为准则"（COC）磋商，积极探讨签署中国—东盟国家睦邻友好合作条约，推动"一带一路"倡议、特别是海上丝绸之路设想的具体落实，以及中日两国与"一带一路"沿线国家的共同合作开发项目。

第二，"以法治海"。宣传中国"以法治海"的具体政策与实践，作为《联合国海洋法公约》缔约国，一方面呼吁各方维护《联合国海洋法公约》的完整性和权威性，另一方面也反对滥用该公约强制解决争端的行径。

第三，为了解决海洋争端，中国正在完善国内法制建设，提倡以国际法为基础，推进国际海洋合作，优先采取与菲律宾、越南等的外交谈判战略。中国将通过深度参与海洋的全球治理，提供海洋公共安全产品，与相关国家共同维护海上通道安全，维护和促进亚太地区的海洋合作。

第四，办好 2017 年"一带一路"国际合作高峰论坛，继续推进以经济合作、海洋合作为主渠道的"一带一路"倡议，探求建立可持续发展、可持续安全的新型海洋合作道路。

第五，继续寻求扩大中日共同利益，管控危机，加强合作。

海洋问题不是中日关系的全部，从维护中日关系的大局出发，进一步发挥现有沟通机制的作用，谋求与日本双边谈判解决海上争端。东海海域划界问题可以依据国际法、国际条约，进行平等的磋商。继续磋商建立中日首脑热线对话机制、维持完善中日外长热线对话机制。在中日双方仍然存疑、无法达成共识的情况下，制定诸如中日双边海上联络约定、海上安全对话程序等先期灵活协商机制，逐步过渡到正式的中日海空联络机制等，有效管控中日海上可能出现的突发性严重冲突。

◆点评

（一）川岛真

这一论点与专题三密切相关，尤其是 2016 年临时仲裁庭对"南海仲裁案"的裁决使得形势出现了新的变化。中方或许认为菲律宾提起诉讼的背后有日本的支持，但须注意的是对于中国的海洋活动，并不是只有日本表示了担忧。此外，从海上稳定的观点来看，中菲之间进行了对话，黄岩岛局势也趋于相对稳定，这是值得欢迎的，维持这样的现状至关重要。

此外，包含海洋政策在内，报告书指出日本的对华政策具有"协调与对立"的两面性。这与构成美国对华政策基础的"接触与遏制"政策有相通之处，不应作为个别的政策，而应从整体加以理解。换言之，可视为从各方面提示"底线"所在，以此保持均衡的一种措施。这种沟通的方法，看起来似乎是"协调与对立"的政策，但期待中方可以理解为是日方传递出的信息。

（二）青山瑠妙

随着中国经济的发展，海上航道对中国而言产生了重大意义。另一方面，对海洋国家日本而言，海上航道在日本安全保障上也有着战略性的地位。

防止中日两国在海洋问题上对立，尽快签订具有法律约束力的行为准则（COC），是关键所在。

此外，防务部门之间，有必要达成海上规避冲突规范（CUES），构建防止冲突的海上联络机制也不可或缺。

最后，如何合理利用海洋资源、环境保护，由此推进中日两国民间合作，也极为重要。

专题五：日台关系

"日台新时代"的虚与实

2016 年 1 月 16 日台湾地区领导人选举结束，民进党上台，给两岸关系带来了极大的不确定性和风险。特别是蔡英文抽空"九二共识"和一中原则前提下的所谓"维持两岸和平现状"的政策，将两岸关系推向了危险境地。在国际舆论普遍对未来两岸关系感到不安之时，日本政府和媒体则对蔡英文大加赞赏，并争相高调祝贺，对所谓新时代日台关系的发展寄予了极大的期待。

一、"高开低走"的日台新时代

（一）朝野争相祝贺，凸显亲密关系

日本政府对蔡英文胜选表现出"异常关注"，不仅安倍首相在国会高调祝贺，而且岸田文雄外相和菅义伟官房长官也先后发表谈话，总体表达了以下三层意思：一是强调日台拥有"共同价值观"，蔡英文胜选是台湾地区自由与民主的证明；二是强调日台关系是有着密切的经济联系与人员往来的重要合作伙伴；三是期待今后继续深化合作与交流，开拓"日台新时代"。

日本媒体更是以头版、社论、要闻等纷纷发表评论，一是赞赏蔡英文的胜利是"现代台湾政治中具有划时代意义的事件"，民进党的胜利是台湾民众拒绝对大陆过度依赖的心理反应，日本高度期待出现一个"对中保持安全距离"的新政府。二是认为蔡英文长期与日本政府以及执政党有着密切联系，台湾地区时隔 8 年重新实现政权交替意味着日台关系的改变。有学者甚至宣

称：从历史角度和地缘政治学角度看，日台是命运共同体，开拓"日台新时代"的良机即将到来。三是对于两岸关系，有学者认为北京目前要处理很多外交议题，不希望看到台海节外生枝。而台湾方面，也会因为无法摆脱对大陆的经济依赖而不敢轻举妄动。尽管蔡英文不会承认体现一中原则的"九二共识"，但相信维持现状仍是台海问题的潜规则。

（二）高调开局、投桃报李

蔡英文于 5 月 20 日举行就职仪式，日本方面派出了庞大的代表团前往祝贺，以示对蔡英文的高度重视。而蔡英文上台后也投桃报李，一改马英九时期"和陆、亲美、友日"对外路线，积极推行"联美、亲日、抗陆"路线，特别对日本实行了一系列拉拢和讨好行为。

第一，在对日的人事布局上，将民进党高层、前"行政院长"谢长廷派任为"驻日代表"，民进党创始人之一的邱义仁当选为"亚东关系协会"会长，台湾"立法院"还迅速成立了"台日交流联谊会"，并由"立法院长"苏嘉全亲自担任会长。

第二，在马英九时期留下的两大"负的遗产"方面（日本将马英九时期日台之间存在的"冲之鸟"问题和限制进口福岛地区食品问题称为两大"负的遗产"），蔡英文上台伊始就下达指示：要确保在三个月内解决问题。首先在"冲之鸟"问题上，蔡英文上台 3 天就表示台湾对"冲之鸟"是"岛"还是"礁"不持特定立场，并宣布于 7 月底启动"台日海洋事务合作对话机制"，积极推动台日各项海洋事务合作。在解禁福岛"核食品"方面，蔡英文承诺积极推进开放福岛农产品入台。

第三，接受日本《读卖新闻》专访，称赞日本首相安倍晋三具有国际视

野和意志力，期待与安倍加深合作，强化关系并促进区域和平稳定；在经济
议题上，非常期待加大与日本合作的力道，寻求彼此经济上互补与合作的
机会。

（三）高开低走、成果寥寥

蔡英文上台之后，日台关系并没有其预期的那样顺风顺水，作为两大遗
产的"冲之鸟"问题和解禁"核食品"问题均无进展。虽然延期的"日日台海
洋合作对话"最终于 10 月 31 日在东京召开，双方就渔业合作、海上搜救合
作等议题进行了讨论，但双方的分歧依然十分明显。据台湾媒体透露，台方
强调渔船有权在"冲之鸟"海域捕鱼作业，抗议日方扣捕渔船，希望索回该
渔船和被日方没收的保释金。日方则重申其拥有"冲之鸟"专属经济海域的
立场。最终没有取得任何实质性成果，仅同意明年在台湾继续召开第二届
"日台海洋事务合作会议"。《中国时报》认为，台湾方面期待的渔权、赔偿、
道歉一项都未得到。

在经贸合作方面，民进党希望与日本签署"台日紧密经济协议"，即台日
版的自由贸易协定。但在 11 月 27 日举行的"日台经贸会议"上，日本政府
一再强调，福岛食品一日不解禁，台日经济协议便无以为继。此外，蔡英文
上台后热切期待日本大力支持的加盟 TPP 更是因美国的退出而落空。

日台关系实质性成果寥寥无几的背后，在于日本政府对蔡英文执政能力
的不满。蔡英文上台后舆论支持率持续下跌，从"5·20"上台之初的 69.9%
跌破 30%，岛内民意对立、政党对立加剧，"可预期、可持续的两岸关系"不
仅未能实现，还出现了停滞和倒退，而日本最期待的解禁"核食品"问题也
无力解决。面对这样的局面，日本政府开始权衡利害得失，并没有给亲日的

蔡英文"站台"。8月2日，日本驻香港领事馆首席领事井川原贤在访问中评社时强调，"日台关系仍在框架内，日本对台政策没有变化"。

二、"日台新时代"的前景预测与评估

"日台新时代"开局似乎没有日台双方所期待的那么一帆风顺，但可以确定的是，没有"九二共识"和一中原则前提下的两岸关系充满了不确定和风险，这就注定了日台关系也将风雨飘摇，因为只有稳定的两岸关系才能带来和平的台湾海峡，而这才是日本的根本利益所在。但是，日本国内存在着强劲的"台湾情结"和"反华"力量，在他们看来台湾是抵御和遏制中国的最好前沿阵地，所以，在具有"台独"倾向的蔡英文政权之下，日台关系也注定成为影响中日关系的最大不确定因素。

（一）在台湾问题上，日本是仅次于美国的具有重要影响力的国家，但日本并不是完全独立的行为体，其对台政策深受美国亚太战略和对台政策的影响和制约。特朗普上台前夕与蔡英文的一通电话，就让日本的亲台势力跃跃欲试，并不失时机地将日台民间机构"交流协会"改名为"日本台湾交流协会"。日本方面的"擦边球"做法旨在变相提升日台关系，给处于颓势的民进党加油打气。可以预见，未来日本的亲台势力还会积极推动"以民代官""以经代政""以党代府"等对台政策举措。在原有的日台关系框架内不断"犯规"，渐进性地改变"民间"交往的色彩，最终实现与台湾当局发展实质性的政治关系。

（二）要高度关注日台在东海、台海、南海问题上的"合流"。在南海问题上，要警惕蔡英文将"太平岛"与南海作切割的可能性。7月12日"南海仲裁案"出台后，蔡英文提出要将太平岛打造成"国际人道救援中心和运补

基地"，并呼吁美国和日本以及国际组织加入，其目的究竟何为令人关注。近年来日本在南海问题上的介入越来越深，有学者甚至声称：今天的南海就是明天的钓鱼岛，并将台湾地区与菲律宾、越南、印度尼西亚等并列起来，认为上述国家或地区均与中国存在领土争端，日本应当避免这些太平洋沿岸国家和地区被中国"分而治之"。总体来看，台湾既是中国海军走向太平洋的锁钥，也是日本组建"海洋联盟"战略中非常重要的一个环节，拉拢蔡英文当局以牵制中国海洋力量的发展必将是日本海洋战略的选项之一。

（三）蔡英文多次表示"台湾非常愿意和日本共同维护亚太地区的和平与安全"，加强与日本安全合作的意图昭然若揭。而日本近年来积极打造"日美＋N"的多边安全网络机制，日美韩、日美澳、日美印等机制已经初步成型。日本是否将台湾地区纳入其亚太安全战略、纳入日美安保框架之下值得关注。具体来看，一是要警惕导弹防御系统和情报交换等领域的合作。近年来日本加强对与那国岛部署侦察卫星收集情报，今后是否与台湾地区分享情报信息值得警惕。二是在"防卫装备转移三原则"框架下对台售武的可能性。2013 年就有媒体披露，台湾当局希望日本将潜艇相关技术转移出口给台湾"海军"。此外，日本海上保安厅与台湾当局海上防务部门之间合作也露出端倪，出售巡逻艇给台湾当局以增强台湾的防务能力并加强双方的防务合作也是值得关注的焦点。

当然，我们也不要忽视日台关系发展的结构性矛盾和阻力。一是中国全面崛起和地区影响力的上升，使日本公开突破一个中国原则的难度加大。从长远来看中国的发展和崛起是不可阻挡的，日本最终还是要面对强大的中国，与这样的中国搞坏关系从长远来看得不偿失。二是美国对台政策的示范效应和牵制作用，日本的对台政策始终处于美国亚太战略的框架之下，只要美国坚持一中原则，那么日本也不会走得太远。三是台湾岛内公开的"台独"势力有所下降，2005 年通过的《反分裂国家法》的威慑作用以及台湾对大陆经济的高度依赖等因素依然存在。四是日台之间也存在着不可调和的结构性矛盾，领土争端和历史问题不仅存在于日本与中国大陆之间，同样也存在于日台之间。在舆论的压力之下，蔡英文多次表示："民进党对钓鱼岛的立场非常清楚，钓鱼岛是属于台湾的；这个是很清楚的立场，没有模糊的地带"；在慰安妇问题上，她说"要更积极地去争取，让我们这些上个世代受到委屈的妇女得到心灵安抚、得到补偿，这是我们'政府'应该做的事情，而且也要赶快积极去争取，我们全力支持"。

综上所述，日本对台政策的"两面性"和"隐秘性"非常明显。但是，在中国总体实力不断上升的前提下，日本在台湾问题上也不敢贸然行事，"两面下注"、拉拢台湾当局加深合作，特别在海洋问题上分裂两岸合作以牵制中国的东海和南海政策、在安全问题上打造隐性的美日台军事准同盟关系，将是日本的长期目标和战略。

◆ **点评**

（一）川岛真

台湾问题依然是中日之间的一大悬案。正如报告书指出的，安倍政府与蔡英文政府的合作绝非一帆风顺。尤其"核食品"解禁问题，延缓了日台自由贸易协定（FTA）的交涉。但在考察日台关系时，需要理解台湾地区社会的动向及其对日观，这并非都出于日本政府的影响或是政策所致。须注意到日台在社会层面的紧密联系，以及"3·11"东日本大地震时台湾地区民众的对日巨额捐款，也迅速拉近了日台之间的关系。

日台关系方面，除了上述的 FTA 交涉，也试图加强在安全保障及海上防务的合作，其背后是美国推动盟友及地区之间的合作政策在起作用，但这些都将在一个中国政策的大前提下进行。

(二) 青山瑠妙

台湾问题是中日两国间一个既老且新的对立争点，中国在台湾问题上的担心能否获得日本民众的广泛理解，是一道难解之题。

专题六：经济与贸易（之一）

推进中日经贸合作的新机遇

近年来，由于受中日关系大气候的影响，两国经贸关系也处于一种下滑态势，但总体上并未"伤筋动骨"，通过经济合作稳定两国关系依然是彼此的共识。而美国退出 TPP，可以说为推进中日经贸合作提供了新的机遇。

一、中日经贸合作回顾

进入 21 世纪以来中日贸易发展状况，大体可以分为两个阶段：2001—2011 年以及 2012—2016 年。

第一阶段：2001—2011 年，据中国海关统计，两国贸易保持了比较快的增长，贸易额从 877.3 亿美元增加到 3428.3 亿美元，增长 2.91 倍。据日本贸易振兴机构统计数据，中日贸易额从 892.0 亿美元增加到 3449.5 亿美元，增长 2.86 倍。

第二阶段：2012—2016 年，两国的贸易额连续呈现下降的势头，贸易额从 3294.6 亿美元下降至 2747.9 亿美元，下降了 16.6%，与 2011 年贸易额最高峰相比下降了 19.8%。据日本贸易振兴机构统计数据，双方贸易从 3337.1 亿美元下降到 2703.0 亿美元，下降了 19%，与 2011 年相比下降了 21.6%。

就 2016 年而言，中日贸易额同比下降 1.3%，占中国外贸总额的 7.5%，其中，出口 1292.6 亿美元，同比下降 4.7%，进口 1455.3 亿美元，同比略增 1.8%，出口额与进口额分别占中国出口总额与进口额的 4.7% 和 9.2%，中方逆差 162.7 亿美元。目前，日本是中国第五大贸易伙伴、第二大贸易对象国、

单位：亿美元

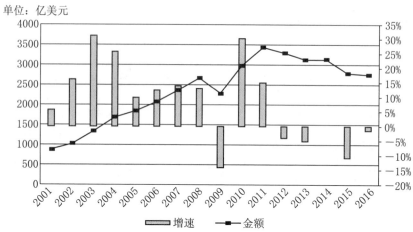

图 1　中日贸易额发展状况（2001—2016 年）

资料来源：商务年鉴。

第二大出口市场和第二大进口来源地，中国是日本的第一大贸易伙伴、第二大出口市场和第一大进口来源地。从出口商品结构看，机电产品占比稳步提升，产品结构不断优化。跨境电商等外贸新业态发展迅速，日本成为仅次于美国的中国消费者跨境电商采购的对象国。

截至 2003 年，日本曾连续 11 年为中国第一大贸易伙伴，其后，日本先后被美国、欧盟、东盟和香港地区超过。从数据上可以看出，两国进入 21 世纪的第一阶段，贸易额始终呈现持续上升发展的势头，而且，2011 年是两国贸易额最多的年份。但从 2012 年起，两国贸易额呈现逐年下降的趋势。

从投资看，经历了 2012 年和 2013 年投资高峰以后，日本对华投资持续走低，2016 年降至 31.0 亿美元，与 2012 年的 73.5 亿美元相比，降幅超过 50%。总体上看，日本仍是中国利用外资最多的国家，据中国商务部数据，截至 2016 年，日本对华投资企业数合计有 50416 家，实际到位金额 1049.2 亿美元，占中国吸引外资总额 6.0%。

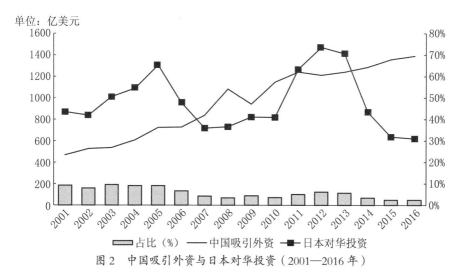

单位：亿美元

图 2　中国吸引外资与日本对华投资（2001—2016 年）

资料来源：商务年鉴。

2016 年，日本对华新设企业 576 家，同比下降 10.4%，实际对华投资 31.0 亿美元，同比下降 3.1%，占当年中国吸引外资总额的 2.5%，为第五大投资来源地和第三大投资来源国。从投资领域看，高端制造业和服务与消费领域正在成为日企未来投资的重点。

中国对日投资近年来虽有所发展，但总体上与日本对华投资相比非常少，截至 2016 年，中国对日直接投资金额存量为 32.3 亿美元。其中，2012—2016 年，中国合计对日非金融类直接投资金额 12.2 亿美元，中国对日投资仍处于起步爬坡阶段。

2016 年，中国对日非金融类直接投资 4.7 亿美元，同比增长 217.0%，主要涉及制造业、进出口贸易和能源矿产等领域。从具体投资情况看，并购投资成为亮点，投资领域多元化。

对日承包工程。截至 2016 年底，中国企业在日新签承包工程合同额累计 37.2 亿美元，完成营业额 38.3 亿美元。其中，2016 年新签合同额 3.79 亿美元，完成营业额 3.12 亿美元。

单位：亿美元

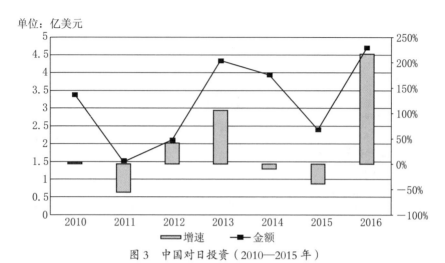

图 3　中国对日投资（2010—2015 年）

资料来源：《对外投资合作国别（地区）指南》。

单位：亿美元

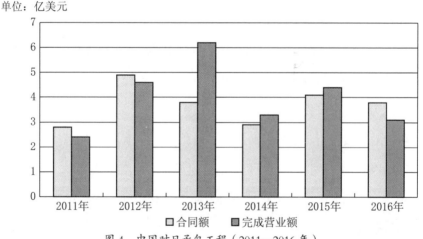

图 4　中国对日承包工程（2011—2016 年）

资料来源：商务年鉴。

对日技能实习生合作。日本是中国最大的海外劳务市场，截至 2016 年底，中国在日技能实习生总数 14.5 万人，占中国在外劳务人员总数的 24.4%，主要在日本的中小企业，涉及制造业、农林牧渔和建筑业等。其中，2016 年，中国向日新派技能实习生 3.6 万人，同比下降 13.5%。应该说，受多种因素影响，近年来，中国赴日技能实习生人数逐年减少。日本为应对人口老龄化、奥运建设等劳务需求，正在修订技能实习生制度，这有望成为推动两国劳务合作的新契机。

单位：万人

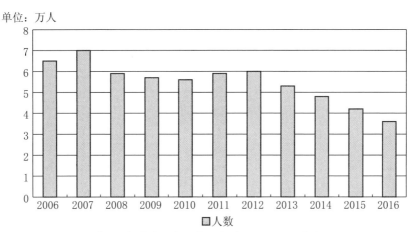

图 5　中国对日实习生人数（2006—2016 年）

资料来源：商务年鉴。

但总体上看，中日两国无论贸易还是投资均不容乐观：两国的贸易以及相互投资面临新的考验，需要中日两国共同努力，化解矛盾，促进两国合作的深入开展。

二、影响中日经贸合作的主要因素

中日经贸合作的发展，既有中日两国经济发展的客观需求带动双边贸易投资的增加，也受到诸多经济政治等其他因素的影响，多种因素交织在一起，对近年来的两国经贸合作产生了不利影响。

（一）中国经济调整因素不容忽视

在 21 世纪的前 10 年，正是中国不断扩大开放，且加入世界贸易组织

（WTO）的黄金十年。特别是加入 WTO 以后，中国充分利用了这个战略机遇期扩大对外开放，包括日本在内的外国企业看好中国市场，对华投资快速增长，中国因此连续多年成为吸引外资最多的发展中国家。2009 年美国金融危机引发的全球经济危机对中国的影响巨大，中国政府及时采取对策，虽然化解了危机，但也因此积累了一些问题，进入了"三期叠加"阶段（增长速度换档期、结构调整阵痛期和前期刺激政策消化期）。为此，中国政府积极推进结构调整，特别是提出去产能、去库存、去杠杆等政策。国内需求减弱，加之中国国内成本上升较快，部分劳动密集型日企转迁他国，日本对华投资下降，两国贸易与投资均受到较大影响。

（二）国际经济持续低迷

美国引发的全球经济危机爆发后，虽经各国努力，但世界经济始终处于不确定的状态中。经济连续多年持续低迷，国际贸易保护主义呈现上升势头，一定程度上阻碍了全球贸易发展以及经济复苏。因此，尽管美国经济回升持续向好，但欧盟与日本仍需要努力。这种不确定的国际环境，也影响了中日经贸合作。

（三）政治环境影响经贸关系

中日经贸合作多年来受到日本多种因素的影响，2012 年，日本的"购岛闹剧"，严重破坏了双方经贸合作发展的政治环境。随后，日本领导人不顾中国反对参拜靖国神社、修改教科书、解禁集体自卫权等，使两国原有的政府与民间友好合作基础受到很大破坏，政治关系陷入低迷，对中日两国经贸合作产生了很大冲击，这是近年来中日经贸合作停滞不前的一个重要原因。

（四）挑战与机遇

2010 年，中国经济总量 GDP 超过日本，成为仅次于美国的全球第二大经济体，日本国内受到非常大的震动和冲击，无法适应这一既成事实。这种冲击进一步强化了日本对中国的戒备心理，对华投资受到干扰，日本政府提出的"中国＋1"战略，成为很多日本企业的战略选择。

可以说，各种因素的叠加使中日经贸关系的发展面临巨大的考验。然而，美国退出 TPP 打乱了日本的经济增长战略部署，为加强中日合作提供了很好的契机。中日如果能够携手合作，可为双方经贸合作拓展新的发展空间。

三、深化中日合作的新机遇

中日经贸合作几十年取得巨大的成绩，现在，两国经贸合作迎来了新的发展机遇，处理好两国的政治关系，抓住现在有利的发展机遇，将有助于两国经贸合作重新走上持续稳定发展的轨道。

（一）加快中日区域经济合作进程

加强区域经济合作，推进并签署 TPP 对推动日本经济增长，提升其竞争力至关重要，也是安倍经济学中的经济增长战略的重要推动力。但是美国退出 TPP，打乱了日本的战略构想。因此，在继续劝说美国的同时，安倍首相表示将把重点转向区域全面经济伙伴关系（RCEP）。中日经济具有很强的互补性，基于现实需要，日本也可能会加速中日韩自由贸易协定谈判。而积极推进区域经济合作正是中国政府积极倡导的，中国应实施更加积极灵活的策略，促使日本在谈判中正视现实，避免过高的要价导致谈判停滞，使中日两国在 RCEP 以及中日韩自由贸易协定谈判时加强沟通，协调立场，照顾各方利益，争取共同推进 RCEP 和中日韩自由贸易协定有新的突破，早日达成协定。

（二）加强合作拓展第三国市场

中日两国不仅具有经济的互补性，而且在拓展第三方市场加强合作方面也有很大的空间。实际上，在拓展国际市场方面，日本积累了几十年的经验，且产品具有很强的市场竞争力和品牌效应。中国虽然进入国际市场多年，但仍属于新手，企业风险防范控制意识欠缺，但在基础设施建设和人力成本等方面具有较强的竞争优势。两国企业如果能在这方面加强合作，将有很大的发展潜力。特别是中国提出"一带一路"构想以后，沿线国家积极响应，市场需求空间巨大，如果中日两国企业能够在这方面积极合作，一定会取得成功。

（三）鼓励日本对华投资

日本对华投资起起落落，一方面与经济发展、政治因素有关，另一方面也与政策、商业环境有关。当前，中国经济发展进入结构调整的深水区，经济面临下行压力较大，需要突破体制机制障碍。鼓励日本企业在包括环保等领域加大对华投资，通过"鲶鱼效应"激活国内经济，借以推动两国经贸合作的发展不失为重要举措。

（四）鼓励中国对日投资

随着中国经济发展，企业竞争力的提升，走出去已经成为中国企业的重要选择。在走出去的对象国中，既有发达国家，也有发展中国家。日本作为一个非常成熟的发达经济体，是中国企业走出去的重要市场之一。然而，日本政府和社会对中国企业投资日本、并购企业一直持一种抵触态度，担心中国投资并购日本企业后会超过日本企业，削弱日本的竞争力。但各国的事实证明日本多虑了，被并购后，日本企业利用获得的资金可以开发新的技术，进一步提升竞争力，而中国企业投资可以创造新的就业机会，实现互利共赢。

展望未来，中日两国经贸合作面临的困难和挑战仍然很多，重要的是排除政治干扰，抓住两国合作发展的新机遇，有所作为。

◆点评

（一）川岛真

如报告书所述，中日经济关系正是值得期待合作的领域。随着中日经济总量排名的逆转，两者的关系也出现了巨大转变。中国对日投资的增加，正体现了这一点。毋庸置疑，美国退出 TPP，也使得 RCEP 为主的中日经济合作前景看好。而期待相互投资的扩大，也将成为中日之间的共识。

另一方面，如何坚持政经分离十分重要。中国是世界第二的经济大国，在东亚区域经济的影响力与日俱增。正因如此，如中国将经济作为外交的工具加以利用时，须注意到这可能成为周边国家眼中的不稳定因素。

（二）青山瑠妙

尽管在政治、安全保障方面互不信任，但中日两国的经济关系一如既往地牢固，这是中日关系成熟的一个表现。

专题七：经济与贸易（之二）

区域经济竞合中的中日关系

中国和日本既是地处东亚的近邻，又位列全球第二和第三大经济体。由于地缘政治和地缘经济的交互博弈，两国在经济与外交上的互动在广度、深度和力度上鲜有出其右者。这一经济与外交既有相互的倚重和依存，又不乏彼此的竞争和对冲，但两者又非截然对立，而处于一种动态的、多元的变动之中，在泾渭分明的洋面之下不乏交汇融合的潜流，近一个时期以来集中表现为以下三个侧面。

一、发展援助实践的"质""量"之争

中国是国际发展援助领域的"新兴大国"，厚积薄发、开物成务，日本则是此间的"行家里手"，经验丰富、成绩显著。在利益争夺、话语建构、形象塑造上，两国颇有针锋相对之势，功能性机制与规范性力量的竞争相互交织。

中国领导人先后提出了"丝绸之路经济带"和"21世纪海上丝绸之路"（"一带一路"）的重大倡议，为世人所瞩目。与之相对应，2015年年中以后安倍晋三政府在多个场合高调推介"高品质的基础设施投资"倡议，2016年借主场之势又强力推出"关于推进高品质基础设施投资的G7伊势志摩原则"，并于8月第六届非洲发展东京国际会议期间提出"自由开放的印度洋太平洋战略"。这些倡议的共有核心与其"开发合作大纲"中对"高品质的增长"的强调是一脉相承的。后者认为，如果没有"包容性的、可持续的、强韧的增长"，而仅仅强调增长的速度或绝对值，则日本的经验、智识、技术也难以在

对外援助中得到真正有效的利用。

在发展援助领域，创立具有本国特色并为国际社会广泛接受的"品牌"，是包括中日在内的各个援助方面临的共同课题。尽管在事关发展援助的官方表述中，中日两国从未将对方视为"目标"乃至"对手"，但水面之下的竞争态势却是毋庸讳言的。在实践内容上，两者都以基础设施建设及其投融资、国际产能合作为核心，客观上存在投资输出和经济存在背后的国际市场份额争夺：泰国、印尼、印度、孟加拉国、越南等国的高铁、港口等项目纷争早已频频见诸报端。在地缘范围上，两者高度重叠，从东亚一路延伸至非洲和欧洲，涵盖世界发展援助的大部分重点区域，换言之，这一发展援助之争早已超越了传统的地缘窠臼，而日益具有显著的外溢效应和全球意义。在机制建设上，中国倡导建立的"亚洲基础设施投资银行""金砖国家新发展银行""丝路基金""中非合作论坛"等又与日本占据主导地位的"亚洲开发银行""日本国际协力机构""非洲发展会议"等有着密切的功能交叉和业务竞合。

遗憾的是，中日的发展援助实践被不恰当地分别贴上了"量"与"质"的标签，在两者之间人为地竖起了一道藩篱。似乎一方只注重"量"的扩张，另一方则更强调"质"的提高。关注"量"，则每每引用亚洲开发银行等机构的预测数值，突出现有国际基础设施投资的重大缺口和长期积弊。关注"质"，则屡屡暗示经久耐用、"世代相传"，既有意无意地隐射对方的安全事故，又委婉地为本国企业标的较高、周期较长的项目投标提供了某种"性价比"的解释，不失时机地推介自身在技术创新、质量控制、机制建设、运营维护等方面的比较优势。

事实上，如果跳出这种画地为牢的自我设限，中日既能在全球舞台上更好地施展拳脚，两者之间也具有更大的合作空间。

第一，"量"与"质"的界限并不是绝对的。"质"的提高固然能部分弥补"存量"融资不足的问题，"增量"融资的"鲶鱼效应"也有助于提高利用效率，促进新陈代谢。

第二，关键是"做加法"还是"做减法"。尽管在一定程度上区域开发银行等机制建设的叠床架屋不可避免，但如果双方都有"一加一大于二"的愿望，则良性的竞争势在必行，而如果从一开始就坚信"一加一小于二"，则很可能变成"自我实现的寓言"。亚洲主要大国对于区域合作倡议的相互否定早已有之，1997年亚洲金融危机后的例证不胜枚举，如今只是相互否定的主体和对象有所换位而已。以此为鉴，中日两国都有必要借鉴前例，跳出"日本可以说不"或"中国可以说不"的否定心态和必反模式。

第三，"最佳实践"也好，"最新实践"或"更佳实践"也罢，无非是表述差异，究其根本，在于是否有自我反思、相互龟镜的大度和信心。因地制宜本就是"最佳实践"的内在属性，而再新的实践也终将变为历史并为其所检验。既要看到"中国模式"的吸引力，梳理和审视中国改革开放三十多年的实践和经验，也有必要回顾经历了"高速增长期"以及"失去的二十年"等各个阶段之后日本的正反教义。有相互学习、彼此欣赏之心，才会避免盲目自信、故步自封，而对外推广的第一步当是两者之间的切磋和借鉴。

二、贸易一体化路径的"深""浅"之争

在"跨太平洋伙伴关系协定"（TPP）生死弥留、"亚太自由贸易区"（FTAAP）谈判呼之欲出之际，原先被夸大为"中美对峙"的TPP与RCEP（区域全面经济伙伴关系）之争，仿佛在一夜之间又变成了日本与中国之间的区域合作路径之争。

一方面，由亚太地区 16 个国家共同参与的 RCEP 谈判已经历 17 轮谈判和 4 次经贸部长会议。谈判截止日期一再后推，离最终实现高水平一体化的目标似乎也渐行渐远。就在几乎同时，FTAAP 完成了可行性研究，何时得以启动正式谈判成为各方关注的焦点。

另一方面，随着特朗普在美国大选中的"意外"胜选及其"百日新政"方案的出台，经过艰苦谈判方才落笔签字的 TPP 前功尽弃、濒于夭殇。日本原有望与新西兰一道成为最先完成国内批准程序的 TPP 成员国，然而，大洋彼岸传来的噩耗无异于当头一棒。在此情况下，又出现了日本、澳大利亚、新加坡等国抛开美国，在原有 TPP 框架内另起炉灶的声音，拯救或重新扛起 TPP 大旗的重任似乎又落到了日本的肩上。

包括中国、日本在内的亚太各国政府都曾一再表态，RCEP 也好，TPP 也罢，抑或是其他区域倡议和载体，都殊途同归，共有目标是区域乃至跨区域的经贸一体化。这并不是官方辞令，亦非权宜之计，而恰恰是亚太区域经贸合作的真实需求和现实写照。有鉴于此，一方面，对于 TPP 的出师未捷身先死，我们并无理由感到暗自庆幸，也并不会面临由此产生的所谓"机遇"和"空间"。TPP"昙花一现"甚至有可能造成更大的恶果，无论是所谓"更公平、公正的双边 FTA"，还是可能出现的全球贸易保护主义的进一步抬头，都将使各个亚太经济体面临更大的挑战。一旦"全球化降温"甚至"全球化退潮"阴云笼罩，中日都将深受其害。另一方面，不积跬步，无以至千里，RCEP 谈判远未到大功告成的懈怠之时，FTAAP 更是路漫漫其修远兮。由于涉及经济体众多、利益博弈复杂，两者更需百尺竿头、只争朝夕。在这一背景下，在多轨多速的亚太区域路径之争中，中日呈现某种你追我赶之势于己于人都不无裨益。

三、主场外交理念的"新""旧"之争

2016 年，中国和日本分别主办了二十国集团（G20）杭州峰会和七国集团（G7）伊势志摩峰会，在此之前的 2014 年北京刚刚主办了 APEC 领导人会议。2017 年，中国厦门和北京将分别迎来金砖国家（BRICS）领导人会议和"一带一路"国际合作高峰论坛，而日本横滨则将主办亚洲开发银行（ADB）第五十届年会。当今全球经济治理的核心机制频频假座东亚两国，也为中日开拓主场外交、展现大国风采、宣介治理理念提供了前所未有的机遇。

在 G20 杭州峰会上，描绘了全球经济治理体系改革的"中国路线图"为世人所知。在中国的倡导和推动下，峰会以"构建创新、活力、联动、包容的世界经济"为主题，面对全球经济增长乏力的突出问题，制定了创新增长蓝图，以及创新、新工业革命、数字经济三大行动计划。同样，"G7 伊势志摩经济倡议"涵盖的世界经济、贸易、基础设施、医疗、女性、网络、腐败等诸多领域早已超出了传统的经济范畴，涉及全球治理的重点议题，其中的相当部分也恰恰是日本的比较优势和政策重点所在。

应该看到，无论是"平等""开放""合作""共享"的发展理念，还是"强劲的、可持续的、均衡的增长"模式，究其字面含义而言，恐怕是全世界绝大部分国家的不二目标和共享愿景。尽管发展阶段有所差异，但受到传统文化、综合国力等因素的影响，与欧美诸强相比，中日两国在相当长时期内并不热衷显然也更不善于全球治理的概念建构、议程塑造、规则拟定、机制设置。也正因如此，两国主场外交背后所表现出来的勇于担当的引领气概更值得赞赏。旗帜之争、身份之争、形象之争未尝不可，然而经济的意识形态化则不免本末倒置、南辕北辙。全球治理的目标、方向、路径和机制，并不

能由一个国家说了算，也不会由少数几个国家拍板定案。正如竞争对市场经济的积极意义一样，打破理念的垄断，破除定于一尊的奢望，对于中日两国从更长远的视角、在更广泛领域开展沟通和对话，调适和汇聚共识不无价值。兼权熟计，两国都责无旁贷。

◆ **点评**

（一）川岛真

中日关系并非单纯的双边关系，还牵涉到在东亚地区、全球范围内的关系。其中会有各种竞争或是立场的不同，这在报告书中已有提及。但同时也蕴含各种合作的机会，存在多样化的合作方式，如日本的官方开发援助项目就有中国企业中标的例子。而日本虽然未加入亚投行（AIIB），但亚洲开发银行（ADB）与亚投行已展开充分的合作，可视为日本通过亚洲开发银行也参与了 AIIB。

中国常提到双赢关系，那么在东亚地区或是全球范围内是否也可以构建这样的关系呢。为了实现这一目标，或许需要创造一种新的互动模式。

（二）青山瑠妙

在对外援助方面，中日两国在国际舞台上均是重要的援助国。在提高援助"质量"的基础上，强化两国合作关系大有余地可言。

如本报告书所指出的，两国在推进 RCEP、TPP、区域经济一体化方面目标一致。从这层意义来讲，日本、中国在推进经济全球化上也利益一致，存在合作的可能性。

中日关系: 2017

——战略对峙中的转机

一、引 言

复旦大学国际问题研究院在相继推出《中日关系：2014——多层面和中长期战略的视角》《中日关系：2015》《中日关系：2016——低位徘徊与嬗变》三本报告书之后，《中日关系：2017——战略对峙中的转机》又面世了。

2014年、2015年两年的中日关系战略报告书，课题组成员清一色为复旦大学学者，主要是出于打造国际关系研究之"复旦学派"的宏愿。但在实践中我们逐步体会到在军事、商贸方面存在着先天的短板，所以2016年特别邀请了中国军事科学院江新凤研究员、商务部宋志勇研究员加盟课题组，得以对日本安全保障方面的军事态势、中日经贸关系的发展变化，考察和认识得更加真切和清晰；另外，要深入了解日本社会的变化及其对中日关系的影响，也需要近距离感知与分析，复旦大学校友、旅日资深学者汪鸿祥教授加入课题组，也就成为题中应有之义。2018年新加入复旦大学国际问题研究院日本研究中心团队的王广涛青年副研究员，为课题组注入了新鲜血液。

东京大学川岛真教授一如既往、大力支持和热情参与这一工作，做出了独特贡献。庆应大学田岛英一教授、早稻田大学青山瑠妙教授皆在中日关系研究领域卓有建树，2016年、2017年的报告书，由于他们的参与而增色良多。

这四年的中日关系报告书中，都包含有一个重要观点：即直面日益崛起的近邻中国，虽然日本在经贸领域总体上视之为使自身走出经济低迷期的战略机遇，但在安全保障、特别是作为海洋国家的海上通道安全方面，却产生了严重的战略性疑虑和担忧；而中国宣示和践行的和平发展理念，对日本来说，还需要更长的时间来印证。从近年中日关系发展变化的实态来看，这一战略疑虑，正逐步衍化成在战略上与中国相抗衡的日本的国策，并有进一步加重的趋势。如何化解日本的战略疑虑、防止其最终成为"自我实现"的目标。就需要中日两国共同探求新的历史条件下两国新的战略平衡点何在？两国根本利益的最大公约数何在？在持续深入的交流和共同探索过程中，不断积累共识，冀以趋利避害，平稳度过战略失衡期，谋求新的历史条件下中日关系的长足发展。

基于此，2016年的报告书提出以机制化的智库交流为探索和积累这种共识的主要平台之一，并具体阐述了其成立的理由。我们殷切希望和期待中日两国学者共同参与撰写这一《中日关系战略报告书》——能成为一种因缘，在此基础上，共同构建与打造上述平台。

2017年的中日关系，出乎人们的意料，战略对峙中出现了转机。但冰冻三尺非一日之寒，这次的回暖与转圜，是不可逆的根本性质，还是一时的战略需求所致？人们依然疑虑重重。李克强总理在2018年3月份举行的中国"两会"期间，一方面表示将于5月访问日本，同时也以中日关系"乍暖还寒"表达了他的担心。本报告书对前述人们的疑虑，作出了分析与解读，在总结和评估2017年中日关系的基础上，对2018年中日关系的发展趋势进行了预测。从这个意义上可以说，它的面世是必要和适时的。

2017年度的报告书依然采取了请日本学者对中国学者所撰写的内容做评论的方式。其间，两国学者"不谋而合""所见略同"的共识，与2016年度一样，可以说所在多有；同时，不少地方意见相左也是自然的，甚至一些歧见比较大而尖锐。其间，有三个问题值得关注：第一，从认识论上，基于民族立场的单向性思维很难全面客观把握认识对象，作为学者需要换位思考，才能深刻把握认识对象的本质。第二，中日关系发生变化的原因是复杂的，如何把握其中的主要因素至关重要，所谓纲举目张。第三，日本是一个多元社会，不能一概而论或以偏概全；中国不再是过去的中国，从理念到实践，需要对中国有全新的认识。

"兼听则明"——善于倾听对方的意见，本就是中国的古训。正是在仁智之见的碰撞和辨析中，中日关系的症结才能真正明晰，良方才能从中获取——这从两国学者对中日关系如何建设性发展的具体建言献策中，可以得到印证。

复旦大学年度中日关系报告书，由副校长林尚立的初心初志，在尝试中不断前行，积累经验，不断成熟。复旦大学国际问题研究院院长吴心伯一直致力于推动和指导本课题组的工作，期待在学校和研究院领导、各位专家学者的共同努力下，使这一工作能够日臻成熟，达成预期目标，为中日关系的真正转圜和长足发展，做出应有贡献。

二、总　论

（一）2017 年中日关系总体态势：从全面对峙到一线转机

从 2010 年"撞船事件"再到"购岛闹剧"，中日关系急剧恶化。2012 年安倍梅开二度重登首相宝座后，基于其保守的政治理念、特别是偏狭的对华认知观，加之接受首次执政失败教训从而表现出更加老练的政治手腕，在重新执政的 5 年间，实施"俯瞰地球仪外交"，即在世界范围内全面挑战中国；在安保领域，解禁集体自卫权，其潜台词是"中国威胁论"；在经贸领域，殚精竭虑力推跨太平洋伙伴关系协定（TPP），从游戏规则制定及其效能两方面图谋排斥、削弱中国；在海洋等热点问题上，插手包括菲律宾仲裁案等在内的南海问题；在台湾问题上，与蔡英文政权各种形式的互动频繁，挑战中日关系政治基础底线。

以上种种，使原来主要由东海领土主权争议这一特定领域两国关系紧张的局面，上升到在国家战略层面中日形成全面对峙、战略抗衡的态势。由局部问题的性质，演变成全面对抗，并且呈深刻化、长期化趋势——中日关系的这一嬗变，是安倍首相执政 5 年来的客观事实。正所谓世无常态、物极必反。2017 年，安倍政权遭遇内外困局乃至危机，使其不得不重新检视数年来对华战略的利弊得失。从结果看，那就是必须有所收敛与调整。

所以，人们看到，安倍主动出席中国驻日使馆举办的国庆暨中日邦交正常化 45 周年纪念酒会，作为日本首相这是一种罕见行为。7 月 8 日，安倍首相利用习近平主席在德国出席二十国集团（G20）峰会机会，主动要求会见；此后，安倍又分别在越南、菲律宾会见了习近平主席和李克强总理，中日高层互动出现新气象。安倍首相派自民党干事长二阶俊博出席北京"一带一路"

高峰论坛，并进而表示日本政府有条件地支持和参与"一带一路"倡议，与此前的态度形成鲜明对照。此外，历史空前的日本经济界大型访华团来中国谈合作，中断多年的大批日本中层官僚来华参访研修，中日海洋事务磋商级别提升并就避免海上冲突达成共识。同时，民间的交往扩大，两国相互的好感度呈回升、差评呈下降趋势，这由中国外文局与日本言论NPO所做的权威舆论调查可以佐证。

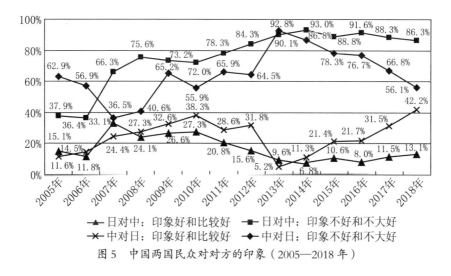

图 5　中国两国民众对对方的印象（2005—2018 年）

由此，2017 年的两国关系普遍被认为"回暖"，安倍重新执政以来形成全面战略对抗的中日关系出现一线转机。

（二）中日关系出现转机的主要因素

1. 国际格局的变化

第一，世界局势特别是美国自由贸易理念的变化对中日关系的微妙影响。在逆全球化及民粹主义浪潮中，特朗普政权推波助澜，以"美国第一"为宗旨，大量"退群"。特别是其退出 TPP 及一系列贸易保护主义举措，让资源匮乏因而须以贸易立国的日本很受伤，损及其根本及战略利益。而中国不仅在理念上高举自由贸易大旗，在实践上则佐以"一带一路"，这不仅与关涉日本战略利益的理念相吻合，同时对日本也意味着巨大的商机。因此，在经贸领域，无论从 TPP 到全面进步跨太平洋伙伴关系协定（CPTPP），以及"跨大西洋贸易与投资伙伴关系协定"（TTIP）、日本-欧盟经济伙伴关系协定（日欧 EPA）、"区域全面经济伙伴关系协定"（RCEP）等，日本奉行的方针，与战后以来形成并固化的日美关系规则，出现了一种"二元"现象。即无论日本参与何种区域合作形式，一般都要借助于美国并在原则上奉行美国的旨意。现在，日本不得不或者说更乐于"单干"。虽然与美国的离心离德并不一定意味着必然向中国倾斜，但势单力薄的日本与中国全面抗衡的底气则必然会受影响，CPTPP 对中日两国的意义，毕竟不同于 TPP，相应的调整也就成为题中应有之义。

第二，日美关系增添了不确定性所带来的"蝙蝠效应"。以商人秉性为特质的特朗普就任美国总统后，给传统意义上的日美基轴带来很大冲击。安倍在包括建立与特朗普之间的特殊关系在内的对美外交方面虽然倾注了全力，但并未导致美国在中美日三边关系中作出进一步有利于日本的重大政策调整，反而抬高了对日本的要价。加之棘手的中东问题以及与大西洋伙伴频发龃龉，也在一定程度上牵制了美国在亚太地区的战略行动能力。因此，日本精英阶层普遍感到日美关系增加了不确定性，需要重新检视和调整过度依赖美国、全面抗衡中国的既往战略。

第三，日本认为朝核问题的发展使中日之间的共同利益凸显，成为改善与中国关系的重要现实抓手与平台。随着近年特别是 2017 年朝核问题的发展变化，国际社会的担忧普遍上升并采取了相应措施。特朗普上台后，美朝之间围绕朝核问题等的博弈迅速升温，一时更成为国际政治的热点，美国加大了对朝施压的力度。在这一背景下，安倍政府及日本精英阶层认为中国近期在朝核问题上的举措，具有前此未有的力度与重要作用。如果中国进一步采取有力措施，将会对朝核问题的解决发挥至关重要的作用。而通过改善与中国的关系，可以更好地在朝核问题上合作，这有利于日本的安全利益。

第四，在东南亚、南亚、欧洲等地区，日本制衡中国的举措未能如愿。杜特尔特就任菲律宾总统之后，菲律宾在南海问题上的变化以及中菲关系的快速改善对于安倍政权的南海战略形成重创。越南虽然有意于加强与美日等国的关系，一方面获取经济和安全上的利益，另一方面对中国进行牵制，但是其本身并没有在南海问题上进一步采取攻势的意愿和能力。同时中越经济关系紧密，政治关系难以出现破局。在缅甸，日本对缅甸领导人昂山素季所做的工作并没有达到期待的成果，加之昂山素季在对待国内问题上的务实举措，使得日本发现，缅甸难以成为所期待的亚洲"自由与繁荣之弧"中的一个支点。中印关系虽然发展不顺，不仅两国边界划分问题尚未得到解决，而且2017年还发生了印军非法越界事件；同时，印度因为担心中国的崛起会影响到自己在印度洋和南亚次大陆的地位而显得越来越焦虑，但是印度没有能力也没有意愿在相关地区对中国开展全面围堵。中印双方领导层也并不愿意两国之间发生严重冲突。欧洲内部矛盾重重，加之总体力量相对下降，英法德等欧洲国家的全球影响力已今不如昔。尽管日本强调自己所谓在价值观上与欧洲一致，2017年也进一步加强了与欧洲在经济乃至安保方面的合作，但欲借重欧洲来制衡中国，不要说欧洲自身的意愿，但就从能力而言，无论日本还是欧洲，显然越来越力不从心已是不争的事实。

2. 日本国内因素的变化

首先，日本国内的对华认知发生微妙变化。毋庸讳言，中国的迅速崛起是中日关系发生变化的主要变量。中国的发展对日本而言是威胁还是机遇，或者两者并存？这在日本一直是一个有争议的命题。就其中最重要的因素军事力量而言，中国近年军力发展较快，但也非常明确是根据保卫国家主权权益和海外合法利益的需要而已，并不是要谋求霸权而无限扩张。虽然中日之间实际存在钓鱼岛主权及东海相关权益争议，但中国一贯主张通过协商解决，为中日海上紧急联络机制等危机管控举措的建立积极努力，并取得进展。日本一直担心的海上通道问题，并未发生任何由中国引发的问题。因为中国实际上本来就没有以军事力量威胁日本的想法，而是秉持和平发展、构建人类命运共同体理念并付诸实践。所以随着时间的推移，"中国威胁论"在日本也越来越难以立足。而安倍却出于偏狭的对华认知，其政府采取的与中国全面抗衡的战略，越来越显现出其实际上是以主观臆测为前提的本质，并必然有损日本的国家根本利益。其受到质疑，应该加以调整也就成为题中应有之义。

其次，日本国内政治情势及经济因素。安倍5年来赢得了5次国政选举，打的都是经济牌，实际上"安倍经济学"充其量只是差强人意。虽然因为诸多复杂因素多数选民把票投给了安倍，而安倍心里也非常清楚，国民把票投给他更多地是出于无奈。因而他亟需好的经济成绩单，才能延续政治生命。此外，其在解禁集体自卫权、制定保密法、打压对其不利的媒体等方面所表现出的对战后日本民主制度的挑战及专横，特别是以权谋私所致的数个丑闻，使其在国民中的形象大打折扣，并且对其执政基础形成冲击。因此，2017年的大选，安倍非常紧张，出现前所未有的危机，可以说是借助了在野党——主要是小池百合子、前原诚司的失误才得以涉险过关。因为其执政基础的不稳定状态，加之2018年9月又有自民党总裁选举，要想顺利连任，除了政治上的举措之外，在经济业绩方面也面临很大压力。"一带一路"本来对日本意味着巨大商机，但安倍政权一直持反对、消极态度，引发日本经济界的不满。

◆点评

（一）川岛真

1. 2017 年中日关系总体态势：从全面对峙到一线转机

报告书题名为"战略对峙中"，此题目说中了目前中日关系的状况。

（1）有关安倍本人的对华认识，本文指出他有"偏狭的对华认知观"，所以在他执政的五年间推行"在世界范围内全面挑战中国"的战略。但是，日方的一般观点不一定相同。虽然安倍在 2012 年的众议院选举时明显地表现出保守思想，但是他当首相以后，安倍政权站在保守派和自由派中间，保持了一些平衡感，对华政策也不一定依据"其潜台词是中国威胁论"。

在安保上，日本确实跟美国和澳大利亚在西太平洋建立新的安保圈，以及其二国跟印度建立"印度-太平洋地区合作框架"。但是，包括日本在内的这些国家，也同时都希望跟中国建立安保上的联络体制，以及舰艇交流等和平和友好措施。

在经济上，虽然以前的日本民主党说过 TPP 是制衡中国经济发展的有效体系，但是安倍政权在一定条件下对"一带一路"表示了肯定，并且欢迎中国保持自由贸易原则。所以特别是在经贸秩序上，安倍政权不一定敌视中国。

（2）有关安倍的性格，我们应该把他本人的思维和安倍政权的性格分开。报告书有时候提到他本人的性质，但是有时候讨论的是安倍政权，两者不是一回事。

（3）有关台湾问题，报告书说"与蔡英文政权各种形式的互动频繁，挑战中日关系政治基础底线"。但是，可能中国大陆负责台湾事务的部门也了解，日本政府对台湾地区的政策在 2017 年的前后有相当大的区别。虽然 2017 年前半年，有日本政府副部长级的人员访台等事情发生，但是后半年安倍政权的台湾政策并不积极。

2. 中日关系出现转机的主要因素

（1）国际格局的变化

赞同美国的不确定性和朝核问题影响到日本政府的对华政策，以及"一带一路"等中国对世界各地的投资也让日本经济界比较期待的主张。但是，"第四，在东南亚、南亚、欧洲等地区，日本制衡中国的举措未能如愿"之部分，跟日本的主流认识有所不同。中国对周边国家或"一带一路"沿线的影响力已经完全超越其他国家，很多国家在经济上依靠中国，不希望在政治外交上跟中国冲突。菲律宾、越南等国家虽然跟中国有领土问题，但是这些国家的经济也依靠中国，所以在政治外交上一定会跟中国妥协。日本政府也了解中国和这些国家的关系，所以向中国提出一些条件，以及对"一带一路"倡议表示了肯定的评价，安倍首相所提的"自由和开放的印度太平洋"也对中国开放，他主张寻找"自由和开放的印度太平洋"与"一带一路"的共通点。

（2）日本国内因素的变化

在报告书所述的国内因素中，最大的疑问是在分析中日关系时，中国方面往往认为中国是稳定的，而日本是经常变化的，因此经常把原因归结到日本国内。有意思的是，日本方面的学者则往往将原因归结为中国方面的变化，这也是分析中日关系变化时的一个特点。

报告书指出，"中国威胁论在日本也越来越难以立足"，我认为这可能是基于日本国内的舆论做出的判断。2017年到处可以听到"中国崩溃论的崩溃"等言论，主张应该基于现实的角度重新认识中国。恐怕这也是导致安倍政权转换对华方针的一个重要背景。但是，2017年的大选，以及2018年即将进行的自民党总裁选举，会给日本的对华政策产生何种影响，还是未知数。

其实有必要将对华政策的变化，同修宪的动向结合起来。安倍首相本人确实有意动议修改宪法，但是也不想遭到国际社会特别是中国的过多批判，因此缓和对华关系也是一个选项。另外，安倍政权的对俄罗斯外交以及对朝鲜的外交都没有取得较大效果，对于执政 5 年之多的安倍政权而言，无论如何都需要像样的"外交成果"。那么，对华关系的改善或许可以成为一项重要的"外交成果"。

3. 回暖态势并不稳定，改善之路仍处于摸索之中

虽然认同部分观点，但是有一些观点在我看来值得商榷。首先，"恪守四个政治文件与四点原则共识"，日本方面对"四个政治文件"不持异议，但是对于"四点原则共识"，日本方面也有观点认为该"原则共识"只是 2014 年这一阶段的原则性共识。所以可见中日双方对"四点原则共识"的认识并不一致。另外关于南海问题，文中主张"日本不介入南海争端，不采取任何使南海问题复杂化的举措"——其中"介入""采取复杂化的举措"等表述究竟该如何定义和理解？或许需要中日两国通过协商方式来解决。如果是中国单方面来定义的话，日本方面势必会产生龃龉。

关于"言行之间存在矛盾"这一部分。报告书指出，"第一，在历史认识问题上，2017 年'8·15'当日，虽然日本内阁成员中只有总务相高市早苗正式参拜了靖国神社，但是日本国家领导人尚未做到在行动上充分顾及作为侵略受害国中国的国民感情"，但据我所了解到的信息显示，高市早苗总务大臣已经于 8 月 3 日辞任，① 事实上 2017 年 8 月 15 日日本内阁阁僚并无人参拜靖国神社。所以，该部分的表述前提不存在。

关于台湾问题，如前所述，日本政府在 2017 年上半年和下半年的政策差

---

① 「歴代の大臣・副大臣・政務官」(総務省ウェブサイト、http://www.soumu.go.jp/menu_sosiki/annai/soshiki/rekidai.html)〔2018 年 3 月 31 日アクセス〕。

异明显。如果能够基于这一政策差异来考虑或许会更有参考价值。另外，"在遏制中国方面"，报告书指出日本"通过提供军事装备等方式，增强与这些国家的合作"，但应该区分"海上保安能力的提升"与"军事力量的提升"。例如，日本对菲律宾提供的巡视舰算是"军事装备"吗？根据日本方面的认识，这是提高东南亚各国海上安保能力的行为，并不是增强这些国家的军事力量。当然，问题在于中日两国在领土问题的立场上存在异议。

4. 2018 年的中日关系：机遇与挑战

关于"主要机遇之窗"，我基本同意报告书的见解。当然，是否可以更进一步致力于新型关系的建构呢？特别是中国共产党已经将当前中国的主要矛盾进行了调整，正如习近平主席对"生态文明"的重视那样，这对中日关系而言是一个好契机。对于接下来的首脑会谈，是否可以"生态文明"为基轴来摸索新型的合作架构呢？在环境保护、社会保障、贫富差距等民生领域，日本拥有相关经验和教训，对此可以将中国内政的大转换同中日关系改善有效地进行衔接。

关于"面临的主要挑战"，我们非常理解中国方面的认知和主张，把所有的问题都追究到日本或者其他国家，中国自身一点问题都没有，这种姿态恐怕日本方面未必能够接受。中日关系是受到中日双方以及国际因素影响的，当然中国国内也有影响或者"挑战"中日关系的因素存在。

5. 促进中日关系继续回暖的几点建议

关于这一部分，我认为主要是中国方面对安倍政权抱有一定程度的猜疑心态。如报告书所述，"问题的关键是日方对一个日益发展和强大的中国如何认知？虽然中国自证和平发展需要时间，但在这一过程中如果日方以零和博弈的观念来看待和应对中国，将是一种危险游戏"。那么，日本社会要做出何种回应才能够让中国感到"满足"呢？中国方面是通过何种手段来衡量日本社会对华认知的变化的呢？今后中日两国之间不妨尝试一些可以有效测评两国国民感情以及相互认知的渠道。毕竟在缺乏互信的基础上相互怀疑对方只会导致中日两国自说自话、各执一词的怪圈。

（二）田岛英一

拜读报告书之后的第一感触，是感叹复旦大学日本研究中心对日本研究涉猎之广泛。报告书对日本的政治、经济、外交、安全保障、社会状况等各方面进行了详尽的分析，而且这些分析在日本人看来也非常正确且中肯，我认为是一部值得高度评价的报告书。

唯一的问题点在于立场的不同。人们因为其所处位置的不同会发现不一样的风景，这个问题不是说开阔一下视野就可以解决的。因此，报告书从某种程度上来说，是中国研究者基于中国的立场在观察日本时所呈现出的"中日关系"的面貌。

那么我本人则基于日本的立场，对"中日关系"的面貌做如下简单的评论：

当前的日本诚如报告书所言，面临着人口减少、老龄化加重等问题。向外国人介绍日本了不起的地方等电视节目的流行，从某种程度上来说恐怕是自信丧失的一种反证。美国人（本职是律师）K.基尔伯特的著作《被儒教所支配的中国人与韩国人的悲剧》，在讽刺批评中国和韩国的背后，实际上他本人并没有认真地研究过中国和韩国。但是作为一名外国人，通过嘲讽中国和韩国来抬高日本，毋宁说恰恰满足了部分日本国民的诉求。

反观中国，其经济增长率长期维持在 6% 以上，中日两国之间国力的差距越拉越大。日本的大街小巷充斥着前来观光的中国游客，他们以令日本人瞠目的气势大量购买日本的产品。安倍政权在 2015 年提出了"一亿人总参与、实现 GDP600 兆日元"的口号，但是包括经济学家在内的附和者寥寥。不得不说当前的日本人至少从心理上而言，是以弱者的姿态来看中国，如果无视这样的一个前提，那么政策建议恐怕未必具有现实性意义。

基于这样的前提，目前中国的军费仅就可以掌握的数据就已经是日本的 4 倍，日本、韩国、印度三国加起来也难以匹敌。即使日本的自卫队有侵略中国的意图，在前线部队还没有登陆之前，恐怕中国的战略导弹就已经到达东京。更不用说，日本侵略中国只是一种愚蠢的妄想，当然中国也知道这是不可能的事情。然而中国在军事领域大动作不断，航空母舰、核潜艇的建造不曾停歇，甚至派遣军舰越过列岛线、战斗机在日本海域附近巡航，其背后的逻辑是什么呢？ 2016 年日本航空自卫队针对中国军机紧急出动 1200 次，是对俄罗斯军机出动次数的 4 倍。中国于 2013 年获得巴基斯坦瓜达尔港的使用权，2017 年又获得斯里兰卡汉班托特港的使用权，而在吉布提则获得了被认为是永久性的补给基地。如果以上所有动向都以"防卫"的目的进行说明，恐怕对当前弱者心理明显的日本人来说未必能够行得通（即使对于强大的中国而言，也很难接受韩国方面"萨德是基于自主防卫"的主张）。相较于"中国威胁论"这种程式化、理论化的主张，"恐中心理"似乎更能反映日本的对华认识。基于此，如报告书中"中国不会谋求霸权"等认识，虽然是中国方面改善中日关系的认知前提，但是日本从一开始恐怕不会认为这是先验的前提。

再有就是朝鲜半岛的核问题。日本国民对该问题的不安已经达到战后以来最严重的状态。这对安倍政权来说也是修改宪法、增强防卫力量的绝好机会。"大隅""摩周""日向""出云"等大型护卫舰最早被认为是舰载直升机型航母，对此政府还遮遮掩掩。但现在，连防卫大臣本人也已经开始公开表示要将"出云号"改造成航母了。有关同澳大利亚、印度等国防卫合作的强化、武器装备的海外出口等问题，似乎在国内也没有遭受特别的舆论压力。在过去 1955 年体制下，这种超出"专守防卫"范围的军事举动是断然不允许的。然而在今天，却已经变成了正常现象。

报告书特别指出了安倍首相对中国的认识问题。毫无疑问，安倍在对华认识方面确实存在某种偏见。但是更应该注意的是，比起安倍本人的认识更重要的是，安倍等保守派政治家长期以来对日本国家定位的追求，恰恰是因为中国的崛起而得以成真。也就是说，当前中国的一些举动，助长了日本在军事安全领域的大跨步。虽然中国强调和平崛起，但在日本国内客观上造成了"中国迫使日本购买武器装备""中国如果行动则大和武士之国也应有所行动"等耸人听闻的言论。

报告书还认为安倍政权主打的经济牌是其政权得以长期存续的主要原因，但是，日本国民对经济恢复毫无实感。倒不如说导致安倍政权长期执政的诱因是无能的在野党，以及让日本有一种不安全感的朝鲜和中国。

关于"一带一路"，本报告书特别强调了双赢的一面。但是这一认识似乎在日本国内没有普及，当然更多的还是不安。对于作为弱者的日本而言，仅有的一点强项似乎也有被中国吞并的危险。

那么对于致力于产业结构转型的中国而言，经济结构又如何呢？随着劳动力成本的提高，劳动密集型出口企业遭遇瓶颈，到目前为止中国的产业结构转型也不能用卓有成效来形容。2014 年中国国务院发布"中国制造 2025"行动纲领，该纲领计划在十年之内打造几个世界级的中国品牌。但是纵观近些年的发展情况，我认为中国的高附加值产业想要同其他发达国家并驾齐驱，恐怕要等到 21 世纪中叶。

即使该纲领所提出的计划如期推进，也会衍生出各类问题。首先，中国一直致力于通过增加货币流量、降低利息等货币政策来刺激经济。仅就公开发表的数据显示，2011 年货币供给量是 GDP 总量的 1.74 倍、2015 年则增加至 2.03 倍。但是企业方面的投资并没有实现稳定增长，结果造成资金大量闲置囤积。特别是民营企业的投资热潮有所减退，多数投资都是国有企业的政策性投资。

这种不合理的投资政策，已经造成实体经济和金融经济的失衡。最近的报告显示，就国内经济的纯利润而言，美国约 20% 是金融界创造的，而在中国有 80% 的利润是金融界创造。实体经济的 GDP 占比，从 2011 年的 71.5% 滑落到 2015 年的 66.1%。

闲置的资金要么流向房地产市场，要么流向股票市场，这些因素导致房价、股票价格的暴涨暴跌。房地产和股票市场的混乱也降低了人民币的信用，部分中国人通过香港等地抛售地产和股票，这种现象到目前为止还没有稳定的迹象。

基于如上种种，中国的投资方向已经开始从国内向国外转移，近十年间中国对外投资增长近 10 倍。2016 年中国对国内的投资相较去年增长 8.3%，而对外投资则增长 55.3%。关于这些对外投资，日本方面一般认为是亚投行以及"一带一路"构想的附带效应。中国针对欧亚大陆基础设施建设相对落后的发展中国家的投资增加趋势明显，这其中固然有经济方面因素的考量，但同时在政治外交领域强化中国在该地区影响力的意图难以否定。特别是这一地区交通基础设施建设，将来可以在很大程度上带动中国国内经济的增长，从而实现"一石三鸟"的效果。

如果日本方面基于上述逻辑思考的话，恐怕要认真衡量"一带一路"究竟是机遇，还是被中国所利用来均摊投资风险，抑或是给中国的倡议提供智力支持的伙伴，这才是日本所真正关心和担心的。

也就是说无论是在安全领域还是经济领域，报告书所提出的认识前提，其实在日本国内并没有获得共鸣。换句话说，以当前中日关系的脆弱性而言，这种认识前提不足以抵消日本国内的不安心理以及对中国意图的困惑。在我看来这是最本质的问题，而其他各类问题只是其具体体现。

当然，两国间的信赖关系即使在过去也未必充分。但是，在 40 年前，中日两国都有对抗苏联的共同政治外交动机，而后十几年经济上占优势的日本以及接受援助的中国在经济动机上找到了比较好的契合点。但如今强大的中国已经不再像过去那样需要日本了，在动机弱化的情况下，想要增加两国的信赖关系的确比过去任何时期都要困难。

这种信赖缺失的原因，可以从很多侧面去寻找。就日本而言，历史认识问题不容忽视。当然很遗憾的是，日本国内依然存在否定日本战争罪行的声音。作为一名中国研究学者，我理解中国国情的复杂性，中国也正在进行政治经济方面的深入改革。但中日两国毕竟政治体制不同，相互理解并非易事。中日两国所面临的问题有两个共同特征：第一，短期内很难出现变化。第二，只有市民社会越发成熟才能成为解决问题的关键。日本方面可能条件更加有利一些，例如日本的乒乓球运动员张本智和这种归化日籍的中国人后代、中日通婚夫妇的后代以及长期滞留日本的中国人后代等还有很多。日本在过去的某一时期国际通婚率一度超过 8%，目前基本维持在 4% 左右，也就是说每 25 对新婚夫妇中至少有一对是跨国婚姻。这些外国人配偶中，中国籍配偶占 4 成，中国人的后代日后可能成为增强交流、相互理解的重要群体。

既然短期内不能指望根本性的解决，当前只能采取对症疗法。要减少相互之间的不信任，只能够通过全方位增加相互间的交流来实现。但是，我想说的是相比数量而言，更应该重视质量。大量日本人进入中国，日本人的行动逻辑必会超出中国人所能够理解的限度，所以会产生混乱以及引发中国人的反感。以 2004 年亚洲杯为例，日本队的小组赛在重庆举行，大量悬挂或手持日章旗的日本球迷涌入赛场。而重庆在战时惨遭日军蹂躏，看到这么多手持日章旗的日本人在重庆出现，引起了很多中国人的不满，引发了在亚洲杯决赛之后针对日本球迷的暴力行为。当然，日本人也对当前中国游客在日本的"爆买"以及不文明行为颇有微词，日本人的不满也在层层郁积。坦白说，中国游客在日本并不受到好评，如果仅仅是因为考虑经济驱动而片面强调数量上的"交流"，结果反而会适得其反。

对此，我认为应该优先让年轻人、学者、企业家等对两国关系改善抱有积极态度的人们通过多种渠道来推进交流。关于首脑外交，只要中国方面不排斥，当然能够自然扩大最好不过。对于安倍政权而言，拒绝同中国对话得不到任何实际利益。无论是在安全保障领域的对话以及围绕"一带一路"的两国合作问题，可以分阶段积累信赖关系并逐步推进。"摸着石头过河"的智慧，用在这里恰到好处。

（三）青山瑠妙

正如报告书题目所呈现的那样，中日关系虽然仍处于战略对峙状态，但是已经开始出现好转的趋势，而 2017 年恰恰可以说是关系转换发生的元年。基于这个视角来看，本报告书可以说正确地把握了中日关系的整体趋势，不仅仅在学术研究上，同时也为理解当前的国际关系提供了重要参考。

报告书对日本的政治、经济、社会动向以及中日关系等议题进行了细致的分析，同时也为推进中日关系发展提供了十分重要的政策建议。

本章分别从国际体系要素（美国退出 TPP 以及贸易保护主义势头的出现、日美关系的不确定性、朝鲜核武器开发问题、日本在东南亚/南亚/欧洲等区域围堵中国政策的失败等）、日本国内因素（对华认知的变化、政治经济情势的变化）、中国的新理念以及稳定发展等三个方面指出了导致中日关系好转的原因。同时，报告书也指出日本领导人的历史认识、日本政府的台湾政策、对华对冲政策以及在海洋权益问题上的强硬立场仍旧是可能导致中日关系不稳定的诱因。

基于中日关系面临的上述状况，报告书提出如下政策建言。如果安倍政权不改变其对华认知、仍旧以中国为假想敌国的话，中日关系不可能从根本上得到改善。当然，中国也应理解日本对其海洋通道的重视，通过加强两国在安全保障领域的交流、强化经贸关系等途径来深化双边关系。

对于对方所关心的议题领域相互理解，是两国关系改善的第一步。从这个视角来看，报告书的建议充分理解日本方面的担忧是值得高度评价的。

日本作为海洋国家，海上通道是国家的生命线。随着中国对海洋问题关注度的增加以及影响力的不断提升，日本无论是官方还是民间都高度警惕中国的海洋活动。中国方面如果能够理解日本的这种警惕感，其实对缓和两国关系、改善日本的对华感情以及促进两国民间的相互理解是有作用的。

中日关系在安全保障领域的缺乏互信，以及在经贸领域的相互依存关系，都呈现出变化的端倪。以当前之现状来看，中日两国相互之间对对方的关心议题的理解还不充分，这已经成为改善双边政治关系和国民感情的瓶颈。基于此，报告书的建议对清除横亘在中日两国间的一大障碍大有助益。

另外，诚如报告书所言，在当前中日两国依然在安全保障领域缺乏互信的状况下，通过强化经贸关系来稳定中日关系的建议，仍然是十分必要的。

三、专题研究

专题一：政治与外交

2017：涉险过关的安倍政权

2017 年，虽然自民党在东京地方议会选举中"遭遇滑铁卢"，主要在野党合纵连横，显示出欲取代自民党实现"政权交替"的势头：因为加计学园、森友学园等"丑闻"的影响，安倍政权支持率一度下滑。但从 10 月众议院选举的结果来看，安倍政权呈"震荡上行"走势，而日本国内政治生态依然维持基本格局。之所以如此，关键是安倍政权的"三根支柱"，即选择政党的民众、选择领袖的政党、选择伙伴的美国及与之相关的日美关系，依然比较稳定地支撑着安倍政权。尽管 2017 年日本政局动荡不安，安倍政权出现梅开二度以来的最大危机，但其仍能涉险过关，对此有必要进行深入分析。

一、自民党的执政地位难以撼动

2017 年 3 月 5 日，第 84 次日本执政党自民党大会通过决议，延长党章中规定的党总裁任期，由"最长两届 6 年"延至"最长三届 9 年"。因此，安倍晋三可以在 2018 年 9 月再度寻求连任，若能如愿以偿，将成为二战后执政时间最长的日本首相。

2017 年 10 月，日本众议院再次经历大选。在总共 465 个议席中，执政联盟自民党和公明党分别获 281 席和 29 席，新组建的立宪民主党获 54 席，选前被认为是自民党主要"对手"的希望之党获 50 席，共产党获 12 席，日本维新会获 11 席，社民党获 2 席、日本之心党未获 1 席，其他无党派议员等获 26 席。

过去一年，日本民意调查的数据显示，安倍内阁支持率曾多次呈下降趋势，特别是安倍内阁接连曝出丑闻以及内阁成员对丑闻的"失忆"，对民众"失信"的做法令民心离散。2017 年 7 月，安倍内阁支持率曾一度降至 29.9%，首次跌破 30%，不支持率上升至 48.6%，创下新高。对此，安倍以"让民众进行选择"的姿态表示，"想要恢复民众对内阁的信赖，除此之外，别无他法"，不仅在 2017 年两次改组内阁，安然度过"危机"，而且"心想事成"地使各项政策顺利得以推行。之所以如此，主要因为在日本政坛，自民党根本没有能与之抗衡的政治对手，以至于安倍对在野党的轻视溢于言表，甚至不屑于营造徒有其表的"朝野和谐"气氛，令在野党只能诉诸媒体发泄对安倍政权的不满，而媒体为了"博眼球"也乐意刊登"黑安倍政权"的报道，包括对"丑闻"的追踪报道。但是，这并不影响自民党和安倍执政。因为，除了自民党，日本民众别无选择。一个自民党大佬曾公开表示，"我们自民党树大根深，已经执政 50 多年，与那些执政过几个月、几年甚至从未执政过的在野党相比，就好比大学生与小学生的关系。有成绩优异的小学生从三年级跳级到五年级甚至六年级，但你见过从小学生跳级到大学的吗？只要我们自己不出现全党大动乱，要想从我们手里夺得政权，起码还得再学习几十年！"

二、自民党派系及其对华立场

目前尚没有明显迹象显示"后安倍时代"即将来临，但未雨绸缪却不无必要。

  2017 年 8 月 3 日，安倍再次改组内阁。内阁官房长官菅义伟在记者会上强调，内阁改组不会接受自民党各派系的推荐。和以往首相在组阁时必须兼顾派系力量的平衡相比，安倍政权的派系色彩确实较淡。但是，自民党的政治传统并未消失，而各派系的对华政策存在明显的传承性，值得了解。

  自民党内存在八大派系，依议员人数（实力）排列，依次是：（1）"清和政策研究会"，因领袖是细田博之而通称"细田派"。安倍晋三的父亲安倍晋太郎曾是该派领袖。自森喜朗以来，除麻生政府以外，历届自民党政府基本由该派系主导，包括森喜朗、小泉纯一郎、福田康夫、安倍晋三，其对华政策和立场因人而异。（2）"宏池会"，以现任自民党政调会长岸田文雄为首，被称为"自民党内的公家集团"，即不掌握最高权力却在党内拥有广泛人脉、掌握各种要职，是负责在各派系之间折冲往返的缓冲势力。（3）"平成研究会"。首领是曾任防卫厅长官、财务大臣等多项要职的额贺福志郎，故称"额贺派"。该派曾经是影响力首屈一指的"田中（角荣）派"，但近年影响力急剧下挫，2018 年初还发生倒额贺福志郎的"政变"。（4）"为公会"。以麻生太郎为首的该派系发端于吉田茂旧自由党中最基本的力量，属于"保守本流中的本流"。（5）"志帅会"。现任首领是二阶俊博。该派"始祖"是主张日本在两大阵营之间"左右逢源"的鸠山一郎。1982 年后连任三届首相的中曾根康弘继承了这一路线，非常重视中日关系。（6）"水月会"。由石破茂创立。2012年 9 月安倍险胜石破茂，石破茂曾出任自民党干事长。安倍在执政根基稳固后，即排斥石破茂及其派系成员。（7）"近未来政治研究会"。首领是石原伸晃（石原慎太郎之子），以立志修宪著称，被认为是自民党内的"强硬保守派"。不过，石原伸晃对中国的立场比较温和，与其父亲不同。（8）"番町政策研究所"。领袖是山东昭子而称"山东派"，源于三木（武夫）派，属于党内偏左势力。此外还有以谷垣祯一为首的"有邻会"，以及无所属议员约 80 人。

在上述派系中，最值得关注的是宏池会及其首领岸田文雄。20世纪80年代，岸田文雄的父亲岸田文武曾在中曾根内阁担任总务省政务次官和文部省政务次官。岸田文雄本人则获得与中国高层有着良好关系的前自民党干事长古贺诚的支持。2012年，岸田文雄继古贺诚出任宏池会长，成为"岸田派"领袖。安倍再度出任首相后，岸田出任外相。有自民党官员指出，"起用岸田是对中国发出的讯息"。2013年1月6日，岸田文雄公开呼吁与中国进行外交谈判沟通，解决钓鱼岛问题，美国媒体甚至以《与安倍唱反调、日本新外相成"中国内应"》发表评论。岸田文雄在担任了三届安倍内阁的外相后转任自民党"三架马车"之一的政调会长，被认为是"迈向首相的一个台阶"。不久前，岸田文雄曾对外透露有意成为"后安倍时代"的政治首领。其次，"志帅会"首领二阶俊博主张对华友好，并在对华交流中扮演了非常重要的角色。正因为如此，2015年5月，日本3000人访华团和2017年4月日本参加中国主办的"一带一路"峰会，均由二阶俊博率领。

然而，这些对华相对友好的派阀领袖却未必在自民党内部有稳定的执政基础。岸田文雄作为"保守本流"中的自由派政治家，虽然有问鼎首相的想法，但是却没有得到党内公开的支持，再加上长期在安倍政权下担任外相一职，他本人的政策主张更加模糊化，很难从安倍本人的阴影中走出。石破茂作为另一位务实的政治家，也在觊觎首相宝座，而安倍晋三有可能采取利用岸田和石破两人的竞争关系从中渔利的策略进行破解。另外，对华友好的二阶俊博公开支持安倍再次竞选，也让安倍在党内的执政基础比较稳固。

三、日美关系的现状及趋向

战后迄今强化日美关系是日本外交不变的轴心。日美关系主要靠"两条腿走路"：防卫和经贸。2017 年，这两方面均出现了微妙变化并直接影响中日关系。

防卫合作方面，奉行"美国优先"战略的特朗普一上台即公开要求日本提供更多驻日美军费用，时任日本防卫大臣的稻田朋美当即予以反驳。但是，鉴于日本处于夹在美国与中俄两国之间的地缘政治关系，以及与中俄不仅历史上兵戎相见，而且现实中有领土争端，日本绝不可能动摇日美同盟。

但另一方面必须注意到，为了加强自身防卫，自安倍再度执政后的 2013 年，日本《防卫白皮书》首次提出了将奉行"独立强军"路线，防务费用因此逐年攀升。同时，日本还着力强化美日澳印四边关系。2017 年 10 月 25 日，日本外相河野太郎在接受《日本经济新闻》专访时表示，希望建立日美澳印四国首脑级战略对话，以南海经印度洋至非洲为中心，推动实现自由贸易，顾及防卫合作。

目前，日印关系已从"战略性全球伙伴关系"上升为"战略性全球伙伴特殊关系"，针对中国的意向明显。按照《读卖新闻》的评论："随着日印双方进一步将眼光聚焦于正在东亚不断崛起的中国，印度和日本之间的关系似乎到了绽放的时刻。"2017 年 7 月，中国和印度"洞朗对峙"期间，美日印三国在印度孟加拉湾举行了"马拉巴尔"首次航母联合军演。

在和澳大利亚加强防卫合作方面，2018 年 1 月 18 日，澳大利亚总理特恩布尔访日的重点，是商谈缔结《访问部队地位协定》。协定如果达成，澳大利亚将成为继美国、联合国维和部队之后，首个被允许在日本临时驻军的国家。日本与他国"安全合作"将有重大突破，并对中国产生不可忽略的影响。

经贸方面，2017 年初特朗普上台伊始，即宣布退出"跨太平洋伙伴关系协定"（TPP）。没有了美国的 TPP 何去何从？目前，在日本的积极推动下，除美国之外的 11 国已将 TPP 更名为 CPTPP（Comprehensive and Progressive

Agreement for Trans-Pacific Partnership，即"全面进步跨太平洋伙伴关系协定"）。但是，日本和美国发生贸易摩擦，尤其是汽车贸易摩擦的可能性，却因此大大增加。2017 年 11 月 13 日，美国商务部长罗斯向日本汽车厂商要求加强在美生产，减少对美出口。罗斯批评称："虽然日本和其他亚洲各国反复说在推进自由贸易，但是保护主义比美国还要严重得多。"如果日美发生贸易摩擦，中日发生贸易摩擦的危险将会降低。

与日美关系相关的中日关系，还受到台湾问题和朝鲜半岛问题影响。表面上坚持一个中国立场，实质上强调"维持台湾海峡现状"即"不统不独"，是日美的共同立场。日美外长 + 防长的"2 + 2"安全协商机制，就是在 2005 年 2 月"台海危机"的背景下建立的。其目的是"通过有关台湾问题的对话，促使台湾问题和平解决"，其实质是阻止中国武力统一台湾。蔡英文上台后，一直不承认"九二共识"，致力于发展与日本和美国的关系，值得警惕。

"朝鲜半岛像一把匕首指向日本列岛"，因此，朝鲜半岛局势始终是日本的现实安全关切重点。2017 年 4 月 26 日，日本外务省亚洲大洋洲局局长金杉宪治与中国朝鲜半岛事务特别代表武大伟举行了会谈。双方同意对推进核与导弹开发的朝鲜的挑衅行为加强制裁。日方希望中方加强对朝鲜的制裁，包括限制朝鲜从中国进口石油。如何在朝鲜半岛问题上发挥中国的影响力，回应日本的安全关切，需要中国显示更大的智慧。

◆ **点评**

（一）川岛真

首先，基本赞同开头部分有关安倍政权的分析。确实，2017 年安倍政权尽管面临十分严峻的局面，但总的来说没有可以代替安倍政权的其他选择。

不过这种分析略显欠缺的一点，是没有认识到日本社会"对安倍政权的支持率"和日本社会"对自民党的支持率"——这两者的不同。目前，日本社会对安倍政权的支持率高于对自民党的支持率，但是如果两者发生逆转，那么安倍政权想要维持下去就会变得困难。

其次，基本赞同有关自民党各派系的分析。但是，过去的派系政治和现在的情况有很大的不同。必须注意的是现如今，下一任首相并非由各派系人数的多寡决定的。并且除了石破茂，岸田文雄，西村康稔、野田圣子等人也表现出对继任首相大位的兴趣。

对于日美关系，从防卫和经贸两个角度去分析，十分合理。该报告书注意到了美国特朗普政权退出 TPP，也必须留意特朗普政权在防卫方面的动向。过去的奥巴马政权不仅仅重视日美两国间的防卫合作，也重视与韩国、澳大利亚等国的同盟关系，同时注重同盟国之间防卫合作的关联性。与此相比，特朗普政权在防卫合作方面则重视双边防卫合作关系，并不像奥巴马政权一样注重多边合作框架。因此，安倍政权在提出"自由开放的印度洋和太平洋"等概念的同时，也在促使特朗普政权对多边防卫合作框架产生兴趣。

这一点也同样体现在经济层面和区域合作层面，2017 年秋的东亚峰会上，安倍首相对特朗普总统循循善诱的初衷便是在此。在经济方面，美国退出 TPP 对日本来说是重大打击。但是在目前日欧 EPA 磋商取得进展、CPTPP 生效的情况下，美国方面也希望与日本达成日美 FTA，2018 年日美经济磋商或能成为一个大的聚焦点。

另外，在日美关系的防卫合作方面还存在一个问题，即美国方面对于出售日本武器有着强烈愿望，但是与此同时日本却对此尚未回应。特朗普总统抱着非常急切的心态，希望日本能够更多地购买美国的武器。到 2018 年年末为止，日本政府将筹划制定新的防卫大纲和中期防卫力量整备计划。这两者中，美国方面的要求究竟能够多大程度地反映出来，这对于中日关系也是重要的一点。

另外，除了CPTPP和日欧EPA，日本对于RCEP以及早先的中日韩FTA也非常关心。在这些层面上，中日之间在2018年或许有更多合作的可能。

（二）青山瑠妙

本章对安倍政权的三大支柱，即舆论、政党与派阀政治以及日美关系进行了详细的分析。特别是对当前派阀政治重要性日趋下降的自民党政治进行了比较中肯的阐释。

专题二：日本社会

2017：日本社会的变化与中日关系的改善

2017 年 12 月 1 日，日本皇室会议决定明仁天皇于 2019 年 4 月 30 日退位，次日德仁皇太子继位。这意味着 1989 年开始的平成时代即将落幕和"新时代"即将来临。在日本社会辞旧迎新的转换期，有必要对日本社会进行客观的研究。本专题首先分析日本社会的热点问题，其次考察日本社会的基本走向，进而探讨日本社会变化对中日关系的影响。

一、日本社会的热点问题

日本社会的变化涉及广泛领域，本专题仅对若干热点问题略作分析。第一，少子老龄化的"国难"引起关注。2017 年 12 月厚生劳动省人口动态统计显示，2017 年日本出生人口数将仅为 94.1 万人，2017 年死亡人数估算值为 134.4 万人，人口自然减少首次超过 40 万。数据显示日本少子化现象更加严重。同时，日本是世界上最长寿的国家，男性平均寿命 80.98 岁，女性平均寿命达 87.14 岁。也是世界上老龄化速度最快的国家之一。据厚生劳动省统计，2025 年 65 岁以上老龄人口将增加到 3500 万，其中 75 岁以上老龄人口将达 2179 万。2016 年达 27.3% 的人口老龄化到 2025 年将超过三分之一。2065 年老龄人口将超过 40%。根据厚生劳动省 2017 年 4 月的人口数预测，日本人口将在 2053 年跌破 1 亿，2065 年降至 8808 万。少子老龄化不仅导致劳动力短缺、消费低迷、通货紧缩、地方凋敝等后果，而且财政越来越不堪重负。安倍晋三在 2018 年 1 月国会施政演说中惊呼：少子老龄化成为日本"国难"。

日本针对少子化制定了各种政策来提高出生率，譬如改革劳动制度，对生育孩子提供更多补助。针对老龄化提出了促进老年人再就业、鼓励延期领取养老金、提高生活品质、增强健康等措施，并完善了老年社会福利服务体系。

第二，"低欲望社会"问题引起关注。根据日本国立社会保障与人口问题研究所调查报告，日本 18—34 岁女性中 39% 的人还是处女，18—34 岁男性中"处男"的比例高达 36%。而且 18—34 岁的女性中一半人没有男朋友，35—39 岁的年龄段中 26% 的女性和 28% 的男性从未有过性经验。这一报告引起各种反应。有人认为这说明日本社会已经进入"低欲望社会"。"低欲望"不只是反映在性问题上，也反映在社会各个方面，譬如没有炒房炒股的欲望、没有结婚生子的欲望、没有购物的欲望，宅男宅女越来越多，谈恋爱觉得麻烦，上超市觉得多余，一部手机便框定了自己的生活。日本研究者大前研一写了《低欲望社会》一书，感叹：年轻人无欲望、无梦想、无干劲。物价虽降低而消费得不到刺激，银行信贷利率虽调低而年轻人购房数依然下降，年轻人对买车兴趣下降，对奢侈品消费嗤之以鼻，宅文化盛行，一日三餐就行。但有人对统计学上的处女率或处男率质疑，认为低欲望就其本质而言只是改变生活方式而已。许多人追求一种"小确幸"，将自己的幸福融于日常的有趣生活里，个性化代替了多年的共性化，不乏一种不求大欲的幸福感。看似无志向的社会，或许是要追求一种"轻"文明社会形态。

第三，社会阶层的分化引起关注。近年日本社会的基尼系数升高，相对贫困率已居发达国家的高位。日本的"中间层"正在出现"上流"与"下流"的分化，社会差距扩大的问题引起人们的关注。早稻田大学教授桥本健二的新作《新日本的阶级社会》针对差距扩大的现状，指出个人年收入 5 亿日元与 186 万日元的差距已经不是阶层差距，而是形成了新的阶级。惊呼"超过 900 万人的新下层阶级诞生了"。新下层阶级大多是"非正规劳动者"，约占就业人口的 15%，月收入约 15 万日元，贫困率达 38.7%，男性未婚率达 66.4%。同时，日本的老年贫困问题呈现加重态势。依靠养老金生活的老年人增加，国家财政预算中养老金比重加大，而不参保及拖欠保费的人增多，导致养老金水平难以提高，而且社会保险的个人负担比例提高，增大了低收入老年人的生活压力。厚生劳动省的国民生活基础调查显示，老年人贫困的时间跨度和贫困率都甚于其他年龄层，其中女性贫困率又高于男性。接受生活保障的人群中的老年人口比例呈上升趋势。日本对老年贫困问题采取了一些措施，但老年贫困状况不容乐观。

二、日本社会的基本走向

日本社会变化中的问题引起各种议论，出现了日本"走向风险社会"，日本"趋于衰落"，日本"右倾化日趋严重"等看法。如何看待日本社会的基本走向？需要实事求是的分析！本专题仅对日本社会的特征、发展和倾向略作考察。第一，日本社会的基本特征。根据日本实情，与其说日本"走向风险社会"，不如说日本社会呈现出"后现代化"（post-modernization）社会的特征。一是对经济高速增长不那么关心。不少日本人认为日本已度过需要高速发展的时期，追求高速发展是新兴国家的事，日本需要在经济社会发展的精致度，可持续性及创新方向上努力。二是对政治不那么关心。日本社会出现了非意识形态化的现象，形成庞大的无党派，选民中无党派占一半左右，这表明民众渐渐远离意识形态意义上的政治。2012 年前日本连续 6 年几乎年年换首相，但日本社会仍然相当稳定，反映了日本社会的高度自律性，这种内在自律也是对政治不关心的原因。三是当政治开始侵犯后现代社会的基本价值观时，社会则通过选举和舆论等方式对政治家进行规范。安倍晋三加速推进修改宪法的行径引发民众的不满，加计学园和森友学园问题的丑闻更使其支持率大跌。这反映了后现代社会的民众对政治的制约。正确认识日本社会的特征，有助于我们客观认识日本，也有益于改善对日本的认知。

第二，日本社会的逐步发展。有人认为，日本泡沫经济崩溃后的20年是"失去的20年"，日本社会有不少人因泡沫经济崩溃而形成内倾、保守型行为范式，年轻一代竞争意识薄弱，有些年轻人既不上学也不工作，成为十足的"自由人"。这种内倾、保守、不愿竞争的心理反映到社会生活的各个方面。但是泡沫经济崩溃并不意味着日本"趋于衰落"，这段时期不是"失去的20年"，而是日本实现经济软着陆并着手经济转型和产业升级的20年。日本依然是一个拥有强大经济力和科技力的大国。早稻田大学教授天儿慧认为这段时期是"日本脱下浮躁的经济发展外衣，进入沉淀期的一段时间"，"在这个20年里面，日本人较全面地构建了一个三安社会：安全、安心、安定"。日本社会发展形成了方便的生活环境，洁净的自然环境，安全的社会环境，多元的文化环境。近年失业率创新低，交通死亡率创新低，景气指数创新高。而且健全了应对地震等灾害的有效制度，完善了环保领域的政策和制度，日本社会正在逐步发展。正确认识日本社会的发展，有助于我们清醒认识中日社会经济的差距，有利于中日广泛开展社会经济的合作。

第三，日本社会的整体倾向。强调日本"日趋右倾化"的看法也有失偏颇。从小泉纯一郎到安倍晋三的自民党主流的确在右倾化，但这种右倾化并没走向极右，也不是整体。石原慎太郎在2012年挑起"购岛"风波后试图通过成立新党问鼎首相宝座，然而其极右倾向并没获得日本社会的认同，在大选失利后退出政坛。这说明极右思想在日本社会没有市场，反映了后现代社会民众对政治家走向极右的内在约束。安倍晋三第二次组阁后内政外交的保守主义色彩强烈，但他不仅受到联合执政的公明党的牵制，也受到日本社会的民主和平势力的制约。日本社会并非只有民族主义思潮的影响，民主主义和平主义思潮和中道主义思潮依然产生影响。日本政治右倾化不等于日本社会整体右倾化，不能把部分右倾势力的动向当作日本社会整体的倾向。日本社会整体倾向不是右倾化而是多元化！近年来在西方世界蔓延的民粹主义并没在日本社会发生。正确认识日本整体倾向，有助于我们全面认识日本，增进中日互信。

总之，日本社会经过各种改革，建立了一系列与现实比较相适应的后现代社会的制度和政策。日本社会转型成功的话，有可能在精密、尖端领域进一步迈进，同时在养老、医疗、机器人等方面引领世界。从软实力角度来看，日本社会秩序的稳定性在 2011 年大地震时得到充分展示。联合国公布的全球国民素质道德水平调查排名中，日本国民素质连续多年排名世界第一；联合国人类发展报告的世界最佳生活品质排名中，日本长期居于首位。要用平常心来看日本。唱衰日本并非明智之举！客观地清醒地全面地认识日本社会，有利于我们积极推进中日关系的改善和发展。

三、日本社会的变化对中日关系的影响

日本华文媒体列举了 2017 年中日关系十件大事：（1）习近平与安倍晋三于 7 月德国 G20 峰会和 11 月越南 APEC 峰会期间举行会谈。（2）李克强与安倍晋三互致贺电纪念中日邦交正常化 45 周年，并于 11 月菲律宾东盟峰会期间会谈。（3）安倍晋三出席中国大使馆国庆招待会，表明改善关系的愿望。（4）中国人访日继续增长，2017 年突破 700 万人，中日人员往来跨入千万人次新时代。（5）北京举办"一带一路"国际峰会，自民党干事长二阶俊博率团参会，习近平接见二阶一行。日本三大经济团体年末组织最大规模代表

团访华，李克强接见。（6）中日文化交流活动丰富多彩。日本的歌舞伎和芭蕾舞访华公演；中国的歌剧和舞剧赴日公演；《汉字三千年》展巡展日本。（7）中国制造业收购日企风生水起。海信收购东芝彩电，联想收购富士通电脑，中国系均胜电子收购高天气囊。（8）中国新型互联网服务业进军日本，支付宝、微信支付、途家、携程、滴滴出行、共享单车等涌入日本。（9）大熊猫香香6月12日在东京上野动物园诞生，作为友好使者增进了日本民众对华亲近感。（10）日本APA连锁酒店在客房内放置否认南京大屠杀的书籍遭曝光，引发中国民间的抵制。通过这十件大事可以窥见2017年中日关系的变化，反映了中日政治关系的改善、中日民间文化交流的发展、中日经济关系的发展，还反映了日本社会依然存在阻碍中日关系发展的势力。可以说2017年中日关系出现了改善势头，但是乍暖还寒，尚需共同努力。

需要开创新时代。中共十九大宣告中国已经进入"新时代"。日本平成时代即将结束，"新时代"即将来临，而且2017年10月安倍晋三第三次赢得大选，日本内阁进入新的时期。这意味着中日两国在今后数年内将会有比较稳定和强有力的政治领导层，为中日关系新时代的到来提供了新的战略机遇。从日本社会的广阔视野来审视中日关系，可以看到中日关系绝非仅仅限于领土问题和历史问题，不能"只见树木，不见森林"，中日关系不仅涉及政治领域，更涉及经济社会文化等各个领域，中日关系不仅是政府间的关系，更涉及广泛的社会民间的各种关系。中日两国在恪守中日四个政治文件和四点原则共识的基础上，根据新时代的需要可以协商签订新的政治文件，实现新时代中日关系的新发展。

需要丰富新内涵。近年中日两国民众交流规模持续扩大，尤其赴日中国游客连年大幅增长，日本赴华游客也小幅回升。同时，随着日本对海外劳动力的需求日益增加，在日工作的中国劳动力有增无减。厚生劳动省的数据显示，截至 2017 年 10 月底，在日外国劳动者中来自中国的多达 37 万多人，约占整体的三成。日本通过外国人来弥补劳动力短缺的格局日趋突出。同时日本社会中的高端中国人才日益增加，在经济贸易界、教育文化界等都有不少中国人或日籍华人在积极发挥作用。中日之间存在千丝万缕的关系。当前更需要发挥民间交流的优势和传统，努力消除误解和偏见，进一步加强两国社会、文化、教育及青少年等方面的交流与合作，为中日关系赋予新的内涵，构筑起中日世代友好的稳固社会基础。

需要开拓新领域。中国同样面临少子化的严峻问题。日本的出生率目前是 1.4，而中国是 1.2。2017 年中国新出生人口比 2016 年减少了 60 万，放开二胎政策没能实现提高出生率的预期目标。中国老龄化问题也不可轻视，中国 60 岁以上老人比例为 17%。虽然目前两国老龄化程度不同，但是上海等大城市的老龄化已超三成，今后中国老龄化将趋于严重。日本 2017 年度国家预算用于社保的比例高达 32%，而中国社保的比例大大低于日本。今后中国社保领域的需要将加重国家财政负担。中国迫切需要采取措施应对少子老龄化问题，营造良好的社会环境。中日合作共同应对少子老龄化问题成为中日关系的新课题。同时，中国也面临贫富差距扩大的严峻现实，了解日本社会阶层的分化及其对策，对于中国建立公平社会也具有积极的参考意义。

中日关系已经形成相互依存的复合关系模式。当前中日关系处于爬坡过坎、转型发展的历史关头，尽管面临不少复杂敏感因素，但总体上呈现逐步回稳改善的趋势。中日两国应该不断促进互信，妥善管控分歧，实现互惠双赢。

◆点评

（一）川岛真

第一节"日本社会的热点问题"中提及的高龄化、低欲望社会以及新的社会阶层分化问题等，确如所指，对日本社会而言都是大问题。不过，报告书尚未分析到"日本再兴战略"等安倍政权的发展战略①。"安倍经济学"并非单纯的经济政策，而是解决包括人口问题和社会问题在内的发展战略的一环。"工作方式改革"等政策也与这一战略相关，"女性活跃社会"政策也是其中一环。当前，日本女性的总生育率已经恢复到1.4。当然，日本社会并非全盘支持安倍政权的这番发展战略，褒贬不一。

第二节"日本社会的基本走向"部分有关日本社会的理解，可以说在日本也能够被广泛接纳。特别是报告书提出的"正确认识日本社会的发展，有助于我们清醒认识中日社会经济的差距，有利于中日广泛开展社会经济的合作"，使人产生共鸣。正如前述，以习近平主席提出的"生态文明"为线索，或许能够摸索出中日之间新的合作契合点。

第三节"日本社会的变化对中日关系的影响"部分，提出改善中日关系的举措，而关于"需要开拓新领域"部分的内容，我们对上述有关拓展"生态文明"等新领域合作的观点表示欢迎。此外对于不同年龄层、不同地区，两国相互认识的不同等问题，需要中日双方更为细致的社会分析，需要补充改善关系的具体细节与措施。

最后需要指出的是，有关中日双方共同改善国民感情的措施，除了推动旅游和青少年交流等手段之外，还存在其他哪些可能性，也要纳入一个更为严肃的讨论过程。

（二）青山瑠妙

本章主要介绍了当前日本社会发生的变化并进行了分析，"认为日本社会

---

① 「日本再興戦略」（详见首相官邸网站，https://www.kantei.go.jp/jp/singi/keizaisaisei/kettei.html）。

整体上右倾化的主张有失偏颇"，"日本社会整体上不是右倾化而是多元化"，可以说是对日本社会做出了十分中肯的评价。只有在充分理解日本社会变化的基础上，才能够更好地制定对日政策。从这个角度出发，毋宁说本章所揭示的观点具有重要的意义。

专题三：安全保障

2017 年日本军事发展动向及其特点

2017 年，是日本实施"新安保法"的第二年，也是日本实施《2014—2018 年度中期防卫力量发展计划》的关键一年。安倍政府一方面加紧推动修宪，为发展军力松绑，另一方面借朝鲜核导危机和所谓的"中国军事威胁"，加大经费投入，加速提升军事能力，尤其是违背"专守防卫"原则发展进攻性武器的动向值得关注。

一、持续增费扩员，为打造强大军事力量夯实基础

根据日本 2017 年版《防卫白皮书》和 2016、2017 年度防卫预算公布的数据，日本 2017 年度防卫预算为 51251 亿日元（含美军整编费等），加上数次追加的"补充预算"1769 亿日元，实际防卫开支为 53020 亿日元。这是安倍首相自 2012 年底第二次执政以来连续五年增加防卫预算，也是日本防卫预算 2015 年度以来连续 3 年超过 5 万亿日元。日本防卫省在 2018 年度防卫预算案中提出 51911 亿日元的防卫预算（含美军整编费等），比上年度增长 1.3%，① 实现防卫费"六连增"，再创历史新高。在经济形势严峻的情况下，安倍政府不断增加国防开支，为强化"统合机动防卫力量"，打造强大军事力量提供支撑。

日本自卫队实际员额也开始出现增长。自卫队现役编制员额近年保持

---

① ［日］『我が国の防衛と予算——平成 30 年度予算の概要』，http://www.mod.go.jp/j/yosan/2018/yosan.pdf。

247154 人，但 2017 年度防卫预算首次提出增加实际员额，陆海空和联参等机关分别增加 58 人、128 人、118 人和 6 人，共计 310 人。[①]2018 年度防卫预算案提出将继续增加 700 人，其中陆海空和联参等机关分别增加 198 人、273 人、198 人和 31 人。[②]增加实际员额主要用于增加防空反导力量、组建两栖作战部队、在西南诸岛部署地面部队等，目的是为了提升防空反导能力，加强西南地区的前沿军事存在，提高应对各种事态的快速反应能力。

二、大力发展先进武器装备，全面提升联合机动作战能力

2017 年度，自卫队继续加大对武器装备的投入，重点发展海空、反导等武器装备，提升海空作战、岛屿作战、反导作战等能力，以期夺取周边制海制空权，全面提升联合机动作战能力，并拓展太空、网空等新型领域能力。

一是重视发展侦监装备，提升战场感知能力。采购 1 架"全球鹰"无人机，为 2 架 E-767 预警指挥机升级电子战支援装置，为冲永良部岛和宫古岛的 FPS-7 雷达增加反导功能，等等。二是大力发展海上作战力量，提高制海作战能力。建造第二艘性能超过"苍龙"级的 3000 吨级新型潜艇，同时延长"亲潮"级潜艇的使用寿命，至 2018 年中期潜艇数量将达到 22 艘。三是加快发展空中作战力量，提升制空作战能力。采购 6 架 F-35A 战斗机，提前一年完成"2014—2018 年度中期防卫力量发展计划"确立的 28 架采购计划。四是大力发展海空投送与两栖作战装备，提升快速投送和夺岛作战能

---

① ［日］『我が国の防衛と予算——平成 29 年度予算の概要』，http://www.mod.go.jp/j/yosan/2017/yosan.pdf。

② ［日］『我が国の防衛と予算（案）——平成 30 年度予算の概要』，http://www.mod.go.jp/j/yosan/2018/yosanan.pdf。

力。采购 3 架 C-2 运输机、4 架 MV-22 型"鱼鹰"运输机、6 架 CH-47JA 运输直升机,以提升快速投送能力。五是继续发展反导力量,进一步提升防空反导作战能力。继续升级"爱宕"级"宙斯盾"导弹驱逐舰,并引进"标准 -3"Block ⅡA 型海基拦截导弹和"爱国者 -3"MSE 型陆基拦截导弹系统,提升海基和陆基反导作战能力。

日本 2018 年度防卫预算案显示,日本出现发展进攻性武器的动向,引起国际社会广泛关注。如:2018 年度日本将引进 2 套配备"标准 -3"Block ⅡA 型拦截导弹的陆基"宙斯盾"反导系统,以建立攻防兼备的多层反导体系,提升反导作战能力;自主研发日本版"战斧"巡航导弹,发展对敌基地远程打击能力;引进美制 JASSM、JASSM 巡航导弹和挪威制"联合攻击导弹"(JSM),分别搭载在 F-15 和 F-35A 战斗机上,以提升日本空中远程打击能力。另据媒体报道,日本还可能将"出云"级直升机护卫舰改造成可搭载 F-35B 战斗机的攻击型航母,以实现海空一体化作战。这些表明,日本武器装备正在向进攻型方向突破,日本将发展先发制人打击能力,其目的是为了在未来可能发生的军事冲突中谋取主动优势,夺取制海制空优势。这不仅违背"专守防卫"政策,也突破宪法第九条的限制。

三、优化体制编制,加强一体化联合作战指挥能力

为了加强一元化指挥,日本将在 2018 年 3 月底前在朝霞基地设立"陆上总队",对陆上自卫队五个方面队进行统一管理和指挥,同时撤并中央快反集团,将其主要部队并入"陆上总队"。这不仅有利于陆海空自卫队之间的协同,也有利于日美联合作战。据报道,日本将加强网络战力量,将"网络防卫队"的规模由 110 人增至 1000 人,并将新设统管太空、网空及电子战部队

的司令部，级别与"陆上总队"相同。① 该司令部（未定名）将成为职能与陆上总队、自卫舰队、航空总队相当的新型力量司令部，其目的是为了提高一体化联合作战指挥能力，争夺新型领域制高点。

四、进一步加强西南方向力量部署，强化"应对中国"的态势

首先是加强西南方向空中作战力量部署。继 2016 年 1 月驻那霸的第 83 航空队扩编为第 9 航空团之后，日本于 2017 年 7 月将西南航空混成团升格为西南航空方面队，同时增加日本西南方向的 F-15 战斗机数量，加强西南方向的空中作战力量，以应对"活动日益频繁的中国军机"。② 二是加强西南方向地面力量部署。2018 年 3 月，日本自卫队将在佐世保部署规模约 3000 人的两栖作战旅，以提升离岛作战能力。2016 年 3 月，在与那国岛部署约 160 人的 303 沿岸监视队。今后日本还将在奄美大岛、宫古岛、石垣岛部署警备部队，并陆续部署中程地空导弹和岸舰导弹部队。③ 三是加强东海方向海空警戒监视力度。在海上，日本海上保安厅巡视船对中国执行钓鱼岛维权执法任务的海警公务船进行严密跟踪监控。海上自卫队与海上保安厅相互配合，共享情报，常态化派出舰机在包括我国钓鱼岛海域在内的东海海域实施不间断的警戒监视任务。④ 在空中，日本航空自卫队强化紧急起飞应对中国军机的态势，执行拦截任务的 F-15 战斗机从过去的"2 对 1"增加到"4 对 1"，以

---

① 《日本新设太空和网络司令部：网络部队或扩大 10 倍》，参考消息网，2017-12-20。
② ［日］防衛省：平成 29 年版防衛白書日本の防衛，防衛省［M］，2017，342 頁。
③ ［日］防衛省：平成 29 年版防衛白書日本の防衛，防衛省［M］，2017，344 頁；［日］『我が国の防衛と予算（案）——平成 30 年度予算の概要』，http://www.mod.go.jp/j/yosan/2018/yosanan.pdf。
④ ［日］防衛省：平成 29 年版防衛白書日本の防衛，防衛省［M］，2017，340 頁。

至于增加一个 F-15 飞行队后仍然捉襟见肘，由航空总队由全国基地统一调遣。① 据日本 2017 年度《防卫白皮书》公布，2016 年度日本战斗机紧急起飞次数 1168 次，为 60 年来最多。其中西南航空混成团紧急起飞次数最多，为 803 次，并以此渲染日本西南方向安全环境日益严峻。

日本不断加强西南方向军力部署，提升海空作战能力，并以中国为假想敌展开联合夺岛演练，加剧了中日东海紧张局势，使中日发生海空摩擦的可能性增加。目前，中日就东海海空联络机制草案已基本达成共识，有必要尽快启动这一机制，以防止发生擦枪走火事件。在迎来中日邦交正常化 45 周年和中日和平友好条约签订 40 周年之际，中日两国应从长远着眼，从大局出发，妥善处理矛盾分歧，加强危机管控，努力改善关系，使中日关系步入健康发展的正确轨道。这不仅符合中日两国的发展利益，也有利于促进地区和平与稳定。

◆点评

（一）川岛真

报告书根据防卫省的防卫白皮书等内容，介绍了日本的地缘政治学考量、军备增长情况以及防卫预算内容。因此在事实内容上，可以认为不存在重大误读。但是，例如有关防卫预算超过 5 万亿日元这一点，需要指出日本的GDP 目前仍超过 500 万亿日元，因而国防支出仍维持在 GDP 的 1% 以下，而国防支出的增长率也维持在 1% 左右这一非常低的水准。将此情况和全球标准或者中国自身的情况比较起来去评价的话，可以说是数额相当克制的一个国防支出。

---

① ［日］《加强战斗机紧急起飞应对中国》，共同通信社，2017-2-26。

另外，报告书指出的"增加实际员额主要用于增加防空反导力量、组建两栖作战部队、在西南诸岛部署地面部队等，目的是为了提升防空反导能力，加强西南地区的前沿军事存在，提高应对各种事态的快速反应能力"，这一点是正确的。这是由于长期以来日本的国防政策主要是针对苏联而制定的，即重视北方的防卫政策，因此可以说目前日本是处于逐渐调整到应对朝鲜及中国的国防体制的过程。当然，这从中国角度来看的话，或许是日本对中国的敌视策略。不过进入21世纪以来，由于中国的军力增强，又由于朝鲜的核武器开发等问题，周边变化十分显著。因此从日本来看，日本也不得不采取重视西南方向的防卫政策。从这一点上来看，东亚地区正陷入安全困境的局面，现在已经到了中日等有关国家需要共同努力阻止这种状况进一步恶化的时候。

此外，报告书中提到"在海上，日本海上保安厅巡视船对中国执行钓鱼岛维权执法任务的海警公务船进行严密跟踪监控。海上自卫队与海上保安厅相互配合，共享情报，常态化派出舰机在包括我国钓鱼岛海域在内的东海海域实施不间断的警戒监视任务"，对于这一点必须注意的是，海上自卫队属防卫省管辖，而海上保安厅属国土交通省管辖，双方在相互联络和工作现场合作上还有很多有待解决的问题，未必能够充分地"相互配合"。

（二）青山瑠妙

本章基于日本《防卫白皮书》的内容进行了缜密的分析，特别是及时地把握了2017年日本的军事动向。不过，我认为理解日本的防卫力量不仅仅需要将注意力放在日本自身的防卫力量上，同时还要加强对日本同盟关系深化的理解。

专题四：海洋战略

中日海上安全形势：挑战与合作

2017 年以来，中日海上安全形势出现了新的变化。即，在围绕东海钓鱼岛、南海等海上争端持续进行的同时，海上安全合作也在加强，出现了消极和平状态下的复合型竞争与合作态势。

2017 年是中日邦交正常化 45 周年，中日两国良性互动明显增加。安倍首相 6 月对"一带一路"倡议发出合作的积极信号，9 月参加了中国驻日使馆的国庆招待会。此外，中日领导人在亚洲太平洋经济合作组织（APEC）、二十国集团（G20）等峰会期间进行了正式会谈。特别是安倍首相在 2018 年初发表的施政演说中，希望推动中日关系向新阶段发展，表示"与中国合作，应对不断扩大的亚洲基础设施需求"。对此，中方给予了积极回应，表示"中方愿与包括日方在内的各方一道，本着共商、共建、共享的原则，共同推进'一带一路'建设，实现地区国家的共同发展与繁荣"。

一、中日海上争端持续进行

2017 年以来，在东海、南海问题上，中日之间呈现出对峙与合作并进的态势。根据日本内阁府综合海洋政策推进事务局的资料 [1]，中日海上争端出现新的特点。日本采取了海上警备快速处置的措施，中国海上执法船则出现大型化、活跃化的趋势，中日双方的海上对峙形势依然严峻。2016 年，日本西

---

① 日本首相官邸，内閣府総合海洋政策推進事務局，https://www.kantei.go.jp/jp/singi/kaiyou/annual/H29/H29_cover.pdf。

南航空混成团的紧急升空次数达到日本全国的 60% 以上；2017 年 7 月 1 日，西南航空混成团改编为西南航空方面队，进一步强化了西南地区的防空体制。2018 年 1 月 11 日，日本两艘舰艇先进入钓鱼岛海域，中方随即采取相应行动。日本媒体在报道该事件时，全部聚焦于中国核潜艇在这一海域航行，渲染"中国威胁论"。

根据日本内阁府综合海洋政策推进事务局所编《海洋的状况及其海洋政策报告》(平成 29 年版)，在日本具有领海基线的 431 个无人离岛中，其中有无主离岛 273 个，作为国有财产进行登记。对于具有领海基线的离岛中，具有专属经济区基线的离岛，2011 年 5 月对 10 个岛屿、2012 年对 39 个岛屿；2014 年对具有领海基线的离岛 158 个岛屿，进行标注名称。

2016 年 7 月，日本综合海洋政策本部确定了"海洋状况把握能力强化措施"(MDA)。所谓 MDA 是指，"搜集、整理、共享'我国'的海洋安全保障、海上安全、自然灾害对策、海洋环境保护、海洋产业振兴、科技发展等与海洋相关的多种信息，及时掌握海洋相关状况"。为此，2016 年 12 月 21 日，在阁僚会议上确立了加强海上保安体制的方针，即加强海上保安厅的"海上法制执行能力""海洋监视能力"和"海洋调查能力"。

2017 年度日本海上保安厅调高原先预算的 2100 亿日元，在 2016 年度预算基础上，增强 5 艘大型巡视船，设置钓鱼岛领海警备专属的巡视船影像传送设备，增加 3 艘测量船，加强海洋调查体制的功能，紧急实施体制强化工作。此外，2016 年度确定紧急增员，2017 年度共计增加 442 人。

二、中日海上合作切实推进

另一方面，到 2017 年为止，中日两国政府举行了外交和防务部门之间的

15 次安全对话，13 次战略对话、8 轮海洋事务高级别磋商。

2017 年 12 月 5 至 6 日，第八轮中日海洋事务高级别磋商在上海举行，双方就建立并启动防务部门海空联络机制取得积极进展。此外，双方同意继续加强防务部门间的交流，增进互信。双方就东海相关问题交换意见，并探讨了开展海上合作的具体方式。双方原则同意 2018 年上半年在日本举行第九轮中日海洋事务高级别磋商。

另一方面，日本农林水产省与周边国家和地区强化合作，推进相应的资源管理。日本环境省、外务省在 NOWPAP 及 TEMM（中日韩三国环境部长会议）的框架下，举办工作小组会议，参加了国际海岸清理活动。此外，中、日、韩等一起捐助"东亚海域环境管理伙伴关系（PEMSEA）"的秘书处运营经费，并加强了与东亚各国的国际合作及合作体制。

CUES（《海上意外相遇规则》）由澳大利亚、新西兰等国首先提出，在 2000 年西太海军论坛会议上正式公布。2014 年 4 月 22 日，中国海军承办第 14 届西太平洋海军论坛年会（WPNS），日本海上自卫队参与了研讨会，并成为 WPNS 的会员国。目前，WPNS 的会员国有中、日、美、澳、韩、俄等 21 个国家，观察员为印度等 6 个国家。

日本参与了以中国、日本、韩国、俄罗斯为成员的地区合作框架——西北太平洋地域海洋行动计划（NOWPAP），为保护日本海和黄海等海洋环境，构筑了大规模油污染等的应对体制等，实现了国际性合作。

关于双边协商，在中日海洋事务高级别磋商中，中日两国专家讨论了包括微塑料在内的海洋垃圾监控等领域的合作，达成了新的协议。

2016 年 4 月，与北极有关的中日韩高级别对话（大使级）首次举行，3 个国家的政府及相关研究机构人员也出席了会议，对今后中日韩三国在北极的合作可能性等交换了意见。

三、海上安全形势的特征：从激烈对抗到消极和平

总体上，自 2012 年至 2017 年，中日海上安全形势出现了从激烈对抗到消极和平状态，进入了复合型的竞争与合作态势。

2012 年 9 月 10 日，日本政府决定钓鱼岛"国有化"之后，中日海上安全局势急转直下，进入了激烈对抗阶段。例如，2012 年 10 月 16 日，中国军舰首次以距钓鱼岛 80 公里的最近距离驶过钓鱼岛；2012 年 12 月 12 日，中国首次在钓鱼岛海空开展立体巡航。对此，日本视为武力威胁。

此后，2014 年 11 月 7 日，中日两国在四个政治文件的基础上，达成四点原则共识。双方认识到围绕钓鱼岛等东海海域近年来出现的紧张局势存在不同主张，同意通过对话磋商防止局势恶化，建立危机管控机制，避免发生不测事态。在上述共识基础上，中日双方努力寻求建立海空联络机制等方案，妥善解决中日海上争端，出现了既对抗又合作的消极和平状态。

出现消极和平状态的重要原因是，中日双方均认识到，中日关系保持稳定是亚太地区和平与稳定不可或缺的要素，必须从大局以及中长期角度出发，积极构筑包括海洋安全在内的中日"战略互惠关系"。但是，中日之间的积极和平态势尚未形成。

四、中日海上合作的前景

综上所述，2017 年以来，中日关系有所改善，中日海上合作呈现出多领域、多层次的趋势，但是中日之间依然存在诸多分歧。

2017 年安倍再次竞选自民党总裁后，对华政策呈现出强烈的两重性特

征。一方面，高调示好，开始承认中国政治稳定、社会进步，希望加速推进中日关系重回正轨。2017 年 12 月 6 日 ①，日本内阁官房、外务省、财务省及经济产业省等相关部门，贯彻"在第三国日中民间经济合作"方针，计划通过日本政府下属金融机构实施融资等方式，在节能环保、提升产业水平、物流三个领域积极推进中日民间企业合作。另一方面，日本依然采取制衡中国战略。例如，日本外相河野太郎 2018 年 1 月 28 日访华，称"日中关系对于双方来说都是最为重要的双边关系之一"，要将东海变成"和平、合作、友好之海"。但另一方面，他又强调将强化"印太战略"，与美国、韩国、澳大利亚、印度等"准同盟国"加强安保合作以牵制中国。根据日本防卫省 2018 年度概算要求，将成立水陆机动团，引进两艘新型护卫舰，启动新雷达开发，强化监控东海等。

中国将"一带一路"倡议视为中日合作的新契机，期待两国在财政、货币、基础设施等领域进行深度合作。

2018 年是缓和中日关系的重要"窗口期"，在"一带一路"框架下，两国在海洋安全、海上生态环境治理、海洋国际治理机制建设、"欧亚大陆蓝色围带"等方面，均存在巨大的合作空间。

◆ **点评**

（一）川岛真

专题四虽说是站在中国方面的视角进行分析，但也可以反映出中日两国之间相互作用这一特点。"2018 年 1 月 11 日，日本两艘舰艇先进入钓鱼岛海域，中方随即采取相应行动。日本媒体在报道该事件时，全部聚焦于中国核

---

① 「『一带一路』協力へ指針政府、対中関係改善狙う」『日本経済新聞』 朝刊、2017 年 12 月 6 日。

潜艇在这一海域航行，渲染'中国威胁论'"等非常耐人寻味。我们认为报告书指出了重要的一点，即在观察某一事件的时候，需要首先考虑双方是如何认识该事件，而该事件又是如何被双方媒体报道的。

在这一点上，第一节"中日海上争端持续进行"的后半部分，有关日本政府对无人岛管理的进展等问题，如果将其与中国方面的举动互相比较的话，或许中日之间的相互关系会变得明了。

确实，如报告书所评价的那样，中日两国围绕海洋的紧张关系是"斗而不破"。而关于出现消极和平状态的重要原因是中日双方均认识到，中日关系保持稳定是亚太地区和平与稳定的不可或缺的要素，必须从大局以及中长期角度出发，积极构筑包括安全领域在内的中日战略互惠关系这一点，是否还存在其他改变中日之间关系的原因呢？从日本的角度来看，有以下一些原因：第一，2016 年在"中菲南海争议仲裁庭"上，中国继续线等主张并未被采纳，事实上是菲律宾方面"胜诉"；第二，中国在此之后在南海停止了新的基地建设；第三，在南海等地美国持续实施了"航行自由"行动，但美方行动并未造成特别大的冲击，而是处于比较稳定的状态之下。而在中日两国之间，2017 年 8 月在钓鱼岛周边没有中国渔船活动，这也与 2016 年 8 月的情况不同。

同时，报告书指出，中日之间的积极和平态势尚未形成，最大的障碍在于中日从各自的国家利益出发，继续坚持各自主张的对钓鱼岛领土主权诉求，而且丝毫也不让步，可以注意到这一点表现了中方的姿态。

另外，"一带一路"在海洋秩序合作层面为中日关系也带来了新的契机。这一点正如报告书中所提及的那样。有关海上的"生态文明"的合作也包含其中。眼下的课题应该是如何去推敲出具体的计划。

（二）青山瑠妙

本章主要分析了海上安全问题，认为中日两国在该问题上已经进入"消极和平状态"，即"竞争且合作"的状态。这一见解比较准确地把握了当前中日两国在海上安全问题上的现状。但是，需要指出的是，至少在日本方面看来，目前日本国民没有产生两国"合作"的认识。如果中日两国能够在竞争性的状态下，基于共同利益展开合作且这种合作能够为两国民众广为知晓的话，毋庸置疑对于改善两国民众的感情是具有推动作用的。

专题五："一带一路"倡议

"一带一路"倡议与中日关系

2017 年的中日关系总体呈现出转圜的"回暖"迹象，安倍首相多次在公开场合释放善意，呼吁进行首脑互访，希望 2017 年和 2018 年这两个特殊年份成为实现中日关系重返正常发展轨道的机遇之年，并表示要"将中日关系提升至一个新高度"。

在安倍政府推动中日关系发展的举措中，最为瞩目的无疑是对中国"一带一路"倡议的华丽转身，从过去的观望抗拒转向参与合作。2017 年 7 月，在德国汉堡举行的"习安会"上，安倍亲自向习主席表达了加入"一带一路"倡议的意愿。在 11 月越南岘港举行首脑会晤时，安倍再次表示愿以 2018 年中日和平友好条约缔结 40 周年为契机，积极探讨在"一带一路"框架内的合作。同月下旬，日本经团联组织了 250 人的庞大代表团访华，就"一带一路"框架下中日企业的合作进行了洽谈。

一、多方考虑的权衡结果而非权宜之计

安倍内阁对"一带一路"倡议的立场转向是经过多方考虑的权衡结果而不是心血来潮的权宜之计。中日媒体和学界对此进行了大量的分析和评论，概括来看主要有以下几方面的原因：

（一）内政因素。2017 年安倍内阁经历了上台执政后的最大信任危机，森友学园和加计学园的丑闻事件一度让安倍内阁的支持率降至 30% 以下，陷入执政"危险水域"。虽然安倍破釜沉舟解散众议院举行大选，并取得压倒性的

胜利，但这次胜选的主要原因是在野党的分裂和民众求稳的心态所致，安倍面临的国际国内问题依然严峻，他希望通过改善中日关系取得的外交成果来巩固政权，提升支持率。此外，也有学者认为安倍如果继续执政，那么未来两年面临多项重大政治活动，2018年9月自民党举行总裁选举，安倍能否如愿当选需要内政外交的业绩加以支撑。2019年日本作为东道主举办二十国集团（G20）峰会，2020年又要举办奥运会，这些重大外交活动都需要中国的支持与合作。甚至有人指出，安倍的夙愿是在他执政期间完成修改宪法，但日本国内护宪力量依然存在，实现修宪的阻力依然很大，而中国和韩国等亚洲国家对日本修改第九条极为警惕，改善对华关系可以缓解来自中国的压力。

（二）美国因素。特朗普上台后以"美国优先"为口号，相继退出跨太平洋伙伴关系协定（TPP）和巴黎气候协定，美国的"退群"行为给日本带来了极大的冲击，美国的孤立主义倾向预示着未来国际秩序的重建可能以"美国不在"的方式演进。那么，安倍向美一边倒的外交路线必须有所纠正。此外，中美越顶外交依然是日本的噩梦。安倍担心美国在"一带一路"问题上先于日本与中国合作，更怕中美可能达成有损于日本利益的妥协和交易。所以，优先改善对华关系可以避免被"越顶"和被边缘化，同时也是对特朗普退出TPP、要求日本开放市场、消除贸易逆差的无声抗议。

（三）中国因素。中国积极推动"一带一路"建设取得丰硕成果，响应和参与的国家越来越多，项目建设也开始早期收获。日本财界首先坐不住了，开始向安倍政府施加压力，要求改善中日关系，为日本企业参与"一带一路"建设提供支持和创造良好的政治环境。据亚开行预测，2016年至2030年，"一带一路"沿线的基础设施建设需求在26万亿美元左右，"一带一路"开辟了通往东南亚、南亚、欧亚大陆到非洲的大市场，如果日本不积极参与其中，就有被边缘化的危险。

由此可见，安倍内阁调整和改善对华政策、参与"一带一路"倡议具有多方考虑和多层背景，是权衡利弊的结果而不是心血来潮的权宜之计。

二、地区战略和多边外交视角的积极意义

从日本地区战略和多边外交的角度来看，安倍内阁在"一带一路"问题上的这次转向，还隐含着以下几方面的积极意义。

（一）对中国主导的地区多边合作机制从过去的全面抵触转向合作参与，开始用行动来认同中国主导的地区多边合作机制。进入 21 世纪后，日本一直将中国视为战略对手，担心中国坐大而削弱日美的地区影响力。以日本拓殖大学教授渡边利夫为首的一批舆论领袖提出"新脱亚论"，认为中国推动的地区一体化和东亚共同体建设包含着"中国称霸的野心"，是想排挤美国和离间日美同盟关系，并告诫日本政府不要掉入中国的"陷阱"。安倍 2012 年上台后提出新南向外交，重视澳大利亚、东盟、印度等国家和地区，并呼吁企业界实行"中国＋1"战略，也就是在东南亚和南亚国家寻找新的市场以取代中国，这种全面"脱中国化"的外交政策其实就是"新脱亚论"的反映。但实践结果表明，日本的抵制与不合作非但没有阻挡中国经济的蓬勃发展和地区影响力的持续上升，反而损人不利己，不仅双边经济贸易额持续下降，而且在东南亚地区围绕着高铁基础设施建设进行恶性竞争，让中日企业都损失惨重。

（二）日本企业先行先试，积极投入中国"一带一路"建设。据日本媒体报道，日本最大的货物运输公司"日本通运"早就开始同中国铁路总公司合作，协助在华日企借助中欧班列开展通往中亚和欧洲的定期运输业务。2017年 9 月，日通宣布将与哈萨克斯坦国家铁路公司合作，提供连接中日港口、

中亚和欧洲的陆海联运服务。日本企业的先行先试用实践告诉日本政府，中国的"一带一路"建设是为周边国家提供互联互通和经济合作的平台，反映了地区经济发展的现实和需要。日本政府也开始转变观念，并采取措施对相关日本企业参与"一带一路"建设进行政策和金融支持，在节能环保、提升产业水平、物流等领域积极推进中日民间企业的合作，推动中日两国在"一带一路"建设领域的合作能够早日落地。

（三）对中国地区影响力客观和正面评价的声音开始抬头。面对近年来的逆全球化和保护主义浪潮，中国积极进取，成为引领和推动全球化和全球治理进程的重要力量。中国呼吁各国共商合作大计、共建合作平台、共享合作成果，为地区的互联互通及其发展注入新能量和新动力。中国的包容姿态和进取精神与特朗普的"美国优先"和保护主义政策形成鲜明对比，日本作为依赖自由贸易体系的国家，对中国共商、共建、共享的理念和行动产生共鸣，积极评价和正视中国影响力的声音开始抬头。有日本政治家就认为，日本在50多年前创建了亚洲开发银行（ADB），当时日本的经济实力在全球排位第四或第五，现今中国是全球第二大经济体，创办亚投行（AIB）完全是可以理解的。亚开行对亚洲地区的发展做出了贡献，那么，中国的亚投行也一定会为地区经济的发展做出贡献。况且，亚投行不是中国一个国家的银行，而是有80多个国家参与，很多国家的金融精英在亚投行就职，亚投行是一个国际化、高标准的跨国银行，是一个透明、开放的国际机构。日本一些有识之士呼吁要摒弃排斥和抗拒心态，应该客观研究"一带一路"建设。一些学者在东京发起创办了"一带一路"日本研究中心，他们认为，日本社会对"一带一路"的认识和了解很不深入，希望以此为契机，加强日本学界对"一带一路"的深入研究，为日本政府和企业参与"一带一路"建设提供智力支持。

（四）从地区和平安全以及日本的周边安全形势来看，安倍上台后一贯用"严峻"一词来形容周边形势，为他解禁集体自卫权和加强日美军事合作寻找理由。但从结果来看，这些安保举措非但没有缓解日本的周边严峻形势，反而加剧了亚太地区的紧张局势，特别是朝鲜核问题的升级令日本坐立不安，随时都可能被卷入美朝之间的战争而做出牺牲。而此时，中国的作用和影响力显得尤为重要，这不得不让安倍等人明白，日本的和平与安全仅靠美国是靠不住的，没有良好的中日关系就不可能有稳定的周边环境。安倍不得不承认："如果从长远视野考虑日本的安全保障和经济利益，与继续走大国道路的中国改善关系是当务之急"。

当然，中日关系的全面改善非一日之功，双边层面的老问题需要管控，日本国内的"中国威胁论"依然存在，我们不能期望太高但要脚踏实地。从地区合作和多边外交的角度来看，参与中国"一带一路"建设作为安倍内阁改善中日关系的一个平台具有重要意义，经济领域的多边合作可以给两国带来双赢并增进政治互信。但至少目前来看，安倍的参与还是"有限度"和"有条件"的合作，对于加入亚投行也采取了谨慎态度。因此，我们要谨防安倍在地区多边领域对中国实行"政经分离"政策，因为牵制围堵和参与合作的平衡战略和两面政策不可能带来中日关系的全面改善和发展。河野外相在近期访问中国时用"并肩协力"一词来规划未来两国在东亚地区开展合作，他说要共同参与国际事务，在国际事务中分担责任。日本自民党干事长二阶俊博在中共中央党校发表演讲时也指出，中日关系现今已经超越互惠互利，发展成共同创造未来的"共创"关系，"日中合作不应仅局限于两国，只有对世界和平与繁荣做出贡献才是新时代的日中关系"。识时务者为俊杰，希望日本政府能够真正放下冷战思维和围堵中国的政策，期盼2018年成为中日关系发展的关键之年，以"并肩协力"的姿态携手"共创"中日关系的"新时代"，为东亚地区的和平与繁荣做出应有的努力和贡献。

◆点评

（一）川岛真

日本对"一带一路"的政策发生了变化，这是2017年的一个强烈的信号。日本正摸索与中国在区域合作、全球治理合作等多方面改善两国关系。但是，有三个大的问题必须注意。

第一，安倍首相并非积极地去评价"一带一路"。安倍首相过去的论述，可以用"对于X持否定看法，这是因为存在A、B、C等原因"来比喻。而现在他的说法，变成"如果满足A、B、C这样的条件，就对X表示赞成"。虽然实际的内容并没有大的变化，但这给人的观感相比过去而言，出现了与中国合作的意思。另外在2017年末，日方提出了物流和环境等中日双方具体的合作行业，而在港口建设等与军事相关的问题上，日本又表现出了反对的姿态。报告书提到，"但至少目前来看，安倍的参与还是'有限度'和'有条件'的合作，对于加入亚投行也采取了谨慎态度。因此，我们要谨防安倍在地区多边领域对中国实行'政经分离'政策。因为牵制、围堵与参与合作——平衡战略的两面政策，不可能带来中日关系的全面改善和发展"。这点提及了安倍首相提出的条件，但没有提到中方应当提出什么样的相应对策，只是认为安倍首相对华的姿态还不够。不过从安倍首相角度来看，可以说日方已经对中方"让步"，因此安倍正在期待着中方的"让步"。然而，中国方面的理解却是"日本的让步还不够"。安倍首相提出的条件到底是什么、是否有让步的可能，学界和舆论界都没有关于这类问题的讨论。本报告书亦是如此，这一点必须要注意。

第二，日本方面的误解。日本将"一带一路"与亚投行相提并论，但是实际上亚投行的规模并不大。正如本报告书指出的，该银行尽管是由中国主导，但是还是一个具有国际色彩的银行。在"一带一路"中，反而是中国进出口银行和丝路基金的影响更大。所以应该说亚投行是按照国际标准开展业务的，不得不说日方的理解有些偏差。然而，安倍首相在"一带一路"上表现出了妥协，但并没有对亚投行释放这一信号。

第三，在考虑日本和"一带一路"关系的时候，还是需要一些能够成为范例的合作计划。报告书确实也指出了合作的范例，如"日本企业先行先试，积极投入中国'一带一路'建设。据日本媒体报道，日本最大的货物运输公司'日本通运'早就开始同中国铁路总公司合作，协助在华日企借助中欧班列开展通往中亚和欧洲的定期运输业务"。而安倍首相所提出的希望能够同中方进行合作的领域，实际上在他提出之前就已经存在日本参与合作的先例了。如物流（日通）、工业园区（伊藤忠）等便是其中代表性案例。今后，在这些既有的范例之外，中日双方之间能够有何种程度的合作计划出台，将会成为关注焦点。从我个人角度看，前述的生态文明将会成为关键词。

（二）青山瑠妙

安倍政权对中国的"一带一路"构想释放出积极信号，可以说是中日关系改善的一大转机。如本章所述，日本国内对"一带一路"仍然存在支持或反对的不同意见。由此观之，中日两国在"一带一路"构想上的合作动向，会影响到今后中日关系的走向。

专题六：经济与贸易（之一）

2017 年中日经贸合作的变化与趋势

2017 年，中日经贸关系出现一些积极迹象：两国的贸易投资都重现增长势头，经贸合作呈现向好的发展态势。但是，这种较好的发展态势能否持续并更上一个台阶，则面临着严峻挑战。不言而喻这与两国政治关系的发展趋势有直接关联，特别是日本政府的战略取向对中日经贸关系至关重要。

一、中日经贸合作现状

贸易与投资呈现恢复性增长。2017 年，中日两国经贸合作出现一些新的变化，一是双方贸易重获较大幅度的增长，全年贸易额为 3029.9 亿美元，同比增长 10.1%，占中国对外贸易总额 7.4%，时隔多年重上 3000 亿美元台阶。其中，中国对日本出口 1373.3 亿美元，从日本进口 1656.5 亿美元，同比分别增长 6.1% 和 13.7%。日本是中国的第四大贸易伙伴、第三大贸易伙伴国、第二大出口对象国和第二大进口来源国。二是日本对华投资增加，全年新设企业 590 家，同比增长 2.4%，实际使用金额 32.6 亿美元，同比增长 5.3%。截至 2017 年底，日本累计对华投资设立企业 51006 家，实际使用金额 1081.8 亿美元，是累计利用外资的最大来源国。三是经济合作保持增长态势。2017 年，中国对日本非金融类直接投资 25426 万美元，与上年基本持平，主要投资领域是制造业、进出口贸易和能源矿产等。中国企业在日本承包工程新签合同金额 3.38 亿美元，完成营业额 3.28 亿美元。中国向日本新派出技能实习生 38670 人，同比增长 5.8%，主要分布在日本中小企业，涉及制造业、农林牧渔和建筑业等。截至 2017 年底，中国对日非金融类直接投资存量为 34.8 亿美元；承包工程累计新签合同金额 40.6 亿美元，累计完成营业额 41.6 亿美元；中国在日技能实习生总数 14.3 万人，占中国在外劳务人员总数的 23.8%，日本一直是中国重要的海外劳务市场。

两国交往及友好活动频繁。2017 年是中日邦交正常化 45 周年，5 月，在北京举行的"一带一路"高峰会议期间，日本自民党干事长二阶俊博出席高峰论坛，并向中国国家主席习近平转交日本首相安倍晋三亲笔信，希望以中日邦交正常化 45 周年、中日和平友好条约缔结 40 周年为契机，秉承推进两国战略互惠关系的理念，构建稳定友好的中日关系。9 月，中日邦交正常化 45 周年纪念招待会分别在北京和东京举行，中国全国人大常委会副委员长兼秘书长王晨等以及日本前众议院议长河野洋平等人出席北京招待会并致辞，日本首相安倍晋三出席东京招待会并致辞。11 月 20 日，由日中经济协会、日本经济团体联合会、日本商工会议所组成的日本经济界代表团访问中国，此次访问汇集了众多日本知名企业家和高管，并创下 250 人规模之最。访华团希望寻求两国经贸领域合作新机遇，表明了日本经济界非常希望继续加强与中国的联系，推动中日经贸合作恢复并不断获得新的发展。

此外，为纪念中日邦交正常化 45 周年举办的研讨会以及为促进中日两国更多领域开展合作所举办的各种交流会、推介会等活动也不断增加，显示中日两国友好合作的气氛不断升温。

二、面临的问题与挑战

尽管两国关系呈现积极向好的迹象，特别是日本首相安倍晋三表示要改善中日关系。但是，中日两国经贸合作面临的挑战与问题仍不容忽视。

一是政治互信欠缺制约中日经贸关系的发展。自从中日邦交正常化以来，特别是中国实行改革开放以来，两国经贸合作曾经有过一段非常良好的"蜜月期"，其后，两国经贸合作虽取得很大发展，但双方的经贸合作潜力仍受制约。可以说，良好的政治互信是中日两国经贸合作始终持续稳定发展的重要基石。但是，2012 年日本"购岛事件"严重冲击中日两国的政治关系，破坏了两国经贸合作的基础。尽管中国政府一直积极努力改善中日关系，但日本政府的做法并未创造促使两国关系好转的氛围。特别需要指出的是，每当中日两国关系出现向好的迹象时，日本国内总是会出现干扰破坏两国良好氛围的事件发生，中日经贸关系必然受到影响。2017 年，日本又向中国政府表示希望改善关系，促进中日经济合作，但以往日本政府对华政策的反复令人比较担忧，如何建立并保持两国的良好政治互信对两国未来经贸合作的发展非常重要。

二是中日在区域经济合作方面没有取得进展。2017 年，经济全球化面临的巨大挑战就是逆全球化思潮上升，特别是特朗普当选美国总统退出跨太平洋伙伴关系协定（TPP）后，令世界各国对经济全球化的未来疑虑重重。区域经济合作作为经济全球化的重要组成部分，在推进经济全球化发展进程中发挥了重要作用。然而，作为东亚地区最大的两个经济体，无论是启动多年的中日韩自由贸易协定（FTA）谈判，还是作为重要参与国的区域全面经济伙伴关系（RCEP），中日两国在区域经济合作中始终未能取得实质性和突破性进展。其原因既有中国基于自身经济发展水平谨慎开放的需求，更重要的还是日本抬高了签署自贸协定的要价。而日本这种高要价无助于谈判取得进展，也不利于日本自身的发展。

三是日本构建"势力范围"意图非常明显。随着中国经济实力提升，国际影响力增强，日本在东亚地区的影响力呈下降趋势，这也是日本最终同意加入美国主导的 TPP 的原因所在。但是，美国 2017 年突然退出 TPP 重创日本战略构想，且这种高标准自贸协定一旦解体，单凭日本的力量短期内根本无法重聚这些国家开始谈判一个新的高水平自贸区。为此，日本积极承担起"主导"责任，极力劝说其他 10 国，在保持 TPP 主要内容基本不变的前提下，照顾到包括越南、马来西亚等国的诉求，有限冻结部分原 TPP 内容，实现了首次在亚太地区建立大型高标准自贸区的梦想，这是日本将高标准扩展到亚太地区迈出的重要一步。通过建立高标准的全面进步跨太平洋伙伴关系协定（CPTPP），日本自认为在争夺东亚地区主导权方面占得先机，更重要的是高标准的 CPTPP 为其他国家加入设定了"门槛"，而一旦美国重新加入，将成为亚太地区最重要的大型自贸区，中国则面临非常大的挑战。

此外，如何避免中日两国企业在海外市场相互竞争导致两败俱伤也是面临的挑战，如中国高铁与日本新干线在东南亚以及南亚地区的竞争，受损的是中日企业，获益的是这些国家和地区。而中日之间曾多次强调要加强合作共同拓展第三方市场，因此，如何加强中日企业合作共同拓展第三方市场是两国亟待解决的重要课题。

三、展 望

2018 年是中日签订和平友好条约 40 周年，可以说该条约的签署对深化两国经贸合作发展发挥了重要作用。2017 年 12 月 19 日，安倍晋三在东京发表演讲时表示，将以明年（2018 年）中日和平友好条约缔结 40 周年为契机，推动中日高层加深交流，将中日关系提升至一个新高度。从日本领导人的表态看，两国关系应该有一个比较好的发展。需要指出的是，中国政府一贯重视中日关系，一直希望中日两国关系能够保持健康稳定的发展。但是近年来，日本政府的言行不一或出尔反尔不断损害中日关系，让中国非常失望。因此，建立良好的政治互信仍是中日两国面临的巨大挑战，希望日本政府能够审时度势，构建起中日两国未来友好关系发展的良好预期，逐步重建两国良好的政治互信。在逐步建立良好互信的同时，中日两国可在"一带一路"建设方面有加强合作的空间。

就日本而言，日美同盟建立以后，美国借此牢牢地控制着日本，对日本的影响力非同一般。近来，中美关系趋稳，日本对此比较担心：美国会为实现其自身利益，暂时抛弃日本吗？因此，日政府内部主张积极恢复并发展中日关系的观点占了上风。2017年日本首相安倍给中国领导人的亲笔信就清楚地传递出这种信号。2018年，日本会积极寻求与中国加强合作，特别是"一带一路"。因为毕竟"一带一路"涵盖巨大的新兴市场，参与基础设施建设可为日本企业带来巨大的经济利益。而为了更好地参加"一带一路"建设，加入亚投行就成为日本的选项，因此，日本有可能提出并加入亚投行。就中国而言，日本参加"一带一路"建设，有助于发挥两国的各自优势，推动两国经济合作的发展。

在区域经济合作方面，预计中日韩FTA谈判和RCEP谈判仍将继续进行。不过，由于日本关注点在CPTPP且不会降低谈判要价，因此，2018年中日韩谈判取得实质性进展的希望不大。对于RCEP，中日是否能够加强合作同样不容乐观，但同时因为日本希望改善对华关系，或许在谈判中略降对华要求和标准。

总之，2018年，中日经贸关系能否获得新的发展，关键看日本的表现。如果日本政府言而有信，在推进中日关系上有实质性的举动，两国关系还会有一个新的发展。如果日本政府又突如其来地"搞小动作"，则中日经贸关系必然再受影响。

◆点评

（一）川岛真

报告书中有关经贸合作的部分，很明显是从中国的视角去分析的。例如，"但是，2012 年日本'购岛事件'严重冲击中日两国的政治关系，破坏了两国经贸合作的基础。尽管中国政府一直积极努力改善中日关系，但日本政府的做法并未创造促使两国关系好转的氛围"等部分，就是代表性的观点，也即将两国关系恶化原因完全归咎于日方。另外，"特别需要指出的是，每当中日两国关系开始出现向好的迹象时，日本国内总是会出现干扰破坏两国良好氛围的事件发生，中日经贸关系必然受到影响。2017 年，日本又向中国政府表示希望改善关系，促进中日经济合作，但以往日本政府对华政策的反复令人比较担忧，如何建立并保持两国的良好政治互信，对两国未来经贸合作的发展非常重要"。但这里具体不清楚 2017 年日本方面的何种行为造成了问题，反倒是表现出了日方明显希望改善关系，而中方的行为却损害了日方的对华感情，妨碍双方关系改善。中日关系既然是两国关系，就必须从中日双向的观点去分析。

另外，没有良好的政治关系就不存在良好的经济关系，报告书的这一观点或在中国普遍存在。从日方来看，如果小泉政权时期的"政冷经热"的现象是当时中方将政治和经济分开考量的一个证明，可以看到中国逐渐地向"政经一致"靠拢，向着"没有良好的政治关系就没有良好的经济关系"论点方向发生变化。又或是随着中国经济实力提升成为世界第二大经济体，中国因此以经济实力为后盾进而强化政治影响力，要是如此那就是中方自身姿态的变化，难道不是中方对日方提出了更高的要求吗？就这一点而言，中方有自身的观点和意见，至少对于两国关系，难道不是需要根据双方的认识和观点进行分析吗?

关于区域经济合作,报告书提到"因既有中国基于自身经济发展水平谨慎开放的需求,更重要的还是日本抬高了签署自贸协定的要价。而日本这种高要价无助于谈判取得进展,也不利于日本自身的发展",对致力于通过 TPP 将 95% 以上关税项目都消除并实现自由化的日本而言,"自由贸易"所表现的内容是追求相当高程度的自由化,可以理解这一点对于中国而言也是一种压力。但是在 RCEP 中,日本并没有提出如同 TPP 程度的高要求。并且,这一类区域经济合作框架中,也存在着过度降低自由化程度的举动。在此意义上来说,中国同日本一样追求比较高的自由化程度。而在中日韩三国的情况下,中国和韩国对日本要求更高的自由化率,对自己则希望适用低一些的自由化率,即希望达成一个不公平的比率。区域经济合作中围绕自由化率的交涉,需要进一步参照交涉现场的情况进行分析。

此外,报告书中所用的"势力范围"一词略有不妥。确实 CPTPP 与一般的自由贸易协定不同,实现了贸易的高度自由化和高度规范性。推广这种规范的国家或许会带有一定程度的价值观,但是 CPTPP 并非封闭的,而是开放的。同时必须确认的是,这是一个推广有关关税和经济活动规范的集团,其目的不是形成一个政治性的"势力范围"。

在展望部分,不断重复指出中国希望改善中日关系,却又不断批判不给予中方积极回应的日方,或者又说日美同盟的存在造成美国钳制了日本外交等等,这是长期以来中国对日的典型分析方式。同时,像"近来,中美关系趋稳,日本对此比较担心"等一类言论,在日本却从未听说。所以,关于"因此,日本政府内部主张积极恢复并发展中日关系的观点占了上风"这一点,也是日本舆论界未曾耳闻的论断。反倒是美国特朗普政权不稳定,对东亚政策不明确,朝鲜局势瞬息万变,这些才可以看作日本靠拢中国的背景。

并且，"因为毕竟'一带一路'涵盖巨大的新兴市场，参与基础设施建设可为日本企业带来巨大的经济利益。而为了更好地顺畅参加'一带一路'建设，加入亚投行就成为日本的选项，因此，日本有可能提出并加入亚投行"这类的论断，正如前述，亚投行的投资额在"一带一路"中所占比例并不大。不过可以看到的是，由于亚投行在同亚洲开发银行等组织合作的过程中逐渐地掌握国际标准，逐步形成与中国进出口银行和丝路基金等不同的运作模式。在这种意义上说，亚投行的影响力虽然并不算大，却是适用了国际标准的一个开放的机构，因而日本才应该加入，这样的讨论在日本还是存在的。

（二）青山瑠妙

如本章所述，中日两国的关系相对处于比较良好的状态。当然，中日两国出现较大程度的政治对立，会给经济关系带来不良影响；而相对稳定的经济关系，同时也是支撑两国政治关系的支柱之一。

专题七：经济与贸易（之二）

2017："通商 4.0 时代"的日本

2017 年末辞旧迎新之际，《日本经济新闻》满怀雄心壮志地宣告，全球经贸格局和日本通商政策已经进入第四个时代。前三个时代分别是战前以邻为壑的壁垒时代、战后由关贸总协定和世界贸易组织引领的多边自由主义时代、20 世纪 90 年代之后逐渐崛起的双边自由贸易协定（FTA）时代。所谓的第四个时代，就是"不同地区的数个国家结成'巨型 FTA'（mega-FTA）的时代"，而日本被认为在其中起到了"主体性作用"。

全球经贸的新一轮跨区域热潮中，一度出现四个代表性的"巨型 FTA"："跨太平洋伙伴关系协定"（TPP）、"跨大西洋贸易与投资伙伴关系协定"（TTIP）、日本—欧盟经济伙伴关系协定（日欧 EPA）、"区域全面经济伙伴关系协定"（RCEP），日本是同时参与上述谈判数量最多的国家。特朗普执政后，美国退出 TPP 并暂停 TTIP 谈判，一时风云突变，但对于日本而言，2017 年却是"巨型 FTA"的丰收之年，TPP（11）和日欧 EPA 相继取得重大的阶段性进展，这也成为日本经济外交在"通商 4.0 时代"的最大热点和亮点。

一、主导与引领

TPP 的"起死回生"，不无日本的苦心经营。2017 年 11 月 11 日，除美国之外的 11 个 TPP 成员国宣布"已经就新的协议达成基础性的重要共识"，决定将 TPP 更名为"全面进步跨太平洋伙伴关系协定"（CPTPP）。2018 年 1 月，在日本举行的为期两天的会议后，原有四个领域的残存问题得到解决，这为 3 月 8 日在智利举行签字仪式扫清了最后的障碍。

美国退出 TPP 之后，其他各方经历了接近一年的忧虑和彷徨。2017 年 5 月的部长级会议之后，共召开了 5 次首席谈判代表会议，7 月以后，日本在这一会晤机制中逐渐扮演起首要的推动者角色，主办了后续 4 次会议中的 3 次。CPTPP 的诞生，也由日本经济再生担当大臣茂木敏充与东道国越南的工商部长作为共同议长一同宣布。对于日本而言，第一次在如此重要的多边协定中坚定立场、多方协调且终成正果，日本也仿佛从传统的外压"受动者"变身为"施动者"。上述进程反映了各国对自由贸易秩序的高度依赖和期待，不愿轻易放弃 TPP 力图塑造的地区秩序。更重要的是，在美国淡出亚太多边经济合作的背景下，日本等国有意拓展自身在区域经济秩序中的自主表现、进取意识和战略空间。

当然，引领并非领导，更非主导。美国的缺位使 TPP 这一"巨型 FTA"缺乏真正的"领袖"。日本等国有意领导，只是心有余而力不足。值得庆幸的是，各方终于利用 TPP 的巨大惯性，在日渐收拢的窗口期内完成了决定性的一步。

按照修改后的协定条款，CPTPP 的 11 国中只要有至少 6 个国家完成国内立法批准程序，在 60 天之后即可生效。原 TPP 生效条款中关于成员国 GDP 的门槛要求（85%）已不复存在。日本与新西兰已经率先完成关于 TPP 的国会认可程序，在 CPTPP 的立法中也有望继续起到领头羊的作用。乐观估计，CPTPP 将在 2019 年正式生效。

二、进步与渐进

无论是中文还是日文都将 CPTPP 的新附前缀译为"全面进步"，意在突出服务贸易和投资的自由化、政府采购的无差别待遇、争端解决机制等高标准特质。回想起 TPP 诞生之初无数雄心勃勃的修饰词，更鉴于两者的相差无几，CPTPP 似乎并无必要"画蛇添足"般再作自我标榜。或许，11 国只是想通过新的命名与原有的 TPP 及其一直以来饱受的批评和质疑拉开一些距离。

尽管冻结的候选条款据传一度达到近 80 项，但 CPTPP 的新架构共识将保留超过 95% 的原 TPP 项目，仅搁置其中的 22 项条款，大部分与著作权保护期、药品临床试验数据保护期等知识产权议题有关，最具争议的投资者—国家争端解决（ISDS）条款亦位列其中。TPP 的原有文本超过 8000 页，涉及愈千个项目，22 项目与之相比，确实难言变动巨大。谓之"进步"或无疑议。

更重要的是，这些条款的冻结，使 CPTPP 在保持"进步"状态的同时又具备了"渐进"的特征，而这或许也是与 TPP 相比最大的区别。一方面，其部长级声明强调，"CPTPP 在坚持高标准、总体平衡和 TPP 完整性的同时，确保所有参与方的商业和其他利益，保留规制的固有权利，包括在设定立法和规制优先事项上参与方的灵活性"。这种在较高水平的平台上谋求循序渐进的姿态对于获得参与国的国内广泛认同，乃至吸引和争取更多的后续成员不无裨益。美国的退出客观上也使部分国家在一些特殊议题上有了更大的缓冲空间和更多的调整时间。另一方面，冻结并非修改，更非删除，意味着静待美国重返。因此，日本国内多将 CPTPP 称为"TPP11"。当然，美国的重返与议题的解冻之间存在着一个棘手的悖论：这些暂时冻结的议题的争议焦点本就源于美国，而如果美国重返 TPP，甚至提出更高的要价，那么对于其他 11 个成员来说无疑将是新的更大挑战。

三、形象与实利

经过近四年的谈判，日欧 EPA 于 2017 年 7 月 6 日达成框架共识，于 12 月 8 日正式结束谈判，有望在 2018 年签字并于 2019 年生效。2017 年 2 月的日美首脑会谈也就设立"日美经济对话"达成了共识。随着 CPTPP 和日欧 EPA 谈判的相继结束，在国际经贸机制化建设和跨区域一体化进程中，日本正处于史无前例的有利地位，展示出一马当先的形象。无怪乎日本首相安倍晋三在施政演说中呼吁，日本要"继续作为自由贸易的旗手，将基于自由公正规则的 21 世纪型的经济秩序推广至世界"。

这些"巨型 FTA"为日本带来的并非只有虚名。根据日本政府的测算，CPTPP 对其实际 GDP 的收益尽管比 TPP 减少了四成，但仍将达到 7.8 万亿日元，并增加 46 万人的就业，而日欧 EPA 预计也将带来 5.2 万亿日元的经济提振。在 CPTPP 中，日本的 GDP 超过 40%，位列最大的经济体。对于日本而言，尽管 CPTPP 中新的 FTA 伙伴只有加拿大和新西兰，两者合计仅占日本贸易规模的 1.8%，但越南、马来西亚等国的市场仍值得期待，特别是其零售流通、银行、电信、娱乐等服务业领域的开放将为日本企业带来巨大商机。鉴于美国退出后 CPTPP 在体量上的骤减，其重要意义更体现在规则体系上。或许也正因如此，在从 TPP 向 CPTPP 的转型过程中，日本展现出前所未有的市场开放决心和政策改革魄力，冻结条款和重新谈判的议题中几无日本的身影，特别是农林水产的所谓"圣域"并未乘机卷土重来，颇具示范意义。

借助 CPTPP 的东风，日本政府提出了更为远大的目标。2017 年 11 月 25 日公布的《与 TPP 等相关的综合政策大纲》提出，要以 CPTPP 和日欧 EPA 为契机，将日本建设成为"新的出口大国"，"强化国内产业的竞争力"，开创

"农政新时代"。其中，到 2019 年度要实现一万亿日元的农林水产品和食品出口，到 2020 年要实现约 30 万亿日元的基础设施标的金额。根据《产经新闻》2018 年 1 月对日本企业所作的问卷调查，高达 75% 的受访企业认为 CPTPP 有助于日本经济。当然，在市场开放和国内改革的进程中，日本仍有巨大的提升空间。TPP 中日本的自由化率在工业制成品上为 100%，在农产品上却仅为 81% 左右，要想成为经济全球化的真正引领者仍任重道远。

四、对中日关系的影响

对 TPP 潜在福利效应的量化研究曾纷纷指出，TPP 在中短期内对中国贸易和整体经济的冲击有限，美国缺位后的 CPTPP 更是如此。尽管如此，大量保留在 CPTPP 中的规则仍带有强烈的"美式印记"。这些规则条款既是中国进一步改革开放的某种借鉴和启示，也在无形中对中国施加了巨大的政策压力。

上述规则影响将突出地表现在 RCEP 谈判上。一方面，安倍政府提出，到 2018 年与 FTA 伙伴国的贸易要占其贸易总额的 70%。2016 年 TPP 签署之后，日本的这一比例一度达到 39.5%。但由于美国的退出，即便 CPTPP 付诸实践，日本离这一目标数值仍相距甚远。毋庸置疑，唯有中日韩 FTA 和 RCEP 的实现才能弥补剩余的缺口。这与 TPP 并不矛盾，甚至在一定意义上，RCEP 越早成功，对于美国企业的不利影响就越大，其力促美国政府在 TPP 问题上改弦易辙的压力也就与日俱增。这甚至让人想起一个并不遥远的历史类比：或许只有像 1997 年亚洲金融危机之后"亚洲货币基金"等把美国"踢出去"的倡议，才能把美国"拉回来"。另一方面，日本、澳大利亚等国一直期待 RCEP 能够以 TPP 为榜样，提高规则水平和市场开放程度。这虽然在一定程度上有助于提升 RCEP 的雄心水平，但也进一步增加了其谈判难度和悬而未决的风险。如何真正处理好"进步"与"渐进"的关系，仍将是一个令人深思的命题和挑战。

2017 年是否宣告"日本开启了新的经济外交的大幕"、是否真正代表着"通商 4.0 时代"的发轫之年，历史将给出答案。但将其视为日本经济外交的收获之年或许并不为过。平心而论，受制于农业等国内特殊部门利益，日本在既有的区域贸易一体化中往往表现出一种内视、谨慎乃至保守的形象，在多边层次的贸易自由化中也鲜有独到的倡议和实践，对此，日本自身也并不讳言。但 2017 年的有所作为和巨大收获，使日本一改往日的形象。在"美国第一"和贸易保护主义沉渣泛起的背景下，CPTPP 和日欧 EPA 的达成不无积极意义，对于其他进行中的 FTA 谈判乃至面临困境的经济全球化本身也具有一定的示范效应和提振作用。

◆点评

（一）川岛真

报告书恰当梳理了从美国退出 TPP 到 CPTPP 形成的过程，并且比较了 TPP 和 CPTPP 的不同。特别指出了从 TPP 到 CPTPP 的过程实际上是自由化程度下降的过程，基本上是因为将美国过去要求的自由化部分删除所致。日方也能够理解这一点。同时，在报告书中提出了自由化程度在 95% 以上和追求高自由化率两个 TPP 的特征；不仅如此，TPP 有很多对国内各种制度的规则设定、规范性很强这一点也是 TPP 的特征。

另外，报告书确实把握住了有关达成 CPTPP、日欧 EPA 以及中日韩 FTA 的整体构想。但是，对于 RCEP 则提道："另一方面，日本、澳大利亚等国一直期待 RCEP 能够以 TPP 为榜样，提高规则水平和市场开放程度。"
这又是从何说起呢？报告书从整体上看，对于日本的 RCEP 政策都是持批判
性的，并且认为日本想要将 CPTPP 的规范搬到 RCEP 中来，对于这一点必
须有更为慎重的判断。例如从外务省中负责经济合作工作的经济担当审议官
山崎和之近来的发言看，正在酝酿中的中日韩 FTA 将会维持一个比 RCEP 更
高的自由化率。如果日本有对 RCEP 采用 CPTPP 相同程度自由化率的意图
的话，山崎和之的发言根本不可能出现。日本确实批评 RCEP 的自由化度过
于低下，另外在交涉阶段日本也有可能以 CPTPP 为模板提出方案。但是，印
度以及东南亚部分国家所追求的自由化程度极低。从这一点上来看，可以认
为最终结果预估肯定不在 95% 左右的水平。

同时，对报告书提到的"在'美国第一'和贸易保护主义沉渣泛起的背
景下，CPTPP 和日欧 EPA 的达成不无积极意义，对于其他进行中的 FTA 谈
判乃至面临困境的经济全球化本身也具有一定的示范效应和提振作用"。对
此，我大部分表示赞同。希望中日韩 FTA 也同样能够深入讨论有关今后世界
经济的理想状态，缔结自由化程度更高的自由贸易协定。

（二）青山瑠妙

本章以 CPTPP 和日欧 EPA 为中心，重点分析了日本的经济合作动向。
特别需要指出的是，对于没有美国参加的 CPTPP 而言，其影响力虽然还难以
断定，但是对于 RCEP 的影响，却是比较大的。本章内容跟主题六具有关联
性，中日两国对巨型 FTA 的立场如何协调和接近，是值得特别关注的事项。

专题八："人类命运共同体"理念

"人类命运共同体"与日本对华认知的重启

一、"人类命运共同体"与中日关系

2017 年 10 月 18 日，习近平总书记在中共十九大报告第十二部分以"坚持和平发展道路，推动构建人类命运共同体"为标题，系统阐述了"人类命运共同体"思想丰富而深刻的内涵及其时代价值。同时，在本次大会上，"推动构建人类命运共同体，推动建设持久和平、共同繁荣的和谐世界"被写进党章。2018 年 1 月，中共中央在关于修改宪法部分内容的建议中，推动构建"人类命运共同体"也被推荐写入宪法序言中。这是继被写入党章之后，"人类命运共同体"理念再次上升到国家顶层制度设计高度，凸显举党、举国共建"人类命运共同体"的坚定决心。

"人类命运共同体"理念体现出世界各国相互尊重、平等协商，坚决摒弃冷战思维和强权政治，走对话而不对抗、结伴而不结盟的国与国之间交往的新路径。坚持以对话解决争端、以协商化解分歧。促进贸易和投资自由化、便利化，推动经济全球化朝着更加开放、包容、普惠、平衡、共赢的方向发展。"人类命运共同体"并不是突然生成或无中生有的一个概念，它是随着时代发展而不断丰富、充实并水到渠成的一种理念。2012 年中共十八大召开以来，党中央就开始为"人类命运共同体"的构建谋篇布局。中国自十八大以来在对外政策领域取得的一系列成就，显然离不开这一理念的指导。如"一带一路"倡议和亚洲基础设施投资银行的建立，从本质上来讲都是着眼于包括中国在内全人类的共同利益关怀而作出的战略决策。"人类命运共同体"理念也逐渐为国际社会所认同，成为推动全球治理体系变革、构建新型国际关

系和国际新秩序的共同价值规范。

其实，在日本也并非没有类似的共同体理念，中日两国在地缘上接近、文化上亲近，不乏贤人志士力推"东亚共同体"等理念。在共同体的理论建设领域，中日两国本可以有更多的合作空间，但都因为日本右翼政客的对华偏颇认知无果而终。中日关系在领土主权以及历史认识等问题上存在争端，但是中国一直以来都本着"构建人类命运共同体、深化合作共赢"的理念，在对日政策上向着积极的方向引导。

2014 年 11 月，中日两国就中日关系达成四点原则共识，为处于低谷的中日关系打开了机会窗口。同时，中国的"一带一路"倡议和亚洲基础设施投资银行一直都向日本敞开大门。

2017 年的中日关系出现了一系列的转机，这些转机表现在中日两国领导人的会面，以及日本对华释放善意信号等领域。当然日本对华认知的变化或许更能够说明"人类命运共同体"理念的强大生命力。

二、"中国崩溃论"的崩溃？

巧合的是，大约与中共十九大的召开同期的 2017 年 10 月，《新闻周刊》（Newsweek）日文版刊登了记者高口康太的一篇名为《"中国崩溃论"崩溃的倒计时》（中国崩壊本の崩壊カウントダウン）的文章。作者写作这篇文章显然是意识到"中国崩溃论"预测的无逻辑性和无章法性，同时也直接批评了日本国内那些所谓"中国通"对中国崩溃的"科学判断"。

一石激起千层浪，虽然该文作者的着眼点在于日本国内对中国经济走势预测发生的偏差（比如中国的失业率、经济增长率、地方政府的财政赤字等），但是不经意间从整体上给"中国崩溃论"的言说空间带来不小的打

击。该文出版后，一些以"中国崩溃论"而驰名的评论家纷纷澄清自己从来
都没有使用过"中国崩溃"云云，似乎一切都是出版社为了噱头而擅自使用
的题目。但不容否定的是，在这些评论家的思维里面，毫无疑问是希望"中
国崩溃"的，而且他们也认为潜在的读者群里（据统计，20 世纪 60 年代
出生的那一代日本人是主要阅读对象，这些人直接经历了 20 世纪 90 年代
日本泡沫经济的崩溃，又经历了长达 20 年的经济萧条以及在此期间中国国
力的迅速崛起并且实现对日本的赶超）也是希望看到诸如"中国崩溃"之
类著作的，这就造成一种应然式的结果，即"中国崩溃论"肯定在日本有
市场。

实际上，这些"中国崩溃论"的作者有相当一部分并不懂中文，对中国
也没有特别深入的研究，通过二手资料或者道听途说嫁接过来，以畅销书的
名义摆在书店案头，这就基本实现"中国崩溃论"从生产到销售以及最终印
刻在日本人潜意识里的全过程。全程没有对中国的直接接触，就完成了一次
"中国崩溃论"流水线创作：省时、省力、省成本，作者同意、出版社授意、
书店乐意、读者愿意，"中国崩溃论"的言说空间就这样被塑造起来。

类似"中国崩溃论"之崩溃的讨论不仅限于普通大众消费群体，在学术
研究领域，也已经有学者意识到"中国崩溃论"的界限。近些年在日本国内
被讨论最多的就是中国学研究的认识论和方法论问题，如何正确地认识中国，
而不被中日关系的大环境所影响是问题的关键所在。学者可以有个人取向和
价值偏好，在研究中做到价值中立显然是很困难的，但是也要有积极澄清或
者直面揭穿"中国崩溃论"的勇气。显然，在当前的舆论环境下，随波逐流
的是大多数。也正是因为如此，"中国崩溃论"的崩溃应运而生，打破了既有
的沉闷状态，给日本的中国学研究提供了新鲜的素材，也在某种程度上促生
了中国论的认知重启甚至范式转移。

三、中国论的认知重启何以可能？

改变一个国家的大多数人对其他国家的固有认知是一件困难的事情，需要从政府到民间、从学术界到舆论界的多重努力。对于日本而言，以"人类命运共同体"的构建为契机，十分有必要改变"中国崩溃论"的定势思维，实现对华认知的重启，究其原因或许有如下几点值得注意。

首先，"中国崩溃论"不利于日本正确地认知中国。2017 年，日本舆论界针对"中国崩溃论"已经做了相当多的批评，这些批评的着眼点是认为"中国崩溃论"的蛊惑导致日本对中国的战略误判。如果长期沉浸在"中国崩溃论"或者说"坐等中国崩溃"的虚拟空间里，显然不利于日本制定出更加积极的对华政策。日本应该意识到这种夸大其词的认知，并没有给其带来实在的利益。

其次，"中国崩溃论"不利于日本中国学研究的推进。中国学（Sinology）是一门基础的、实际的学问，但是在"中国威胁论"的舆论空间中，中国学慢慢地从一种具有历史传统的学问成为一种应用性的观察对象（China watcher），而且这种观察往往还交织着偏见。中国确实有自己的问题，对于这些问题需要日本的中国学界理性而客观的评判，而不是用一种近似于普适性的话语去定性。

第三，"中国崩溃论"不利于从根本上改善中日关系。当前，中日两国的政治关系出现了转机，高层接触较之前频繁，特别是日本政府在对华态度上开始往积极的方向转移。日本政府的这一态度可以在很大程度上影响日本舆论以及民众。例如，自从日本政府对中国的"一带一路"倡议表现出积极态度之后，日本国内舆论对这一问题的认知也开始变得积极。粗略统计《读卖新闻》《朝日新闻》等代表性报纸的相关报道，发现更加客观和积极报道"一带一路"的内容逐渐增加。导致这一积极趋势发生的原因并不仅仅在于日本政府的积极态度，更重要的还在于中国政府在"一带一路"建设上的坚定信念以及取得的一系列积极效果。

从另一种角度来看，中国也需要锐意进取。"中国崩溃论"的作者们是看到了中国内部的短板而大做文章从而渲染中国崩溃的，而中国需要做的是以实际的成绩来消弭掉"中国崩溃论"的杂音。通过不断提高的国家实力和人民生活水平来证明"中国崩溃论"是一个不攻自破的流言。"中国崩溃论"得以除魅，那么中日关系改善也就为期不远。

最后，同时也是最重要的一点是，中国的"人类命运共同体"思想作为一种超越民族国家的共同体理念，要求中国扩大同各国的利益交汇点，推进同日本的协调和合作，构建总体稳定、均衡发展的双边关系框架，同时也要求中国按照亲诚惠容理念和与邻为善、以邻为伴的周边外交方针深化同日本的交流与合作。对于中国在对日政策领域释放的善意，日本其实也需要放弃诸如"崩溃论"等僵化思维认知，实现对华认知的重启。

2018 年能否成为日本国内对华认知重启的元年，我们拭目以待。

◆ 点评

（一）川岛真

这一章节认为，分析习近平主席提出的"人类命运共同体"和日本的关系，会变成分析日本对华认识的问题。事实确实如此，从中国角度看，确实会对日本国内轻易就流传开来的"中国崩溃论"感到担忧。"实际上这些'中国威胁论'的作者有相当一部分并不懂中文，对中国也没有特别深入的研究，通过二手资料或者道听途说嫁接过来，以畅销书的名义摆在书店案头，这就基本实现'中国威胁论'从生产到销售以及最终印刻在日本人潜意识里的全过程。全程没有对中国的直接接触，就完成了一次'中国威胁论'流水线创作：省时、省力、省成本，作者同意、出版社授意、书店乐意、读者愿意，'中国威胁论'的言说空间就这样被塑造起来"这一部分，同意之处颇多。

日本的中国研究学者和发出这种言论的评论家完全不是同一类人，并且日本本身在二战之前就存在 China watcher 式的现代中国评论家，他们与学术上的"中国学"（Sinology）是不同的。China watcher 并非负面概念，他们是现状分析的专家，这批人有不少都懂得如何使用中文并且深入地参与到了实务现场。但是，现在刻画"中国威胁论"或者"中国崩溃论"的并非 China watcher。中国正在不断壮大，已经在中国研究学者触手不及的地方被讨论着，成为了"一般性"的讨论对象。"中国论"已经不仅仅属于中国研究学者。日本的中国研究学者们也担心，中国研究学者之外的日本社会上的人所描绘的"新的中国论"在不断蔓延，一部分中国研究学者用言论对此坚决回击，其他人则选择与社会上的中国相关言论保持距离。这种现象，如报告书中所提及的内容一样，或许从中国也能察觉到。

同时，在这里要提出两点问题。

第一，报告书中提到"中国崩溃论"的读者主要是 20 世纪 60 年代出生的人等等，即使所浏览的杂志确实如此，但也不应该轻易地预测持中国崩溃论观点的人就是在这一代人中。泡沫经济崩溃时，这一代人还是学生或者至多是刚刚踏入职场的人群。报告书提到"这些人直接经历了 20 世纪 90 年代日本泡沫经济的崩溃，又经历了长达 20 年的经济萧条以及在此期间中国国力的迅速崛起并且实现对日本的赶超"，但是"失去的 20 年"的受害者反倒是这一代人之后的一代人，即 20 世纪 70 年代出生的所谓"迷惘的一代"（Lost Generation）。在中国崛起的过程中，无法获得正式职位的是迷惘的一代和稍晚于他们的一代人。20世纪60年代的人反而能够安定地从事工作，是"幸运"的一代人。

第二，如前所述，"中国威胁论"的言说空间被不懂中文、对中国并没有深入研究的人塑造起来，如果把日本换成是中国，又会如何呢？

"不幸的是，这些'日本威胁论'的作者有相当一部分并不懂日文，对日本也没有特别深入的研究，通过二手资料或者道听途说嫁接过来，以畅销书的名义摆在书店案头，这就基本实现'日本威胁论'从生产到销售以及最终印刻在中国人潜意识里的全过程。全程没有对日本的直接接触，就完成了一次'日本威胁论'流水线创作：省时、省力、省成本，作者同意、出版社授意、书店乐意、读者愿意，'日本威胁论'的言说空间就这样被塑造起来。"

希望在中国不会出现如此情形。

中日关系：2018

——回归常轨 蹀躞前行

一、引 言

复旦大学国际问题研究院在相继推出《中日关系：2014——多层面和中长期战略的视角》《中日关系：2015》《中日关系：2016——低位徘徊与嬗变》《中日关系 2017：战略对峙中的转机》四本年度报告书之后，《中日关系 2018：回归常轨　蹀躞前行》又面世了。

2014 年、2015 年两年的中日关系战略报告书，课题组中方成员清一色为复旦大学学者，主要是出于打造国际关系研究之"复旦学派"的宏愿。但在实践中我们体会到在军事、商贸等实践性很强的领域，如有国家军事研究机构和商务部专家加盟的话，则对日本安全保障方面的军事态势、中日经贸关系的发展变化，可以考察和认识得更加真切和清晰。所以，自 2016 年起，特别邀请了中国军事科学院江新凤研究员、商务部宋志勇研究员加盟课题组；另外，要深入了解日本社会的变化及其对中日关系的影响，也需要近距离感知与分析，复旦大学校友、旅日资深学者汪鸿祥教授加入课题组，也就成为题中应有之义。2018 年新加入复旦大学国际问题研究院日本研究中心团队的王广涛青年副研究员，为课题组注入了新鲜血液。2019 年，我们又特别邀请复旦大学校友，上海外国语大学武心波教授加盟，便于从国际体系的变化以及国际关系理论的高度，强化对中日关系的考察分析。

东京大学川岛真教授一如既往，大力支持和热情参与这一工作，做出了独特贡献。庆应大学加茂具树教授、早稻田大学青山瑠妙教授皆在中日关系研究领域卓有建树，他们的加盟使报告书增色良多。

这五年的中日关系报告书中，都包含有一个重要观点：即直面日益崛起的近邻中国，虽然日本在经贸领域总体上视之为使自身走出经济低迷期的战略机遇，但在安全保障、特别是作为海洋国家的海上通道安全方面，却产生了严重的战略性疑虑和担忧；而中国宣示和践行的和平发展理念，对日本来说，还需要更长的时间来印证。从近年中日关系发展变化的实态来看，这一战略疑虑，正逐步衍化成在战略上与中国相掎抗的日本的国策。如何化解日本的战略疑虑、防止其最终成为"自我实现"的目标。就需要中日两国共同探求新的历史条件下两国新的战略平衡点何在？两国根本利益的最大公约数何在？在持续深入的交流和共同探索过程中，不断积累共识，冀以趋利避害，平稳度过战略失衡期，谋求新的历史条件下中日关系的长足发展。

基于此，2016 年的报告书提出以机制化的智库交流为探索和积累这种共识的主要平台之一，并具体阐述了其成立的理由。我们殷切希望和期待中日两国学者共同参与撰写这一《中日关系战略报告书》——能成为一种因缘，在此基础上，构建与打造上述平台。

2017 年的中日关系，出乎人们的意料，战略对峙中出现了转机。但冰冻三尺非一日之寒，这次的回暖与转圜，是不可逆的根本性质，还是一时的战略需求所致？人们依然疑虑重重。李克强总理在 2018 年 3 月举行的中国"两会"期间，一方面表示将于 5 月访问日本，同时也以中日关系"乍暖还寒"表达了他的担心。本报告书，对前述人们的疑虑，作出了分析与解读，在总结和评估 2017 年中日关系的基础上，对 2018 年中日关系的发展趋势进行了预测。从这个意义上可以说，它的面世是必要和适时的。

2017 年度的报告书依然采取了请日本学者对中国学者所撰写的内容做评论的方式。其间，两国学者"不谋而合""所见略同"的共识，与 2016 年度一样，可以说所在多有；同时，不少地方意见相左也是自然的，甚至一些歧见比较大而尖锐。其中，有三个问题值得关注：第一，从认识论上，基于民族立场的单向性思维很难全面客观把握认识对象，作为学者需要换位思考，才能深刻把握认识对象的本质。第二，中日关系发生变化的原因是复杂的，如何把握其中的主要因素至关重要，所谓纲举目张。第三，日本是一个多元社会，不能一概而论或以偏概全；中国不再是过去的中国，从理念到实践，需要对中国有全新的认识。

2018年，对中日关系来说是一个重要年份，关键词是两国关系"重回正常轨道"。其标志，是时隔多年李克强总理访日与安倍首相访华，并为习近平主席2019年访问日本创造了条件。中日关系的转圜改善，或意味着日本精英阶层对华认知发生了正面变化，如此则其意义非常重大。中国的崛起，改变着地区和世界格局，如果日本能从正面的积极意义认识与对应，无疑是中日关系从根本上得以改善的认识与理念前提。2018年，中美关系发生了重大变化，其对中日关系的改善意味着什么？中日关系能否行稳致远？报告书都进行了详细考察与分析，在此基础上，做出了评估及预测。

与前面四本报告书一样，中日两国学者对2018年中日关系的总体评估，意见并不一致；对于转圜改善的原因，亦有不同解读。在安保、海洋等问题上观点相左之处也所在多有。虽然热衷于"美国第一"和单边主义的特朗普政权加大了中日关系的不确定性，但中日两国学者都认为保持良好的中日关系，符合彼此的根本利益。

"兼听则明"——善于倾听对方的意见，本就是中国的古训。正是在仁智之见的碰撞和辨析中，中日关系的症结与出路才能真正明晰，良方才能从中获取——这从两国学者对中日关系如何建设性发展的具体建言献策中，可以得到印证。

复旦大学年度中日关系报告书，由林尚立副校长的初心初志，在尝试中不断前行，积累经验，不断成熟。复旦大学国际问题研究院吴心伯院长一直致力于推动和指导本课题组的工作，期待在学校和研究院领导、各位专家学者的共同努力下，使这一工作能够日臻成熟，达成预期目标，为中日关系的真正转圜和长足发展，做出应有贡献。

二、总 论

（一）2018 年的中日关系：回归常轨——求新求变

1. 迎来冷战后第二次重大调整期

2018 年，中日关系迎来冷战后的第二个重大调整期。

冷战结束，恰值日本泡沫经济崩溃和"1955 年政治体制"解体，日本陷入"失去的十年"乃至二十年，国家一片迷茫；与此同时，中国的发展进入快车道。一方是江河日下，一方是一日千里，巨大的落差以及未来的发展趋势，使战后以来相对平稳的中日关系，面临历史性挑战。遗憾的是小泉纯一郎政权选择的是联美制华的基本方略。其 5 年任期内 6 次参拜靖国神社，即为明显的表征。这是战后中日关系史上所没有的现象，标志着中日关系进入冷战后的第一个重大调整期。其间待到 2010 年中国的 GDP 超越日本并迅速拉大距离，随着综合国力的消长，在非老牌保守政党自民党执政时期，发生了以"购岛闹剧"为标志的中日间领土与海洋权益矛盾激化、连带国民感情急转直下、两国关系陷入战后以来最低谷的状况。安倍首相 2012 年梅开二度重新执政后，通过"俯瞰地球仪外交"、解禁集体自卫权等，进一步力图全面制衡中国。尤其是以其保守的政治理念推行所谓"价值观外交"，使两国在政治、安保领域关系紧张加剧的同时，在意识形态、价值理念等形而上领域，两国也处于裂痕加深的境地。

然而事有固理，物极必反。自 2017 年始，安倍首相通过各种方式，明显开始调整中日关系。本来对日本一直奉行睦邻友好理念与政策的中国，对此也积极予以回应。在双方的共同努力下，2018 年 5 月李克强总理利用赴日出席中日韩三国首脑会议之机，作为中国国务院总理时隔 8 年正式访问日本，取得包括加强两国政府及民间各层级联系、进一步扩大经贸关系、启动中日海空紧急联络机制一系列成果；李克强总理还远赴北海道访问，希望进一步推动两国地方间的合作。在此基础上，2018 年 10 月，安倍首相正式访问中国。两国正式确认：中日关系重回正常轨道。安倍首相强调：中日关系已从竞争走向协调。标志着中日关系在冷战后迎来了第二次重大调整期。

2. 2018 年安倍首相正式访华成果评估

第一，通过这次访问，双方在增强政治互信方面取得诸多共识，主要表现在：

（1）再次确认四个政治文件作为中日关系政治基础的作用，特别是《中日和平友好条约》具有约束力的法律地位。（2）特别重申和强调"互为合作伙伴，互不构成威胁"的政治共识。这一共识对当下的中日关系而言，不仅具有"形而下"即现实层面的重要价值，也具有"形而上"的观念性意义。也即，"互不构成威胁"，实际上首先是一个观念性问题。一方面虽然"国强必霸"并不适用于秉持和平发展理念的中国，但"中国威胁论"在日本依然有较大市场；另一方面，中国对日本近年强化与美国军事同盟关系的种种举措，毋庸讳言也充满疑虑。因此，强调"互不构成威胁"的政治共识，不言而喻是增强政治互信的前提。"互为合作伙伴"，狭义上主要指经贸领域彼此合作、力避恶性竞争，广义上应指在所有可以合作的领域彼此都应视对方为伙伴。这一政治共识，无疑是增强两国政治互信的抓手与平台。（3）安倍首相借此次正式访华之机，以强调"将日中关系由竞争转向协调并推向新时代"的方式，正式表示将前此制衡中国的战略转向与中国进行协调的国策的意愿。果真如此，则为中日之间重建政治互信，提供了基础性前提。（4）就敏感领域如何建构政治互信，达成重要共识并有相应举措。如就旨在避免日本自卫队与中国军队偶发性冲突的相互通报机制"海空联络机制"尽快开通热线达成一致。双方还签署《海上搜寻救助合作协定》（SAR）等。

第二，在经贸合作的重要理念、新合作平台的打造等方面，取得重要共识和重大成果。

习近平主席、李克强总理在与安倍首相的会谈中，双方表明，在当前国际情势下，作为世界第二、第三经济体，中日两国有责任也有义务共同坚持自由贸易原则，反对单边主义。同时确认了在进一步强化传统的经贸合作领域之外，同时以"第三方市场合作"为新平台和试验田。在访问期间举办的"第一届中日第三方市场合作论坛"，吸引了 500 多位日本企业界代表和中方代表 1000 余人，共签署了多达 52 项的"第三方市场合作"协议，金额超过180 亿美元，同时还签署了十余项政府间合作协议。为适应第四次工业革命的时代需求，双方还共同确认和强调了进一步推动旨在便利开展高科技领域合作的"创新对话机制"，使其成为未来两国合作提质升级的重要平台。此外，双方还签订了升级版的货币互换协议，规模为 2000 亿元人民币（约 300 亿美元），为 2002 年版的 10 倍，这也是日本迄今为止与外国签订的同一性质协议中的最大一笔。

第三，官民并举，深化交流，改善国民感情。

国之交在于民相亲，只有有了坚实的民意基础，中日关系才能真正健康发展，行稳致远。特别是在信息时代，双方国民对两国关系的参与度非常高、非常深入。习近平主席在同安倍首相的会谈中强调指出，"要开展更加广泛的人文交流，增进相互理解，鼓励两国各界特别是年轻一代踊跃投身中日友好事业"。安倍首相在"第一届中日第三方市场合作"论坛的致辞中，特别强调了两国悠久的文化交流历史，意在说明中日之间存在着深厚的文化基因。两国政府共同决定明年为"中日青少年交流促进年"，安倍首相还特地赶赴北京大学进行交流。这次访问，必将成为促进和深化两国交流的助推剂。

这次访问的主要意义在于：它表明中日关系回到邦交正常化以后，特别是世纪之交以来的"常轨"，也就是"经常性的状态"。本报告之所以使用"常轨"而不是"正轨"，是因为"正轨"通常指的是"正确的状态"，甚至是"满意的状态"，而中日双方无论是政府、国民、舆论实际上都不认为中日关系已经处于这样的状态，并且都在试图对中日关系进行新的建构。

但是，这次访问的成果是有限的。首先，双方处理中日关系的立场和做法并没有实质性的变化。就安倍政权而言：一是在影响首相访华的两大直接因素方面，并没有做出新的让步。2013 年安倍首相参拜靖国神社，是导致中方中断双方高层交往的直接原因。在中方的强烈抗议下，安倍没有继续亲自参拜，而是改用私费供奉名为"真榊"的祭品这一替代性做法。此次，在临近访华之际的 10 月 17 日，安倍首相还特意再次向靖国神社供奉了"真榊"祭品。二是在围堵中国的问题上，尽管近年来日方改变了策略，从原来可以用"俯瞰地球仪外交"一语来形容的全球范围的对抗，转而更加注重在中国周边以及印太地区构筑围堵机制，降低了音量，但是其围堵和遏制中国崛起的战略目标并没有变化。三是日方领导人关于上述背景下处理中日两国领导层交往的基本主张也没有发生变化。10 月 25 日，安倍首相在登机前往中国访问时发了一条推特，内容是："羽田机场碧空千里，这是时隔七年对中国的访问。虽然两国之间存在着种种问题，但是正因为如此两国首脑才更应该敞开心扉，坦率地讲出心声。我希望通过这次访问将日中关系推向新的阶段。"这段话既是对日本国内说的，也是对中国说的。在这段推特中，安倍首相重申了其一贯立场：不应该因为日方领导人参拜靖国神社、对中国的崛起提出质疑、进行围堵而中断两国首脑之间互访。日方有关首相互访问题的上述基本立场，实际上在小泉纯一郎担任首相期间就已确立。

第四，日方在中日海洋与岛礁权益争端方面的立场也没有改变，当然，就日方来看，迄今为止，这一问题并没有成为妨碍两国高层互访的实质性因素。

就中方而言：一是中方关于海洋权益争端的主张和做法没有改变。当然日方从未因此而拒绝与中方首脑进行交往。二是中方关于两国首脑互访需要有"合适的氛围"的主张没有改变。就中方在这方面对安倍政权的态度而言，这一条件主要包含两个方面：历史认识问题；在全球范围内公开诋毁中国的问题。如前所述，2013 年以后，安倍首相没有直接参拜，2015 年之后，安倍首相没有在重大时间点和重要场合公开发表将侵略者奉为国家英雄的言论，可以说基本上满足了最低限度的要求。在围堵中国方面，2016 年、2017 年以后，安倍政权更加注重跨国围堵机制的建设，降低了公开喊话的调门，虽然此举甚至不能说是最低限度地满足了中方的要求，但是这毕竟是一个变化。中方显然注意到了日方的这一变化，并且在一定程度上认可了这一变化。

3. 中日关系重大调整的原因、直面的课题及其前景

第一，从中日双方的主观因素来看，尽管双方国家领导人的互访长期停滞，但是两国领导人发展双边关系的意愿从未消失。中方搁置领导人互访的根本原因在于要求安倍政权遵守维护和发展双边国家关系创造必要的基础性条件，在此过程中，中方并没有改变对中日关系重要性的认识以及维护和发展中日关系的决心和目标。即使在中日关系最困难的时候，在日本领导人诋毁中国国家形象之时，中国依然没有将日本排除在"周边外交基本方针"适用对象之外。[1] 就日本来看，邦交正常化以来，其一直视中国为最重要的市

---

[1]　2013 年 10 月，习近平在周边外交工作座谈会上指出，中国周边外交的基本方针是：坚持与邻为善、以邻为伴，坚持睦邻、安邻、富邻，突出体现亲、诚、惠、容的理念。

场和外交的主要方向。日本虽然将中国的崛起视为自身的威胁，并采取一系列对抗和遏制举措，但是态度有时是矛盾和踌躇的；长期中断两国高层之间的来往并未成为日本的选项，因为无论在外交还是在内政领域，日本统治集团从不认为这样做是符合自身利益的。

第二，制衡的无效性与代价之间的巨大落差是客观要素。自小泉时代特别是安倍执政的前5年，事实证明日本联美制华的基本方略了无成效，徒然失败，并为此付出惨痛代价。中国政治稳定，经济繁荣，国际威望日升，GDP已经是日本的2.5倍。安倍首相上台之初，以东南亚国家为重点，在围堵中国方面投入了巨大的精力，但中菲关系的快速改善对安倍政权的南海战略形成重创，中越经济关系紧密，政治关系难以出现破局，缅甸也没有成为其围堵中国的战略支点。在印太地区，日、美、印、澳等国军事联系的加强对于日本而言，虽然具有长期的战略意义，但却不足以在短期内对中国的崛起形成有效遏制；而一味地强化对中国的围堵和遏制的话，不仅未必能够得到相关国家的支持，而且会损害日本在其他方面的利益。

第三，特朗普政府的所作所为，使日美畸形关系的固有矛盾深化与激化。即美国在双边贸易协定方面，一味按照自己的偏好打压日本，损害了日本的现实利益；同时更为严重的是因为日本作为资源匮乏的岛国，贸易立国一直以来关乎日本的生存之道，特朗普政府的贸易保护主义理念与举措，从根本上损害了日本的战略利益乃至带来生存危机感，这是日本难以接受的。与此同时，也使日本对日美军事同盟架构中，一方面美国不断加大对日本的要价，另一方面对美国的可靠性未免不产生疑虑。针对发生重大变化的美国，改变对其过于倚重的一边倒政策，与及时调整对华关系，正是一枚硬币的两面。

第四，长期与近邻大国中国处于持续紧张状态，对于任何一个日本的政治家来说，都是无法承受之重。战后初期的吉田茂另当别论，安倍的叔祖佐藤荣作长期执政而一贯敌视新中国。但 1972 年中日关系实现正常化，对于长期阻碍这一进程的佐藤来说，则以凄惨的境况结束其政治生涯，并成为其人生的败笔。前述小泉纯一郎 6 次参拜靖国神社，对中日关系造成巨大冲击，连当时几乎所有的"首相经历者"，都共同联名指责其不负责任的行为。截至 2018 年，安倍已经执政 5 年有余，其对华战略事实上的失败，使其在国内面临越来越大的压力，适时进行调整，不过验证了东亚地缘政治的一个典型命题而已。

在以上背景下进行的这次调整，是低层次的，即所谓从低谷"回归正常轨道"而已。中日之间包括历史问题等在内的旧有的结构性矛盾并没有真正解决，而更直面的课题与挑战，则在于海洋问题，特别是海上通道问题这一新的结构性矛盾。所以我们看到，安倍政府近年处心积虑解禁集体自卫权、推动修改和平宪法、热衷 2＋2 模式；同时连年增加军费、解禁武器出口三原则、购买新锐武器、搞变形航母等，目的不外为将来在不依靠美国的前提下，实现近海与远洋的军事目标进行法律与军事力量的准备。而中国出于自身发展的自然需要，近年海上军事力量有所拓展。地缘政治中的系统效应，使两国由此形成一种"安全困境"。未来中日关系能否顺利发展，不言而喻，是一个棘手的、难以回避的重大要素。

因此，要使中日关系行稳致远，首先必须高屋建瓴，将中日关系的定位置于新时代的背景下进行擘画。安倍首相 2018 年的正式访华，后续效应上也可以说为习近平主席 2019 年利用出席大阪 G20 会议时正式访问日本创造了一定条件。如能实现，届时就新时代中日关系的相关理念、发展方向等进行讨论，待时机成熟时，进一步使其规范化、机制化乃至法律化，由此深化两国的政治互信。其次，要强化军事交流，最大限度了解对方战略意图，减少误判，舒缓安全困境。

2018 年是战后中日关系史上的重要一年，其中最重要的，是从形而上的概念高度来看，日本首相时隔 7 年的这次正式访问，一定程度上标志着日本高层在对华认知方面的转变，是理性应对中国和平发展的一个标志性开端。正如日本前首相福田康夫指出的，这次中日关系的改善并非权宜之计。

另一方面，中日关系虽然峰回路转，但要达行稳致远之途，还会经历蹀躞蹒跚的荆棘。对此，需要有清醒的认识，更需要高度的政治智慧！

（二）深度分析一：百年未有之大变局框架中的中日关系

把中日关系放到"世界面临百年未有之大变局"的时代框架中看，可有助于我们认清中日关系中的重大问题及未来走势。

1. 世界处于百年未有之大变局

中国国家主席习近平指出，当前中国处于近代以来最好的发展时期，世界处于百年未有之大变局，两者同步交织、相互激荡。习近平主席关于当今世界百年未有之大变局的论断，其核心是一个"变"字，其本质是重塑世界秩序。

大变局是发生在世界权力转移这一时代大背景下的，世界权力自从大约公元 10 世纪左右从东方开始向西方转移后，便出现了在西方世界内部由一个国家向另一个国家波浪式梯度转移的"自娱自乐"状态。但从 20 世纪 80 年代，世界权力的转移出现了东方转向。日本首先开启了这一进程，尾随而至的是"亚洲四小龙"，再后来是中国的迅猛崛起，今后还会有印度、越南等相继参与进来，实现亚洲的整体性崛起。

世界经济中心向亚太的快速转移，终结了世界权力在西方国家间相互

"倒手"的局面。西方国家主导世界的格局开始出现倾斜，以西方为中心的世界秩序出现裂痕、松动乃至局部性坍塌，直到当下世界终于面临百年未有之大变局。

当前的世界形势，可以用两个字来形容：即一个是"乱"——可以说是乱象丛生；一个是"变"——人类正处在一个大动荡大变革时代。这种变乱交织的局面，首先或主要集中体现在大国关系的深入调整，尤其是独霸世界的超级强国美国的变化上，有人说美国一家独大的时代一去不复返了。

2. 美国发生深刻变化

美国在发生深刻的变化。随着经济全球化的深入、新兴国家的群体性崛起以及始于2008年的全球经济危机的不断深化，美国治下的世界危机重重，沉疴积弊，积重难返。尤其是随着作为老牌超级大国衰弱趋势的加速，美国已心力憔悴，体力不支，扛不动这个世界了。

为此，美国开始发生深刻的变化，试图改变（或不得不改变）迄今为止的各种游戏规则。这种"变"，因为特朗普的横空出世，已经演变成一场震撼世界的革命。即所谓以"美国优先"为口号，在全球层面实施战略大收缩的"特朗普革命"。

特朗普的全球收缩战略在2018年表现得十分刺眼——接连"退群"。从退出跨太平洋伙伴关系协定（TPP）、应对气候变化《巴黎协定》、联合国教科文组织、万国邮政联盟，到终止伊朗核问题全面协议；再到扬言退出世界贸易组织和猛烈抨击北约甚至联合国，退出"中导条约"，特朗普又突然宣布从叙利亚撤军等——美国似乎在十分无奈地放弃自己精心打造的战后国际秩序。

如果说特朗普上述的自主"退群"是现在进行时，是显在的"硬性退群"的话，那么美国还有一个正在精心策划，且很难为人察觉的将来时的潜在

"柔性退群"。显在的"硬性退群"更多地表现在国际组织和国际条约上，而潜在的"柔性退群"，则更多地表现在历史遗留下的难度较大的地缘政治和地缘经济问题上。

美国似乎是早已充分地评估了在进行全球战略收缩时所可能带来的各种风险，即如果收缩失当，会带来如同当年的苏联一样的一连串负面连锁效应。即会因美国的突然"退出"或"不在"而引发世界秩序的大面积坍塌，出现混乱，引发冲突和危机。为此，美国在做全球战略收缩时，虽然让早已习惯于美国治下的世界感到美国的做法十分唐突和混乱，甚至让建制派人士认为特朗普是个怪人和疯子，但总体上看特朗普还是掌控住了进退的节奏，给退出和行将退出后的国际社会预留了填补空白和解决遗留问题的时间。当然，美国也会边退、边看、边补救（如从叙利亚撤军等）。另一方面，美国的退出过程也是一个讹诈和敲竹杠的过程。因为在商人特朗普的逻辑里，美国总不能从自己苦心孤诣经营了七十多年的地盘上白白退出。

美国的全球战略收缩无疑于是在给世界松绑，让长期存在于地区和国家间的许多问题因为去美国化而再次浮出水面。这客观上为各地区和各国重新定位自我和解决各种历史遗留问题，创造了一个机遇窗口。

3. 中日关系发生深刻改变

在此背景下，中日关系也发生让人意想不到的快速而深刻的改变。在2018年上半年中日密集互动的基础上，2018年10月，日本首相安倍晋三访问中国，是时隔七年日本领导人再次正式访华，是走进中国的"务实之旅"。2019年1月1日，日本首相安倍晋三发表新年感言，称2019年将是中日关系新时代的到来。

不言而喻日本对中国的态度是其国家战略的一部分，日本正在试图进行回归自我的自主性提升，这表现在许多方面。

第一，在政治上，日本强调新国家主义。日本国内政治节奏正在逐渐地进入"新国家主义"第五期。第一期是中曾根康弘时期（1980—1990年）；第二期是小泽一郎时期（1990—2000年）；第三期是小泉纯一郎时期（2000—2010年）；第四期是安倍时期（2010—2019年）。而以日本2019年5月改元为象征，日本的新国家主义政治进程或将进入第五期，其国家自主意识有可能全面抬头，国家再建步伐将会大大加快。

第二，在经济上，可能再次崛起。据日本共同社12月20日报道，经济再生担当相茂木敏充在相关阁僚会议上表示，从2012年12月起持续的经济扩张期到2018年12月已达73个月，很可能并列21世纪第一个十年出现的战后最长纪录。有人预测，随着美国对中国经济发展空间的持续打压以及美国在全球的"松绑"，由此而释放出的许多新的发展机遇和发展空间，将会更多地被日本所捕获，实现经济上的再次崛起。

第三，在外交上，试图左右逢源。安倍首相在外交上力图左右逢源，除了中日关系，在与美国总统特朗普、俄罗斯总统普京的周旋中，也长袖善舞。日本在国际舞台上，抢占先机，在各国还没反应过来之前，已开始战略布局。

第四，在军事上，突飞猛进。日本政府去年12月18日举行内阁会议，正式批准新版防卫计划大纲，今后将进一步大幅增加军费、全方位扩充军力，并加速日美军事的一体化进程。这会进一步架空日本和平宪法中有关"专守防卫"的基本原则，加剧地区局势的紧张。此外，日本政府将继续推进和强化陆海空自卫队的一体化作战能力；计划在非洲东北部的吉布提建立首个海外永久性军事基地；拟于未来五年继续加大军费开支，投入的军费总额达27万亿日元之多。这些动向预示这什么，值得关注。

4. 中日关系的明与暗

对中日关系的未来走向，我们要看到中日改善关系的明的一面，也要看到中日关系的改善并非一蹴而就，也还存在着许多结构性问题的暗的一面。

一是日本外交中存在两面性问题。中日关系发生转圜是我们一直所期待和所乐见的，并对其未来发展坚定不移地持细心呵护和倾心打造之态度。但与此同时，也应对安倍政府对华外交的两面性有深刻认识和充分心理准备。安倍政府的外交往往两头下注、双向博弈，以期同时获利。为此，对于在东西之间时进时出、战略定位飘忽不定的日本，我们既要看到它走进中国的一面，同时也更要看到它随时有可能随着大环境变化而走出去的另一面。而这"另一面"，对中国的伤害和对亚洲乃至世界的破坏往往是最大的，历史也证明了这一点。

二是新世界格局的挑战。美国的全球战略收缩，某种意义上是在放弃一些领导权。日本反应敏锐，在日欧一体化、CPTPP 等重大商机上先声夺人。随着日本自主意识的增强，以及国家再造进程的不断深化，日本不仅只想走进中国、回归亚洲，而且更想深度地走进世界。为此，在世界格局发生重大变化的历史条件下，中日两国能否把握历史契机，在全球治理与双边关系方面相向而行且行稳致远，把两国关系塑造成新型国家关系，无疑对双方都是重大考验。

（三）深度分析二：中日关系调整变化中的美、俄因素

正如田中角荣当年指出的，"中日关系从来不是单纯的双边关系"。确实，中日关系历来受大国外交、周边外交、全球外交多种因素影响，尤其是美国

以及俄罗斯因素。

1. 在中日关系问题上，美国从未"缺位"

"历史是最富有哲理的教科书"。纵观历史不难发现，在中日关系史上，美国始终是重要乃至决定性因素，这是我们在认识当今中日关系时应该确立的基本判断。甲午战争，如果没有美国在《马关条约》最后换文时刻的斡旋，或无法生效；第一次世界大战后，美国主导建立的华盛顿体系，遏制日本在华扩张，是核心议题之一。1937 年日本全面侵华，美国的《中立条约》对战争进程和重大历史事件的发生，具有根本性影响。第二次世界大战后，1951 年 9 月《旧金山和约》对领土问题的模糊处理，埋下了钓鱼岛问题的"种子"。同时由于中国和苏联等主要对日参战国没有签署和约，使日本的安全保障不是以多边的《旧金山和约》，而是以双边的《日美安保条约》为基础，具体实施细则，则由日美行政协定确立。1972 年尼克松访华，同年田中角荣首相访美。因为美国总统卡特派国家安全事务助理布热津斯基进行斡旋，1978 年 8 月中日和平条约签署、10 月生效。当年 12 月 17 日，中美同时发布公告，宣布建交。

就近年的现实来看，日本为什么处处和中国对着干？其实，这个问题的答案很简单，那就是 2009 年美国国务卿希拉里提出了"重返亚太"（后改为 Pivot Asia）、2012 年美国防长帕内塔提出"再平衡战略"，主要目的就是遏制中国。按照前日本防卫大学校长五百旗头真在《选择》杂志上的说法，美国为了自己战略利益的需要，最怕东亚国家团结把它挤出这个地区。因此，亚洲国家间存在适度摩擦符合美国的利益。也就是说，在中美关系趋恶之际，中日关系难以实质性走近。

有一点我们必须明确：中日关系与日美关系，存在联动性。中日关系恶化，客观上美日同盟必然强化。民调显示，只要中日关系紧张，日本认为应强化美日同盟的支持率就会上升。2010 年 9 月，中日"撞船事件"发生，《读卖新闻》公布的比率是 71.4%；2013 年 1 月中日"军机对峙"，这一比率是 75.9%。同时，也必然改变亚太经济结构——中日韩自贸区难以建立，和当时美国力推 TPP 直接相关。另外，中日交恶必然助推俄罗斯东进；日本强化日美同盟，客观上也必然强化中俄关系。

如何在重视不可忽略的"美国因素"的前提下，理性处理中日关系，寻求两国利益的最大公约数。这实际上是中日两国长期未能回答的问题。因为，中国在处理与美国的关系时，很多情况下还难以占据主动地位；而中美关系的摇摆性，连带中国在处理对日外交政策时，难以保持连贯性。日本在处理中日关系时，更是处处受美国掣肘。如何解决好这个问题，无疑是非常重要的课题。其中可以做的关键是：日本如何在中美间寻求战略平衡，而中国在处理中美关系时，也需要顾及日本。

2. 影响中美日关系的两大要素

美日关系与中日关系密切相关的，主要有两大关键要素，一是防务，二是贸易。就防务关系而言，日本所以注重日美同盟，有三方面原因。一是如上所述，中俄两国均没有签署"旧金山和约"，而日本又恰好处在与之既有历史恩怨、又有领土争端的中俄两大强国之间，同时中俄关系又处在"历史最好时期"，这使日本感到安全局势严峻。其次，强化美日同盟，同时也是"复兴强大日本"的重要抓手。安倍首相再度执政后，在 2013 年的《国防白皮书》中，首次明确提出了"独立强军"的方针。因为，根据日美同盟条约，维护日本安全固然是美国的责任，但日本对美国是否能切实履行这一责任，并不真正放心。2013 年 12 月 11 日，原防卫厅长官、时任自民党干事长的石破茂，在日本记者俱乐部公开表示，"许多人认为，一旦日本遭遇麻烦，美军会帮助日本。但我不禁要问，美军真的会帮助日本吗？"这番话耐人寻味。日本在致力于建立"日美＋1"和"日美＋1＋1"的同时，还致力于和澳大利亚等加强军事合作，建立被称为"准军事同盟"的双边关系，也多少显示这种担忧。因此，如何认清中日两国对安全的关切，摆脱"安全困境"，是中日两国间的重大课题，甚至可以说是历史命题。值得注意的是，2018年8月28日发表的日本《防卫白皮书》，仍在继续渲染"中国威胁"，并将"西部方面普通科联队"改组为"水陆机动团"。这支部队被称为"日本版海军陆战队"。按安倍政府的说法，成立这支部队的目的，是为了应对所谓"西南诸岛有事"。

在经贸关系方面，美国希望和日本建立"双边贸易"，而日本更青睐"多边贸易"。在美国退出跨太平洋伙伴关系协定（TPP）后，日本主导建立了"全面进步跨太平洋伙伴关系协定"（CPTPP）。同时，"日本—欧盟经济伙伴关系协定"（EPA）已落地。日本参与的"区域全面经济伙伴关系协定"（RCEP）也在进行。可见日本主张"多边贸易"是有实际行动的，而日美在贸易方面的分歧因之显而易见。但必须看到，虽然都主张"多边贸易"，但中日的主张形似而实异。在"世界贸易组织"日趋边缘化、"经济全球化"正在重组的背景下，中日如何"求同存异"，是必须解决的关键问题。最有效的应对办法应该是"借船出海"，即通过强化中日贸易，间接融入全球经济。

3. 中美贸易战：契机还是挑战

2017年初，中国政府发表了《中国的亚太安全合作政策》白皮书，指出"2015年以来，中日关系总体延续2014年底形成的改善势头"。有一种意见认为，2018年3月22日正式"打响"的"中美贸易战"，是中日关系改善的契机。例如，日本经济新闻社中国总局局长高桥哲史以《贸易战下的中日合作》为题发表文章指出："中日关系经过长期停滞，进入了探索合作的局面。推动中国走向对世界开放的方向，才能成为新时代的中日合作的出发点。"但实际上，中日贸易关系的加强，在此之前就已出现。2017年11月20日至26日，"日本经济团体联合会"会长榊原定征、"日本商工会议所"所头三村明夫、"日中经济协会"会长三村明夫，率领250人日本高级经济代表团访问中国，和中国经济界进行了广泛磋商和交流。另据日本海关统计，2018年第一季度，中日贸易总额为764亿美元，其中日本对华出口额为340.48亿美元，同比增长14.2%，占日本对外出口总额的18.5%；进口额423.53亿美元，同比增长7.0%，占日本进口总额的22.8%。日本舆论认为，中日两国或将继1980年、1992年、2001年、2008年之后，迎来"第5次经贸合作热潮"。也就是说，即便没有中美贸易战，中日"政冷经冷"的局面已经结束。因此，很难说中美贸易战是"机会"，更可能是挑战。因为，历史证明，美国不希望中日关系持续改善，如何排除来自美国的干扰，才是真正需要研究的问题。

日本与俄罗斯围绕"北方四岛"问题的纠葛，对中日关系也有明显影响。2005年2月，以"第二次台海危机"为背景，日美建立了防长＋外长的所谓"2＋2"安全协商机制。以此为背景，2005年8月19—25日，中俄举行了"和平使命2005"首次联合军演。日本媒体就此进行了大量报道。军事评论家坂井俊树的文章标题最有代表性：《要警惕中俄军事同盟复苏的威胁》。2010年9月28日，以当月7日中日"撞船事件"为背景，中俄两国发表联合声明，强调"共同维护战后国际秩序"。此后，中国将"北方四岛"改称"南千岛群岛"。2013年3月25日，中俄发表联合声明，强调"在领土主权核心利益问题上，相互坚定支持"。同时，指向明确地表示"反对霸权主义"。

◆点评

（一）川岛真

1. 2018 年中日关系与国际政治

（1）"从负向零"的关系改善

一般理解，2018 年中日关系大幅改善。但实际上在领土和历史等根本性的几个问题上并没有着手解决并依然存在。即便是关系改善，也仅仅是摆脱了首脑会谈完全无法进行的状态，只意味着是一种从"负"转向"零"的关系改善。

安倍晋三首相上任前，民主党政权时期的中日关系已经处于恶化的状态。关于关系恶化的背景，中国方面认为是 2010 年渔船冲突事件和 2012 年围绕钓鱼岛问题的所谓"国有化"，但是日本方面则认为是 2008 年 12 月 8 日中国政府船只首次出现在钓鱼岛领海内，以此为两国关系恶化的起点。安倍首相 2012 年上任后，在中日关系上继承了民主党政权时代的政策，并没有为此采取特别改善的措施，并于 2013 年 12 月参拜了靖国神社，这也是中日关系恶化的象征。次年的 2014 年 1 月，安倍首相对中国表示愿意改善对华关系的意图，通过高村正彦副总裁和福田康夫前首相访华，到同年秋天达成四项共识，实现了中日首脑会谈。2015 年正逢战后 70 周年，历史成为焦点问题，中日双方比较恰当地处理了历史认识问题，双边关系改善的基调没有改变。此后，中日间利用多边会议的机会进行首脑会谈，安倍首相也通过参与多边会议机会成功实现访华，双方多次实现了首脑之间的会晤。但是，中方首脑并未访日。中方首脑访日与安倍首相单独访华则要到 2018 年才得以实现。中国的李克强总理的访日不过是参加中日韩首脑峰会，而非单独访日。日本方面实现了首脑单独访华，但是中方尚未有首脑单独访日。在这点上看，双方关系改善仍在路上，2019 年希望习近平主席在除了参加二十国集团（G20）峰会外，能够实现单独访日。

2008 年中日之间实现了超过 10 次的首脑会见与会谈，或许现在尚不能说中日关系已经回到了"零"点，但双方关系改善确实是向着"零"的方向在展开。

（2）中美对立这一要素

然而，中日关系改善基调与中美对立这一更大的潮流也发生了关联。美国方面何时开始对中国抱有戒备，各方意见不一。但是其背景，第一便是霸权更迭论。19 世纪以来，世界的技术革新是欧美各国主导的，因此在战争中和秩序的形成中，美国和西方发达国家占据了主导。但是，此间中国的科技实力大幅增强，特别是中国企业在 5G 等领域开发出了先进的技术，新一代技术革新有可能出现美国或其他发达国家无法主导的情况。第二，从 GDP 的角度上来看，中国的 GDP 也已经超过了美国的一半，美国的焦虑感正在加强，在经济层面批评中国在竞争中不能保证公正。第三，中国干涉了美国的民主主义和自由，即面临着和俄罗斯同样的批评。在网络攻击和中国政府对在美中国留学生的影响力等方面，也有批评的声音。为此，美国的对华政策不能简单归结到特朗普总统带来的贸易和关税问题。而 2018 年 10 月 4 日副总统彭斯在华盛顿哈德逊研究所发表的演讲，反而更能够代表现在华盛顿甚至是美国的声音。副总统彭斯在演讲中，称中国挑战美国的民主主义，用非正当途径取得技术革新的知识产权和情报，并且提及中国制造 2025 和贸易问题，以及包括压制宗教在内的人权问题、台湾问题和海上扩张等，可以说是全方位的对华批判。

但是，尽管美国对中国的批评正在变得强硬，但是其含义依然是多样的。也就是说美国对中国的强硬，其政策意义包括：①中美新冷战、②"接触"

政策（engagement）的终结、③硬"塑造"（hard shaping）等多种定位。根据领域不同问题的含义也可能会发生变化。

美国的对华批判，中国大多聚焦特朗普总统，并重视贸易和关税等交涉；但是在日本，主流看法反而认为这些交涉不过是今后长期持续的中美关系的切入口而已。也就是说，即便特朗普无法连任，这种情况也将会持续下去。主流观点认为，即便3月初中美贸易摩擦问题会有答案，一定程度解决问题，总体状况仍然不会改变。美国的对华批判，是综合的、长期性的。并且，美国对西方国家，特别是对同盟国，更倾向于要求同盟国采取与美国一致的强硬的对华姿态。第一个例子便是华为问题。

2018年安倍首相访华恰好在副总统彭斯发表演说之后，为此，日本"从负向零"改善对华关系，为了让日本行为不被美国误解为是日本靠拢和接近中国，日本需要对美国进行说明，并且必须表现出理解美国意图的态度。

（3）中美关系和中日关系

2018年10月，安倍晋三首相访华。安倍访华恰逢中美对立激化的过程中，日本政府围绕知识产权问题开展了中日间的对话，中止了对华技术合作等，这些都是考虑到美国对华政策而释放出的姿态。但是，与安倍首相同行的经济界人士与中国方面签订了52项开启双方在第三方市场进行合作的协议。在美国放弃对华"接触"政策后，日本政府则好像是给了全世界日本将要继续对华"接触"的印象。当然，日本政府并没有如此大的构想，将2012年以来持续恶化的中日关系重新带回到原点，保证在一定条件下日本经济界能够有机会参与到"一带一路"倡议中，这或许才是日本政府的目的。

另外，安倍政权也有必要去对美国和世界说明，为什么在这个时期日本要与中国改善关系。为此安倍政权准备的是，中日在第三方市场合作中，"开放性、透明性、经济性、财政健全性"四个条件是前提。即日本向中方提出这些条件，并且在这些条件被遵守的范围内日方将会与中方进行合作。从结果上来看，这一点也是日本对中国实施"接触"政策。但是，中方对上述四项条件并没有回应和接受。

实际上，这四项条件才是紧张的中美关系和改善中的中日关系连接的桥梁。从更高的视角来看，以上四项条件是自由开放的印太构想（FOIP）与"一带一路"倡议的结合点。日本向中方提出这四项条件，如果中日间围绕这四项条件的交涉能够继续的话，那么国际社会就能够理解日本对华的"接触"政策。并且中国应对这些交涉，本身也能够成为国际社会理解中国仍然重视既有秩序的依据。

但是，2019年到2020年，中日关系有可能面临巨大的课题，这一课题还与技术问题相关。美国已经在国内采取措施，在那些能够转为军用的技术和先进技术管理上，实行中止对华交易的政策。并且，很可能在之后美国也会要求日本采取同样的政策。作为中国的邻国，日本与中国和亚洲各国建立了密切的供应链。仅仅从2018年底的情况就已经可以看到，中国企业业绩的恶化已经波及日本企业。但是，不仅如此，如果与经济和军事两方面都相关的技术层面发生问题，在技术层面进行制裁的话，那从之前华为的例子就可以看到，中日间的经济关系很可能会受到影响。虽然不能说已到冷战的地步，但是在技术层面已经出现了冷战时的状况，巴统式的制裁也有可能出现。今后，为了不受到来自美国方面诸如此类的影响，中日合作或者与欧盟和东盟合作实有必要。

2. 2018年中日双边关系的课题与现状

（1）多边经贸框架与中日关系

2018年，日本实现了CPTPP和日欧EPA两大自由贸易制度的成型，这对世界的自由贸易秩序有重大意义。今后，日美贸易磋商也将进行。美国很可能会对日本提出比 TPP 交涉时更为苛刻的条件，磋商达成妥协将会变得艰难。但是，这种趋向也将在某种程度上为世界创造出新的自由贸易制度和贸易圈。

这些也与中日关系有关，世界也欢迎作为世界第二经济大国的中国能与自由贸易制度的成型发生联系。并且，特别像 CPTPP 一类，以 APEC 框架为基础，一旦中国表示愿意加入，具体的交涉就可以进行。当然，CPTPP 并非单纯的废除关税协议，更是一个包括投资制度以及修改国内各种制度在内的制度性很强的框架。单就这一点来看，中国的参加或许会很困难。但是鉴于同为社会主义国家的越南也能够参与其中，因此也不能断言中国没有加入的可能性。

与 CPTPP 和日欧 EPA 相比，RCEP 和中日韩 FTA 的自由化程度相对来讲较低。由此来看，对于已经加入 CPTPP 的日本，国内的壁垒并不高，日本反而会成为提高 RCEP 和中日韩 FTA 自由化程度的存在。不过，这并不意味着日本会阻碍达成妥协，而是根据本国的利益，判断自由化程度低的协议将不会有很大的意义。这一点，特别是在 RCEP 上，日本与中国在一定程度上立场一致。中日能够协力推进 RCEP 的话，对这一地区的自由贸易制度成型将会有不小的贡献。对于中日韩 FTA，日本认为其自由化程度将会低于 CPTPP 而高于 RCEP。这一点中日双方的立场没有相差太多，因此首先有必要以 RCEP 为目标。中日两国原本就与东亚各国和地区之间维持着紧密的供应链，单单就此而言，这一地区自由贸易制度的形成，是非常重要的公共产品。2019 年，中日双方如何在此领域合作十分重要。

（2）安全保障问题（历史、领土、海洋）

在安全保障领域，美国的对华政策正在变得强硬，中美两国在东亚地区的摩擦正在增多。同时，特朗普政权在军费的财政负担和军购方面，对同盟国要求很多，日本也是其中之一。日本的防卫大纲和中期防卫力量发展计划便是基于美方的要求制定的。F35 的大量采购以及将护卫舰改造成航母等，可以说就是其结果。今后，围绕东亚的安全保障有三个看法。第一，美国继续向日本和同盟国大量出售武器，理由是由于中国的国防政策和应对朝鲜的威胁；反过来中国也以来自美国和日本的威胁为理由强化国防，这就会造成典型的安全保障"囚徒困境"。长期来看，中日两国必须去考虑缩减军备的那一天可能要到来。第二，东亚的安全保障环境变化。特别是朝鲜半岛形势和台湾海峡的变化，使得二战结束到朝鲜战争前后形成的东亚安全保障体制面临重大转型的可能。与此同时，日美安保也可能发生质的变化。第三，重视财政支出的特朗普政权，弱化对东亚安全保障政策的关切后，美国的同盟国应该如何应对的问题。从这一点上看，FOIP 是把美国继续留在这一地区的框架。但如果这样的尝试失败的话，东亚的安全保障环境会发生重大转变。中日两国应对如此多样的可能性，应当积极推进关于安全保障问题的对话和合作。

2018 年是有关海洋问题的对话比较多的一年，也是重要的一年。包括海空联络机制在内，最关键的是在海洋方面的对话机制成型。但是 2008 年围绕东海问题的共识，中日双方虽然都有迈向对话的认识，但是很遗憾并没有看到具体的进展。

关于历史问题，例如 12 月 13 日南京大屠杀纪念日的仪式等，相较往年，2018 年的举办规格降低，中日之间也没有发生大问题。此外，12 月中国政府船只没有进入钓鱼岛领海巡航。中日双方如果都采取克制的行动，在一定程度上也能够遏制中日双方国民感情的恶化。

（3）关于国民感情问题

中日关系中一个巨大的障碍，便是国民感情问题。但是，言论 NPO 的调查中，2018 年的一个特征是在此方面出现了变化的迹象。一方面日本的对华观感依然恶劣，另一方面中国的对日观感，表示对日持正面态度的已经超过四成——这是近年从来没有过的现象。虽然这个数字的可信度难免存疑，但是这种观感变化的倾向或许是可以确定的。

中国人的对日观感变化，经常被解读为与赴日观光有关。这种解读认为，大批中国人观光客访问日本，使其对日本产生了正面的观感，并通过社交媒体投稿，产生了巨大变化。这种因果关系，在统计上无法说明。倘若如此，中国或许可以通过控制访日游客人数，就可以掌握中国人的对日观感。另外，日本赴华观光客增长乏力，而旅行也不一定带来对华正面观感。中国方面希望能够从日本吸纳更多的修学旅行等访华观光客，但是由于在中国既不能使用 Instagram 也不能使用 Line，在这种环境下前往中国的日本年轻人，只可能感到不适应。

（4）对 2019 年中日关系的展望

2019 年，在中美关系继续紧张中，可以预测中日之间会构建起比较安定的关系。除了习近平主席参加 G20 峰会顺道访日外，或许还有别的机会实现习近平主席的访日。在此基础上，已经开始构建的合作框架则能够更进一步。

但是，这其中还存在着很大的悬念。第一，中美对立深化的情况下，在技术问题等方面美国很可能会对日本施加更大的压力。为了避免发生这样的问题，日本应该强化日美关系。第二，前述的第三方市场合作四项条件等，作为日本对华关系改善的前提条件如果难以实现的话，不仅会损害中日之间的合作，还可能会造成自由开放的印太构想与"一带一路"倡议之间的紧张关系。中日双方应该与欧洲等继续合作，将上述两点限制在可控范围内，寻找出最优解。

另外一点，不限于 2019 年一年的，便是两国之间对突发事件的应对。因为中日间的历史认识问题和领土问题没有解决，所以一旦错误应对突发事件，就会严重损害双边关系。两国之间应当注意在处理这类事件的同时，继续探索构建一个不将问题扩大化的机制。

（二）青山瑠妙

2018 年时值中国改革开放 40 周年，同时也是中日和平友好条约缔结 40 周年。程永华大使在东京举行的纪念改革开放 40 周年学术研讨会上的致辞中指出：“在中日关系 40 年发展的历程中，日本对中国的改革开放事业做出了积极贡献”。

程永华大使的发言可以说完全契合 2018 年中日关系的基调。中日关系自 2012 年 9 月日本政府“国有化”钓鱼岛之后急速恶化，随着 2018 年 5 月李克强总理访日以及 10 月安倍首相访华又加速改善。

报告书高度评价中日关系改善的历程，同时从政治、经济、社会以及“一带一路”倡议四个方面对中日关系进行了缜密细致的分析。在学术分析的基础上，为推进中日关系向前发展提出了政策建言。

报告书的总论认为，2018 年对于中日关系而言是冷战结束以来的第二次转型期。根据报告书的分析，小泉政权时代采取了接近美国、抑制中国的政策，因此中日关系进入了第一次转型期。2017 年以来，随着安倍政权的政策转换，中日关系也随之回到了“正常轨道”。

关于中日关系好转的原因，报告书从如下四点做出解读。两国领导人的强烈政治诉求、日本对华打压政策的失败、特朗普政权的对外政策、日本国内对改善中日关系的压力。当然，本报告认为中日两国的“安全困境”仍然没有解决，且依然会成为日后中日关系发展的一大障碍。

此外，总论部分还指出当前国际局势面临着"百年未有之大变局"。即，"世界政治和经济的中心开始向亚太地区转移"，"西方主导的世界秩序开始动摇"。在此"大变局"下，美国的政策、中日关系、日本的政治、经济以及军事安全政策也随之发生变化。

最后，总论部分还指出了美国和俄罗斯对中日关系可能产生的影响。特别是中美贸易战对中日关系改善所带来的挑战。如何有效避免美国给日本的压力等，对于中国而言也是当前应该解决的重要课题。

2018 年中日关系的改善，对于中日关系的和平与稳定而言是重要的一步。正如报告书指出的，2018 年中日关系的改善，是应该值得高度评价的双方高层政治决断的结果。

2018 年 5 月，李克强总理访问了日本。这是继 2010 年 5 月温家宝总理访问之后时隔 8 年中国国务院总理的正式访问，对于中日关系的改善而言具有重要的象征意义。在李克强访日之前的 4 月，中日两国也时隔 8 年举行了高层经济对话。李克强总理基于高层经济对话的讨论议题，在正式访问期间同安倍首相就高新技术、少子老龄化等领域的合作进行了沟通，同时也一致同意进一步推进旅游、文化、防灾等各领域的国民交流。另外，在处于"安全困境"的军事安全领域，中日两国也在海上联合搜救、海洋执法机关的信赖关系建构、海洋环境合作等领域取得若干共识。其中，最重要的成果是中日海空联络机制得以达成。

2018 年 10 月安倍晋三首相访华所取得的重要共识，是中日两国从"竞争走向协调"，中日两国互为邻国、互为伙伴、互不构成威胁。日本方面所传达的信息，也进一步增进了两国间的政治互信。

诚如报告书所示，当前世界秩序正在发生巨大的变化，日美、中俄关系正在日趋强化。在"积极的和平主义"以及"积极的防卫体制"指导下的日本，其动向值得特别关注。

当然，无论国际秩序如何变化，中日关系如何实现稳定发展，才是两国需要政治智慧解决的课题。如何避免"日美 VS 中俄"这种"新冷战"的对立格局，稳定地推进中日关系也需要中国的智慧和解决方案。

（三）加茂具树

1. 关于"2018 年，中日关系迎来冷战后的第二个重大调整期"的分析

（1）2018 年中日两国首脑的互访，对于两国首脑之间建立相互信赖贡献巨大。2018 年 5 月李克强总理访日和 10 月安倍晋三首相访华后，中国方面对中日关系的表述为"重回正常轨道"，日本方面的表述则为"从竞争到协调"、进入"新的阶段"。但是，这一变化的起点，在于 2014 年 11 月安倍首相为出席北京 APEC 会议并与习近平主席会谈（更准确地说，在于此前的"关于改善中日关系的商谈"）。中日两国在此后花费了四年时间，才实现了关系的改善。我认为，在理解当下的中日关系现状时，有必要关注这四年的状况。因此，"2018 年，中日关系迎来冷战后的第二个重大调整期"的分析，或许对于2018 年过于关注。

（2）此外，报告书分析认为，冷战后中日关系有两个"重大调整期"。但是，我认为，冷战后中日关系大的转折点，在于中日两国确认"构筑战略互惠关系"。这由 2006 年安倍首相在访华之际提出，并于 2008 年胡锦涛主席访日的"共同声明"加以确认。但这至今尚未实现，可以说仍处于"从 2006 年到 2008 年的转换"过程中。换言之，"战略互惠关系"的目的，"在认识到两国对亚太地区和世界肩负着庄严责任的前提下，在共同为国际社会做出贡献的过程中，彼此尊重对方关切并拓展共同利益，发展中日关系"。但是，中日两国对于"彼此尊重对方关切并拓展共同利益"的具体内容，仍缺乏共同的

认识。因此，中日关系尚未完成第一个转换。

　2. 关于日本对华政策的分析

（1）中日关系是通过双方的相互认知才得以成立的，但是"总论"以及"专题1、3、4"对于日本的对华认知和政策分析不足（仅从中国的视角对中国的对日行动做了分析）。因此，从日本研究者的视角来评价，报告书所显示的分析并不充分。

（2）例如，报告书指出了"中日关系重大调整的原因、直面的课题及其前景"，以及"中国政治稳定、经济繁荣，国际威望日升，GDP已经是日本的2.5倍"等，但这些客观事实对于日本政府的对华政策决策过程并无决定性的影响。中国的实际行动，才是有着决定性影响的因素。

（3）以下两个例子可作为"中国的实际行动"。①尽管2008年6月胡锦涛主席访日期间，中日两国政府发表"关于中日东海问题的原则共识"，但是从其后的12月起，中国公务船就开始巡航钓鱼岛领海。②2013年10月的周边外交座谈会后，11月中国方面就设定了东海防空识别区，这对日本政府的对华政策产生了重大影响。这些中方的行动，也对日本社会的对华认识产生了重大影响。

（4）"即使在中日关系最困难的时候，在日本领导人诋毁中国国家形象之时，中国依然没有将日本排除在'周边外交基本方针'适用对象之外"等表述，不过是中国方面的"解释"。日本学界对于2013年10月周边外交座谈会的评价，受到此后11月中方设定东海防空识别区的影响。其结果，日本学界对于中国对外行动的评价是"言行不一"（这一点，在与日本学者的交流中也应该可以感受到）。报告书不仅应该指出双方"解释"的差异之处，而且应该分析其产生的理由。

3．关于"联美制华的基本方略""围堵和遏制中国崛起的战略目标"

报告书将日本的对华政策阐述为"联美制华的基本方略""围堵和遏制中国崛起的战略目标"等。但是，日本政府至今为止从未正式提出"制华""遏制中国崛起"的政策。在学术报告中，应正确使用和记述日本政府的正式表述。

三、专题研究

专题一：政治与外交

日本政治外交：稳·缓·变

2018 年日本政治、外交总体平稳、波澜不惊，但稳中亦有所变化。在国内政治领域，安倍连任自民党总裁，其内外政策得以延续；在对外政策领域中日关系缓和，日本所面临的整体外交环境有所改善。回顾 2018 年、展望 2019 年，日本政治、外交可以用三个关键词来概括：稳、缓、变。

一、内政趋于稳定

2018 年日本国内政治整体趋稳，其"稳定"格局体现在如下几个方面：

首先，安倍晋三在 2018 年 9 月 26 日举行的自民党总裁选举中击败石破茂，连任成功，安倍长期政权成立。2018 年伊始，安倍内阁因为"加计学园丑闻"而陷入危机，再加上此前"森友学园丑闻"持续发酵，内阁支持率一度跌至 30% 的警戒水位线。2018 年整个上半年，安倍政权都处于危机状态下，直到 6 月自民党主要派阀（细田派、麻生派、二阶派、石原派）相继表明支持安倍三选自民党总裁之后，安倍在党内的支持率才趋于稳定。虽然在野党、舆论界追究安倍责任的呼声不绝于耳，但是自民党总裁选举更重要的是党内的支持意向，从这一点来看丑闻本身并没有危及安倍在党内的执政地位。从结果来看，安倍获得 553 票，而石破茂获得 254 票，安倍压倒性的优势维系了"安倍一强"的格局。当然石破茂获得了 45%

的地方票，从中长期来看依然是自民党内能够威胁安倍执政地位的重要人物。

其次，在野党重组"雷声大、雨点小"，难以撼动自民党在国会中的优势地位。2018 年在野党重组加速，5 月希望之党与民进党部分议员合并组成国民民主党，成为参议院第一大在野党，而当时众议院中第一大在野党则是立宪民主党（10 月临时国会之后，立宪民主党跃升参议院第一大在野党）。这导致在野党力量的分散，更何况这两个在野党的政策主张差异较大，本来就难以合作。另外，无论是立宪民主党还是国民民主党，其优势地位并不明显，在国会中无力对抗自民党。整体而言，日本的国会政治呈现"一强多弱"的格局。在野党群龙无首，在国内政治以及对外政策领域的议题设置模糊，未能从根本上撼动自民党的执政基础。

最后，修改宪法等重要议题在国内并没有得到实质性推进。安倍自 2012 年 12 月上台以来，围绕国家的外交和安全保障政策每年都会有重要的议程出台，但是 2018 年则相对平静。修改宪法对于安倍而言是一项长期的事业，2018 年没有得到推进既跟安倍本人深陷丑闻、内阁支持率走低有关，同时也跟执政联盟公明党的牵制有关。安倍上台以来出台的很多政策多采用强行通过的模式，他本人也被批评有违协商民主（deliberative democracy）的精神，而被塑造成"独裁者"的形象。但是就修宪议题而言，自民党内部以及自民党同公明党之间积极协商、寻求共识却也是一个明显的事实。由于修宪等议题没有在 2018 年得到有效推进，所以整体上日本的国内政治以稳定收场。

总的来说，安倍稳定的执政基础、自民党的强势地位以及稳定的执政同盟是确保日本国内政治在 2018 年整体稳定的三大因素。

二、外交总体缓和

2018 年日本对外关系整体缓和，但也存在较多的不确定性。比较值得关注的几组关系集中于中日关系、日美关系、日俄关系以及日本同朝鲜半岛两个国家的关系。

第一，对华关系改善是亮点。中日关系改善的契机始于 2014 年，在北京举行的 APEC 会议召开前夕，中日两国达成四点原则共识，为两国关系的改善提供了契机。此后两国关系不温不火，但是已经有了两国领导人在国际多边会议等非正式会谈的积极基础。中日关系真正的转变发生在 2018 年，5 月中国总理时隔 8 年正式访日，并受到日方高规格的接待。10 月 25—27 日，安倍正式访问中国，访问期间除了签署一系列重要协议之外，还出席了中日第三方合作论坛，这为日本企业参与"一带一路"倡议打开方便之门。2019 年中日关系的良性互动还将继续，对华外交可以认为是安倍外交政策的加分因素。

第二，对美关系不确定性仍在持续。这种不确定性并不是日本导致的，而是来自"特朗普冲击"。特朗普的对外政策主要不以意识形态划线，而是信奉"美国优先"原则，这让日本在处理对美关系时面临被动的局面。受到"特朗普冲击"的影响，日本在 2018 年 9 月份出口意外下跌，其在亚洲的生产网络也因贸易摩擦而受到冲击。为了应对来自美国的贸易保护主义的威胁，日本一方面选择修复同中国的关系（中国也有相同的需求），另一方面则是通过缔结巨型 FTA/EPA 的形式消解来自美国的压力。2018 年 7 月，日欧 EPA 签署，2018 年末 CPTPP 正式生效，从某种程度上来说这是日本对美经济外交的胜利。

第三，日俄关系出现新的转机。领土问题一直是日俄关系的硬伤，也是日俄关系的重点议题。普京是安倍执政以来会见最频繁的外国国家元首（包括第一任期），截止到 2019 年 1 月，两位领导人已经见面 25 次，而每次见面讨论的焦点都是北方领土问题。2018 年 9 月在俄罗斯远东举行的东方经济论坛上，普京表示有意年内签署日俄和平条约，这也意味着北方领土问题露出了解决的端倪。此后日本政府与俄罗斯政府保持了高频度的交流与沟通，虽然目前日俄两国之间就领土问题并没有产生实质性的结果，但是安倍在任内"解决"北方领土问题的决心十分明显。

第四，与朝鲜半岛关系乏善可陈。随着朝鲜相继缓和同韩国、美国之间的关系，舆论一度认为同日本关系的缓和也在日程之内。但是，目前日本同朝鲜仍然没有高层次的互动，日本对朝鲜核武器研发以及核导弹试射的意图仍然存在高度不信任感，且日本人绑架问题一直是横亘在日朝之间的障碍，日朝关系的缓和前景并不明朗。此外，日本同韩国的关系不升反降，虽然两国在应对朝鲜核危机方面存在共同利益，但是这种利益基础十分薄弱，反而是日韩之间固有的结构性问题（例如历史问题）严重削弱两国互信的基础。殖民时期日本对强征韩国劳工问题在两国间一时甚嚣尘上，2018 年末发生的韩国军舰雷达照射事件更让日韩关系雪上加霜。

三、改元之年　恐有变数

2019 年是日本改元之年，平成天皇将于 2019 年 4 月底退位，皇太子德仁将于 5 月 1 日正式登基，这是 2019 年日本最大的国内政治。天皇作为象征性的国家元首，退位与继位本不应该成为敏感议题，但是改元一事波及的领域较广，作为重要的政治日程也会影响到其他相关政治议题的安排。此外，因天皇登基典礼而衍生的皇室外交，也是日本政府重点应对的工作。

除了改元之外，2019 年日本国内的政治议程也是满满当当。4 月即将举行统一地方选举。统一地方选举是衡量日本各党派力量的风向标，执政的自民党所推荐、支持的候选人能够获得多少都道府县知事的席位会直接影响到自民党在地方的支持度，也会影响到今后的国会选举以及政权运营。4 月的统一地方选举和 5 月的天皇继位仪式之后，就是 7 月的参议院半数选举，自民党及其执政联盟能否继续维持三分之二以上的议席是重要看点。而日本的修宪议程会受到参议院选举结果的影响。如此一来，2019 年似乎并没有充分的时间和空间留给修宪等敏感议题。

除了国内政治日程之外，外交领域也有值得关注的内容。2018 年 6 月，二十国集团（G20）峰会将在大阪举行，这是 G20 峰会首次在日本举行，除了日常性的领导人会谈之外，日本需要利用这一场合提出符合其自身利益又能够平衡多方需求的议程。此外，多国领导人可能会利用参会之余对日本进行正式访问，中国习近平主席也有可能正式访问日本，届时中日关系如何推进，能否产生确立中日关系发展方向的新政治文件也是日本政府考虑的事项之一。

此外，常规的外交日程中，与俄罗斯北方领土问题的谈判会贯穿 2019 年一整年。在此过程中，如何协调日俄关系与日美关系显然也是日本政府所面临的外交议题。日美关系中的同盟定位以及美国在日本的军事基地会影响到俄罗斯对日政策的制定，而日美同盟又是日本外交的基轴，不容有损害日美关系的负面事件发生。

综合以上 2019 年日本政治外交的各项议程，外交影响（绑架）内政的可能性不能排除。譬如，近日安倍内阁的支持率有所提升，舆论认为一个重要的加分因素就是日本政府在韩国军舰的雷达照射事件之后所采取的积极反制措施。

2019 年日本改元、习近平主席访日等政治、外交议程，无疑是我们关注的重中之重。

◆ **点评**

（一）川岛真

当前，日本国内政治正以 2019 年天皇退位（新天皇登基）和 2020 年东京奥运会两大事件为主轴运行。总体而言，安倍政权的向心力和政策推进力正在不断下降。但即便如此，自民党内以及在野党方面也并没有能够取而代之的势力。所以，日本政治正渐渐陷入停滞状态。但是在人事和预算层面，"官邸主导"仍未改变。

内政方面，由于所谓的"森友加计问题"，在野党对安倍政权进行了彻底的问责。尽管成功造成安倍政权支持率出现一定程度的下降，但是在野党针对下次选举的政策讨论均不充分，更遑论实现政权更迭。在厚生劳动省的统计问题上，在野党讨论和关注的重点也只是在于官邸是否有直接发去指示，对于出现统计问题这样的与发达国家地位并不相称的事态，在野党并没有尽力开展充分讨论。同时，在冲绳普天间问题上，即便冲绳居民的不满度不断地升高，不满的声音却仍不能够传递到政权的中枢。安倍政权获得一定程度的支持率，可以说是安倍经济学和外交的成果，但前者现在由于统计问题，已经发出黄色信号。而 CPTPP 等协定的生效造成物价进一步下跌的话，对于摆脱通缩也是不利因素。

2018 年，国会通过了众多法案，其中有必要去注意两个给国民生活带来重大影响的法案，即工作方式改革法案和入管法修正案。因为这两个法案不仅仅在安倍政权时期，即便是在今后，也有可能成为政治焦点。工作方式改革法案，对于获取休假、工作时间、工作形态等进行了规定，可以说是要对日本社会"工作方式"进行根本性变革的法案。然而，同工同酬、有薪休假的使用等是该法案的"焦点"，最终很有可能无法实施，或反而有造成服务业加班时间增加的可能。另外，入管法修正案大幅度放宽了外国劳动力进入日本的门槛，是明治时代以来的重大转变。安倍政权作为保守政权，反而在接受外国劳动力上制定了积极的政策。但是要注意的是，安倍政权的转变并不意味着日本迈出了构建多元文化社会的一步，其不过是在补充国内劳动力不足的逻辑下推动的。当然结果也可想而见，即在日本国内将会发生各种文化的冲突和摩擦。

而奥运会方面，原定的预算不断地超支，反映了东日本地震以来持续的劳动力不足和建筑材料不足。但是当前建设费高涨或会造成2020年奥运会结束后建筑业的经费骤降，在此意义上看，我们可以发现目前安倍政权的政策实际上负担了很多长期的风险。

安倍政权在外交上有很多建树。2018年实现CPTPP和日欧EPA，与特朗普总统建立良好关系，并且和普京总统数度举行首脑会谈，搭建起签订日俄和平条约的基础。在这些成果中，还应该特别提到中日关系的改善。但是，纵观这些外交成果，还应注意到其中存在着很多的问题。日美关系上，尽管首脑关系确实处于良好状态，但是由于美国政策的可预见性较低，仍旧是高度的不透明状态。包括对华为采取措施在内，美国要求其关系密切的同盟国在科学技术问题上，采取跟美国一样的对华政策，因而日本政府不得不面对艰难的抉择。另外，在日本军事实力增强和军购等问题上，美国也对日本施加了很大压力。日俄关系上，南千岛群岛的交涉绝非易事，和平条约缔结的具体路线也没有确定。中日关系上，尽管双方关系有改善的基调，但是在领土问题和历史问题上依然没有什么转变的迹象。此外，日韩关系恶化，加上日本又难以参与朝鲜问题。对于安倍首相而言，即便是最终想要在外交上交出一份令人满意的答卷，但是从眼下看，这并非易事。

另外，安倍首相或许仍希望在某种程度上使修改宪法进入轨道。但是2019年5月1日新天皇即将即位，夏天还将举行参议院大选，而10月日本消费税即将提涨。在此过程中，提议修改宪法可能会造成支持率大幅下降。在外交层面，除了2019年有关天皇更替的仪式以及G20峰会外，日本还将召开非洲开发会议（TICAD），外交日程非常紧张。在这种意义上来说，安倍政权很难随心所欲地主动去推行政策。2019年，对于安倍政权来说，单单在内政外交上完成这些课题，就可能已经是极限了。

（二）青山瑠妙

本专题以"稳定""缓和""变化"三个关键词，来评价日本的政治与外交。根据本专题的分析，日本国内政治稳定，而中日关系、美日关系、日俄关系以及朝鲜半岛的局势趋缓。另外2019年6月在大阪召开的G20峰会、7月将要举行的参议院选举以及目前进行中的日俄和约·北方领土交涉，则是日本政治外交的"变数"。

考虑到日本政治和外交的日程，本专题给出的三个关键词，确实能够比较充分地定位日本的政治与外交。

对于我而言，想要知道的是："变数"如何给当前的"稳定"与"缓和"带来变化？对此，特别希望了解中国学者的见解。

专题二：日本社会

平成时代的终焉与中日关系的好转

一、平成时代的回顾与启示

2018 年日本社会变化的最大看点是平成时代的终焉，已经即位 30 年的明仁天皇将在 2019 年 4 月 30 日退位，次日德仁皇太子继位成为日本第 126 代天皇。日本社会即将迎来重大转折，即改元换代。2018 年日本社会频繁出现"平成最后"一词，到处都在说"平成最后的 ××"。或许"平成最后"才是 2018 年日本社会更重要的流行语。天皇生前退位是约 200 年来的首件大事。根据日本宪法规定，天皇只是日本国家和民族的象征，并无实际政治权力。但是天皇不具有政治权力并不意味着天皇对日本社会无足轻重，天皇及其制度的存在对于凝聚日本社会力量和协调日本社会矛盾发挥了重要作用。因此，平成的终焉将对日本社会产生各种重要影响。

"平成"年号来自司马迁《史记》的"内平外成"以及《书经》的"地平天成"。然而平成时代是否"平成"？平成时代日本社会到底经历了什么？2018 年 10 月日本电视台推出三小时的重磅级节目，讲述平成 30 年间日本社会的变化。（1）政权更迭频繁，首相换了 16 位。（2）国家发行国债高达 1087 兆日元（现已突破 1100 兆日元）。（3）女性择偶标准变迁，从 3 高（高学历、高收入、高身长）变为 4 低（低姿势、低依存、低风险、低燃费）。（4）平成元年 4 月开始征收 3% 消费税（现已涨到 8%），导致消费者购买欲的下降，进而导致物价下降，平成 30 年也是慢性通货紧缩的 30 年。2019 年消费税将涨到 10%。（5）ATM 更加便利，手机全面普及，街头电话亭几近消失。（6）老人护理等工作大幅增加，速记等工作大幅减少。（7）城市风貌日新月异。

1990年东京都厅落成，1994年关西国际空港开港，平成30年间东京20层以上的高层建筑增加了20倍。（8）街头自行车摆放率大幅降低，从80万辆降到8万辆，城市环境得到改善。（9）人们着装发生变化，出门戴口罩者大增，很多人戴口罩不是因为感冒，而是赶时髦。（10）2003年制定健康增进法，吸烟环境变化，电车里及马路上等公共场所禁止吸烟。该节目从政权频繁更迭到市民生活变化、从城市面貌改观到社会环境改善，对平成30年日本社会的一系列变化进行了概括。

　　然而，平成30年日本社会的变化远非上述10条所能概括。平成时代日本社会的变化涉及政治经济文化等诸多领域。平成元年日本作为世界第二经济大国仍然保持了强劲的经济增长，因此被称为"平成景气"。然而没过两三年，日本经济泡沫崩溃，陷入长期低迷状态。因此平成年代也常被一些人称为"失去的年代"，尤其是进入21世纪后日本经济实力相对下降，不但同美国的经济差距拉大，而且在2010年被中国赶超，日本GDP从世界第2位降为第3位，丧失了世界第二经济大国的地位。2011年发生东日本大震灾，造成福岛核电站泄漏，导致日本核电安全神话的崩溃。日本仿佛"失去"了昔日的辉煌。然而仅从"失去"的观点来看平成时代有失偏颇。平成30年间日本虽然受到内外各种冲击和压力，但并没有停滞，而是进入了艰难的调整时期。这段时期不是"失去的年代"，而是日本为了实现经济软着陆并着手经济转型和产业升级的年代。日本依然是一个拥有强大经济力和科技力的大国，平成时代16个日本人获得了诺贝尔奖就是一个佐证。在日本国民的努力下，日本社会形成生活方便，环境优美，秩序良好，内涵丰富的魅力社会。平成时代日本社会并不都是"失"，也有很多"得"！

　　平成时代留给世人什么启示呢？首先，要反战和平。在刚过去的12月23日，明仁天皇在其85岁生日那天发出由衷的感言："没有战争的平成是最大的快慰"，不仅表明了他本人的和平主义志向，而且指出了平成时代具有重大意义的精神遗产，即日本必须坚持走反战和平的道路。据最新舆论调查，日本人最希望新元号使用的字是"安"与"和"。反映了日本民众向往安定和平的美好愿望。其次，要社会安定。平成30年间日本社会虽然历经各种风浪，但是维持了长期安定的状态。日本人在泡沫经济崩溃后痛定思痛，走出虚幻的辉煌，逐步学会了如何回归淡然，回归本我。为构建安全、安心、安定的社会做出了努力，这也是平成时代留下的宝贵精神遗产。再次，要谋求发展。2008年世界金融危机和2011年东日本大地震带来的巨大冲击，刺激着日本走出迷失已久的经济困局和政治怪圈，寻找符合国家特征、适应时代要求的新发展目标。

二、平成终焉之年日本社会是"灾"还是"转"

如何认识平成终焉的2018年的日本社会呢？2018年12月12日京都清水寺住持森清范大笔书写了一个"灾"字，这是日本汉字能力检定协会每年举办的"今年的汉字"评选投票结果。"灾"字反映了2018年日本社会的世态民情。与此相对，已稳坐6年首相宝座的安倍晋三在回答记者提问时，则选用了"转"字作为代表2018年日本世态民情的汉字。安倍首相表示：能否使未来好转，取决于我们自身，日本将在明年迎来重大转折点，希望使之成为美好的一年。"灾"反映了日本民众对日本社会天灾人祸的担忧，"转"字则反映了日本当政者对日本社会转变的期盼。民众选择"灾"字，有其担忧的事实。2018年日本社会的天灾人祸接连不断。6月18日大阪北部发生震度"6弱"的地震、6人死亡，400多人受伤，500多栋房屋全塌或半塌。接着7月上旬以西日本地区为中心，遭遇强降雨、河流泛滥和泥石流肆虐，220多人死亡，400 多人受伤，6000 多栋房屋倒塌。随后 9 月 6 日北海道胆振地区发生震度 7 级的地震，40 多人死亡，700 多人受伤，400 多栋房屋全塌，1300 多栋房屋半塌，北海道整个地区一时全面停电。不仅自然灾害接连不断，社会丑闻也时有曝光。8 月日本媒体揭露了东京医科大学操纵入学考试成绩，肆意降低女考生成绩，抑制考试合格者人数等，引起舆论的批评。一系列的天灾人祸成为人们选择"灾"字的理由。而首相选择"转"字，或许也有期盼的理由。2012 年末安倍晋三第二次上台执政后，在"转"字上狠下功夫。以"安倍经济学"开道，以"俯瞰地球仪外交"行世，瑕瑜互见，褒贬不一。安倍政权经过六年的政权运营和纵横外交，日本终于在平成终焉的 2018 年实现了战后最长的景气时期，完成了国家发展战略的大体布局。2018 年日本继续推进观光立国，访日外国游客首次突破 3000 万人次，在日居留外国人数达 263 万多人。2018 年日本通过《入管法》修正案，扩大吸收外国人劳动力，完成了工作方式改革和《渔业法》等时隔约 70 年的各种改革。不仅在国内大力推动各项转变，而且在国际舞台上积极作为。以日本为中心的 CPTPP 十一国协定于 12 月 30 日生效，日欧经济伙伴关系协定（EPA）分别获得日本国会和欧洲议会批准，于 2019 年 2 月 1 日生效；同时积极参与由亚太 16 国参加的东亚区域全面经济伙伴关系（RCEP）谈判。在中日关系全面恢复正常的同时，日美关系上虽受制于特朗普的强势压制，但日本积极应对即将开始的日美贸易谈判。日俄关系上安倍首相与普京总统同意以 1956 年《日苏共同宣言》为基础，加速和平条约谈判。在半岛问题上，安倍首相对 6 月朝美首脑会谈持支持态度，日朝关系随着美朝缓和而进入平稳期。但是日韩关系陷入僵局，韩国因慰安妇问题而与日本彻底闹掰，2018 年堪称日韩关系的"灾"年。无论是选择"灾"字还是选择"转"字，其实都反映了平成终焉之年日本社会的担忧与期盼并存的状态，反映了日本官民对 2018 年日本社会变化矛盾而统一的认识。

2018 年日本社会这个舞台上出现了许多令人炫目的变化。一方面，被誉为"平成歌姬"的安室奈美惠宣布引退，成为一个与时代共进退的象征。在平成最后的一个夏天，成千上万的粉丝都在欢送这位"平成歌姬"，这种场景表明这绝不是告别一位歌姬，而是告别一个时代，告别一个迷你裙＋厚底靴＋长冷衫的平成时代。体育界也有不少引人瞩目的变化。在平昌冬奥会上连续 2 届摘得金牌的花样滑冰选手羽生结弦已经成为日本的骄傲，日本足球在俄罗斯世界杯赛场上成为"亚洲之光"，而网球选手大坂直美，职业将棋棋手藤井聪太七段，乒乓球选手张本智和、伊藤诚美等新生代的快速成长，还有日本羽毛球的整体崛起，都在 2018 年有了惊世骇俗的出色表现。而另一方面，震惊世界的地铁沙林事件经过 23 年的漫长岁月，终于在平成终焉之年画上了句号。7 月 6 日，奥姆真理教教主麻原彰晃以及 6 名（之后又有 7 名）骨干成员终于被送上了绞刑架，平成时代这一骇人听闻的惨剧终于完全落幕。

许多社会现象都在告诉人们，2018 年是日本旧时代落幕，新时代开幕的转折之年。从大局来观察，日本已经为新时代做好了大体的布局，日本已经串起了发展的十年黄金链。2019 年大阪举办 G20 峰会，2020 年东京举办夏季奥运会，2023 年以后日本的博彩设施陆续开业，2025 年大阪举办世博会。奥运会和世博会可能助力日本振兴，成为日本走出"失去的年代"的起爆剂。日本能否在新时代重新起航，虽然还存在着不确定因素，不过应该说改元换代给了日本一个改变现状和重新振兴的契机。

三、平成终焉之年日本人意识的变化

在日本社会新旧时代转换之际，日本人在想什么？ 2019 年 1 月 7 日

NHK 公布了"日本人意识调查"。这是每 5 年实施一次的调查，此次调查于 2018 年 6 月至 7 月实施。调查数据表明平成终焉之际日本人意识发生了新的变化。

（一）参与政治活动的意识日益冷淡。调查列举了游行、签名运动、给媒体写信、陈情、抗议、请愿、捐款、募捐等多种活动的示例。调查询问了受访者参与政治活动的情况，回答"什么也没做"的人达到 80.8%，自 1973 年开始实施调查以来首次突破 80%，这一点备受瞩目。表明日本人参与政治的意识越来越冷淡。应当指出，日本社会出现了非意识形态化的现象，形成庞大的无党派，选民中无党派层占一半左右，表明民众渐渐远离意识形态意义上的政治。但是当政治开始侵犯后现代社会的基本价值观时，日本社会则通过选举和舆论等方式对政治家进行规范，反映了后现代社会的民众对政治的制约。

（二）对生活整体的满足度较高。在对生活整体的满足度的提问中，回答"满足"的人占 38.7%，是开始调查以来的最高值。回答"总体来说满足"的人占 53%，二者加在一起达到 91.7%，同样是开始调查以来的最高值，由此可见对生活整体感到满意的日本人在增加。这种满足度或许就是村上春树所说的追求一种"小确幸"，将自己的喜欢融在日常的有趣生活里，在自我实现的过程中不乏一种不求大欲的幸福感。

（三）对结婚和生育等的意识变化。此次调查中，认为"不一定要结婚"的人达 67.5%，认为"当然要结婚"的人只有 26.9%，2013 年调查中分别为 62.6% 和 33.2%。认为"结婚也不一定非得生育"的人达到 60.4%，2013 年调查为 55.2%；认为"结婚当然要生育"的人只有 32.8%，2013 年调查为 38.9%。从这个结果来看，日本人尤其年轻人的结婚和生育的意识日益低下，而年轻人晚婚或不婚以及晚育或不育的现状，将给日本少子化的困境雪上加霜。日本社会人口逐年减少，尤其是年轻人口相对减少，不但引起劳动力人口严重不足的问题，同时也对现有的社会医疗保险、学校教育制度等带来冲击和影响。平成时代不结婚的人越来越多，跟昭和时代人人都会结婚的"皆婚社会"相比，社会意识与结构发生了重大变化。

（四）男女平等观念日益增强。关于女性婚后继续工作的问题，回答"最好继续工作"的人为59.9%，2013年调查为56.3%。回答"婚后最好专职持家"的人为8.3%，首次跌破10%，2013年调查为10.6%。关于男女的家庭职责，认为"丈夫帮厨和照看孩子理所当然"的人达89.4%，是开始调查以来的最高数字；认为"帮厨和照看孩子不是男性的工作"的人只有7.6%，降到开始调查以来的最小值。调查表明，认为应该男女平等的想法越来越强烈，反映了日本社会实现男女平等过程中的可喜发展。

（五）内倾意识增强，不想与外国人成为朋友。调查询问了受访者是否"想与各个国家的人成为朋友"。回答"想"的占58.2%，比2013年调查的62.9%降低4.7%，回答"不想"的达到38%，高于2013年的32.3%。由此可见，不想与外国人成为朋友的日本人在不断增加。对于"愿意参与帮助贫困国家的支援活动"的询问，回答"想"的人虽然达68.1%，但低于2013年的75.4%。回答"不想"的人为26.9%，高于2013年的19%，表明不愿意参与帮助贫困国家支援活动的日本人在增加。关于"有机会的话，想出国工作和学习"的提问，回答"想"的只有33%，同样明显低于2013年的37.1%；回答"不想"的达到63.5%，高于2013年的57.9%，不希望出国工作和留学的日本人越来越多。从这两个问题的回答可以看出日本人内倾意识的加剧，有人指出这种内倾趋势在年轻人身上尤其明显。有调查显示"不想到海外工作"的年轻员工高达60%。

2017年度报告书中提到的《低欲望社会》一书，已在中国翻译出版并引起关注。有人认为日本一些年轻人不愿意奋斗和打拼，也无理想和追求，以至于眼下的日本社会被称为"低欲望社会"。"低欲望"不只是反应在性问题上，也反映在社会各个方面。但是，关于"低欲望社会"的看法见仁见智，有人认为"低欲望"就其本质而言只是改变生活方式而已。所谓的"低欲望"或许是对泡沫经济时期欲望过高、奢侈过度的一个反思，是对人类大量生产大量消费的一种纠偏，是转型后现代生活的一种尝试。看似无志向的社会，或许是要追求一种"轻"文明社会形态。

四、平成终焉之年中日关系的好转

2018年不仅是日本社会的转折之年，也是中日关系的转折和提升之年。日本华文媒体列举了2018年中日关系十件大事：（1）安倍晋三首相正式访华，中日共创开拓第三方市场合作新模式，中日关系全面恢复。（2）李克强总理成功访日，启动海空联络机制，中日友好事业再起航。（3）美中贸易战影响中日经济合作，日本政府排除华为制品埋隐患。（4）中国成功举办首届国际进口博览会，日本企业组最大参展团成亮点。（5）第14届北京—东京论坛发表东京宣言，联合民调显示民意改善。（6）中国访日游客全年突破800万，80后、90后成为访日主力。（7）日本前首相福田康夫访问南京大屠杀纪念馆，正视历史事实。（8）中国的支付宝、微信支付进军日本，加速推动无现金社会进程。（9）上海—横滨纪念友好城市45周年，两市市长时隔20年实现互访。（10）日本细川家族永青文库向中国捐赠4000余册汉籍，送文化归根。通过这十件大事可以窥见2018年中日关系的变化：反映了中日政治关系全面恢复正常、中日经济合作更加深入务实，中日民间交流和文化交流更加丰富多彩，同时也反映了中日关系发展仍有隐患。

关于 2018 年的中日关系，存在不同认识。有的比较乐观，认为中日之间已经达成较全面的战略共识，双方在更为积极、主动地促进新形势下的合作，更加理性、稳妥地处理新老问题与矛盾分歧，特别是安倍的对华政策基调发生了较明显的转换。有的比较谨慎，认为中日关系总体上仍处于爬坡过坎的关键时期。导致两国间对立的结构性原因依然存在，双方战略互信尚未恢复，中日关系回暖的基础尚比较薄弱。并进一步指出，日本民众对华亲近感在低位徘徊、安倍执政团队具有浓厚鹰派色彩等牵制中日关系企稳向好的因素。

中日关系历经数年艰难曲折，已经走出低谷，出现积极向好的新势头，呈现多年未见的新景象。中日两国都对中日关系改善向好给予积极的评价，对中日关系行稳致远表示积极的期待。中日关系回暖好转是内外多种因素交互作用的结果。首先，经济利益的需要。2017 年中日贸易总额为 3000 多亿美元，相当于日美贸易总额的 1.5 倍左右。日本海外企业的近半数约 33800 家在中国，40 年来日本累计对华直接投资金额超过 1100 亿美元。安倍首相改善和中国的关系，得到日本经济界的积极支持。其次，政治方面的考量。习近平主席提出了"一带一路"倡议和构建"人类命运共同体"，为了实现宏伟蓝图，需要日本的友好合作。日本方面 9 月安倍首相赢得自民党总裁选举，为自己执政到 2021 年铺平了道路。安倍就任首相以来积极开展外交活动，迫切希望正式访问中国，通过改善中日关系，为其增加外交得分。再次，"特朗普冲击"的影响。特朗普总统的贸易保护主义和单边主义政策的冲击效应，是中日关系加快改善的重要外部因素。

虽然中日关系积极向好，但是需要保持清醒认识。中日两国在相互认知上还存在误区，在相互信赖上还存在差距。最新民意调查表明，中国受访者对日本有好感的比例在一年内由 31.4% 上升到 42.2%，约增长 10.8%。但日本受访者对华亲近感仅有 13.1%，微升 1.6%。认为中国是日本安全威胁的比例却比上年增长 12.3%，达 57.5%。日本内阁府外交舆论调查表明，对中国有好感的比例在 80 年代高达 78%，最新的调查结果连 14% 都不到，没有亲近感的比例却上升到 83.7%，是 1978 年开始这项调查以来最低纪录，表明日本民众对华亲近感回升乏力。

为了实现新时代中日关系行稳致远，对未来既不能过分悲观，也不可期待太高。在新时代中日关系的发展中三个因素非常重要。第一，深化中日经济合作是新时代中日关系发展的"压舱石"。第二，维护和平安全是新时代中日关系发展的方向。第三，发展民间友好交流是新时代中日关系发展的基础。

1 月 28 日，安倍晋三首相在日本国会发表演讲说："日中关系已完全恢复到正常轨道。通过深化各领域各层次交流，我将把日中关系提升到新的水平。"表明了日本领导人想要进一步改善中日关系的愿望。2 月 4 日，中国传统佳节除夕之夜，通过中日双方共同努力，作为东京象征的东京塔披上了中国红的盛装，这一盛举表达了中日民众推进中日友好的美好愿望！期待着 2019 年习近平主席访日，中日之间签署反映新时代新特点的中日关系第五个政治文件，进一步推动中日关系的发展，实现新时代中日关系行稳致远，谋求中日两国互惠共赢的新目标。

专题三：安全保障

新版《防卫计划大纲》评析

2018 年 12 月 18 日，日本国家安全保障会议和内阁会议审议通过了《2019 年度以后的防卫计划大纲》（以下称"新大纲"）和《中期防卫力量发展计划（2019 年度—2023 年度）》（以下称"新中期防"）。这两份文件指出，日本将继续增加军费，未来五年防卫预算总额约 27.47 万亿日元，比上一个五年增长 11.3%。同时提出"多域联合防卫力量"构想，日本将进军太空、网络、电磁等新领域，并发展进攻性武器装备，日本军事发展步伐明显加快，防卫政策外向性、主动性、进攻性趋势明显加强，日本将由此进入一个全新的军事转型期。

一、日本政府主导，"安倍战略构想"色彩浓厚

与以往由防卫省主导不同，此次修订由日本内阁官房主导，安倍首相亲自确定大纲修改方向和重点内容，作出"不必停留在过去内容的延长线上"，"要探索防卫力量应有水平"等要求，"安倍战略构想"贯穿其中。在安倍首相的主导下，日本自民党成立了讨论防卫力量建设的联席会议，首相官邸成立了由政界、学界、商界的 9 名专家学者组成的"安全保障与防卫力量恳谈会"，防卫省设立由防卫大臣为首的"未来防卫力量讨论委员会"。可以说，"新大纲"是首相主导、防卫省承办、专家组出谋划策合力制定而成的，安倍内阁乃至安倍个人的色彩浓厚。

二、强调安全环境发生巨变，突出渲染中国因素

"新大纲"指出，目前日本面临的安全环境正在发生剧变且日趋严峻，不确定性增加。声称因中国等国的国力快速增长引发世界力量格局加速变化，各国政治、经济、军事竞争加剧，"灰色区间事态"出现长期化趋势，"混合战争""多域战"等新型战争形态和作战样式开始登场，各国竞相展开无人武器系统的研发；美国与中俄展开战略竞争，要求同盟国分担更多责任。其中突出强调中国因素。指中国缺乏军事透明度，军费保持高水平增长，加速增强军事力量，且重视确保太空、网络、电磁等新领域优势；称中国提出与国际秩序不相符的独自主张，在东海、太平洋和日本海频繁开展军事活动，在钓鱼岛方向公务船不断"侵入"日本领海，在南海实施军事据点化行动，试图以实力单方面改变现状，引起地区和国际社会强烈担忧。可以看出，国际竞争的加剧、军事技术发展带来的战争形态改变，特别是应对所谓"中国威胁"，是日本制定"新大纲"的主要依据，应对中国的指向性明显。

三、发展进攻性作战力量，防卫政策积极主动色彩明显加强

"新大纲"虽仍称坚持"专守防卫"原则，但无论是在指导思想上还是在武器装备发展上，主动进攻色彩明显加强。第一，指导思想上积极主动色彩明显加强。"新大纲"指出，面对前所未有的现实安全环境，日本将"从战略上积极采取多种措施"。第二，发展轻型航母，引进 F-35 战斗机。日本将把"出云"和"加贺"号两艘标准排水量为 1.95 万吨的"出云"级直升机母舰，改造成可搭载垂直起降型 F-35B 战斗机的轻型航母，并计划引进 147 架 F-35

战斗机，其中 42 架为可垂直起降的 F-35B 战斗机。为了淡化航母色彩，麻痹世人警觉，"新大纲"把航母化改造后的"出云"级称作"多用途直升机驱逐舰"。日本政府也辩解称，"出云"级改造后将继续担负日本防卫、应对大规模自然灾害等多样化任务，平时不搭载 F-35B 战斗机，不属于"攻击型航母"。对于日本政府掩人耳目的做法，日本军事评论家前田哲男一针见血地指出，"出云"级准航母"搭载战斗机后就成为不折不扣的攻击型航母"，日本改造航母"意在进一步提高自卫队的远洋作战能力，加强与美军在太平洋和印度洋上的合作"。① 把"出云"级改造成轻型航母，将打破日本"不能拥有航母"的政策限制，并为下一步建造更大吨位的航母打下基础。第三，"新大纲"虽未写进拥有"对敌基地攻击能力"字眼，但明确指出要发展防区外打击能力。据"新中期防"和有关资料显示，日本将为 F-35A 和 F-15 战斗机装备射程分别为 500 千米和 900 千米的防区外联合打击导弹，提升防区外空对地、空对舰火力打击能力，并将获取高超音速巡航导弹技术，发展用于岛屿作战的高速滑翔弹和远程反舰导弹。第四，强调在太空、网络、电磁等新领域加强防御能力的同时，将发展干扰敌指挥通信系统、网络及瘫痪敌雷达等进攻作战能力。这些均标志着日本在发展进攻作战力量方面取得重大突破，日本防卫政策已远远突破"专守防卫"原则，在今后的军力建设和军事实践中，积极主动的一面将进一步凸显，其外向性、主动性、进攻性趋势明显加强。

四、提出"多域联合防卫力量"构想，谋求太空网络电磁新领域优势

"新大纲"在上一版大纲"联合机动防卫力量"构想的基础上，提出

---

① 《日本新版防卫大纲架空"专守防卫"理念》，《新华每日电讯》2018 年 12 月 15 日第 3 版。

了"多域联合防卫力量"构想。这一构想与美军2017年以来提出的"多域战""多域作战"概念有相似之处。"新大纲"指出，随着军事技术的发展和战争形态的变化，未来作战空间将由陆、海、空传统物理空间向太空、网络、电磁等新领域拓展，因而要有机融合陆、海、空、天、网、电等所有领域的力量，提升跨域联合作战能力，通过实施多域联合作战，弥补单个领域作战劣势，综合确保日本的安全。为此，日本将组建太空专门部队、网络防卫部队、电子战力量、海上运输部队等新型作战力量，提升太空情报侦测、网络攻防、电磁干扰等新型作战能力，并将与美国加强新领域的合作，开展相关联合演练。"新大纲"强调要加速进军太空、网络、电磁、海洋、人工智能等新领域，推动制定太空、网络等领域的国际规则，以谋求新领域优势。同时还提出要建立对陆基、海基反导力量和陆海空自卫队防空力量进行统筹运用的综合导弹防空体系，以综合应对敌弹道导弹、飞机和巡航导弹，进一步提升一体化防空反导能力。争夺新领域优势成为"新大纲"的一大亮点，新型力量建设将成为未来日本军事力量的新增长点。

五、推行"印太构想"，建立海洋安全联盟牵制中国

"新大纲"提出，将根据"自由开放的印太构想"，从战略层面推进多边多层次安全合作。安倍自2006年执政后，先后提出"自由繁荣之弧"和"亚洲民主安全菱形"构想，并形成了美日澳印"大菱形包围圈"和日越菲印（尼）"小菱形包围圈"构想。2016年，安倍在"双菱形"战略构想的基础上提出了所谓"自由开放的印太战略"。在安倍的积极推动下，美国特朗普政府作出积极响应，在2017年《国家安全战略》报告中提出"印太战略"构想，并于2018年5月将太平洋司令部改名为"印太司令部"。日美联手推动"印

太战略"的实质是，在印太地区建立美日澳印海洋安全联盟，并试图联合东盟等其他部分国家对冲中国"一带一路"建设，联手遏制中国快速崛起，阻止中国向远洋拓展海权。尽管安倍 2018 年 10 月访华后，鉴于中日关系得到改善，将"印太战略"改称为"印太构想"，但其遏制中国崛起的本质并未发生改变。日本"印太构想"指导下的多边安全合作基本思路是，以日美同盟为基础，与澳、印、东盟、韩、英、法、加、新西兰等所谓拥有共同价值观和安全利益的国家加强合作，特别是进一步加强日美澳、日美印、日美韩等"日美 + 1""日美 + X"三边或多边军事安全合作。同时要求中国遵守国际行动规则，提高军事透明度，并声称将冷静而坚决地应对中国在日本周边海空域的活动。这表明，日本欲在印太地区建立"民主国家海洋联盟"，对中国的快速发展特别是海权的拓展形成遏制。

总的来看，"新大纲"的出台，标志着日本防卫政策又一次作出重大调整，以"专守防卫"为名，行"积极防卫"之实，积极主动趋势明显加强。日本在发展进攻性作战力量的同时，强化了对中国快速发展的牵制，这将加剧中日两国在安全领域的矛盾和竞争。安倍提出中日关系已由"竞争"进入"协调"新时代，但"新大纲"表明，日本在军事安全领域对中国的警惕、防范和遏制丝毫没有减弱。中日关系要行稳致远，还有很长的路要走。

◆ **点评**

（一）川岛真

新防卫大纲和新中期防卫力量发展计划，是从围绕日本安全保障环境根本性变化这一问题意识出发的，即"国际社会力量的变化加速化、复杂化，围绕现存秩序的不确定性正在增多。此外，在太空、网络、电子等新领域的利用正在迅速扩大，重视海陆空这一类过去的、基于物理领域的应对，要从根本上改变目前国家安全保障的形态"。因此，目标是构建包括太空、网络、电子在内的多域综合防卫力量，以强化防卫力和提高实效性。为此，要将出云级护卫舰作为事实上的航母，引进 F-35 战斗机等具体工作也包括在内。结果，最显而易见的是国防费用的增加。而这一点从中国来看也确实是敏感问题。

不过，分析新防卫大纲和中期防卫力量发展计划时，将安倍首相的个人政治倾向性作为分析的出发点，可以说不是十分准确。应该说，即便现在的首相换作其他人（即使在时期上有所不同），防卫方向也会大致按照目前的方向进行。另外，此次防卫大纲是由官邸主导的分析结果，可能仅仅说对了一半，并且即便是说对的这一半，直接将其与安倍首相个人政策倾向性相关联，也是很勉强的。此次防卫大纲，确实与上次不同，有识者会议的影响力被削弱了。但仍可以说是在首相官邸和国家安全保障局（基本上来自外务省和防卫省的影响很强）之下制定的。即便是因为首相官邸掌握了主动权，也不能说是政治家起草了这样的大纲，归根结底还是由官僚层起草为基础。

目前一个重要的问题是美国，日本并不能单独地策划制定新的防卫大纲和中期防卫力量发展计划，日本的防卫政策归根结底还是在日美安保框架之下。因此，很大程度上受到美国对亚洲安保政策和美国对同盟国各种政策的影响。可以想见，多域综合防卫力是紧随美国的步调，而防卫力量增加以及预算增加也是美国方面的意向。美国政府要求北约各国提高防务费至 GDP 的 2%。与此相对，日本的防务费只不过占 GDP 的 1%。因此 GDP 增长 1%，防务费也会在相同比例上增长。但是，即便是这个 1% 的状态也很难维持。这是由于来自美国政府的压力非常大。此外，还有同样来自美国政府的强烈要求购买武器的压力。比如 F-35 的购买等，海上无人机的开发等，便是对美国政府的回应。

当然，防卫力量本身的增长，可以理解是正在直面国际力量变化的日本政府所必须采取的措施。空中盾牌——F-35 的大量采购，海、陆、空之间以及太空之间的协同行动成为可能，也扩大了战略的幅度。此外，F-35 的垂直起降性能，也使得出云级护卫舰作为航母使用成为可能。

在日本，防卫力量强化的原因，一方面被解释为是美国方面的要求，另一方面也被解释为是应对中国的军力以及来自朝鲜的威胁。在中国，这反而被解释为日本加强军备，被当作是来自日本的威胁，并且中国也以此为理由，说明加强国防建设的必要性。这很明显出现了安全保障上的"囚徒困境"。中日双方需要共同思考在某一个时机以什么样的方式缩减军备，或许才能够对整个东亚的和平与稳定做出贡献。

（二）青山瑠妙

本专题主要分析了 2018 年 12 月发表的《2019 年度以后的防卫计划大纲》和《中期防卫力量发展计划（2019 年度—2023 年度）》。

根据本专题的分析，新一期《防卫计划大纲》和《中期防卫力量发展计划》具有强烈的安倍色彩，过度渲染"中国威胁论"。虽然新防卫大纲中有"敌方基地攻击能力"，并没有直接指出其攻击的目标是中国。但显而易见的是，随着"出云号"改造成轻型航母，日本所提倡的"专守防卫"理念已经成为空壳。同时，本专题还认为，"多域联合防卫力量"这一新的概念和"印太战略"的主张，都表明了日本对中国的警惕感以及遏制中国的诉求，这可能会加剧中日两国在安全保障领域竞争的风险。

中日两国产生"安全困境"的原因之一，来自双方的"威胁认知"。其实本专题所呈现的正是中国对日本军事力量增强的一种"威胁认知"。同时，日本的防卫计划大纲以及中期防卫力量计划其内容本身，也体现了日本对中国的"威胁认知"。

中日关系既然致力于建立从"竞争到协调"的关系，减少这种"威胁认知"必不可缺。解决这一问题的方案之一在于日本国内的舆论，中国也需要了解日本国内舆论对防卫大纲以及中期防卫力量计划的评价以及认知。中国只有真正弄清楚日本今后防卫体制变化的动向之后，才能减少这种"威胁认知"。

专题四：海洋战略

战略克制与模糊策略

2018 年 10 月安倍晋三首相来华进行正式访问，中日双方表示将共同推动两国关系在重回正轨基础上取得新的发展。中日之间就海空联络机制、海上搜救协定等达成一定的共识。为此，中日海洋问题也出现了积极协商的态势，推动了中日关系进一步改善，但依然存在许多不稳定因素。

一、中日海上协调的进展态势评估

2018 年是中日海上争端协调的关键之年，两国政府及时抓住改善的机遇积极合作，通过中日海洋事务高级别磋商会议等，推动海上安全合作，强化海上危机管理，取得重要成果。

第一，2018 年 4 月 19 日至 20 日，在日本仙台，中日举行第九轮中日海洋事务高级别磋商会议。会议就东海相关问题交换意见，并探讨了开展海上合作的方式。双方就防务部门海空联络机制的建立和尽早启动取得进展，同意加快有关准备工作。此外，双方同意继续加强防卫部门间的交流，增进互信；中国海警局和日本海上保安厅同意继续加强两国海上执法部门间的合作和交流；双方为尽早签署中日海上搜救协定进行了具体讨论；双方确认通过进一步深入磋商加强渔业合作，促进渔业稳定健康发展；双方同意就东海问题原则共识相关问题加强沟通交流等。

第二，2018 年 12 月 17—18 日，在浙江省嘉兴市乌镇举行了第十轮中日海洋事务高级别磋商。双方一致认为，以 2018 年《中日和平友好条约》缔结

40 周年为契机，根据两国领导人关于使东海成为和平、合作、友好之海的共识，推进海洋领域的务实合作；双方欢迎 2018 年 6 月正式启动运行中日防务部门海空联络机制，双方对两国防务交流积极发展势头表示欢迎；并就海洋科考交换意见，确认遵守双方关于海洋科考相互事先通报协议；双方同意以 2018 年 10 月安倍首相访华期间签署《中日海上搜救协定》为契机，继续推进海上搜救合作。双方就在双边和多边框架下积极推进应对海洋垃圾务实合作达成共识；双方围绕北极政策进行了有意义的交流；双方对两国涉海智库之间进行的合作与对话表示欢迎；双方确认坚持 2008 年东海问题原则共识，同意进一步加强沟通交流等。

第三，2018 年 10 月 26 日，中日两国政府共同签署《中华人民共和国政府和日本国政府海上搜寻救助合作协定》（SAR 条约）。该协定的签署标志着双方在海上搜救领域合作进一步深化，将对加强中日海上搜救务实合作、提高海上搜救效率、保障海上生命和财产安全、促进区域海上经济发展产生积极影响。

除了双边合作，中日两国还积极探讨在多边框架下的海洋合作。例如，中国、日本、韩国、俄罗斯建立了地区合作的框架——西北太平洋地区海洋行动计划（NOWPAP）。针对日本海和黄海等海洋环境保护，以及大规模海上废油污染等进行国际合作。2017 年 9 月，中国、日本、加拿大、韩国、俄罗斯、美国等六国的海上保安机关负责人参加在东京举办的"第 18 届北太平洋海上安保峰会"，确认在维护北太平洋治安和确保安全方面推进多边合作，并讨论在北太平洋公海进行渔业监测、联合巡逻和多国多用途训练等活动。

此外，在中日高级海洋事务协议的框架下，2017 年 11 月，在上海召开第一次中日海洋垃圾问题研讨会，2018 年召开了第二次中日海洋垃圾问题研讨会。2017 年 6 月，在东京举办了关于北极的中日韩高层对话（大使级）第二次会议，探讨与北极相关的科学研究中三国合作的可能性等。

二、新特征与问题点：战略克制、模糊策略与海洋安全困局

如上所述，随着中日海洋事务高级别磋商的不断深化，以及中日海空联络机制的设立，钓鱼岛主权争端局势相对缓解。但是中日海上军机对峙状况依然时有发生，海上安全局势存在许多隐患。一方面 2018 年以来中日政治关系在不断改善，另一方面依然缺乏安全互信。从维护中日关系的大局出发，中日双方采取了战略克制与模糊策略的做法，但海洋安全特别是通道安全依然面临困局。具体表现为以下三个方面。

第一，2018 年 5 月 10 日，中日签署合作文件，同意设立海空联络机制并于 6 月 8 日启用，共同管控海上危机。海空联络机制的启用，对于化解危机、防范由于误判引发冲突的意义不言而喻。但备忘录没有就机制适用范围是否包含钓鱼岛周边领海和领空作出明示，也即对敏感的主权争议进行了模糊化处理。

第二，从"印太战略"到"印太构想"。2016 年 8 月 27 日，安倍首相在第六届非洲发展大会上正式提出"自由开放的印太"战略构想，一般认为是同中国的"一带一路"倡议相抗衡。[①] 为推进"印太战略"，日本海上保安厅对东南亚特别是与中国有海洋主权争议国家的海上执法，以及海上交通安全等能力的提高，给予大力援助。例如，2017 年 10 月，海上保安厅设立海外支援专业部门，成立"海上保安厅移动 corporation 小组（MCT）"。2017 年 11 月，为对菲律宾沿岸警备队进行技术指导，日本首次向海外派遣 MCT，利用日本

---

① 日米「インド太平洋戦略」表明へ　中国の権益拡大を牽制：朝日新聞，小野甲太郎，2017 年 11 月 1 日，https://www.asahi.com/articles/ASKC15CN3KC1UTFK00X.html。

政府提供的巡逻船及小型高速艇进行船舶驾驶训练。2017 年 5 月下旬至 6 月上旬，日本向菲律宾派遣巡视船，在菲律宾沿岸警备队等相关机构进行海盗应对训练。通过以上举措，一方面，日本进一步加强了与东南亚相关国家的海上合作关系；另一方面，随着中日关系的改善，安倍首相将"印太战略"改称为"印太构想"，强调这一构想的开放性，特别是与中国"一带一路"倡议"对接"的可能性。这虽然反映了安倍首相调整中日关系的意愿，但结果如何，仍需拭目以待。

第三，日本第三期海洋基本计划依然存在强烈针对中国的色彩。2018 年 5 月 15 日，日本推出第三期海洋基本计划 ①，确定了今后五年（2018—2022 年）日本海洋政策的指针。重点方向是"新的海洋立国的挑战"。突出强调安保领域，提出所谓"综合性海洋安全保障"。新计划列举了日本海洋形势的变化，指出"新的海洋立国的挑战"主要包括来自朝鲜、中国、俄罗斯、韩国等因素。例如，朝鲜向日本专属经济区（EEZ）发射弹道导弹。为了加强情报收集能力迅速感知这种危机，日本将增强自卫队飞机和沿岸雷达设施，以及宇宙航空研究开发机构（JAXA）的先进光学卫星等。新计划强调，中国海警船不断进入"日本领海"周边海域，必须加强日本海上保安厅的警备能力。此外，日本需要应对俄罗斯非法占领北方领土，及韩国持续非法占领竹岛等问题。其与新版防卫计划大纲相辅相成，重点针对中国。

三、政策建议："新海洋立国的挑战"与中日海上合作前景

2018 年以来，中国继续贯彻落实中共十九大报告的精神，加快建设海洋

---

① 日本内阁府、第 3 期海洋基本计画、平成 30 年 5 月、https://www8.cao.go.jp/ocean/policies/plan/plan03/pdf/plan03.pdf。

强国。日本则根据第三期"海洋基本计划",积极应对"新海洋立国的挑战"。一方面,这意味着中日两国海洋领域面临严峻挑战。另一方面,随着中日关系的整体改善,寻求新的合作机遇、开拓合作空间也成为必然选项。

2018年2月,中日时隔六年重启防务部门年轻干部交流活动,内容包括考察部队、访问研究机构以及商讨建立中日合作开展灾害救援的机制等。其他如中国国防大学代表团访日,中日青年军官代表团实现互访等。通过此类交流活动的次第展开,促进中日双方防务部门的相互了解。今后,中日两国在继续致力于改善整体关系的同时,建议采取以下措施进一步加强中日海洋合作。

第一,开展一系列持续有效的防务交流活动,增强安全互信。第二,继续推进两国在非传统领域的海洋合作,如在打击海盗、维护海上通道安全、治理海洋环境等领域,中日应积极开拓合作空间。第三,继续实施中日双方确定的"海空联络机制",加强海上热线对话,避免擦枪走火风险。第四,继续探讨东海划界的具体办法,采取依据国际法与外交协调的双重途径,灵活处理双方不同的划界主张,争取逐步达成共识。第五,继续探讨在"6.18"共识的基础上,中日双方关于共同开发东海油气资源的具体区域与开发合作方案。

◆ **点评**

(一)川岛真

2018年中日之间围绕海洋问题,有了很多的进展。中日海洋事务高级别磋商会议召开,海空联络机制的交涉也有了进展。但是,中日间的海洋问题,特别是关于东海问题,还是有着根本性的认识差异。中国方面认为,2010年的渔船冲突事件,2012年日本政府对钓鱼岛部分岛屿"国有化"是双方关系恶化的根源。但是，从日本角度来看，日本认为2008年12月8日中国政府船只首次进入钓鱼岛周边领海内，才是问题的起源。因为在此之前，中国政府船只从未进入钓鱼岛周边海域，而日本海上保安厅的船舶则是在领海内活动。因此，对于中国政府船只的活动，日本的一部分政治家会有敏感反应。

2008年，中日首脑会谈进行了十多次，中日关系往来在这一年非常密切，关于战略互惠关系的中日共同声明也是在这一年发表。并且在这一年，中日之间还形成共同开发东海的共识（即"2008共识"）。但是日方认为，该共识是由于同年底中方政府船只的活动，造成共识最终搁置至今。而2008年共识，才是中日关系改善之际应该重视之处。为此，安倍首相数次在首脑会议中提起该问题，2018年10月访华和11月底G20峰会上的首脑会谈中，确认中日双方尽快重启围绕"2008共识"交涉的重要性。但是，这一问题的解决尽管已经有了共识，但是在具体解决的层面，并没有实际的行动。2018年，中国还在不断推进在东海的资源开发，日本方面会在2019年如何对待"2008共识"，应该是一个注意的要点。

中国人民解放军和中国海警的活动，在2018年依旧活跃，日本海上保安厅和自卫队的警戒也没有松懈。在这一点上可以看出，尽管中日关系改善，在围绕海洋问题相关秩序的形成上，双方也形成了协商机制，但实际上海上的活动并没有多大的变化。

自由开放的印度洋-太平洋范围广阔，日本海上保安厅对于扩大在这一广大的海域内的活动范围并不是很积极。但是2018年海上保安厅在印度洋上，与印度进行了共同训练，显示其活动范围正在扩大。此外，日本政府为了保证海上秩序和安全的训练，以及使各国业务能力提升的支援仍在进行。这种对各国海上安保、管理能力提升的支持，已经在菲律宾和越南展开，今后想必仍将继续。从中国角度来看，这是刺激中国的行为；但是从日本的逻辑来看，不过是提高各国海上安保和管理能力的支援而已。

（二）青山瑠妙

本专题高度评价了近期围绕海上安全问题中日两国谈判的进展，同时也指出了在海洋安全领域存在的不确定性要素。

本专题的政策建议特别值得注意。本专题将中国两国都置于"海洋国家"的定位，具体建议如下：增强中日两国防卫部门交流，推进两国在非传统领域的海洋合作，继续实施中日双方确定的"海空联络机制"，探讨东海划界的具体办法以及中日双方关于共同开发东海油气资源的具体区域与开发合作方案。

本专题提出的政策建议非常及时且中肯，当然在上述领域关系强化的同时，也需要探讨中日两国在多边框架下进行合作的可能性。

专题五：经济与贸易（之一）

经贸关系：重新起航

斗转星移，时光飞逝，中日邦交正常化和《中日和平友好条约》签署已经 40 多年。其间，中日经贸关系起起伏伏，既有快速发展的阶段，也有跌入低谷时期。虽然经历了风风雨雨，但是，中日两国的经贸关系还是再度进入了新的起航时期。

一、近年来中日经贸关系回顾

经过几十年的发展，中日经贸关系取得了长足进步，两国联系日益密切，且呈现从垂直分工向水平分工的方向日益发展的态势。不言而喻，这与中日两国经济发展水平的提高以及经贸关系的不断提升有关。

从 2010 年撞船事件开始，中日关系出现重大变化，特别是日本"购岛事件"发生后，严重损害了中日关系。安倍晋三当选首相以后，参拜靖国神社并采取全面制衡中国的国策，对本已受到重创的中日关系可谓是"雪上加霜"。受此影响，两国经贸关系从 2012 年开始逐年走低，据中国海关统计，2011 年，双方贸易额达到 3429.9 亿美元，此后，逐年下降，到 2016 年，降至 2747.9 亿美元，5 年间下降了约 20%。据日方统计，2011 年，中日贸易额 3784.3 亿美元，到 2016 年，降至 3016.3 亿美元，5 年间下降了 20% 以上。从投资方面看，日本对华投资也大体呈下降趋势，特别是日本"购岛事件"导致中日关系大幅度下滑。受此影响，日本企业对华投资日渐谨慎，据中国商务部统计，2012 年，日本实际对华投资金额 73.8 亿美元，此后，逐年下降，2016 年，日本对华投资仅为 31.1 亿美元，与 2012 年相比，下降 57.9%。由此可见，中日经贸关系与政治关系的密切程度。

虽然中日经贸关系受到严重影响，但是，两国关系向好应该是国民的共同愿望，特别是国际环境发生重大变化的形势下，双方需要共同应对挑战。在这种背景下，包括经贸关系在内，中日关系有了重大调整，迎来了合作的新契机。

二、2018 年中日经贸关系重新起航

从 2017 年开始，在双方的持续努力下，两国关系逐步改善。中国国家主席习近平在 APEC 岘港会议、李克强总理在马尼拉东亚合作领导人会议期间，分别会见了日本首相安倍晋三。两国领导人一致同意要把握和平、友好、合作的大方向，推动两国关系持续改善、向好发展；并就区域经济一体化、推进"一带一路"框架内合作、开展第三方市场合作等达成重要共识，为中日经贸关系的恢复和发展提供了重要的政治环境。在这个大背景下，中日经贸关系开始向好，当年双方贸易额重回 3000 亿美元水平，日本对华实际投资金额同比增长 5.1%。中日经贸关系逐渐进入正常的发展轨道。

2018 年是中日邦交正常化 46 周年，也是《中日和平友好条约》缔结 40 周年，这一年，对中日经贸关系的发展是非常重要的一年。

第一，两国政治关系进一步改善。应日本首相安倍晋三的邀请，中国国务院总理李克强于 5 月 8 日至 11 日赴日本出席第七次中日韩政府领导人会议并对日本进行正式访问。这是李克强总理任内首次访日，也是时隔 8 年中国国务院总理再次正式访问日本。其间，中日签署包括服务业、医疗养老、金融、节能环保等领域的一系列协议，并同意给予日方 2000 亿元人民币合格境

外机构投资者（RQFII）额度。10月25日至27日，日本首相安倍晋三正式访问中国，这是日本首相时隔7年正式访华。两国的政治关系重回正常轨道，经贸关系也随之日渐向好。

第二，两国经贸关系持续向好的方向发展。2018年4月，中日经济高层对话时隔8年重启，对推动两国经贸合作具有重要意义，对进一步加强中日经贸合作、拓展合作空间将发挥积极的促进作用。可以说，在中日政治环境不断改善的情况下，2018年，中日经贸关系继续保持良好的发展势头。据中国海关统计，2018年中日贸易额3276.6亿美元，同比增长8.1%，其中，中国对日出口1470.8亿美元，从日本进口1805.8亿美元，同比分别增长7.2%和8.9%。据中国商务部统计，2018年中国吸收外资额1349.7亿美元，创历史新高。其中，日本在华新设企业828家，实际对华投资额38.0亿美元，同比分别增长40.3%和16.5%。截至2018年底，日本累计在华投资设立企业51834家，实际使用金额1119.8亿美元，继续保持我国累计利用外资最大来源国的地位。2018年，中国全行业对外直接投资1298.3亿美元，同比增长4.2%。其中，中国对日投资2.51亿美元。截至2018年底，中国企业对日本直接投资累计36.91亿美元，主要涉及制造业、金融服务、电气、通信、软件等领域。

第三，日本企业踊跃参加中日第三方合作论坛和中国进口博览会证明，加强经贸合作符合两国的共同利益。首届中国国际进口博览会于11月5日至10日在上海举行，日本是各国和地区中参展企业、团体数量最多的国家。据日本贸易振兴机构（JETRO）介绍，日本约有450家企业参展，占场馆面积约2万平方米。分为消费电子及家电、智能及高端装备、服装服饰及日用消费品、汽车、食品及农产品、医疗器械及医药保健、服务贸易等七个企业商业展区，集中展示了日本企业及其创新产品。10月26日，在北京举行了第一届中日第三方市场合作论坛，中国国务院总理李克强和日本首相安倍晋三出席论坛并致辞。本次论坛有中日两国政府部门、经济团体、金融机构和知名企业的约 1500 名代表参加。与会嘉宾围绕交通物流、能源环保、产业升级和金融支持、地区开发等 4 个主题进行了交流，中日双方企业签署 50 多个第三方市场合作文件。第三方合作为中日经贸关系发展打开了更广阔的空间，为双方企业的合作提供了更多的机遇，对未来进一步推动两国经贸合作将发挥积极作用。

三、2019 年中日经贸关系展望

再度起航的中日经贸关系已经有了一个良好的开端，展望 2019 年，双方应该有更多的合作空间和领域值得期待。

一是两国政治关系有可能会再上一个新台阶，将为中日双方经贸关系的发展创造更好的环境。从 2017 年开始，中日关系持续改善，日本一直希望实现中国国家元首正式访日，目前看，中日良好的氛围仍在持续。就中方而言，进一步改善和发展中日关系符合中方的利益。因此，2019 年，中国国家主席习近平将出席在日本举办的二十国集团（G20）会议，其间习近平作为中国国家元首正式访问日本的可能性比较大。

二是两国经贸关系将会继续保持平稳发展，但因面临美国对华贸易战，双方的经贸合作面临一些挑战。特朗普当选美国总统以后，对华态度经常出尔反尔，特别是对华发动贸易战，持续加征关税，对中国对美贸易以及中日贸易都产生了不利影响。现在，中美正在就贸易等进行谈判，无论谈判成功与否，对现有的全球产业链都将产生影响。作为重要一环的日本企业必然进行相应调整。当然，中国作为全球最具潜力的巨大市场，日本企业肯定不会放弃，中日政治关系持续向好，两国经贸关系保持稳定发展仍然值得期待，未来中日贸易仍会稳步发展，双向投资会逐步增加。

三是中日在区域经济合作方面拓展合作空间前景非常广阔。特朗普奉行的单边主义、美国优先的政策，不仅对中国，对日本同样也构成巨大的压力。作为经济全球化的受益者，中日两国在共同应对贸易保护主义和反对逆全球化方面有很多共同的利益。特别是在区域经济合作方面，中日更应该加强合作，日本牵头的全面进步跨太平洋伙伴关系协定（CPTPP）已经生效，已签署的日欧经济合作伙伴关系协定（EPA）将建成世界上最大的自贸区，中日参加的区域全面经济伙伴关系（RCEP）在积极推进，两国都希望尽早达成协议。而中国扩大对外开放是坚定不移的，探讨加入 CPTPP 的可能性不能排除，中日韩自由贸易协定（FTA）谈判也在积极推进中。因此，中日两国在区域经济合作方面加强合作的领域和空间非常大，双方应该加强沟通与协调，相信 2019 年中日两国在区域经济合作方面会有新的突破。

总之，2019 年，中日两国经贸合作前景非常值得期待，双方贸易再上新台阶的可能性非常大，在政治关系持续向好的环境下，中日两国应该有一个非常好的发展前景。

◆ 点评

（一）川岛真

对于中日关系而言，经济是极为重要的领域。言论 NPO 的舆论调查中，日本人对华观感恶劣，而中国人的对日观感即便有所改善但仍然不佳。但是作为中日双方国民的共识，认为两国关系重要的人超过了六成，在回答中大多将重要性的原因归结为经济关系。即使在两国政治关系恶化和两国间国民感情恶化的情况下，中日经济关系依然是支撑两国关系的基础。这不仅仅是供应链带来的紧密联系，也可以说是由中国巨大的市场所连结的关系。

但是 2018 年的最大问题是中美关系恶化造成中国经济减速，这也成为一部分日本企业收益大幅度下降的原因。由于中日之间存在稳固的供应链，所以一旦某一方受到经济损失，马上就会对另外一方的经济造成影响。而美国在高科技领域对华姿态不断强硬，虽然日本在一定程度上考虑了美国的脸色，但仍然显示出比较中立的姿态。华为在日本的公司也积极开展活动，谋求日本社会的理解。

在技术层面，中美对立也有可能使得中日关系出现问题。倘若美国将在国内强化的对华技术、贸易制裁推广到同盟国，要求同盟国采取相同措施的话，会造成巨大的问题。特别是美国对能够转为军用的技术，要求同盟国在对华贸易、技术流出的规定上仿效美方执行，会造成在非常广泛的领域内产品以及技术的交流发生障碍。该可能会形成 21 世纪版的"经互会"或"巴黎统筹委员会"。在这一点上，中日双方有必要在不断推动合作的同时，也与欧盟开展协作，尝试影响美方，使之不施加过分的限制。

此外，中日经济关系还存在几个隐忧点。第一点，也是美国的忧虑点，即知识产权保护等国际标准能否在中国被严格遵守的问题。第二点，中国国内对外资企业采取强化管理的方针，这一方针今后将何去何从的问题。这两点日本与欧盟、美国的担忧是一致的，也是非常容易对中日经济关系产生影响的方面。另外一点，是中日间与领土问题和历史问题相关联的政治风险依旧存在。

2018 年中日经济关系方面，相对来说有很多的正面信息。但鉴于以上几点，2019 年中日经济关系或许将会迎来相当困难的局面。另外，关乎今后中日经济关系将如何展开，有必要让日本的经济界人士了解到中国的科技开发能力。日本的经济界对中国技术革新依然抱有不小的担忧，让日本经济界的的确确地了解中国的科技实力，将会有助于建立起新的合作关系。为此，今后中日双方经济界更需要平稳顺利地开展协作。

（二）青山瑠妙

本专题认为 2018 年是中日经济关系的转折点，因为在 2018 年围绕"一带一路"倡议，日本企业已经表明积极参与第三方合作，这为中日经济关系提供了新的机遇。当然，本文也预测 2019 年中日经济关系可能进一步发展。

长期以来，中日关系被认为是"政冷经热"。良好的经济关系可以稳定因历史以及安全保障问题而动摇的中日关系，因此发挥了巨大的作用。从这个意义上来说，2018 年是站在一直以来相对良好的经济关系的延长线上发展过来的。

对于 2019 年的中日经济关系而言，有必要认真考虑中美贸易战的影响。

专题六：经济与贸易（之二）

2018：日本自由贸易战略的跃进之年

日本曾被视为一个在自由贸易战略上相对内向、谨慎乃至保守的国家，是双边自由贸易协定（FTA/EPA）的"后来者"，在多边贸易自由化进程上也鲜有独到的倡议和实践。然而，自安倍晋三2012年再度执政以来，日本成为在推动"巨型FTA"上最为积极的国家，且频频收获阶段性成果。尤其是2018年，日本参与的"全面进步跨太平洋伙伴关系协定"（CPTPP）、"日本—欧盟经济合作伙伴关系协定"（日欧EPA）相继签署，实际生效亦接踵而至，"区域全面经济伙伴关系协定"（RCEP）谈判也保持了相对积极的势头。

一、当前日本在自由贸易战略中的核心国家身份

身份决定偏好，偏好决定目标，目标决定路径。进入21世纪以来，日本在自由贸易战略上所展现的国家身份定位经历了三个方面彼此关联的重大转变：在机制建设上，变消极追随者为积极引导者；在规则体系上，变后续接受者为前期塑造者；在议题设置上，变被动防守者为主动进攻者。这些转变并非一蹴而就，本身仍处于变化过程之中，远未定型，但从CPTPP、日欧EPA等阶段性成果来看已初现端倪。

在此进程的作用下，当前日本在自由贸易战略上主要存在三个国家身份设定："核心""主导"及"桥梁"。其中，"核心"是指在全球贸易和投资规则制定中居于"核心"地位，尽可能地参与主要诸边或双边EPA，从而在其国别重叠部分始终位于焦点。"主导"是指在各个EPA谈判中起引领作用，努

力提高其一体化深度和市场开放的雄心水平。"桥梁"是指在发达经济体和发展中经济体之间、在亚太等不同区域之间起到连接、中介、传导的作用，能够最大限度地反映、协调、平衡各方的共同利益。这三个身份紧密交织："核心"是前提和基础，"主导"和"桥梁"则分别是在政策议题设置和伙伴关系上的突出表现。

与欧美相比，无论是在全球议程设置还是在经济自由度上，日本要想实现真正的"主导"或"超越"仍具有相当的难度。因此，对日本而言，基于一定"主导"作用的"桥梁角色"事实上是最能体现其比较优势的身份设定，亚太地区则是检验和实践这一定位最为重要和临近的地区。考虑到与中国、印度、东盟等核心新兴经济体的地缘经济关系，与欧美相比，日本在发挥"桥梁作用"上确实更具优势，这在 RCEP 和 CPTPP 等谈判中已经有所体现。

二、日本自由贸易战略转型的成因与走势

传统的研究认为，日本的 EPA 战略从相对低调到更为激进的转变过程中，有两个因素尤其重要，即财界院外游说的强度大小以及贸易决策的集权程度高低。不可否认，这两个因素不容忽视，但在观察 2010 年之后日本自由贸易战略的纵深发展时可以发现，一系列新的因素也起到了至关重要的作用。特别是从安倍政府自由贸易战略中的国家身份演进来看，离不开下述三方面的特殊背景。

第一，国际贸易政治的风云变幻将日本推到前台。

TPP 等"巨型 FTA"起步之时，正值发达经济体试图走出金融危机阴影、美国奥巴马政府推出"亚太再平衡战略"、中日关系震荡下行的时期，这些国际环境的重大变化要求日本在经贸领域更加积极有所作为。而特朗普执政之

后国际和地区局势的剧烈动荡，使日本在经贸领域陷入前所未有的复杂态势，也使其战略决断面临着某种意想不到的"机遇之窗"。

早在美国尚存于 TPP 之际，日本国内就有声音，主张日本应跳出"脱离美国"或"以美国为基轴"的传统二元悖论，从"全球参与者"的角度塑造更为积极主动的外交。特朗普成为美国领导人之后，相继做出了退出 TPP、暂停"跨大西洋贸易与投资伙伴协定"（TTIP）谈判等决定。美国的缺位，不但对其地缘政治和地缘经济造成巨大打击，而且形成某种"战略真空"和区域领导力的匮乏。在贸易、投资、物流、信息等各个方面成为世界的"核心"，由此成为"提高日本存在感的首要捷径"。特别是加入 TPP，使日本提高了在实践和推广经济自由化中的"可信度"或领导力，从而变身为一个 FTA 网络中的"支点国家"。而在从 TPP 向 CPTPP 转变的关键节点上，日本非但没有在原有条款立场上趁机退缩，反而力劝加拿大、越南等犹豫摇摆的国家加入。

第二，自由贸易战略是安倍政府大国志向和长期政权的重要体现。

首先，这一自由贸易领域的国家身份和角色定位是日本在与韩国等其他国家比较和竞争的背景下展开的。与韩国领导人相比，在推动 EPA 建设方面，日本领导人一度被认为缺乏决断力，在相应的行政机构设置上也乏善可陈，这是两国在 FTA（EPA）数量和质量上一度产生显著差距的重要原因。这一情况在安倍第二次执政后出现了明显变化，而且随着其政权的稳固和延续进一步得到发展。在经济领域，"安倍经济学"的成效是安倍政权安身立命的根本基础。其中，"三支箭"的第三支"增长战略"中除了创新、节能、创业等内容之外，以 TPP 为代表的市场开放也是核心要务。而在政治外交领域，安倍政府提出的"俯瞰地球仪外交"以及"积极的和平主义"等政策理念和主张同样与日本自由贸易中的身份设定相交织。

其次，日本政府和执政党在自由贸易上主动塑造国家形象、突破传统限制的能力和意愿均有所增强。由于安倍长期政权的确立，日本政治决策中的"政官关系"出现了微妙变化，首相及其核心团队的作用日益提升，"官邸主导型"决策体系逐渐成形。传统上，除了利益集团的作用之外，日本的自由贸易政策往往受到不同省厅之间"部门主义"或"势力范围之争"的困扰。外务省、经济产业省、农林水产省等省厅出于各自部门利益的考虑，对于签署 EPA 的对象和条件往往意见不尽相同。这一牵制在"政强官弱"或"政主官辅"的时代得到一定程度的缓解。

再次，日本政府试图在自由贸易政策上调和不同侧面的形象错位，提升"政策洼地"，塑造更为正面的整体国家形象。纵观日本现有的 EPA，可以发现表面上存在一个悖论。一方面，仅就关税削减幅度而言，日本的 EPA 自由化率普遍较低，除了与印度尼西亚、东盟、越南、印度、蒙古等少数经济体的 EPA 之外，日本的自由化率往往低于对象国。另一方面，由于强调经济伙伴关系而非传统的自由贸易协定，日本的 EPA 在一体化的范围和水平上在世界各国中位于前列，仅次于美国、秘鲁等少数国家。但与韩国等直接竞争对手相比，日本的 EPA 伙伴国中长期缺乏全球主要经济体和本国的主要贸易伙伴，这也是日本加速与美国、欧盟等建立双边或诸边 EPA 的重要原因。

一言以蔽之，在本国经济的结构性问题始终未能得到实质性解决、金融危机之后全球经济增速普遍放缓的"艰难时世"下，签署自由贸易协定有助于彰显安倍政府抵御利益寻租和保护主义的诱惑、寻求通过市场开放促进经济整体发展的有利形象，从而反过来支撑和延续其政权。

第三，国内经济社会变化的长期积累是日本国家身份跃进的根本基础。

进入 21 世纪之后，随着 EPA 建设的不断进展，日本社会正在经历某种"认知转换"，尽管自由贸易政策中的"利益集团政治"力量尚存，"公益政治"视角的地位却日渐提升。这种市场开放的底气，需要有充分就业、适度通胀等经济"景气循环"的支撑，归根到底来自国内的结构性改革，特别是基础设施、医疗、绿色经济等优势产业的巩固和进一步发展。

首先，以经济团体联合会为代表的日本产业界继续成为推动本国在全球贸易中国家身份转型的中坚力量。一大批具有国际竞争优势的日本企业以政策建议、审议咨询、政治献金等诸多方式，向日本政府施加了长期而微妙的影响。

其次，传统的抵抗势力出现了一定的弱化乃至瓦解。这方面，最具代表性的就是农林水产业。农业从业者的老龄化趋势进一步加剧，且后继无人、收益低下的现象日益突出。长期作为日本农业保护代言人的农协自身也面临着改制的巨大挑战。为了推进"能动主义"的顺利进展，"以攻为守""迂回突破"成为日本政府软化既得利益集团、打破其长期构筑的"岩盘规制"的重要方式。在人口等客观条件变化的前提下，这一方式进一步加剧了各个政策领域内部的分化组合，降低或中和了抵抗势力。

最后，除了业界和技术官僚的作用之外，经济学家的技术自决及其理念对于促进自由化等经济政策正当性、合法性的作用也不容忽视。这对媒体舆论乃至社会共识也产生了积极影响，为国家身份转型提供了侧面支持。

三、展 望

从世界各国来看，自由贸易战略背后的国家身份设定是一个"艺术"与"科学"兼修的产物。过于保守或平淡无奇，则泯然众人，无法起到指引和激励的目的；过于激进或遥不可及，则沦为空想，甚至徒增笑柄。放眼全球，两者都不乏鲜活的例子。

平心而论，近年来日本在自由贸易战略上的国家身份设定是相对成功的，有力地推动了相关谈判和政策的实际进展。CPTPP 在取得日本等六个国家的国会批准后，已于 2018 年 12 月 30 日生效。日欧 EPA 在相继取得日本参议院和欧洲理事会的批准之后，也于 2019 年 2 月 1 日生效。实现这些高水平谈判及其协议之间的"正向连锁"，成为日本扮演"核心""主导"以及"桥梁"等角色的重要基础。其背后体现的日本国家身份设定，也将对中日韩 FTA、RCEP 等尚在进展中的若干亚太 FTA 谈判以及中日经济关系造成微妙的影响。

当然，日本自由贸易战略所反映的国家身份往往不是一劳永逸的，也非静态成果。为了维持乃至进一步提升这一国家身份，日本在短期内至少面临三方面的挑战。

首先，无论是从"东亚国家"的地缘身份出发，还是为了实现日本与 FTA 伙伴的贸易比例目标，中国和韩国都是日本落实自由贸易战略始终无法回避的邻国。日本在"巨型 FTA"上的尝试及其成就，或可视为对域内结构性障碍的一时应对之举，但这一围魏救赵的迂回成果归根到底仍无法替代本地区的一体化进程。当前，东亚各国的经济下行压力使基于市场开放的区域深度合作前景进一步复杂化。在地区局势有所缓和的背景下，能否克服自满情绪和"制度疲劳"，一鼓作气推进中日韩三边 FTA、RCEP 等谈判，将考验包括日本在内的域内各国领导人的战略决断和政治气魄。

其次，CPTPP、日欧 EPA 等协定毕竟刚刚起步，在动荡的国际经贸环境中还面临诸多变数。特别是在全球自由贸易势头受挫、贸易保护主义乃至单边主义高涨的气氛中，主要大国间的贸易政策博弈及其外溢效应将深刻影响到日本的现实抉择。

再次，在全球"竞争性自由化"的进程中，如何真正处理好"先进"与"渐进"的平衡感，如何妥善应对身份和形象背后的成本收益矛盾，对于日本而言仍将是一个重大的命题。这不仅关系到在国际上有多少"志同道合者"愿意相向而行，也与维持国内的执政条件息息相关。基于上述原因，对于自由贸易战略中日本国家身份变迁的内在机理和演变态势值得进一步追踪和研判。

◆点评

（一）川岛真

2018 年是安倍政权围绕多边经济合作框架产出成果的一年，CPTPP 是这些成果的象征，2018 年 7 月签署的日欧 EPA 也不能被忽略。对于日本政府来说，认识到依赖世界贸易组织（WTO）机制，以维持现存自由贸易框架制度存在局限性。在调整国内环境后，日本决心加入能够成为新的自由贸易秩序的 TPP。尽管美国在中途退出，但最终日本自己主导实现了 CPTPP。日本主导这样大型的多边机制磋商并不多，这一交涉的完成也为日本政府提供了很多自信。

此外，由于日本在 TPP 谈判中调整了国内的环境，使得日本在类似日欧 EPA 的各类磋商中，都获得了优势地位。一般在多边贸易框架磋商中，政府必须要同时面对对内交涉和对外交涉两方面的任务，但日本在对内交涉层面的成本大大降低了。

并且日本在 CPTPP 和日欧 EPA 上迈出一步，也让日美交涉提上了日程。2018 年 9 月的日美首脑会谈，针对关税协定在内的贸易磋商达成了共识，并且共识已经得到了美国国会的同意，2019 年日美磋商将会进一步进行下去。继 CPTPP 和日欧 EPA 后，日美磋商也顺利完成的话，将会促成一个世界规模的全新的自由贸易框架。但是，美国很有可能会对日本提出比 TPP 磋商时更为严苛的条件。而 2019 年对 WTO 的存废而言，将有重大的转机。日本作为自由贸易秩序的拥护者，在 WTO 中也可以发挥一定程度的作用。并且日本又是 G20 峰会的主办国，因此在 G20 峰会上的外交值得关注。

日本通过在多边贸易磋商中对国内环境进行了调整，在 RCEP 和中日韩 FTA 等地区合作框架中，也可以说占据了先机。然而，由于在 CPTPP 等一类框架中，已经达到了相当高程度的贸易自由化，因此日本政府对自由化程度较低的合作会显得较为消极，并且会提出更多要求，以使他国达到更高程度的自由化。对于中日韩 FTA 而言，会实现比 RCEP 更高，而较 CPTPP 为低的自由化程度。对于日本而言，RCEP 的交涉和中日韩 FTA 磋商将会是互相联动的。

2019 年 CPTPP 和日欧 EPA 上的成果，将使进口日本的各种商品的关税下降。这对于国民生活而言大有裨益，对安倍政权的支持率也有影响。但是，关税完全废除意味着进口商品价格的下降，这将造成通货紧缩进一步加剧。这些协定对于日本产品的出口有利，在贸易层面上可以给予肯定的评价，也会使得国民生活更加富裕。但是，对于安倍经济学所提出的摆脱通货紧缩目标会有什么样的影响，可以说还需要进一步的观察。

（二）青山瑠妙

本专题以日本发挥主导性作用的 CPTPP（TPP11）和 2018 年缔结的日欧 EPA，以及 2019 年势头良好的 RCEP 为例，重点讨论了日本的自由贸易战略。日本为何能够在自由贸易战略领域取得积极进展，在本专题看来，美国的政策变化、安倍长期政权和他的大国志向，以及国内舆论对开放市场的呼声等，都是重要背景原因。最后，本专题也指出，中日韩 FTA、贸易保护主义、国内国际动向等方面，是今后日本要重点关注的课题。

如本专题所示，日本的确在构建巨型 FTA 的潮流中发挥了主导性的作用。

日本、中国和韩国都是东亚地区重要的大国。经济关系密切的三国缔结FTA，具有重要的意义。另外，在贸易保护主义高涨的今天，RCEP 的缔结也具有特殊的意义。进一步而言，RCEP 和中日韩 FTA 的缔结，也有利于规避中美贸易战给东亚经济带来的负面影响。

基于此，对于日本在 RCEP 以及中日韩 FTA 中的作用，以及缔结过程中的问题点等领域，笔者期待中国方面有进一步的分析。

专题七：经济与贸易（之三）

"中日第三方市场合作"的光与影

2018 年被称为中日关系"再出发"的一年。以"中日和平友好条约"签署 40 周年为契机，中日两国关系迅速回暖。继 5 月李克强总理成功访日之后，安倍首相于 10 月进行了时隔七年的正式访华，中日关系终于走出颓势，重回正常轨道。而其中的亮点之一，无疑是中日两国政府达成的"中日第三方市场合作"共识。"第三方市场合作"，成为 2018 年度舆论界在描述中日关系时的高频词。

"第三方市场合作"是中国首创的国际合作新模式，也就是将中国的中端制造能力与发达国家的先进技术和先进理念结合起来，为第三国提供高水平、高性价比、更具竞争力的产品和服务，从而实现三方共赢的效果。早在 2015 年 6 月，中法两国就签署了《中法关于第三方市场合作的联合声明》，之后又相继与韩国、英国、加拿大、新加坡、德国等国家签署合作协议，主要集中在基础设施、能源、环保、金融等优势互补领域。

中日两国政府达成"第三方市场合作"的共识始于 2018 年 5 月，在李克强总理访日期间，中国国家发改委、商务部与日本外务省、经济产业省共同签署《关于中日第三方市场合作的备忘录》，双方同意设立跨部门的"推进中日第三方市场合作工作机制"，举办"中日第三方市场合作论坛"，为两国企业开展第三方市场合作提供制度政策保障和有效的合作平台。

2018 年 10 月安倍首相访华期间，在北京举行了首届"中日第三方市场合作论坛"，约 500 名日本经济界人士前来参加盛会，中日两国的金融机构、企业和经济团体等签署了 52 项合作协议和备忘录，金额超过 180 亿美元，展现了中日务实合作的新起点和新气象。

一、"中日第三方市场合作"潜力无限并值得期待

"中日第三方市场合作"被视为新时代中日关系"再出发"的标志，反映了在中国新一轮深化改革开放之际，日本再次与中国合作、共同走向繁荣的意愿。众所周知，在 40 年前中国推行改革开放政策之初，日本政府高瞻远瞩，采取了积极支持与合作的立场，自 1979 年起对中国实行的政府开发援助（ODA）被视为中日两国全面经济合作的标志性政策。两国关系从此不断深化与发展，双边贸易额从 1978 年的 48.2 亿美元发展到 2018 年的 3000 亿美元，实现了互利合作的飞跃发展。

现在，中日两国已经成为世界第二和第三大经济体，不仅两国的经贸关系已经取得突破性发展，而且两国都在向地区和世界拓展。中国提出了"走出去"战略，在"一带一路"倡议的推动下，中国与周边国家的"互联互通"取得快速发展。而日本也在大力推进"走出去"战略，其目标是实现安倍内阁提出的"日本复兴计划"。

第一，设立各种机制来支持和保障日本企业向外部拓展。2013 年 3 月，日本政府设立了全面统筹和推进基础设施出口的最高机构——"经济合作与基础设施战略会议"，由内阁官房长官为议长，财务省、外务省、经济产业省等相关部门大臣为成员，综合规划日本基础设施出口、对外经济合作等重要事项。同年 5 月，该机构通过了"基础设施出口战略"，提出了将基础设施的订单从 2010 年的 10 万亿日元增加到 2020 年的 30 万亿日元的总体战略目标。2014 年 10 月，日本国土交通省主持成立了"海外交通和都市开发援助机构"，由政府出资 585 亿日元，50 家日本企业参与融资，成为日本首个专门从

事海外基础设施建设投资的官民合资基金。其主要目标是为日本企业参与海外交通设施和城市建设的基建项目提供资金、技术、项目运营、人员派遣以及对外业务谈判等支持。2015 年 2 月，日本政府提出了 ODA 新大纲和新战略，并设立"日本亚洲基础设施建设基金"，投入 1100 亿美元支持日本企业在海外开拓"高品质基础设施建设"，日本国际协力机构和国际协力银行也全力以赴帮助和支持日本在海外的拓展与发展。

第二，日本经济界积极支持日本企业参与中国"一带一路"建设。2017 年 11 月，日本经团联会长榊原定征强调：包括"一带一路"在内的全球产业合作，对两国和世界的繁荣息息相关，两国以基础设施和环保领域为中心的企业合作有着巨大的潜力。驻中国日本商会于 2017 年成立了"一带一路联络协议会"，收集相关信息、聘请中国相关部门负责人及从事"一带一路"相关业务的日企作为讲师举办研讨会，组织商会成员赴"一带一路"重点城市进行考察。2017 年 11 月，日本相关省厅发布《关于在第三国的中日民间经济合作》的指南，并列出可能的合作领域：（1）节能环保、绿色电力开发，如太阳能、风力发电的开发和运营；（2）产业化水平提升领域，合作建设工业园区等；（3）中欧班列，改善在中国的日本货主、物流公司等利用中欧班列的制度，完善沿线国家的制度、环境等具体合作领域的指导性意见。

第三，日本企业更是先行先试，借助"一带一路"倡议抓住商机。例如，日本最大物流公司"日本通运"自 2015 年起就同中国铁路总公司合作，协助在华日企借助中欧班列开展通往中亚和欧洲的定期运输业务。2017 年 9 月，该公司宣布与哈萨克斯坦国家铁路公司合作，提供连接中日港口、中亚和欧洲的陆海联运服务。据日本媒体 2018 年 5 月的报道，日本通运公司已开通从日本经中国到欧洲的海路和航空运输服务，相关负责人表示，"一带一路"倡议使得覆盖亚欧的物流网得以形成，利用中欧班列可以"将汽车零配件和电子设备运抵或销往欧洲的生产基地"，同时也扩大日企需求。在官方和民间交往的共同作用下，未来两国将进一步深化在中亚地区的第三方物流运输合作关系。

由此可见，中日两国共同向外开拓与发展成为新时代中日关系的新特点，无论在东南亚、南亚或是非洲，都可以看到中日两国企业在热火朝天地进行高铁、工业园区和港口等基础设施建设，发展中国家对基础设施建设的需求很大，投资市场广阔，完全容得下中国和日本。根据日本瑞穗研究所的估算，从 2015 年到 2025 年，亚洲地区的基础设施投资需求量将超过 14 万亿美元，到 2020 年，东亚所需的电力、通信、交通运输等基础设施占亚洲的比例普遍超过 50%。其中，电力和交通运输类基础设施需求最大，至少分别需要2.3961 万亿美元和 1.2677 万亿美元。所以，只要中日两国携手共进、扩大和深化合作范围，那么不仅对两国关系的发展注入新能量，而且对地区和全球的经济发展与繁荣也将带来无限的可能。

二、理性看待"中日第三方市场合作"的复杂性和两面性

虽然"中日第三方市场合作"潜力无限、前景广阔，但在日本国内质疑乃至反对的声音依然不少，日本参与中国"一带一路"合作的国内基础并不稳固，中方要充分认识到"第三方市场合作"可能面临的问题与挑战。

第一，从日本政府层面来看，虽然安倍首相对于中国"一带一路"的立场有所改变，认为"一带一路"是具有潜力的构想，并提出了日本的"印太战略"与中国的"一带一路"对接的可能性。但是，他也多次强调与中国开展"第三方市场合作"必须满足四个前提条件，即"合作项目全面开放、具有透明且公平的采购程序、确保项目具有经济效益、不损害借款国家的财政

安全"，并明确区分"第三方市场合作"与"一带一路"的不同。安倍首相在 2018 年 10 月访华结束后，接受日本媒体采访时说：关于"一带一路"，包括日本在内，国际上有许多担心，所以我们同中方举办的是"第三方市场合作论坛"。日本官员也多次强调，日方支持在第三方市场的中日民间合作，不等于参与"一带一路"。由此可见，日本政府从自身的地区战略出发，"以我为主"地推进与中国的"第三方市场合作"，并未附和中国的"一带一路"倡议，其特点是确保合作的自主性、确保自身利益的最大化。

第二，经济界被认为是推动中日新一轮合作的主要力量，但实际上即使在日本经济界内部，业务不同的企业对"一带一路"的参与热情也有很大差别。由于高铁等基础设施建设常常面临投资周期长、收益低、风险高等特点，东亚发展中国家的经贸发展水平过低，无法为基础设施项目创造出相应的市场需求，从而令一些企业望而却步。例如，作为泰国"东部经济走廊（EEC）"重点基础设施建设的标志性项目，就是将曼谷廊曼机场、素万那普机场和泰国东部的乌塔堡机场通过高铁进行对接，并以 1 小时连接全程 220 公里的铁路计划。该项目于 2018 年 3 月正式获得批准后，中国中信集团、日本伊藤忠商社和泰国正大集团签署了三方合作框架协议，但这一被普遍看好的三方合作项目最终因伊藤忠商社由于资金压力和预计"严重亏损将难以避免"等风险评估而退出。

第三，美国因素的影响。中日关系本身就具有强烈的"他者"特性，美国一直是影响中日关系的最重要因素。特朗普上台后，日本经历了冷战结束后的最大风险。特朗普推行的"美国第一"战略、退出 TPP 和推行贸易保护主义政策令日本面临巨大压力。日美贸易顺差约达 690 亿美元，特朗普指责日本一直是美日贸易的赢家，要求签订双边贸易协定来消除贸易逆差。特朗普的施压政策迫使日本重新审视同盟关系，反思过度依赖美国的负面影响。

日本政府采取了一系列反制措施，一是加快推动CPTPP和日欧EPA等大型多边自由贸易区的建设，主导了约占世界GDP35%的两大自由贸易协定的诞生；二是推动由中日和东盟共同参与的区域全面经济伙伴关系协定（RCEP）的谈判；三是改善中日关系，变竞争为协调，推进"中日第三方市场合作"。通过这一系列的反制措施，日本充当世界贸易自由化旗手的信心进一步加深。但我们也要冷静地看到，日本的最终目标不是与美国彻底闹翻，而是倒逼美国改变贸易孤立主义政策，迫使美国重返TPP。对日本而言，如何维持和稳定对美经贸关系依然是日本对外政策的优先考虑，这一点并未改变。

由此可见，全球自由贸易协定正面临重新洗牌，日本的目标是通过增强外交的自主性来缓解外部压力，从而寻求日本国家利益的最大化。目前"中日第三方市场合作"还处于起步阶段，走向良性合作的投资项目具体化的前景还不够明朗。中日两国如何发挥各自优势、避免恶性竞争，还面临很多问题有待克服和解决。有学者认为：相对于欧洲，亚洲的一体化仍然缺少以大国合作形成的中坚力量。根本改变亚洲的合作形态，改变亚洲在世界政治、经济和安全的未来结构中的地位，增进亚洲在全球和平进程中的作用，需要中日深化与发展合作。中日能否承担起重大责任，能否抓住新的机遇明确共同利益与责任，从而将"第三方市场合作"作为新时期中日关系发展的新起点，引领中日关系走向新的远航，在值得期待的同时，也充满挑战。

2018年中日关系重回正轨，2019年中日关系能否开启新的征程，令人瞩目和期待！

◆点评

（一）川岛真

中日双方在第三方市场合作，成为2018年中日关系中的一个聚焦点。52

项合作项目及此类合作的发展趋势，将会成为今后中日关系的风向标和试金石。但是，围绕第三方市场合作，中日双方的理解有很大的差异。其将如何影响这些计划的开展，仍然留有悬念。

从日本的观点来看，中日双方在第三方市场的合作基础，是 2017 年 6 月安倍首相在日本经济新闻社主办的"亚洲的未来"论坛的演讲。在演讲中，安倍首相对此前其对"一带一路"倡议的理解进行了"修正"。安倍首相在演讲中提出几个论点，显示出日方的姿态，即如果能够实现开放性、透明性、经济性、财政健全性等国际标准的话，日本可以与中国合作。实际上，过去日本政府是将上述四点作为批判中国的重点，此次演讲只是更改了"表达方式"。即只要这四点可以解决的话，日本就能够与中国合作。2018 年 5 月李克强总理访日之际，安倍首相再次重申了这四项条件。当然，在同年 10 月安倍首相访华时，这四点又被提起。但是，最为重要的是，中国方面对这四项条件并没有显示出明确赞同的意思。而日本政府也在没有确认中方态度的情况下，开始了 52 项合作。日本政府将如何与中国处理这四项条件，如何向中方要求实现这四项条件，并检验落实四项条件，成为一个课题。如果四项条件被完全无视，将使得安倍政权对日本经济界和日本社会作出的说明与现实情况相差太大。

这个问题是国内问题，或者说不仅仅是中日关系问题。美国对中国展现了强硬的态度，并且在提倡自由开放的印太构想过程中，日本的对华政策被认为有"亲中"的一面。但是日本政府对中国提出了四项条件，并坚持反复地"干预"中国，并且这四项条件本身也是 FOIP 和一带一路之间合作的关键。也就是说，对于日本政府而言，是为了将中国限制在国际秩序中，并且让 FOIP 和"一带一路"不发生敌对冲突，才提出了这四项条件。因此，这四项条件如果在中日间不被重视的话，日本政府将会在美国以及 FOIP 相关国家面前失去信用。

综上所述，关于第三方市场合作，中日双方的相互认识有偏差，并且考量不同。在调整这些差异点的基础上，如何推进计划的开展将会成为今后的焦点。

（二）青山瑠妙

本专题主要分析了中日第三方市场合作的可能性，同时也指出了中日两国围绕"一带一路"倡议进行合作存在的问题。

本专题认为日本抛开美国而推进的 CPTPP 的影响虽然尚不明确，但是对 RCEP 的缔结具有重要影响力。这和专题六有重合的部分，即中日两国在缔结巨型 FTA 的问题上，应该如何更加接近。

如本专题所指出的，"第三方市场"是 2018 年中日合作的一个重要关键词。同时也指出了中日两国在"一带一路"倡议框架下合作的问题点，即日本政府的四项前提条件。以及日本经济界对投资收益的担忧，还有美国方面的影响等，我认为这是十分中肯的见解。

当然"日本政府的四项前提条件"与"日本经济界对投资收益的担忧"，两者互为表里。如果这一对互为表里的问题能够得到有效解决，那么中日两国在第三方合作的前景将会更加宽广。

（三）加茂具树

关于"第三方市场合作"：

（1）在讨论"第三方市场合作"之际，应提及 2018 年 5 月在日本外务省、经济产业省与中华人民共和国国家发展和改革委员会、商务部签署的《关于中日第三方市场合作的备忘录》中，并没有"自由开放的印度太平洋战略""一带一路"等表述（其正式理由并不为人所知）。但这显然是中日两国政府有意为之的结果（两国政府决意实现第三国合作）。因此，应就此说明备忘录的意义。

（2）此外，2018 年 10 月，日本国际协力银行与中国国家开发银行确认，两行应开展合作，在中日两国企业参与或涉及的第三国项目中，在开展金融援助时遵循开放性、透明性、经济性、财政健全性、合法合规等国际标准。由此，可以期待包括"第三方市场合作"在内的中日合作的新的可能性。本报告或许也应对此有所提及。

附录：中日关系大事记（2014—2018 年）

2014 年

据日本《读卖新闻》消息，2013 年 1—11 月，日本的出口额中，对美出口额超过对华出口额约 3900 亿日元，日本对美出口额同比增长 15.8%，达 11.8 兆日元，对华出口额为 11.4 兆日元。受日元贬值及美国经济恢复的影响，日本对美出口额不断增长。而由于中日关系持续紧张，日本对华出口额增长不断放缓。在此之前，中国连续 5 年是日本最大出口对象国。

1 月 15 日（美国当地时间），美国国会众议院投票通过联邦政府 2014 财年预算法案，在上述预算法案第七章"国务院海外工作预算法案"的说明部分中，要求美国国务卿敦促日本政府严格遵守"慰安妇决议案"。这是美国国会预算法案中首次敦促日本政府遵守美国众议院于 2007 年通过的"慰安妇决议案"。

1 月 21 日，日本防卫省统合幕僚监部公布调查结果显示，为对应中国军机，日本航空自卫队战机在 2013 年 4 月到 12 月间，共进行 287 次紧急升空，比 2012 年同期增长 79%，刷新历史最高纪录。据日本防卫省透露，2013 年 4 月到 6 月间，日本航空自卫队战机为应对中国军机共紧急升空 69 次，7 月到 9 月间，共紧急升空 80 次。但在 2013 年 11 月中国划设了防空识别区前后，也就是 10 月到 12 月的 3 个月间，紧急升空次数激增到 138 次，而且对应的中国机种多为战斗机。

1 月 22 日，日本首相安倍晋三就参拜靖国神社问题，对参加世界经济论坛年会的各国记者表示："我只是想慰灵，对这些人表示感谢。祭拜为国而战的人是世界各国领导的通行做法。"当有记者问到日本因岛屿纷争与中国发生军事冲突的危险性时，安倍表示："军事冲突对日中两国都不利，避免突然发生冲突非常重要，正在寻求与中国沟通的渠道。"

1 月 24 日，日本第 186 届例行国会开幕，首相安倍晋三当天在众议院全体会议上发表施政演说，演说中点名指责中国通过划设东海防空识别区扩大海洋权益等，并首次明确表示将修改宪法解释以允许行使集体自卫权。当天，在中国外交部例行记者会上，中国外交部发言人秦刚就安倍的言论表示，中方对日本领导人再次公开对中方进行无理指责表示强烈不满。中国划设东海防空识别区正当合法，日方无权说三道四。

1月25日，日本广播协会（NHK）新任会长籾井胜人在其就职记者会上，就"旧日军从军慰安妇问题"发表看法称："都认为只有日本才实施慰安妇制度，实际上进行战争的任何国家都存在慰安妇一说。"籾井还以德、法为例称"欧洲国家都存在（从军性奴问题）"。另外，籾井还发表个人见解称："因为韩国说只有日本强征慰安妇，才使事情变得复杂起来。（关于补偿问题等）正通过日韩条约解决中，为何还要（将慰安妇问题）旧事重提？"就日本首相安倍晋三参拜靖国神社一事，籾井表示："那是本着首相的信念去的。没有是对还是错。"他称 NHK 的报道姿态是"淡淡地，只说首相去了靖国神社参拜"。籾井胜人的言论引起中韩等国和日本国内的强烈批评。27日，籾井胜人承认自己此前言论"非常不妥"。日本政府27日表示这是籾井胜人的"个人观点"。

1月25—26日，日本媒体在全国开展定期电话调查。调查采取随机抽取电话号码的方式，对3439人进行调查，1914人进行有效回答，回答率为56%。针对2013年12月首相安倍晋三参拜靖国神社一事，46%的受访者表示"不应该参拜"，超过表示"应该参拜"的41%。

1月26日，围绕修改宪法解释以允许行使集体自卫权问题，日本各党在 NHK 电视台进行辩论。日本自民党干事长石破茂强调修改宪法解释以解禁集体自卫权的决心，并称已经得到日本维新会和众人之党的支持。与自民党共同执政的公明党干事长井上义久则再次要求展开慎重讨论。民主党干事长大畠章宏表示反对。

1月27日，日本文部科学省决定修改初中和高中"学习指导要领"的解说书，写明独岛（日本称竹岛）和钓鱼岛为"日本固有领土"。解说书中还将写入有关领土问题的政府见解，追加灾害发生时自卫队职责的相关说明。文部科学省28日向全国的教育委员会等传达这一决定。中国外交部发言人华春莹1月28日表示，中方对此表示严重关切，已向日方提出严正交涉。

同日，日本财务省发布2013年贸易统计数据（速报值，以通关数据为准），日本贸易收支逆差为114745亿日元。逆差额超过2012年（69410亿日元），创有可比数据的1979年以来的新高。1979年以来，首次连续3年出现逆差。

2月3日，日本广播协会（NHK）经营委员百田尚树为支持日本航空自卫队前幕僚长田母神俊雄竞选东京都知事，在街头发表公开演讲。百田在演讲中称，1938年蒋介石曾任意宣传"日本军实施了南京大屠杀"，但世界各国对此无视，原因在于根本不存在南京大屠杀。战后，在东京审判中，南京大屠杀如亡灵般出现，这是因为美军为了抵消自己所犯的罪。最开始说南京大屠杀遇难者有20万人，后来又改成30万人，这毫无道理。中国外交部发言人洪磊2月5日就百田的言论答记者问时表示，南京大屠杀是日本军国主义在侵华战争中犯下的残暴罪行，铁证如山，国际社会对此早有定论。日本国内极少数人试图抹杀、掩盖、歪曲这段历史，是对国际正义和人类良知的公然挑战，与日本领导人开历史倒车的错误行径一脉相承，应引起国际社会高度警惕。我们严肃敦促日方正视和深刻反省侵略历史，以负责任态度妥善处理。

2月13日，日本《朝日新闻》报道，安倍政权正在讨论制定新的武器出口管理原则，以取代"武器出口三原则"。20日，经数位日本政府官员、执政党员证实，"武器出口三原则"已被新的原则取代。新的武器出口原则允许日本政府向联合国等国际机构出口武器，同时允许日本防卫产业许可制造商生产的零件出口。为此，日本国家安全保障会议（日本版NSC）将导入武器出口审查体系。3月新的武器出口管理原则提交内阁会议审议。2月25日，在中国外交部例行记者会上，有记者问到此事。中国外交部发言人华春莹说，由于历史原因，日本在军事安全领域的政策动向与日本国家发展走向息息相关，也事关地区安全环境和战略稳定，一直受到亚洲邻国和国际社会高度关注。日本政府在日本政治右倾化持续加剧的背景下大幅放宽武器出口限制，其意图和影响令人担忧。有关历史遗留问题，以实际行动取信于亚洲邻国和国际社会。

2月20日，日本首相安倍晋三在众议院预算委员会上就修改宪法解释以允许行使集体自卫权一事说，将不经过国会讨论，直接由内阁会议来决定政府见解。他的发言等于宣布在内阁会议决定前，不会将解释修宪草案交由国会展开论战。关于宪法，安倍表示这是战后占领时代制定的法律，已经不符合时代潮流，不再是神圣不可侵犯的法典。

同日，日本前官房副长官石原信雄出席众院预算委员会会议，就如何根据慰安妇的证言写成"河野谈话"一事进行说明。他表示，"没有进行确认事实依据的调查，在当时的氛围下无法确认（证言的）依据"。随后，安倍内阁官房长官菅义伟也在当日的国会答辩时说，日本政府将考虑成立调查小组，重新对"河野谈话"的依据，也就是对16名韩国慰安妇受害人的证词是否具有真实性需要从学术的角度进行进一步调查。针对日本政府高官的荒谬言论，中国外交部发言人华春莹在2月21日的例行记者会上称，强征"慰安妇"是日本军国主义犯下的严重反人道罪行，铁证如山。中方严肃敦促日方正视和深刻反省侵略历史，以负责任态度妥善处理包括"慰安妇"问题在内的有关历史遗留问题，不要在错误的道路上越走越远。韩国外交部罕见地于当地时间21日凌晨1时发出激烈的官方警告，称日本的立场颠覆了历史认知，要求其立刻停止这一行为。

2月25日，日本首相安倍晋三在官邸与公明党党首山口那津男进行会谈，协调执政党内部就修改宪法解释以行使集体自卫权问题的立场。两党达成一致：政府的专家恳谈会最早4月提出报告后，自民党与公明党就此开展正式讨论。针对行使集体自卫权问题，公明党3月19日召开专题研讨会。探讨会上公明党表示不认可通过修改宪法解释行使集体自卫权。在日本周边安全保障形势"日益严峻"的情况下，公明党主张扩大个别自卫权及警察权范围，以对抗安倍急于变更宪法解释的主张。

同日，在中国外交部例行记者会上，有记者问，有媒体说日本存储的核材料供需不平衡，也有专家称日本目前拥有的分离钚100年都用不完，中方对此有何评论？中国外交部发言人华春莹说，这些问题也正是国际社会的疑虑所在。中方认为，日本政府应先说清楚：日本到底有多少武器级钚？到底有多少分离钚？日本政府还应讲清楚：日本为什么要存储大量的武器级钚？为什么要囤积那么多的分离钚？此外，日本还有没有存储其他敏感核材料，特别是武器级核材料？我们督促日方正视国际社会的关切和疑虑，以负责任的态度及早就此向国际社会作出明确答复。

2月28日，《日本经济新闻》中文网报道，日本防卫省将对航空自卫队的战斗机部队进行重新编组。针对中国的军机和舰船，将把用于紧急升空的F-15部队从位于福冈县的筑城基地调往冲绳县的那霸基地，增强为2个飞行队。具有优秀对舰攻击能力的F-2部队将从东北部青森县的三泽基地调至西部筑城基地，以加强西南诸岛的防御能力。

3月4日上午，日本内阁官房长官菅义伟在记者招待会上透露，日本政府将从4月1日开始制作阁僚会议的议事录，并根据《公文管理法》和《情报公开法》等，在阁僚会议召开的3周后将议事录公开。这是日本自内阁制度成立以来的首次举措。

3月6日，第二次中日韩三国灾害管理桌面演练（TTX）在日本东京举行，三国在纸面上演习了大规模灾害发生时的协助体制和步骤。此次桌面演练由日本外务省和内阁府主办，中日韩三国合作秘书处（TCS）组织和协调。

3月28日，日本政府筛选出6个国家战略特区。新潟市和兵库县养父市入选致力于农业改革的农业特区；福冈市被选为便于创业的就业特区；由东京都、神奈川县和千叶县成田市组成的"东京圈"以及由大阪府、京都府和兵库县组成的"关西圈"入选广域型特区；冲绳县计划把自身打造为国际性观光和研发基地。日本建立国家战略特区的目的，是以特区为核心向全国扩散经济增长的效应。

4月1日开始，日本消费税由原来的5%上调为8%。

同日上午，在日本内阁会议上通过"防卫装备转移三原则"。根据新的"三原则"，日本将在下述情况下允许出口武器装备和技术：一、有助于促进和平贡献和国际合作；二、有助于日本的安全保障；基于第二点，日本还将可以与以美国为首的安保领域合作国共同开发和生产武器装备，加强与同盟国等方面的安保与防卫合作，确保自卫队和日本人在海外活动的安全。新原则通过意味着日本放弃实施多年的"武器出口三原则"，大幅放宽向外输出日本武器装备和军事技术的条件。

4月4日上午，日本内阁会议批准2014年版《外交蓝皮书》。该蓝皮书对中国划设东海防空识别区及对钓鱼岛周边海域实施常态化巡航等问题，批评称"此为中国单方面力求改变现状的尝试"。蓝皮书还指出，中方"军备扩张"迅速且军事力方面存在不透明，要求中方提高军事透明度。中国外交部发言人洪磊在 4 日举行的外交部例行记者会上表示，日本新版《外交蓝皮书》罔顾基本事实，恶意渲染"中国威胁"，对中国进行无理指责，中方对此表示严重关切和强烈不满。

同日，日本文部科学省公布明春启用的小学教科书审定结果，出版社会课教材的 4 家公司在 5 年级或 6 年级教材中提及钓鱼岛与独岛（日本称竹岛），其中有的教科书首次将钓鱼岛与独岛称为"日本固有领土"。对于日本的这些做法，中国和韩国政府表示强烈不满和谴责。

4 月 5 日上午，由日本铭心会代表、市民运动家松冈环导演，收录南京大屠杀受害者与加害者大量证言的纪实电影《南京——被割裂的记忆》中文版，在侵华日军南京大屠杀遇难同胞纪念馆首次上映。

4 月上旬，美国国防部长查克·哈格尔先后访问日本、中国和蒙古。6 日，在日本访问的哈格尔与日本防卫大臣小野寺五典举行会谈，在会谈后的联合新闻发布会上，哈格尔宣布美国计划在 2017 年前对日本增加部署两艘装备"宙斯盾"反导系统的驱逐舰，以应对来自朝鲜的威胁。这意味着驻日美国反导驱逐舰将由目前的 5 艘增至 7 艘。哈格尔与小野寺五典会谈时还表示，将向中方重申钓鱼岛问题适用《日美安全保障条约》。

4 月 7 日，据日本共同社报道，日本政府决定把国土地理院使用的钓鱼岛和南千岛群岛的罗马字标注统一改为外务省所使用的英文名称。统一后的英文名称将被用于今后发行的英文版地图等中。日本政府还希望外语论文等能使用修改后的英文名称。

同日，哈格尔到访中国。8 日，中国中央军委副主席范长龙、国防部长常万全分别与哈格尔举行会晤，范长龙当着记者面坦率对哈格尔日前的言行表示不满，范长龙表示："你在与东盟防长的一些讲话和在日本政界和争议领土的讲话，讲话讲得挺硬、态度很鲜明。中国人民包括我个人看了以后十分不满意。"常万全强调，领土主权问题是中国的核心利益，中方绝不会妥协、退让。哈格尔则重申了美方在东海、南海问题上不持立场的观点，他强调争端应本着外交和平方式来解决。但他也指出菲律宾与日本是美国长期以来的盟国，美方将按照盟约履行相关义务。4 月 9 日，中国国家主席、中央军委主席习近平在人民大会堂会见哈格尔一行。会见中，习近平表示"双方应该坚持不冲突、不对抗、相互尊重、合作共赢的原则，更加积极有力推动各领域务实合作。"

4月8日，在日本富士电视台当晚的节目上，安倍针对日本1959年的砂川事件判决表示，"非常明显，并未否定集体自卫权"，该判决所承认的"作为主权国家所固有的自卫权"中包括集体自卫权。安倍表达想通过修改先前日本政府的宪法解释来解禁集体自卫权的想法。8日晚，约5000名日本民众聚集在东京日比谷公园，反对安倍政府试图通过修改宪法解释来解禁集体自卫权，认为这一做法是使日本宪法第九条名存实亡的暴行。安倍的论调在日本朝野引发激烈争论。

4月9日，日本防卫省统合幕僚监部宣布，2013年度为应对有可能进入日本"领空"的中国飞机，日本航空自卫队战斗机紧急升空415次，比2012年度多了109次。

4月11日，日本在内阁会议上通过新能源政策，把核电列为主要能源。

同日，日本二战死者家属、宗教界人士及市民等546人，以"日本首相安倍晋三参拜靖国神社侵犯了日本国宪法所保障的民众和平生存权"为由向大阪地方法院提起诉讼，要求安倍今后停止参拜靖国神社，并向每名原告支付1万日元的赔偿。

4月12日，日本内阁总务大臣新藤义孝参拜靖国神社。针对此事，中方向日方提出严正交涉和抗议。

4月15日，日本外务省在其官网主页公布有关钓鱼岛问题的宣传册，称"钓鱼岛自古以来就是中国领土"的说法"没有根据"。并称钓鱼岛作为日本的固有领土，"无论在历史上还是在国际法上都是很明确的"，日本政府从来没有与中国之间就钓鱼岛"搁置"问题达成一致。日本外务省还发布有关日韩争议的独岛（日称竹岛）问题的宣传册。

4月19日，日本防卫省在冲绳县与那国岛举行沿岸监视部队基地的建设开工仪式。日本防卫大臣小野寺五典等军队高官出席了仪式。日本陆上自卫队在岛上拟兴建一个雷达监测基地，主要监控中国海军舰队和飞机的行踪，同时也因为距离中国最近，也可能侦听各种通讯信号。该基地计划在2015年度建成。

同日，约400名日本民众在冲绳县名护市边野古地区举行集会，抗议日本政府将美军普天间基地搬迁至边野古地区。

4月21日，日本财务省发布贸易统计初值显示，日本2013财年度（2013年4月至2014年3月）贸易逆差为13.7万亿日元，同比增长68.5%，连续3年创下有可比数据的1979年以来历史新高。统计显示，2013财年度，美国为日本第一大出口国。日本对中国出口13万亿日元，进口18.5万亿日元，对中国出口3年来首次增加，而进口和贸易逆差均创历史新高。

同日，位于东京的靖国神社开始为期3天的春季大祭活动。21日，日本首相安倍晋三、厚生劳动大臣田村宪久、参议长山崎正昭等供奉祭品。22日上午，约有近150名日本众参两院议员前往参拜。日本内阁总务大臣新藤义孝再一次前往参拜。日本内阁官房长官菅义伟在当天的例行记者会中就此辩称，向"为国作战牺牲"者祈祷冥福，表达"尊崇之念"，是理所当然之事。中国外交部发言人秦刚21日主持例行记者会时表示，针对日本领导人向靖国神社供奉祭品以及日本内阁成员参拜靖国神社的行为，中方已向日方提出交涉，表明严正立场。

4月23日，是中国海军成立65周年纪念日。作为纪念活动，"海上合作—2014"多国海上联合演习在青岛举行。中国、巴基斯坦、印度尼西亚、新加坡、印度、马来西亚、孟加拉国、文莱等8个国家的19艘舰艇、7架直升机及陆战队员参加演习。演习以海上联合搜救为主，包括编队通信、编队运动、海上补给等6个课目。

4月下旬，美国总统奥巴马访问日本、韩国、马来西亚、菲律宾四国，其中23—25日访问日本。23日，奥巴马接受《读卖新闻》采访时称，钓鱼岛在日本施政之下，适用于日美安保条约。在23日的中国外交部例行记者会上，外交部发言人秦刚强调说，日美同盟是在冷战时期形成的双边安排，不应损害中国的领土主权与正当权益，中方坚决反对把钓鱼岛作为日美安保条约的适用对象。美方应尊重事实，以负责任的态度，恪守在有关领土主权问题上不选边站队的承诺，谨言慎行，切实为地区和平稳定发挥建设性作用。24日上午，安倍晋三与奥巴马举行首脑会谈，会谈结束后，奥巴马在双方举行的联合记者会上称，日美安保条约第五条适用于包括钓鱼岛在内日本管理下的所有区域。奥巴马同时称，相关国家应当通过对话和平解决纷争，建立信赖机制。奥巴马还表示，中国对于美国乃至世界来说都是非常重要的国家，美国欢迎中国以和平的方式崛起。25日上午美日发表共同声明，该共同声明称日美安保条约适用于钓鱼岛，并对日本行使集体自卫权表示支持。

4月26日，中国出版协会在北京举行"日本涉华密档"、《伪满洲国政府公报全编》、《中国海疆文献续编》、《南京大屠杀》等图书发行仪式。由线装书局出版的这一系列图书揭露了日军侵华罪行，特别是"日本涉华密档"系首次在国内披露。

5月4—6日，日本跨党派的日中友好议员联盟访华团在会长高村正彦的带领下访问中国。5日下午中国全国人大常委会委员长张德江在人民大会堂会见了高村正彦一行。

5月9日，日本众议院通过"国民投票法"修正案。该修正案获得通过有利于修改日本现行的和平宪法。6月13日该修正案在日本参议院全体会议上表决并通过。《国民投票法》是日本规定修宪所需国民投票手续的法律，此次修正案以修改投票年龄为主。根据该修正案，投票年龄将在修改过的新法实施4年后从"年满20岁"下调至"年满18岁"。此外，除审判长、检察官、警察等公务员外，允许其他公务员劝诱他人同意与否及发表相关意见。

5月15日，日本首相安倍晋三在首相官邸召开记者会，就通过修改宪法解释解禁集体自卫权对日本国民作出解释。安倍试图在回避修宪的情况下，解禁集体自卫权，摆脱宪法对日本军力的束缚。针对安倍的论调，日本国内反对声浪巨大。15日晚，数千名日本民众在首相官邸附近举行抗议活动。日本全国62个地方议会通过一项意见书，反对政府的此番举动并要求保持谨慎态度。

5月20—26日，中俄两国海军在中国长江口以东的东海北部海空域举行代号为"海上联合-2014"的海上联合军事演习。22日至24日，在为期3天的实兵演练中，中俄双方实施兵力展开、舰艇锚地防御、联合对海突击等9项行动。

5月24日，两架日本自卫队飞机闯入中国东海防空识别区，对中俄海上联合军演实施侦察干扰。中国军队飞机紧急升空并采取必要的识别、防范措施。针对此，日本自民党通过一项所谓的"抗议决议",要求中方保持克制。6月11日,中国空军航空兵部队在东海防空识别区进行例行巡逻时,中方图-154飞机遭到日本2架F-15飞机抵近跟踪,最近距离约30米,严重影响中方飞行安全。16日晚,日本自民党外交部会和国防部会举行联席会议,再次通过一份决议案"谴责"中国。针对日方颠倒黑白的说法,中国国防部和外交部都予以驳斥。

6月4日,据日本厚生劳动省公布的统计数据显示,2013年日本新生人口近103万人,死亡人口近127万人,全国人口减少238632人,人口负增长创下新高。

6月7日,日本共同社报道,在各国每年向国际原子能机构(IAEA)提交的钚持有量报告中,日本没有就2011年投入反应堆却因福岛核事故影响而未能使用的核燃料中的640千克钚进行汇报。9日,中国外交部发言人华春莹在例行记者会上说,日方到底是漏报还是刻意瞒报,这个问题需要日方来回答。但如实向国际原子能机构报告核材料存储和使用情况,不仅是国际原子能机构的规定,也是日本的义务。

6月10日,中国外交部发言人华春莹证实,中国政府已经向联合国教科文组织提出将"南京大屠杀事件"和慰安妇问题资料作为世界记忆文化遗产的申报。当天,日本内阁官房长官菅义伟在记者会上回应称,如果证实是属于有政治意图的申报的话,日本政府将会提出抗议,并要求撤销这一申报。12日,华春莹在例行记者会上介绍了南京大屠杀和日军强征慰安妇的珍贵历史档案,并表示联合国教科文组织已受理中方申报世界记忆名录,不会接受日方无理交涉,也不会撤回有关申报。

6月17日,日本政府正式向关于完善安全保障法制的执政党磋商会提出旨在修改宪法解释以解禁集体自卫权的内阁决定文案概要。该文案概要的核心是行使自卫权的新三大条件——即使日本没有受到攻击,以他国为目标的攻击若造成"日本的存在受到威胁,国民的生命、自由及追求幸福的权利可能被彻底剥夺"等情况,将允许行使自卫权。17日晚,约5000名日本民众聚集在东京日比谷公园,反对安倍解禁集体自卫权。22日,日本国会闭幕,日本首相安倍晋三未能在本届国会期间做出变更宪法解释的内阁决议。24日,日本自民、公明执政两党召开安全保障法制磋商会,就解禁集体自卫权的内阁决定草案框架达成实际协议。在此之前，公明党一直对修改宪法解释持谨慎态度。

6月22日，日本最大右翼政党"日本维新会"在大阪市召开临时党员大会，正式决定自行解散，党员将分成分别以共同党代表石原慎太郎和桥下彻为中心的两个集团。

7月1日上午，自民党与公明党在国会内就集体自卫权问题进行协商，两党最后就修改宪法解释行使集体自卫权的内阁决议案达成一致。当天下午，日本召开国家安全保障会议的"九大臣会谈"，确认内阁决议的内容。根据内阁决议，将把相关宪法解释变更为在与日本关系密切的国家遭到攻击，"存在日本国民的生命、自由和追求幸福的权利被彻底剥夺的明显危险"等情况下，日本可在必要最小限度的范围内行使集体自卫权。根据内阁决议，为行使集体自卫权，日本将修改《自卫队法》《周边事态法》《武力攻击事态法》等多项法律。相关省厅负责人将在国家安全保障会议的领导下成立团队，着手修改完善相关法律。3日，日本官房长官菅义伟称，日本内阁会议决定解禁集体自卫权后，起草扩大自卫队任务范围的相关法案需3至4个月，到最终通过法案约需要一年。对于日本政府推动解禁集体自卫权，日本国内有很多反对声浪。截至6月30日，日本共有191个地方议会通过意见书，反对以变更宪法解释的方式允许日本行使集体自卫权，或是要求中央政府慎重地审议这一问题。1日，日本全国各地举行30多场抗议示威活动。在日本政界，民主党等在野党强烈批判安倍政权的做法，执政的自民党内部也有人反对解禁集体自卫权。针对日本内阁会议决定解禁集体自卫权一事，中国外交部发言人洪磊1日在例行记者会上表示，日本方面应切实尊重亚洲邻国的合理关切，谨慎处理有关问题，不得损害中国国家主权和安全，不得损害地区的和平稳定。

7月3日上午，中国国务院新闻办公室召开新闻发布会，中央档案馆副馆长李明华在发布会上表示，从3日开始公布45个二战日本战犯的笔供，每天上网公布一个。同时，正在整理没有被判刑的1017名日本战犯的笔供。这次公布的日本战犯的侵华罪行笔供包括原文、译文，并把提要翻译成英文。

7月7日上午，中国全民族抗战爆发77周年纪念活动在中国人民抗日战争纪念馆举行。中共中央总书记、国家主席、中央军委主席习近平出席纪念活动并发表重要讲话。习近平指出，伟大的中国人民抗日战争，是中国人民近代以来争取独立自由史册上可歌可泣的一页，是中华民族历史发展进程中饱经沧桑的一章。伟大的中国人民抗日战争，开辟了世界反法西斯战争的东方主战场，为挽救民族危亡、实现民族独立和人民解放，为争取世界和平的伟大事业，作出了彪炳史册的贡献。

7月8日，日本与澳大利亚签署两国《经济伙伴协定》，即两国之间的自由贸易协定。澳大利亚成为首个与日本达成贸易协定的主要农产品出口国。

7月9日，据日本防卫省统合幕僚监部公布数据称，为应对可能进入日本领空的外国飞机，第二季度日本航空自卫队战斗机紧急升空340次。这是自2005年度开始每个季度公布该数据以来最多的一次。其中针对俄罗斯飞机的紧急升空有235次，是去年同期的8倍。当季没有出现领空受到侵犯的情况。

7月12日上午，日本前首相鸠山由纪夫出席在东京大学召开的东亚共存国际论坛，发表题为《如何修好日中共存之路》的主题演讲，重申日本应对中日关系恶化负责。

7月14日，日本首相安倍晋三在国会众议院预算委员会会议上称，希望在11月举行的亚太经合组织领导人非正式会议期间实现中日首脑会晤。对此中国外交部发言人洪磊称，当前影响中日关系正常发展的症结是清楚的。中方已多次就中日领导人接触问题表明立场，日方应以实际行动为消除影响两国关系发展的政治障碍做出努力。

7月14—15日，日本国会预算委员会审议了允许行使集体自卫权的内阁决议案。之后，日本8大在野党的国会对策委员长举行会谈，就国会预算委员会仅花两日，便草草结束集体自卫权审议提出抗议，要求自民党延长众参两院审议时间。

7月15日开始，日本民主党党首海江田万里率团对中国进行为期3天的访问，探索改善中日关系的路径。随行人员包括10名民主党党内的国会议员。16日，中共中央政治局常委、中央书记处书记刘云山在人民大会堂会见海江田万里一行。

7月15日起，中国人民解放军将连续举行10场陆军兵种部队跨区基地化实兵实弹演练，演练时间将持续进行3个月左右。7月下旬至8月初，中国海军在四大海域举行军事演习。据中国海事部门的航行警告显示，解放军从7月25日至8月1日，在渤海海峡、黄海北部相关水域将执行军事任务；7 月 26 日至 8 月 1 日，在北部湾相关海域进行实弹射击训练；7 月 29 日至 8 月 2 日，在东海相关水域将举行实际使用武器训练；7 月 28 日至 11 月 20 日，在废黄河口至射阳河口以东的江苏盐城部分海域举行实弹射击。日本媒体对中国军演保持高度关注。

7 月 22 日，日本首相安倍晋三与蒙古国总统额勒贝格道尔吉就自由贸易协定交涉磋商，双方决定取消蒙古国对日征收的 5% 汽车进口税，而蒙古国将向日稳定提供煤炭及稀有金属等矿产资源。日蒙两国政府早在 2012 年 6 月就启动了相关会谈。若两个协议得以签订，蒙古将成为第 15 个与日本签订自由贸易协议的国家，日本亦将成为首个与蒙古签订自由贸易协定的国家。

7 月 24—30 日，日本、美国、印度在日本四国南部至冲绳东部海域举行"马拉巴尔"海上联合演习。美国海军和印度海军每年都举行该联合演习。日本海上自卫队是时隔 5 年第三次参与。

7 月 24 日，联合国人权事务委员会公布审议日本有关落实《公民权利和政治权利国际公约》规定第六次定期报告的结论性意见，要求日本确保"慰安妇"问题得到独立、有效和公正的调查。联合国人权事务委员会敦促日本公布所有已获得的证据，并充分告知学生和公众有关"慰安妇"的全部信息，其中包括将这一内容充分写入教科书。

7 月 29 日，日本防卫相小野寺五典于当地时间在日本防卫省与正在日本访问的法国国防部长勒德里昂会谈。会谈前，双方签署共同文件，文件内容包括加强防卫装备领域的合作及拓展共同训练等。

7 月 31 日，日本维新会办理正式解散手续。日本维新会解散后，拥有 38 名国会议员的桥下彻集团 9 月与"连结党"合并，组建新的"维新党"，成为继民主党之后的第二大在野党。拥有 22 名国会议员的石原集团以平沼赳夫为党首组建新党"次世代党"。

8 月 1 日，日本外相岸田文雄在河内与越南计划投资部长裴光荣签署文件，日本将通过无偿援助方式向越南提供 6 艘二手船，用以改造成海洋巡逻船，加强越南在南海的海警力量。在文件签署前，岸田文雄先与越南副总理兼外交部长范平明举行会谈。岸田表示，日本政府要用行动支持在南海"维权"的越南政府。

同日，日本政府公布对 158 个所谓"无名离岛"的命名。对于钓鱼岛的 5 个附属岛屿，日本政府决定给其中两个命名为"南东小岛"。另外 3 个分别是"南西小岛、东小岛和西北西小岛"。日本政府还决定，将在地图上明确标示这些新名称，并在官方网站上予以发表。针对日本的行为，中国外交部发言人秦刚指出，钓鱼岛及其附属岛屿是中国固有领土，中方已全部命名。中方坚决反对日方损害中国领土主权的行为，日方对此采取的任何单方面措施都是非法和无效的，改变不了钓鱼岛及其附属岛屿属于中国的事实。

8 月 2—3 日，日本实施的一项全国电话舆论调查结果显示，关于解禁集体自卫权的内阁决议，84.1% 的受访者认为日本政府未做出充分说明，认为政府已作出充分说明的比例只有 12.7%。60.2% 的受访者反对解禁集体自卫权。

8 月初，日本多家金融机构联合发布报告称，在剔除物价变动因素后，日本第二季度 GDP 跌幅预计在 1.6% 至 2.4%，这是近两年来的首次 GDP 负增长。

8 月 4 日，日本防卫省决定为加强自卫队部署较为薄弱的西南地区防卫，将在鹿儿岛县奄美大岛的奄美市和濑户内町分别部署陆上自卫队警备部队。将在 2015 年度政府预算的该省份额中添加驻地用地征用费，并力争 2018 年度结束前完成部署。

8 月 5 日，日本防卫省发布 2014 年版《防卫白皮书》。白皮书认为，日本周边及亚太地区安全保障存在的不安定因素正进一步深化。在围绕领土主权、经济权益等方面，所谓的"灰色地带事态"增加，并有长期化发展趋势，同时其事态也有可能会进一步恶化。2014 年版《防卫白皮书》进一步渲染"中国威胁论"。称中国加紧扩大海空活动，划设东海防空识别区是单方面改变现状，可能导致事态升级并引发不测，侵犯公海上空的飞行自由。并称中国军机异常接近日本自卫队飞机，中国公务船反复"侵入"钓鱼岛附近领海等。中国外交部发言人华春莹就此问题回答记者问时表示，日本新版防卫白皮书再次罔顾事实，对中国正常的军力发展和海洋活动说三道四，恶意渲染所谓"中国威胁"，人为制造紧张。中方表示强烈不满和坚决反对。

8 月 9 日，中国外交部长王毅在缅甸出席东亚合作系列外长会期间，应约同日本外相岸田文雄进行非正式接触。双方就如何改善中日关系交换意见。

8月15日，日本战败日之际，日本首相安倍晋三以自民党总裁的名义自费向靖国神社捐赠"玉串料"（祭祀费）。当天，日本内阁三名阁僚参拜靖国神社。超党派国会议员联盟"大家都来参拜靖国神社国会议员之会"的83名国会议员参拜靖国神社，其他委托代理参拜的议员100余人。中国外交部发言人华春莹当天表示，日本内阁成员参拜供奉有二战甲级战犯、美化侵略战争的靖国神社，日本领导人向靖国神社供奉祭祀费，再次反映出日本政府对待历史问题的错误态度。中方对此坚决反对。

8月25日起，中国国家档案局连续30天在其官方网站每天发布一集《浴血奋战——档案里的中国抗战》专题档案。这组专题档案主要是从中央档案馆、中国第二历史档案馆保存的中国抗日战争一些代表性战役、战斗的部分档案中选取的，包括文字、图片及视频。

8月27日，中国海军在威海刘公岛海域举行甲午战争120周年海上祭奠仪式。

同日，日本政府发言人、内阁官房长官菅义伟在记者会上表示，日本政府将继承"河野谈话"，不会对其进行重新评价。

8月29日，日本防卫省公布2015年度的预算概算申请，总额达到5.05万亿日元，比上一年度的最初预算增加3.5%，这已是该数据连续3年增加，达到史上最高值。

8月30日至9月3日，印度总理莫迪访问日本，这是其5月当选总理后首次对主要国家进行单独访问。莫迪9月1日在东京与安倍进行首脑会谈，2日会见日本天皇。在1日的会谈中，双方围绕设置外务、防务部长级协商机制、促进对日资企业有关活动的投资等事宜展开探讨，并围绕如何加强日印安全及经济领域的关系、创造良好环境等交换意见。

9月1日，中国民政部公布第一批在抗日战争中顽强奋战、为国捐躯的300名著名抗日英烈和英雄群体名录。

9月3日，日本财务省宣布政府各部门提交的2015年度一般预算申请总额为1016806亿日元。这是预算申请额首次突破百万亿日元，比2014年度最初预算额多出约5.8万亿日元。其中防卫省预算申请额创下历史新高。

　　同日，日本首相安倍晋三对内阁进行改组。在18名内阁成员中，官房长官菅义伟等6名主要阁僚留任。当天，安倍晋三也公布自民党高层人事调整结果，决定起用法务大臣谷垣祯一任党内关键职务干事长一职。

　　9月9日，日本民间组织"言论NPO"公布在中日两国实施的舆论调查数据。结果显示：日本受访者对中国的印象，回答"不好"和"总体来说不太好"的达到93.0%，创下自2005年开始此项调查以来的历史最高值。另一方面，对日本持有负面印象的中国人所占比例为86.8%，与2013年时的历史最差值92.8%相比，略有好转。7月至8月，日本"言论NPO"和中国日报社联合实施此项调查。受访者包括日本方面1000人、中国方面1539人。调查在中日两国同步进行。

　　同日，日本宫内厅公开《昭和天皇实录》的相关内容。日本宫内厅表示，实录是相关方面基于《百武三郎日记》等超过3000份的文书资料编纂而成。

　　同日，日本政府通过内阁会议，决定在冲之鸟礁（日本称"冲之鸟岛"）北部的"四国海盆区块"（17.4万平方公里）和冲大东岛以南的"大东诸岛区块"（0.3万平方公里）两处海域做出延伸大陆架的政令，涉及面积达17.7万平方公里。政令于10月1日起开始实施。

　　9月11日，日本厚生劳动省发布2013年人口动态统计确定数据报告。2013年度出生人口数较上一年减少7415人，为1029816人，刷新了历史最少纪录。死亡人数为1268436人，较上年增加12077人。出生人数减去死亡人数的自然减少人数为238620人，日本人口连续7年减少。

　　9月22—27日，日中经济协会派出200多人的"史上最大规模"代表团访问中国，"为实现中日两国首脑会谈铺路"。据日媒解读，此次访华团将为改善中日关系，尤其是两国首脑会晤探路。

　　9月23—24日，中日海洋事务高级别磋商时隔两年重启，在山东省青岛市举行。中方首席代表、外交部边海司副司长易先良与日方首席代表、外务省亚洲大洋洲局审议官下川真树太分别率团与会。双方就东海有关问题及海上合作交换意见，原则同意重启防务部门海上联络机制磋商。原则同意于今年底或明年初举行下一轮磋商。

9月25日，参加第69届联合国大会的中国外交部长王毅，应日方邀约，与日本外相岸田文雄举行非正式会面。在会面中，双方就当前中日关系及面临的问题交换意见。

9月28日，由中国日报社与日本"言论NPO"共同举办的第十届北京—东京论坛在东京开幕。论坛为期两天，共450人参会。本届论坛主题为"构筑东北亚和平与中日两国的责任——通过对话克服困难"。来自中日两国政界、经济界、学术界、媒体的代表和专家在论坛期间对政治、安保、经济、媒体等领域的课题展开讨论。中国国务院新闻办公室主任蔡名照、中国驻日本特命全权大使程永华等分别向论坛致辞、作主旨演讲，日方嘉宾有前日本首相福田康夫、日本外务大臣岸田文雄等。

10月8日，日美政府在东京举行的外交和防卫局长级会议上，公布修订防卫合作指针的中间报告。报告序言提出，新的防卫合作指针将考虑扩大自卫队活动范围，"适当体现"7月1日日本政府通过的相关内阁决议，强化日美同盟和日美军事抑制力。

10月9日晚，日本自民党新任总务会长二阶俊博在参加日本电视台一档节目时，就中日两国在钓鱼岛问题上出现的对立现状，提出"暂时搁置争议，缓和关系"的建议。对此，日本内阁官房长官菅义伟在10日的记者会上予以否认，再次宣称钓鱼岛系"日本固有领土"。

10月14日，日本内阁通过一项有关《特定秘密保护法》的政令，公布特定秘密的界定和解除标准，并宣布这项法律定于2014年12月10日正式生效。根据最新发布的《特定秘密保护法》运用标准，可被指定为特定秘密的情报分为外交、国防、反恐和反间谍四大类，细分则可分为55个项目。日本政府将在内阁官房新设"内阁保全监视委员会"，负责检验秘密是否得到妥善处理，委员会成员为各府省厅事务次官级官员。此外，内阁府还将设置检验监督特定秘密管理情况的"独立公文书管理监"，并在其下设置"情报保全监察室"。

10月17日开始，日本东京靖国神社举行为期3天的秋季例行大祭活动，日本首相安倍晋三以"内阁总理大臣安倍晋三"的名义奉上"真榊"祭品。17日，日本100多名"大家都来参拜靖国神社国会议员之会"会员参拜靖国神社。18 日，安倍内阁的 3 名女性成员——总务大臣高市早苗、国家公安委员长山谷惠理子及女性活跃担当大臣有村治子分别前往靖国神社进行参拜。17 日，中国外交部发言人洪磊在就此事答记者问时表示，中方对日本国内围绕靖国神社出现的消极动向表示严重关切和坚决反对。

10 月 20 日，日本内阁两位女性阁僚相继辞职。一位是经济产业相小渊优子因卷入公款私用和违规使用政治资金丑闻正式辞职。另一位是法务大臣松岛绿，因在东京都墨田、荒川两地区举办地方节日时，分发印有个人信息的"团扇"而招致批评引咎辞职。日本首相安倍晋三 20 日晚间公布继任人选，指定宫泽洋一接任经济产业大臣，上川阳子接任法务大臣。

10 月 21 日，日本内阁官房长官菅义伟在国会问询中表示，1993 年日本官房长官河野洋平承认日本军强征慰安妇问题的发言，"有很大问题，我们否认那个发言。政府将为恢复日本的名誉和信任努力申诉。"菅义伟的言论遭到中韩等多方驳斥。中国外交部明确表态称，强征"慰安妇"铁证如山，不容否认。针对外界的强烈批判与质疑，菅义伟 22 日在记者会上辩称，"在没有证据证明强征的情况下"，他将河野洋平的谈话内容同河野在发表谈话的记者会上承认强征一事区别考虑，强调日本政府继承"河野谈话"的方针不会改变。除日本内阁官房长官菅义伟公开否认河野谈话外，日本政府 10 月 16 日还要求前联合国女性暴力问题特别报告官库马拉斯瓦米撤销"慰安妇报告"中的部分内容。

10 月 22 日，日本财务省公布 2014 年 4—9 月的国家贸易统计数据结果，结果显示2014 财年上半年日本贸易逆差额为 54271 亿日元（约合 3567 亿元人民币），创下 1979 年有半年贸易数据以来的贸易逆差额历史新高。

10 月 25 日，为加强在中国钓鱼岛周边的警备工作，日本海上保安厅石垣基地最新部署"竹富"号和"波座"号 2 艘巡逻船，当天在石垣市举行下水服役仪式。

同日，中国人民抗日战争纪念馆改扩建工程正式启动，台湾同胞抗日斗争五十年专题展览的建设也同期启动。扩建工程和专题展览建设将历时约一年，拟于 2015 年 10 月建成并对外开放。整个扩建工程将新增建筑 15100 平方米。

10月29日，中国外交部长王毅在外交部举办的第十届"蓝厅论坛"上表示，关于中日两国领导人是否会在北京 APEC 会议期间会见，中方会对所有的客人都尽必要的地主之谊，同时希望日本方面能够拿出诚意解决影响中日关系正常发展的问题和障碍。

11月7日，中国国务委员杨洁篪在钓鱼台国宾馆同来访的日本国家安全保障局长谷内正太郎举行会谈。双方就处理和改善中日关系达成四点原则共识：（1）双方确认将遵守中日四个政治文件的各项原则和精神，继续发展中日战略互惠关系。（2）双方本着"正视历史、面向未来"的精神，就克服影响两国关系政治障碍达成一些共识。（3）双方认识到围绕钓鱼岛等东海海域近年来出现的紧张局势存在不同主张，同意通过对话磋商防止局势恶化，建立危机管控机制，避免发生不测事态。（4）双方同意利用各种多双边渠道逐步重启政治、外交和安全对话，努力构建政治互信。

11月8日，中国外交部长王毅应约在北京国家会议中心会见来华出席亚太经合组织部长级会议的日本外相岸田文雄。

11月8—19日，日本与美国举行代号为"利剑"（Keen Sword）的大型联合军事演习，动员兵力达4万人，日本自卫队参加人数约3万人，美军约1万人。澳大利亚和韩国以观察员身份参加。此次军演模拟日本岛屿遭受大规模武力侵袭情况下，日本自卫队与美军航空母舰合作对抗和阻止敌对势力入侵，以及使用美军军机运送自卫队对空导弹部队等。

11月9日，日本首相安倍晋三抵达北京，参加亚太经合组织领导人非正式会议。10日，中国国家主席习近平在北京人民大会堂应约会见安倍晋三。这是中日两国首脑近3年来的首次会见。

11月14日，在中国外交部的例行记者会上，有记者问：据报道，13日，日本外相岸田文雄在参院外交防卫委员会接受质询时称，四点原则共识是中日两国迄今朝着改善关系的方向在各层级进行静悄悄沟通的结果，总结双方达成的共识。四点原则共识虽不具法律约束力，但却是两国经过磋商最终发表的内容，理应受到两国尊重。中方对此作何反应？中国外交部发言人洪磊表示：四点原则共识是推动中日关系走向改善的重要条件，必须得到切实遵循，才能使中日关系得以逐步改善。

11 月 16 日，在日本冲绳县知事换届选举中，冲绳县首府、那霸市前市长翁长雄志击败现任知事仲井真弘多等其他三位候选人，当选新一届冲绳知事。翁长在竞选宣言中，公开表示反对将美军普天间机场搬迁至县内的名护市边野古地区。原冲绳知事仲井真弘多则主张推进上述基地搬迁计划，在竞选中以约 10 万票的差距落选。

11 月 18 日晚，日本首相安倍晋三在首相官邸举行的记者招待会上正式宣布，日本将推迟原定于 2015 年 10 月实施的消费税增税至 10% 的计划，计划在 1 年半以后的 2017 年 4 月实施，并表示此后不会再次延迟。同时，宣布 21 日解散众议院，提前举行大选。

11 月 19 日，日本和东盟非正式防长会议在缅甸中部城市蒲甘举行。与会国就防卫合作对地区稳定而言很重要达成共识，还确认将在海洋安全等领域加强合作。考虑到中国与东盟部分成员国在南海存在主权争议，会议确认力争根据国际法解决海洋纷争。

11 月 21 日，在当天上午举行的内阁会议上，日本安倍内阁公布一份否认中日前不久达成的四项共识的答辩书。该答辩书是对维新党议员井坂信彦和次世代党议员西野弘一质询作出的回答。就中日共识中涉及的钓鱼岛主权问题，答辩书称，关于东海海域近年发生的紧张局势，已经确认中日双方的见解有所不同，但关于钓鱼岛的"立场不会改变"。此外，关于中日达成的共识中"双方就正视历史、克服影响两国关系的政治困难达成一些共识"这一项，答辩书承认"这包括靖国神社参拜问题在内的中日间所有政治问题"，但答辩书同时称，关于首相参拜靖国，"作为政府不应当禁止"。11 月 22 日，中国外交部发言人洪磊就日本政府的答辩书答记者问时说，钓鱼岛及其附属岛屿自古以来就是中国的固有领土，中方对其拥有无可争辩的主权。中国政府维护国家领土主权的决心和意志坚定不移。我们要求日方停止一切损害中国领土主权的行为。中方坚决反对日本领导人以任何形式参拜供奉着二战甲级战犯、美化侵略战争的靖国神社，要求日方切实正视和深刻反省侵略历史。

11 月 29—30 日，第六次中日韩文化部长会议在日本横滨举行。中国文化部副部长杨志今、日本文部科学省大臣下村博文、韩国文化体育观光部长官金钟德出席会议，三方共同签署了《横滨共同文件》。

12月3—4日，第五届中日友好21世纪委员会全体会议在北京举行，中方首席委员唐家璇和日方首席委员西室泰三分别率双方委员与会。

12月7日，历时四年编撰、收录2600多词条的《南京大屠杀辞典》第一卷在南京举行了首发式。《南京大屠杀辞典》共分四卷，收录8000多词条，是中国第一部有关南京大屠杀历史的辞书，预计2015年前四卷将全部出版。

12月13日，是中国首个南京大屠杀死难者国家公祭日。当天上午10时，国家公祭仪式在侵华日军南京大屠杀遇难同胞纪念馆举行。中共中央总书记、国家主席、中央军委主席习近平出席仪式。将12月13日设立为南京大屠杀死难者国家公祭日，是在2014年2月27日的中国十二届全国人大常委会第七次会议上表决通过的。

12月14日，日本进行第47届众议院选举投票。结果显示，执政的自民党获得291个议席、公明党获得35个议席，两党共获得325个议席，占全部475个议席的68.42%，该比例是日本历次众议院选举中执政党所获议席的最高比例。日本民主党从选举前的62个议席增加到73个；维新党从选前42席的减少至41席；日本共产党从8席增至21席。

12月24日下午，日本众参两院举行全体会议，经过指名选举，自民党总裁安倍晋三被选为第97届首相。内阁官房长官菅义伟当天傍晚公布第三次安倍内阁成员名单，除防务大臣之外，上届内阁其他17名成员全员连任。安倍晋三任命前防务大臣中谷元接任下一届防务大臣。

12月29日，日本防卫省宣布，日美韩三国已就共享防卫秘密信息签署有关备忘录。根据该备忘录，三国将共享涉及朝鲜核试验和导弹实验的有关信息。作为合作形式，日韩两国并不进行直接的信息共享，而是通过美国作为"中介"。

12月31日，日本厚生劳动省公布人口动态统计年间推算报告。2014年在日本国内出生的日本婴儿数较上一年减少2.9万人，为100.1万人，刷新了1899年有统计数据以来最少纪录。死亡数为126.9万人，达到二战后最多纪录。"自然减少"人口为26.8万人，达到历史最多。

2015 年

1月1日，日本天皇通过宫内厅发表新年感言称，2015年是第二次世界大战结束70周年，日本应借此时机好好学习"以满洲事变为发端的那场战争"的历史，思考国家今后的发展方向。

1月6日，日本外务大臣岸田文雄在记者会上表示，从19日起，日本将放宽对华个人游客3年多次往返签证的申请条件，取消对高收入阶层的访地限制，并将其签证有效期限延长至5年。

1月9日，日本共同社报道，日本政府将把2014年度（截至2015年3月）国内生产总值（GDP）的实际增长率预期下调至负0.5%左右。日本政府上年7月预测的经济实际增长率为1.2%左右。日本经济上一次出现负增长是在雷曼危机后的2009年度。

1月12日，中日两国防务部门在东京举行海上联络机制第四轮专家组磋商，这是两国时隔3年后首次恢复磋商。双方一致同意，在此轮磋商基础上进行必要调整后，争取早日启动该机制。

1月14日，日本政府确立2015年度财政预算，这项预算以96.342万亿日元创下历年之最。其中防卫预算连续3年增加，达到4.98万亿日元，成为日本历史上最大规模的国防预算。与此相对，用于扶持冲绳地方发展的冲绳振兴费却与2014年度相比减少4.6%，为3340亿日元，过去5年来这一预算一直是呈增加态势。另一方面，2015年度防务预算中用于美军普天间机场往边野古地区搬迁的费用则大幅增加至1736亿日元。

1月16日，美国海军宣布，今年夏天将在日本横须贺基地增加部署装备"宙斯盾"作战系统的"钱瑟勒斯维尔"号导弹巡洋舰。

1月18日，在当日举行的日本民主党党代表选举中，现年61岁的民主党前党代表代理冈田克也当选民主党新一届党代表。民主党是当前日本最大的在野党，在众议院中占有73个议席。

1月19日，在中国外交部例行记者会上，有记者问：据有关媒体报道，日本外相岸田文雄访问印度期间谈及日印互联互通合作时声称，"阿鲁纳恰尔邦"（即印非法侵占中国藏南地区领土）是印度领土。中方对此有何评论？中国外交部发言人洪磊说，中方注意到有关报道，对此表示严重关切，已向日方提出严正交涉，要求日方予以澄清，立即消除由此产生的负面影响。"日方向中方明确表示对中印争议地区不持立场，也不会介入。日方也已作出公开澄清。"

1月16—21日，日本首相安倍晋三出访中东的埃及、约旦、以色列和巴勒斯坦。日本多家企业负责人随同安倍出访。当地时间17日上午，正在埃及开罗访问的安倍表示，"将以整个中东地区为对象，在人道主义支援、基础设施建设等非军事领域提供相当于25亿美元的新援助。"其中，2亿美元的新援助将作为无偿援助，用于应对"伊斯兰国"组织的威胁。

1月20日，叙利亚极端组织"伊斯兰国"公布一段视频，声称已扣押两名日本人质，要求日本政府在72小时内支付2亿美元的赎金，并称若不支付就将杀害人质。两名日本人质分别是自去年8月就疑被"伊斯兰国"组织绑架的汤川遥菜和自由记者后藤健二。20日晚，日本外务省副大臣中山泰秀赶往中东地区的约旦应对绑架事件。日本时间20日下午6时左右，正在以色列访问的安倍晋三召开记者会，针对日本人质事件称，日本政府不会因此撤回向中东国家提供2亿美元用于应对伊斯兰国（IS）威胁的承诺。1月下旬，两名日本人质先后被杀害。

同日，日本法务省公布的最新入境外国人统计显示，受日元贬值等因素影响，2014年访日外国人人数达到史上最高的1415万人。其中中国大陆访日人数为189万人，同比增长91.9%。另一方面，2014年日本人出国人数约为1690万人，同比减少约57万人。

同日，日本伊藤忠商事宣布，将于年内与泰国正大集团分别向中国中信集团公司投资约5000亿日元。三方欲在中国和东南亚共同开展粮食和资源开发业务，增强盈利能力。《日本经济新闻》20日称，这将是日本企业迄今对华规模最大的投资项目。伊藤忠和正大出资比例合计将达到中信股份资本的20%左右，有望成为第二大股东，中信集团的持股量则降至59.9%。

1月21日，在中国外交部例行记者会上，有记者问：据报道，日本首相安倍晋三19日参观耶路撒冷大屠杀纪念馆时称，决不能让犹太人大屠杀的悲剧重演，日本决心为世界和平与稳定发挥更积极作用。日本外相岸田文雄20日在布鲁塞尔发表演讲时称，日本深刻反省过去，决心不再重演"20世纪灾难"。中方对此有何评论？中国外交部发言人华春莹回应说，希望日方能够真正深刻反省军国主义者发动的侵略战争给亚洲人民带来的灾难，妥善处理好有关历史问题，并真正践行和平发展的承诺，以实际行动取信于亚洲邻国和国际社会。

1月22日，第三轮中日海洋事务高级别磋商在日本横滨市举行。中国外交部、国防部、海警局等部门官员，以及日本外务省、防卫省、水产厅和海上保安厅等部门官员出席磋商会。双方就共同关心的问题交换意见。中日海洋事务高级别磋商是中日两国处理海洋问题的定期协商机制。

1月26日，日本第189届例行国会开幕。除经济政策外，安倍内阁的外交安保政策成为国会讨论的焦点。上年7月安倍内阁强行通过解禁集体自卫权的内阁决议，并企图在本届国会期间通过一系列使该内阁决议具体化的相关安保法案。26日上午到晚上，日本多个市民团体在国会附近举行集会、游行等活动，表达对安倍内阁解禁集体自卫权、制定特定秘密保护法、连续增加防卫预算、试图否认侵略历史、使日本可能再次走上战争之路的担忧。除室外的集会游行外，当天下午议员会馆内也举办了几场反对安倍内阁解禁集体自卫权的活动。晚上6点半开始，2000多名日本民众聚集在众议院第二议员会馆前举行集会反对安倍政权解禁集体自卫权。除普通民众外，来自4个在野党的多名国会议员也参加集会。另外，由于发生人质事件，政府的危机管理也成为国会讨论的重要焦点。

同日，日本财务省发布的统计数据显示，由于天然气等能源进口增加，2014年度日本连续4年出现巨额贸易赤字，赤字额达12.78万亿日元，比上年增长11.4%，创历史最高纪录。受益于日元贬值，日本2014年度出口总额达73.11万亿日元，比上年增长4.8%，连续两年增长。日本进口总额比上年增长5.7%，达85.88万亿日元，也创历史新高。

2月10日，日本政府在内阁会议上对政府开发援助（ODA）大纲做出调整，通过新的"开发合作大纲"，"开发合作大纲"由"政府开发援助大纲"修订而来，是日本政府自2003年以来首次对"政府开发援助大纲"作出修订。新大纲与"政府开发援助大纲"的最大不同之处在于，取消了援助外国部队的禁令，政府开发援助资金将可以用于支持外国部队的非作战行动。新大纲反映了日本政府在2013年12月通过的国家安全保障战略提出将积极从战略角度利用ODA的方针，以及积极参与国际事务的意愿。因为存在被转用于军事目的的可能性，新大纲引发强烈担忧。日本媒体援引日本外务省相关人士的话称，此次修改ODA大纲与废除"武器出口三原则"、解禁集体自卫权并称为安倍内阁安全保障领域的"三支箭"。

同日晚，日本首相安倍晋三与蒙古国总理赛汗比勒格在东京举行会谈，并签署两国间的经济合作协定（EPA），这是日本同其他国家签署的第15个经济合作协定。

2月12日，日本首相安倍晋三在众院全体会议上发表施政演说。关于极端组织制造的日本人质事件，安倍强调不屈服于恐怖主义的立场。此外安倍还呼吁将有关修宪内容深化为全民讨论。他把近60年来首次大幅修改农协制度，扩大自卫队任务范围的安保法完善工作等视为"战后以来的大改革"，表明力争实现的决心。

2月16日（腊月二十八），中国民间对日索赔联合会在河北省丰润县潘家峪村举行对日索赔律师诉讼团成立大会。1941年1月25日（腊月二十八），日军在潘家峪村制造残忍的屠杀暴行。

2月19日，日本官房长官菅义伟在记者会上公布安倍晋三今年夏季发表战后70周年谈话的专家会议16位成员名单。2015年是二战结束70周年，自年初开始，日本首相安倍晋三多次在公开场合表示，拟发表所谓"安倍谈话"，以阐述其对于侵略历史和日本未来发展方向的立场。会议名称定为"回顾20世纪构想21世纪世界秩序与日本作用的专家座谈会"（简称21世纪构想座谈会）。定位为安倍首相的私人咨询机构。日本邮政社长西室泰三、日本国际大学校长北冈伸一等担任专家组最高代表。该专家会议将每月召开一次，8月前提出讨论结果，安倍晋三将根据这一结果发表所谓"安倍谈话"。25日，日本举行首次专家会议。

3月，美国历史协会（AHA）官方期刊《历史的展望》在网站上发表20名美国历史学家致该刊的一封联名信，批评日本要求美国修改教科书慰安妇内容。2014年11月，日本政府公开要求美国出版社修改美国历史教科书中关于慰安妇的内容，称其关于日本军队在二战中"强行征募20万名14岁至20岁少女为慰安妇"的表述"不符合日本政府的观点"。

3月9—10日，德国总理默克尔时隔7年再次访问日本。默克尔到访日本后，9日在东京的一场演讲会上指出，正视历史是战后德国与邻国实现和解的关键，德国坦率面对历史，并由此得到邻国谅解，德国才得以重新被国际社会接纳。在与日本首相安倍晋三会谈后，默克尔再次强调，实现战后和解的前提是正视历史。10日默克尔与日本最大反对党民主党代表冈田克也举行会谈时，敦促日本解决好慰安妇问题。对于默克尔的"出乎意料之举"，日本内阁官房长官、日本外相相继站出来表态称，"默克尔不是为提建议访日"，"日本和德国在与邻国关系问题上有很大不同，不要拿日本和德国做比较"。

3月10—17日，来自中国各地多所大学的152名大学生受邀访问日本。

3月10日，日本政府在内阁会议上决定，鉴于约旦接收了大批从极端组织"伊斯兰国（IS）"活动的叙利亚涌入的难民，将向约旦政府追加提供20亿日元的无偿资金援助。

同日，日本东京举行仪式纪念"东京大轰炸"70周年。首相安倍晋三出席仪式。

3月12日，对于日本政府在美军普天间机场搬迁目的地名护市边野古沿岸为填海造地而重启海底钻探调查一事，冲绳县知事翁长雄志提出批评。据冲绳县介绍，2013年12月底，前知事仲井真弘多批准边野古沿岸填海造地时，在注意事项中提出中央政府要就工程的实施设计事先与县政府进行磋商。针对翁长的表态，日本官房长官菅义伟在记者会上强调，冲绳县在法律上无法取消对边野古沿岸填海造地的许可，中央政府与冲绳县政府的对立日益尖锐。

3月15日，赴日本出席联合国世界减灾大会的中国民政部部长李立国与日本防灾担当相山谷惠理子举行会谈。双方或就推动两国在防灾领域的合作等进行协商。李立国此行是中国部长级官员约3年来首次访问日本，上一次是2012年4月文化部长蔡武访日。

3月18日，在中国外交部例行记者会上，外交部发言人洪磊在就日本外务省网站上刊登的1969年钓鱼岛地图答记者问时表示，就1969年这幅图而言，它能说明两个问题：一是证明了钓鱼岛是中国的一部分，具体而言，就是台湾省的一部分。二是反映了日本侵占台湾并窃取钓鱼岛的历史事实。

3月19日，中日两国外交和防务部门高层官员在日本举行高层安全对话，就两国加强安全保障政策合作交流进行磋商。此次中日安保对话是时隔4年再次召开。

3月20日上午，"中日互派记者50周年纪念会"在中国驻日本大使馆举办。中国驻日本大使程永华、日本外务省外务报道官川村泰久以及首批赴华常驻的日本东京广播公司记者大越幸夫等近200人出席招待会。

3月22日，中日韩外长会议在首尔举行，上一次会议是2012年4月在中国举行。中国外交部长王毅21日在首尔会见了日本外相岸田文雄。会后三国发表联合新闻稿。

3月23日，中共中央政治局常委、全国政协主席俞正声在北京会见日本自民党干事长谷垣祯一和日本公明党干事长井上义久率领的日本执政党代表团。

同日，日本冲绳县知事翁长雄志要求冲绳防卫局暂停驻日美军普天间基地迁址计划中的前期水下钻探作业工程，如不遵守，将取消施工许可。对此，日本防卫大臣中谷元在内阁会议后的记者会上表示："海底钻探调查是在与冲绳县方面进行充分协调之后实施的，我完全不认为手续上有什么不妥，今后也将继续进行作业。"

3月25日，日本自卫队目前最大的舰只"出云"号直升机护卫舰交付海上自卫队，正式开始服役。"出云"号隶属于日本神奈川县横须贺基地，它将在结束半年训练后用于海上自卫队执行警戒、监视任务。

4月5日上午，日本官房长官菅义伟在那霸市首次与冲绳县知事翁长雄志举行会谈，就美军普天间机场（位于冲绳县宜野湾市）搬迁至名护市边野古地区一事谋求理解。但双方未能就搬迁问题达成一致。

4月6日，日本文部省公布2016年4月起使用的日本初中教科书的审定结果，有104部教科书通过审定。2014年1月日本政府制定的"在历史、领土问题上要反映日本政府统一见解"的新审定标准在这次审定活动中首次得到落实。这次通过审定的教科书将钓鱼岛和独岛（日本称竹岛）都称为是"日本固有领土"，并更改了对南京大屠杀的表述。把日军"杀害了众多俘虏和居民"修改为"波及俘虏和居民，出现了众多死伤者"。新教科书还在日本政府公开谢罪的"村山谈话"表述前，加上了"日本政府采取的立场是国家间的赔偿等问题已经解决完毕"一句。日本《产经新闻》称，以往很多出版社介绍自卫队时持否定意见，但此次通过审定的教科书中，都突出介绍了自卫队的贡献。针对日本部分教科书在历史认识问题的描述上再现倒退，中国外交部发言人华春莹7日在例行记者会上表示，中方严肃敦促日方本着对历史高度负责的态度，以正确历史观教育年轻一代。韩国已表达对日本新教科书的强烈不满。

4月7日，日本外相岸田文雄在当天的内阁会议上正式汇报2015年版日本《外交蓝皮书》。蓝皮书突出宣示安倍政权主张的所谓"积极和平主义"和"俯瞰地球仪外交"。蓝皮书称，日本外交的三个支柱分别是：强化日美同盟，增进邻国合作和推动经济外交。在有争议的领土问题上，蓝皮书宣称将坚决维护领土领海领空主权等。中国外交部发言人华春莹7日在就该蓝皮书回答记者问时表示，对于中日关系，中方的立场是一贯的。我们愿在中日四个政治文件基础上，本着"以史为鉴、面向未来"的精神推进中日战略互惠关系。同时我们也多次强调，钓鱼岛属于中国，中方维护领土主权的决心和意志不容怀疑。我们将继续坚定维护中国钓鱼岛领土主权，同时将继续致力于通过对话磋商妥善管控和解决问题。

同日，日本领土问题担当相山谷惠理子在记者会上宣称，日本政府已收集到大约1500份所谓的"史料"，用来证明日本早在二战前就已"统治"中国钓鱼岛和韩国独岛（日本称竹岛）。据称其中涉及钓鱼岛的资料约500份。中国外交部发言人华春莹8日在例行记者会上应询时表示，日本费尽心机找出几份资料进行断章取义、割裂历史，丝毫不能改变钓鱼岛属于中国的事实。

4月9日，中国全国人大代表和日本众议院组成的"中日议会交流委员会"在东京的国会议事堂重启中断约三年的会议，会议为期两天。日本众议院方面有12人与会，中方有中国全国人大常委会副委员长吉炳轩等8人出席。双方与会成员就双边关系、议会交流等共同关心的话题进行交流。

4月17日，围绕美军驻冲绳基地搬迁问题，日本首相安倍晋三和冲绳县知事翁长雄志举行首次会谈。安倍晋三在会谈中重申将普天间基地搬迁至边野古是唯一的解决办法。对此，翁长表示，冲绳县民明确反对当前的基地搬迁计划，希望将基地迁出冲绳。双方未能就美军基地搬迁问题达成一致。

4月21日起，日本东京靖国神社开始举办为期3天的"春季例行祭祀"。22日上午，日本"大家都来参拜靖国神社国会议员之会"跨党派议员团体的106名国会议员集体参拜靖国神社。另外，23日两名日本内阁成员参拜靖国神社。中国外交部发言人洪磊23日在例行记者会上就此事表示，日本有关内阁成员参拜供奉有二战甲级战犯的靖国神社，反映出其对待历史的错误态度，中方对此坚决反对。

4月24日，日本政府在新安保法制执政党磋商会上提出解禁集体自卫权的《武力攻击事态法》修改内容等相关法案的主要条文。联合执政的自民、公明两党没有对此提出强烈异议，实质上达成共识。

4月26日，日本首相安倍晋三赴美国进行为期8天的访问。这是日本首相近9年来首次对美国进行正式访问。当地时间28日，美国总统奥巴马在白宫会晤安倍晋三。两国首脑在会谈中表达了对"同盟变革"的决心，规定日本自卫队与美军职责分工的《日美防卫合作指针》被修订后，将把合作范围扩大至全球。双方还就推动减轻冲绳的美军基地负担达成一致。在此之前的当地时间27日上午，在纽约举行两国外长和防长出席的安保磋商委员会（2+2）会议，敲定新《日美防卫合作指针》。双方决定把自卫队和美军的合作扩大到全球规模，提出从平时到发生突发事件时的"无缝"合作。此次修改将反映安倍政府解禁的行使集体自卫权等，为18年来首次修改。

5月3日，是日本宪法纪念日。当天下午，来自日本全国各地约3万名市民在横滨市临港公园集会，表达护宪意愿，批判安倍的积极和平主义，反对安倍政权欲修改宪法、与美国共同参与全球战争的意图。

5月9日（俄罗斯当地时间），俄罗斯举行纪念卫国战争胜利70周年盛大庆典。中国国家主席习近平和来自世界约20个国家和地区及国际组织的领导人出席庆典。

5月11日，安倍内阁正式启动安保法修改程序。联合执政的自民、公明两党当天下午举行磋商，就修改《武力攻击事态法》等安保法案达成一致。此次提交修改的相关法案包括由《武力攻击事态法》《自卫队法》《周边事态法》等10个法案汇总而成的《和平安全法制完善法案》，以及允许自卫队随时向应对国际争端的外国军队提供后方支援的永久性法律《国际和平支援法案》。《武力攻击事态法》的修改部分规定了集体自卫权的行使手续。根据行使武力的"新三原则"，将"存亡危机事态"定义为针对与日本关系紧密的他国的武力攻击导致"危及日本的存亡、存在国民的权利被彻底剥夺的明显危险"，在此情况下允许使用集体自卫权。设想在朝鲜半岛发生突发事态时支援美军的《周边事态法》更名为《重要影响事态法》，除取消实际上的地理限制外，支援的对象也扩大至与美军共同应对的他国军队。中国外交部发言人华春莹12日在例行记者会上应询时表示，针对日本解禁集体自卫权问题，中方要求不得损害中国的主权和安全利益。5月14日，日本政府举行临时内阁会议，通过了新安保法制相关法案。15日内阁将相关法案提交众议院审议。

5月12日下午，日本与菲律宾在马尼拉湾附近海域举行首次海上联合军事演习。演习地点位于科雷希多岛以西，参加军演的有菲律宾的"拉蒙·阿尔卡拉斯"号巡逻舰以及日方的"春雨"号和"天雾"号护卫舰。演习内容包括舰载直升机交互着舰训练，通讯演习等。日菲两国于是年1月签署协议加强安全合作。

5月12—13日，中日两国海洋、空域安全领域专家在南京召开以"东海空域安全对策"为主题的第三次研讨会。研讨会由笹川和平财团与中国南海研究协同创新中心共同主办。

5月14日，由日本各地近40所高校的近百名大学生组成的访华团赴华参加为期一周的青年友好交流活动。

5月15日（美国当地时间），美国众议院全体会议通过决定2016财年（2015年10月—2016年9月）国防预算大致框架的《国防授权法案》。法案就日美同盟宣称"支持包括解禁集体自卫权在内的日本防卫政策变动"。

5月20—26日，由日本自民党总务会长二阶俊博率领的日本各界人士3000人来华开展旅游交流活动。23日在北京人民大会堂举办中日友好交流大会。

5月23日，中国国家主席习近平在人民大会堂出席中日友好交流大会并发表重要讲话。习近平讲话强调中日友好的根基在民间，中日关系前途掌握在两国人民手里，"越是两国关系发展不顺时，越需要两国各界人士积极作为，越需要双方加强民间交流，为两国关系改善发展创造条件和环境"。

5月25日，日本政府在东京千鸟渊墓园举行追悼"二战"亡灵的仪式。日本皇室代表秋筱宫文仁亲王携王妃纪子出席此仪式，安倍晋三及遗属代表共600人也一并出席。

6月3日，反对安保相关法案的日本部分宪法学者在东京召开记者会发表声明，以安保相关法案会"从根本上颠覆《宪法》第9条规定的放弃战争、不保持战力、否定交战权的体制"为由，要求安保相关法案作废。据日本媒体报道，这项倡议5月中旬由东京慈惠会医科大学教授小洋隆一等发起，截至6月3日已有166名宪法学者表示赞同。

6月6日上午，中日两国在北京重启第五次财长对话，中国财政部部长楼继伟和日本副首相兼财务大臣麻生太郎分别携高级别财政官员参加会议。

6月7日，日本防卫省宣布，日美两国政府作为导弹防御（MD）系统的一部分共同开发的海基型拦截导弹（SM-3 Block 2A）首次发射试验成功。该次发射试验在美国洛杉矶近郊的穆古角（Point Mugu）海军基地发射场举行。

6月10日，日本参议院全体会议以自民、公明两党及维新党等多数票赞成通过《防卫省设置法》修正案，该法案正式成立。该法案写入了文职部门官员和自卫官以同等立场辅佐防卫大臣。该法案还将自卫队的部队运用改为以武官为主体，实现"运用一体化"，由文官控制武官的"文官统制"规定被完全废除，文官的优势地位丧失。此外，修改后的法律还规定新设"防卫装备厅"。规模预计约1800人，负责对过去由海陆空自卫队分别管理的装备开发采购及废弃进行统一管理。

6月15日，日本朝日电视台公布的紧急问卷调查结果显示，提交问卷的宪法学者中

98% 的人认为，安倍政府提出的安保法案违反宪法第 9 条精神。此次问卷朝日电视台向执笔《宪法判例百选》的 198 名宪法学者发送了问卷调查。在提交问卷的 149 名学者中，127 名学者认为，允许行使集体自卫权的安保法案"违宪"，19 名认为"涉嫌违宪"，只有 3 人表示不违反宪法。

6 月 17 日，日本《公职选举法》修正案在日本参议院全体会议上通过。该修正案将选举权年龄限制从"年满 20 岁"下调至"年满 18 岁"。

6 月 18 日，日本律师联合会发布针对国会审议中的安全保障关联法案的反对意见书，称"安保法违背了立宪主义的基本理念，与和平主义、国民主权的基本原理背道而驰"。19 日，该意见书被送至首相、官房长官等内阁官员处。

同日，前日本驻华大使丹羽宇一郎被推选为公益社团法人日本中国友好协会新一届会长。

6 月 20—21 日，日本共同社实施的日本全国电话舆论调查结果显示，58.7% 的人反对国会正在审议中的安保法案，比 5 月上次调查时上升 11.1 个百分点。赞成的比例为 27.8%。56.7% 的人认为安保法案违反宪法，29.2% 认为不违宪。

6 月 22 日晚，日本众院全体会议以执政党等多数赞成表决通过将原定 6 月 24 日结束的本届国会会期延长至 9 月 27 日，长达 95 天的延长幅度创下了现行宪法实施以来的最长纪录。有分析称日本执政党是希望以此来确保安保相关法案能获得通过。

6 月 23 日，中国国务院新闻办举行新闻发布会，正式宣布 9 月 3 日在北京天安门广场举行纪念中国人民抗日战争暨世界反法西斯战争胜利 70 周年大会，包括检阅部队。

6 月 23—24 日，日本海上自卫队和菲律宾海军在南海举行名为"救灾训练"的联合军演时，日本反潜巡逻机两次抵近中国南沙礼乐滩附近。就日本军方巡逻机 23 日在南海飞行一事，中国外交部发言人陆慷当天在例行记者会上表示，希望有关方面不要人为地故意渲染甚至制造本地区的所谓紧张，希望有关方面的互动能够切实有助于本地区的和平与稳定，而不是做相反的事情。

6 月 25 日，围绕日本首相安倍晋三预定于 2015 年发表的"战后 70 周年谈话"内容，其顾问团队在首相官邸进行了第6次，也是最后一次讨论会议。顾问团队将于7月下旬整理一份讨论报告，安倍晋三将根据该报告发表"谈话"。

6月30日上午，日本秋田县大馆市花岗町十濑野公园墓地内举办花冈惨案70周年慰灵式。仪式上供奉了419名花冈惨案中国遇难者名簿，遇难家属代表王敬欣宣读了慰灵致辞。

7月1日，日本总务省发布基于"居民基本台账"的人口调查结果。截至2015年1月1日，日本总人口为1.2616亿人，比上年同期减少27.1058万人，减幅为0.21%。这已经是日本连续第六年人口递减，同时也是减幅最大的一年。从调查结果显示的人口年龄结构来看，日本的少子高龄化正在加剧。

同日起，中国福建省福州市与冲绳县那霸市之间的定期直飞航线正式开通。

7月4日，日本与东南亚湄公河流域五国——泰国、越南、柬埔寨、老挝、缅甸在东京举行首脑会议。安倍晋三在会议上宣布将在从2016年度开始的3年内向五国提供7500亿日元规模的政府开发援助（ODA）。该会议自2009年开始举办，日本每三年公布一次政府开发援助规模，本次的规模高过前两次。会议还发布了一项名为"新东京战略2015"的联合公报。

7月7日，中国国家主席习近平参观纪念中国人民抗日战争暨世界反法西斯战争胜利70周年主题展览《伟大胜利 历史贡献》时强调，全党全国各族人民要牢记由鲜血和生命铸就的中国人民抗日战争的伟大历史，牢记中国人民为维护民族独立和自由、捍卫祖国主权和尊严建立的伟大功勋，牢记中国人民为世界反法西斯战争胜利作出的伟大贡献，珍视和平、警示未来，坚定不移走和平发展道路，坚定不移维护世界和平，万众一心把中国特色社会主义推向前进。

7月8日，在日本冲绳县宫古岛市议会举行的例行会议上，议员以多数赞成的方式通过市民团体有关在岛内部署日本陆上自卫队警备部队的要求。这就意味着宫古岛允许自卫队警备部队进驻。日防卫省计划在宫古岛配备警备部队、地对空及地对舰导弹部队等共计700—800人。

7月15日，日本众议院和平安全法制特别委员会因获得自民党、公明党两党多数赞成票而正式表决通过新安保法案。对此民主党等各在野党表示强烈抗议。7月16日，众议院全体会议在民主党、维新党等退席的情况下进行表决，结果以执政的自民和公明两党、新生代之党等多数赞成通过了法案。安保相关法案随后立即被提交参议院审议。在此之前的14日晚，至少2万名东京市民在市中心的日比谷公园内举行大规模抗议集会，反对日本当政者凭借其国会席位多数，执意要在本届国会通过一系列新安保法案的做法。朝日新闻社7月11日至12日实施的电话调查显示，赞成安保法案的受访者占26%，反对安保法案的受访者则占56%。48%的受访者认为安保法案违反宪法，24%的受访者认为不违反宪法。

7月16—18日，应中国国务委员杨洁篪邀请，日本国家安全保障局长谷内正太郎访问中国。16日，杨洁篪同谷内正太郎在北京共同主持首次中日高级别政治对话。双方同意，中日关系关乎两国人民根本利益。开启高级别政治对话是两国加强高层战略沟通的重大举措，有助于积累共识，管控分歧，形成中日关系稳定向好的势头。对话中杨洁篪就日本国会众议院同日审议通过新安保法案表明中方严重关切和严正立场。同一天，中国国务委员兼国防部长常万全也会见了谷内正太郎。17日下午中国国务院总理李克强在中南海会见了谷内正太郎。李克强指出，今年是中国人民抗日战争暨世界反法西斯战争胜利70周年，中日关系挑战和机遇并存。希望日方着眼大局，在历史问题上信守承诺，认真对待亚洲受害国的关切，以负责任的态度处理好有关问题。在谷内出访中国前，据日本媒体报道，谷内访问的重要目的之一，就是向中国解释安保政策和即将发表的安倍讲话的主旨，希望获得中国理解。

7月20日，1万多名日本各界学者发表一份联合声明，抗议安倍政府在众院强行通过安保法案，认为"这种做法严重践踏了国民意志，破坏了立宪主义和民主主义的基本原则"。28日，日本200多名宪法学者再次发表声明，强烈抗议安倍政权在众议院强行表决通过安保法案，要求迅速撤回违宪的相关法案。

7月21日，日本政府批准2015年版《防卫白皮书》，该白皮书分为三个部分：日本周围的安全保障环境；日本的安全保障、防卫政策和日美同盟；为保卫日本国民生命、财产以及领土、领海、领空而采取的措施。白皮书继续宣扬安保法案和日美同盟的必要性，借海洋问题渲染所谓的"中国威胁"。白皮书首次单独设置"海洋问题动向"章节，将海洋问题升级为和"大规模杀伤性武器""恐怖主义"等同等重要的课题。白皮书声称中国在东海、南海活动日趋活跃可能导致"不可预测的危险事态"，无端指责"（中方的）姿态是毫不妥协地试图实现单方面主张"。对此，中国外交部发言人陆慷21日表示，日本新版《防卫白皮书》再次罔顾事实，对中国正常的军力发展和海洋活动说三道四，恶意渲染所谓"中国威胁"，人为制造紧张。中方表示强烈不满和坚决反对。

7月24日上午，日本政府在首相官邸召开"奥运推进总部"首次会议，基本确定2020年东京奥运会开幕式将于当年7月24日举行。

8月1日，日本宫内厅首次公开裕仁天皇宣读的停战诏书的原版录音。战时充当皇宫防空洞的"御文库附属室"的照片和影像资料也同时公开。

8月6日中午，日本外务大臣岸田文雄与美国国务卿克里在马来西亚首都吉隆坡举行会谈。会谈中双方商定将"联手应对"当前的南海地区局势。

同日，是广岛核爆70周年纪念日。广岛市当天在该市和平纪念公园举行和平纪念仪式。核爆受害者及家属、日本政府官员、100多个国家代表等近5.5万人参加纪念仪式。按照惯例，日本首相安倍晋三在参加当地的纪念仪式后与7个核爆受害者团体的代表举行会谈。7个团体代表向安倍晋三递交请愿书，要求撤销目前正在国会审议的安保法案。8月9日，日本长崎市也举办纪念仪式。

8月14日下午，日本内阁会议以内阁决议的形式通过"战后70周年谈话"。日本首相安倍晋三稍后在首相官邸召开记者会，宣读"谈话"，并对"谈话"进行说明。安倍在谈话中回避了直接表达"反省""道歉"之意，而是通过回顾以往日本政府的历史认识称，"我国对过去那场大战中的行为，反复表明了痛切的反省和衷心道歉的心情"。安倍在谈话中同样没有直接提到日本的侵略和殖民行为，而是以貌似第三方的口气称，"事变，侵略，战争，再也不能将武力恐吓和行使作为解决国际争端的手段""世界应该彻底告别殖民统治"。安倍同时在谈话中宣称，日本战后出生的人已经超过总人口的八成，这些"与那场战争没有任何关系"的世代及其后代，"不能再背负继续谢罪的宿命"。

8月15日，日本安倍内阁总务大臣高市早苗和内阁府特命担当大臣、女性活跃担当大臣有村治子两名阁僚前往参拜靖国神社，同一天由日本国会议员组成的"大家都来参拜靖国神社国会议员之会"60余人参拜靖国神社。安倍晋三当天上午向靖国神社供奉"玉串料"（祭祀费）。当天中国外交部发言人华春莹表示，中方对此表示坚决反对和强烈不满。

同日，日本明仁天皇出席日本全国战死者追悼仪式并发表致辞，称对第二次世界大战表示"深刻反省"。据日本媒体报道，这是明仁天皇在"8·15"追悼仪式上首次使用"深刻反省"一词。

同日，中国社会各界人士来到侵华日军南京大屠杀遇难同胞纪念馆，悼念南京大屠杀30万遇难者，纪念中国人民抗日战争暨世界反法西斯战争胜利70周年。

8月22日，中国国务院新闻办公室举行中国人民抗日战争暨世界反法西斯战争胜利70周年纪念活动第六场专题新闻发布会。中国外交部副部长张明在发布会上再次强调：纪念活动不针对特定国家，不针对今天的日本，更不针对广大日本人民。

8月27日，据日本媒体报道，日本防卫省在2016年度预算的概算申请中提出了5.911万亿日元的防卫费，创历史新高。日本防卫省已在当天自民党的相关会议上对概算申请进行说明并获得通过。为加强"领海警备"，日本海上保安厅在2016年度预算申请中列入509亿日元（约合人民币27亿元）作为在冲绳县离岛部署巡逻船等的费用，将用于完善日本全国各地的离岛监控机制。

同日，中日韩三国合作秘书处在韩国首尔举行秘书长换届招待会。杨厚兰于2015年9月1日起担任第三任秘书长。中日韩三国合作秘书处是2011年9月经三国政府批准建立的国际组织。

8月28日，日本政府在其官方网站上开设钓鱼岛和独岛（日本称竹岛）专门页面，并公开了近200份所谓"能够证明钓鱼岛和独岛是日本固有领土的资料"。

8月30日，日本东京市民在国会议事堂门前再次举行声势浩大的抗议游行，反对正在参院接受审议的安保相关法案。主办单位称多达12万人出席此次集会，超出原本的10万人目标，警方则估计有 3.3 万人。堪称迄今为止最大规模的反安保法案抗议集会。此次集会系"国会 10 万人、全国 100 万人大行动"反安保法案抗议活动的一部分。活动组织方表示，8 月 29 日、30 日两天，日本全国 47 个都道府共计 300 余处地点均举行抗议集会。8 月 30 日和 31 日，大阪和冲绳民众也举行大规模的反对集会。

8 月 31 日，日本外务省时隔 20 年再次向民众公开 1945 年 9 月 2 日签署的日本投降书原件，原件于 8 月 31 日至 9 月 12 日期间在位于东京的外交史料馆面向普通民众公开。

9 月 3 日上午，纪念中国人民抗日战争暨世界反法西斯战争胜利 70 周年大会在北京天安门广场隆重举行，中共中央总书记、国家主席、中央军委主席习近平发表重要讲话并检阅部队。这是中国首次在国庆节以外的日子举行阅兵式，也是作为世界反法西斯战争重要战胜国的中国首次举办如此规模的盛典。

9 月 8 日上午，日本自民党总裁换届选举发布公告，安倍晋三成为唯一候选人递交候选申请，实现"无投票再次当选"。新总裁任期到 2018 年 9 月为止。9 月 24 日，自民党召开国会参众两院自民党籍议员全体会议，正式宣布安倍晋三连任总裁职务。

9 月 14 日上午，冲绳县知事翁长雄志在记者会上表示，将取消前任知事仲井真弘多 2013 年作出的同意在边野古填海建造新基地的决定。此前一个月，安倍内阁与冲绳方面集中举行 5 轮谈判，但双方立场对立，没有达成任何共识。

9 月 15 日，日本政府在内阁会上决定，在 10 月 1 日正式设置"防卫装备厅"。防卫装备厅将整合现有的防卫省经理装备局、装备设施本部、技术研究本部、陆海空自卫队等的相关部门，由包括技术官、事务官以及自卫官在内的 1800 人组成，负责研发、采购等，扩大国际防卫装备技术合作，增加国内防卫装备出口。

9 月 17 日，日本参院和平安全法制特别委员会表决通过一项附加决议，要求在派遣自卫队时需经国会事先批准。附加决议列出 9 项条款，将其作为政府执行安保法律时"应保证万无一失的事项"。

9 月 18 日，是日本发动侵占中国东北的"九一八"事变发生 84 周年纪念日。中国吉林省长春市当天除了鸣响防空警报之外，还在位于长春伪满皇宫博物院的东北沦陷史陈列馆举行纪念活动。当天沈阳也举行相关纪念仪式。9时18分，沈阳市鸣响防空警报3分钟。同时，在规定街路及区域道路上行驶的机动车辆将一律停驶鸣笛3分钟。9月18日上午，南京史学界在侵华日军南京大屠杀遇难同胞纪念馆座谈，纪念"九一八"事变84周年。10点整，南京全城试鸣防空警报。

9月19日，当地时间凌晨2时18分，日本国会参议院全体会议以执政的自民党等政党的赞成票占多数，强行通过以解禁集体自卫权为核心内容的一系列安保法案。安保法案在参议院的审议期间，民主党等在野党动用各种手段阻止参议院对法案进行表决，包括针对首相安倍晋三提出问责决议案，针对安倍内阁和参议院议长提出不信任决议案等，但最终都被否决。9月18日，中国外交部发言人洪磊在例行记者会上表示，希望日本政府认真倾听国内和国际社会的正义呼声，切实汲取历史教训，坚持和平发展道路，在军事安全领域慎重行事，多做有助于促进地区和平稳定的事。

9月21日，冲绳县知事翁长雄志在联合国欧洲总部出席了由冲绳市民团体举办的研讨会并发表演讲，指出美军普天间机场搬迁至名护市边野古"非常不合理"。之后他在日本时间22日凌晨还在联合国人权理事会发表演说，表明了反对边野古方案的立场。针对翁长雄志的演说，美国国务院发言人柯比称并不知晓演说内容，表示"继续感谢冲绳为日美同盟所做的重要贡献"。

9月25日，日本政府在内阁会议上决定，将于30日公布安保相关法案。安保法将在公布起"6个月以内"施行。

10月1日，日本防卫省正式成立防卫装备厅。防卫省技术研究部长渡边秀明被任命为防卫装备厅首任长官。防卫装备厅是依据日本今年6月通过的《防卫省设置修订法》成立的，人员编制约1800名，承担武器出口协调、自卫队武器研发采购、军工人才培养等职能。

10月7日，日本第三次安倍内阁进行内阁改造，19名阁僚中有9人为首次出任阁僚职务，其余阁僚为留任。此外，除国土交通大臣由公明党党员出任外，其余阁僚均为自民党党员。

10月9日晚（法国当地时间），总部位于巴黎的联合国教科文组织在官方网站上公布2015年最新入选"世界记忆名录"的项目名单。由侵华日军南京大屠杀纪念馆等7家单位申报的11组《南京大屠杀档案》正式列入《世界记忆名录》，但另一份慰安妇档案遗憾落选。据联合国教科文组织官方网站显示，中国提交的南京大屠杀档案共分三部分，分别包括1937年至1938年，日本侵略军占领南京期间大肆杀戮中国军民和平民的档案；1945年至1947年，对日本战犯调查和审判的档案；以及1952年至1956年，中华人民共和国司法机构提供的文件。日本政府10日对此作出无理指责，称将向中国和联合国教科文组织提出抗议。而另一方面，日本京都舞鹤市一家纪念馆收藏的所谓"西伯利亚抑留资料"也被列入世界记忆名录，日本希望借此强调其在战争中受到的伤害。

10月，印度方面宣布，日本将加入原美印双边年度军演"马拉巴尔"海上联合演习，使其成为美日印三方联合军演。日本海上自卫队"秋月"级"冬月"号护卫舰（DD 118）参加了16日开始的"马拉巴尔"联合军演。印美日这次演习也是安倍政权通过安保法案后，首次实施的与外国军队的联合军演。

10月17—20日，是靖国神社所谓"秋季例行祭祀"。17日，安倍晋三以首相名义向靖国神社献了祭品。20日上午，日本"大家都来参拜靖国神社国会议员之会"的成员约70人参拜了靖国神社。中国外交部发言人华春莹在19日的记者会上说，中方敦促日方切实正视和深刻反省侵略历史，同军国主义划清界限，以实际行动取信于亚洲邻国和国际社会。

10月18日，三年一度的日本自卫队海上"观舰式"在相模湾举行。日本、美国、印度、韩国、澳大利亚、法国的共计50艘舰船和61架飞机参加了检阅礼。据主办方介绍，日本此番共动用了36艘水面舰艇和37架军用飞机。其中包括2015年刚刚服役的"准航母"出云号，以及日本最新研制列装的反潜侦察机P1等。为强调日美同盟关系，安倍还在当天海上阅兵结束后登上以横须贺为母港的驻日美军"里根"号核动力航母，成为日本第一个登上美军核动力航母的现任首相。美国东太平洋第三舰队女司令泰森海军中将代表美方出席了检阅礼。

10月19日，驻日美国海军横须贺基地迎来"本福尔德"号"宙斯盾"导弹驱逐舰。这是美军打算在2017年前追加部署的3艘"宙斯盾"舰中第二艘进驻横须贺基地的舰只。

10月20—22日，日本防卫相中谷元对韩国进行为期3天的访问。他访韩的目的包括就新安保法谋求韩方理解、商讨半岛局势热点等。此次是日本防卫相时隔4年零9个月再度访韩。

10月21日，日韩邦交正常化50周年纪念活动在韩国首尔举行。

10月24—25日，第十一届北京—东京论坛在北京举行，论坛的主题为"困难与举措：如何发展长期健康稳定的中日关系——东亚的未来与中日两国应发挥的作用"。500余位来自中日两国政界、经济界、学术界、传媒界的嘉宾和省市代表，在双边政治与外交、经济贸易、媒体与文化、安全，以及特别5个分论坛中，对涉及中日政治、外交、经贸等多个领域的重要议题进行了讨论。

10月27日，中国外交部长王毅出席中国公共外交协会在北京举办的以"沟通对话、合作共赢"为主题的中日韩研讨会并致辞。

11月1日，中国国务院总理李克强在韩国首尔出席第五届中日韩工商峰会并发表致辞。同日下午，第6次中日韩领导人会议在首尔举行，中国国务院总理李克强、韩国总统朴槿惠和日本首相安倍晋三出席会议。这是三国自2012年5月在北京举行领导人会议后时隔3年再次举行领导人会议。会议由朴槿惠主持。三国领导人对中日韩合作进行回顾与展望，并就地区和国际问题交换看法。李克强强调了中日韩合作的重要性，并就中日韩合作提出六点具体建议。会后三国发表《关于东北亚和平与合作的联合宣言》。李克强当地时间11月1日晚在首尔下榻饭店应约会见日本首相安倍晋三。2日安倍晋三首次在青瓦台与韩国总统朴槿惠举行会谈。

11月4日下午，国务院总理李克强在人民大会堂会见日本日中经济协会会长宗冈正二、日本经济团体联合会会长榊原定征、日本商工会议所会长三村明夫率领的日本经济界代表团并同他们座谈。日本主要企业负责人及代表200余人出席。

11月5日，正在越南进行访问的日本防卫大臣中谷元考察越南金兰湾海军基地。

据日本媒体称，金兰湾是越南中部要塞，中谷此举意在加强与越南军队的关系。之后中谷于 6 日在河内与越南国防部长冯光青举行会谈，为海洋安全领域加强合作举行磋商。

11 月 13 日，安倍启程赴土耳其出席 G20 峰会，17 日回国。之后 18 日前往菲律宾，出席亚太经合组织（APEC）峰会。20 日前往马来西亚，出席东盟（ASEAN）相关峰会，并于 23 日回国。11 月 13 日，在中国外交部举行的例行记者会上，有记者问，据报道，日本首相安倍晋三计划在 G20 峰会、APEC 领导人非正式会议及东亚合作领导人系列会议等国际场合提出中国在南海的岛礁建设问题；日本内阁官房长官菅义伟称，南海问题直接关乎地区和平稳定，是国际社会共同关切。中方对此有何评论？针对此，中国外交部发言人洪磊重申中方在南海问题上的立场，并表示，日本并非南海问题的当事国。但是历史上，日本曾一度侵占南沙群岛，战后中国政府予以收回。20 世纪 70 年代中日邦交正常化时，日本承诺遵守《波茨坦公告》有关规定。日本在南沙群岛主权问题上无权说三道四。

11 月 19 日晚（菲律宾当地时间），日本首相安倍晋三在马尼拉与菲律宾总统阿基诺举行会谈。为使日本自卫队的二手飞机等装备能提供给菲律宾，双方就签订防卫装备及技术转移协定达成了基本协议。首脑会谈后，两国政府就日方为马尼拉"南北通勤铁路计划"提供约 2420 亿日元（约合人民币 125 亿元）规模日元贷款和旨在消除两国间社保费重复缴纳的社会保障协定举行了签字仪式。

11 月 22 日，日本首相安倍晋三在马来西亚首都吉隆坡出席东盟（ASEAN）与日本首脑会议。安倍在会上宣布将推进"高质量的基建投资"。安倍在会上表示，为便于提供开发资金，将放宽日元贷款条件，提高手续办理效率。他还称将"积极提供风险投资"，并重申日本和亚洲开发银行（ADB）将为亚洲地区提供合计 1100 亿美元资金。此外，他还表示，希望通过提供防卫装备和相关技术在海洋安全领域与东盟各国展开合作。

11 月 26 日，日本政府宣布，为支援发展中国家应对全球暖化问题，日本政府和民间将在 2020 年前实现每年向发展中国家提供约 106 亿美元的资金援助。日本在 2013 年和

2014 年两年间每年向发展中国家提供约 82 亿美元的相关资金援助。

11 月 27 日，据《每日新闻》报道，为配合日本首相安倍晋三 12 月中旬对印度的访问，日印两国政府将就签署武器装备和技术转移相关协议达成合意。协议签订后，日本将尽快向印度出口 US-2 水上飞机。该协议主要用于防止日本的武器装备和技术流入第三国，目前日本已与美国、英国、法国、澳大利亚四国签署该协议，并于 11 月 19 日与菲律宾就未来签署协议达成合意。

11 月 29 日，由中国国家发展改革委、商务部、驻日使馆与日本经济产业省、日中经济协会共同举办的第九届中日节能环保综合论坛在东京举行。来自中日两国的政府官员、专家学者、企业家等约 900 人参加主论坛和分论坛。在分论坛上，双方围绕重点用能单位节能政策、新能源汽车及其基础设施协同发展、资源循环体系构建及推进措施、城市绿色管理、清洁煤技术与火力发电、中日长期贸易等 6 个议题进行对接交流。本届论坛共签署合作项目 26 个，涉及节能、环保、循环经济、新能源等事项。

12 月 1 日，日本"2015 年流行语大奖"公布，中国游客在日本的"爆买"以及棒球用语"Triple three"当选。除此之外"五郎丸姿势"，"SEALDs"、无人机"drone"等入选前十。

同日，日本《特定秘密保护法》开始全面实施。据日本媒体报道，日本政府 1 日就该法案宣布，对接触机密的公务员开展背景调查的"适合性评估"对象职员数为 9.756 万人。今后，只有通过"适合性评估"的职员才能处理特定秘密。

12 月 28 日，日本外相岸田文雄与韩国外交部长官尹炳世在首尔就"慰安妇"问题举行会谈。在会谈后的联合记者会上，尹炳世表示就慰安妇问题"以两国均可以接受的内容达成协议"。岸田文雄指出"在军方的参与下，伤害了众多女性的名誉，痛感日本的责任"，"安倍晋三作为日本国的首相，将再次向经历了作为慰安妇的众多痛苦、给身心都带来难以愈合的伤害的所有人，表明衷心的道歉和反省的心情。"岸田还表示，就慰安妇问题，日本与韩国政府之间"确认了最终且不可逆地解决方案"。作为对前慰安妇的支援，韩国政府将设立财团，日本政府则出资约 10 亿日元（约合人民币 5380 万元），两国政府将合作实施相关项目。日本首相安倍晋三当天在首相官邸接受媒体采访时对此表示，"我们的子孙后代不应背负不断谢罪的宿命，为此（与韩方）达成了一致"。安倍晋三同时称，"在二战结束 70 周年使慰安妇问题得到最终的、不可逆的解决"，意在表明本次会谈成果的意义之大。他还称，"希望日韩关系能够以此为契机开创新的时代"。

2016 年

1月1日起，日本正式实施启用个人编号制度。该制度是向每名日本居民发放一个12位的编号，以此管理收入和纳税情况等个人信息。个人编号制度也仅运用于税收、社保和灾害相关事务这三个领域。

1月4日，日本第190届国会正式开幕，预定到6月1日结束。此届国会拟讨论的主要问题是2016年度政府财政预算、税制改革相关法案及TPP协议等。

1月6日，朝鲜宣布当地时间上午10时成功进行氢弹试验。6日上午，位于中朝边界的中国延吉、珲春、长白县等地均有明显震感。中国外交部当天就朝鲜进行核试验发表声明，声明称中国政府对此表示坚决反对。中方将坚定推进半岛无核化目标，坚持通过六方会谈框架解决半岛核问题。韩国6日发表政府声明表示，为了让朝鲜为进行核试验付出相应的代价，韩国将和同盟国家紧密合作，采取包括联合国安理会层面的制裁措施等所有应对手段。6日上午，日本首相安倍晋三作出表态，称朝鲜此举对日本的安全是重大威胁，坚决不能够容忍。日方将提出强烈谴责。

同日，全球首个可全文检索的东京审判文献资源数据库——《东京审判文献数据库》由上海交通大学出版社在北京推出。《东京审判文献数据库》包含远东国际军事法庭庭审记录与证据文献、国际检察局讯问记录、相关珍贵历史照片及音视频等资料。数据库一期内容资源约6000万字，包括《远东国际军事法庭庭审记录》（英文版）近5万页，约5000万字；庭审现场、人物等照片约700幅；视频资料50分钟。所有文献经过修复、整理、扫描、录文、标引，实现高保真再现、多元检索和图文声像相互印证，并将逐步实现英、中、日三语并行对照。

1月7日，日本参院全体会议针对首相安倍晋三的外交报告和副首相兼财务相麻生太郎的财政演说展开各党党首质询。安倍在答辩时就其提出的将作为夏季参院选举争论焦点的修宪具体项目强调，"我认为随着全民讨论和理解的深入，自然会得以确定"。对于修宪的国会动议需要得到众参两院三分之二以上议员的赞成，安倍表示"会尽可能多地争取各党支持，还必须努力获得国民理解"。2月16日，日本自民党2016年工作方针草案曝光。草案中提出要把修改宪法作为夏季参院选举的主要焦点，"通过在参院选举中发出呼吁，加深全民性的讨论和理解"。

1月16日上午，亚洲基础设施投资银行开业仪式暨理事会和董事会成立大会在北京钓鱼台国宾馆举行。中国国家主席习近平出席开业仪式并致辞。

1月19日，中国驻日本大使程永华应邀在共同通信社"如月会"新春例会上发表题为"中国形势和中日关系"的演讲。程永华结合日本各界对华关注点，深入介绍我治国理政新理念、对外战略新思想及在经济、社会、外交等各领域取得的新成就，阐述我在中日关系上的有关立场和主张，并就朝鲜半岛、中国经济、亚投行、南海等问题回答了提问。日本各大企业、各团体及共同通信社加盟社负责人等"如月会"成员约200人出席演讲会。

1月22日，日本防卫省称，美军在东京横田空军基地部署14架F-22隐形战斗机。这些隐形战斗机隶属于美国埃尔门多夫空军基地第525战斗机中队。日本防卫大臣中谷元说，政府事先没有从美方得到部署这些战机的通知。防卫省询问有关这些战机的情况时，美方答复称，美国空军自20日至22日将暂时在横田部署共计26架F-22和F-16战机。

1月28日，日本内阁经济再生担当大臣甘利明召开记者会宣布辞职。甘利明在记者会上就《周刊文春》杂志报道其收受现金一事作出说明。甘利明承认自己分两次接受了一家建筑公司提供的现金共100万日元，他随后指令秘书将这些钱当作政治资金"适当处理"。而他的秘书还私下消费了涉事公司提供的300万日元资金。此次丑闻由日本杂志《周刊文春》刊载的报道引发，该杂志连续两周刊登了对这一丑闻的调查报道。

1月29日，日本央行宣布自2月16日起正式实施负利率政策。商业银行存放在日本央行的超额准备金存款利率从此前的0.1%降至-0.1%。

1月31日，日本航空自卫队第9航空团在冲绳县那霸基地举行成立仪式。这是日本自卫队相隔半个世纪以来新成立的一个飞行团。日本航空自卫队原在那霸基地部署有一个飞行队，共有20架战机。第9航空团成立后，日本将驻守在福冈县筑城基地的一个飞行队调往冲绳那霸基地，与现有的第83航空队合并为"第9航空团"。使得那霸基地拥有了40

架战机。

2月1日，中国人民解放军战区成立大会在北京八一大楼隆重举行。中共中央总书记、国家主席、中央军委主席习近平向东部战区、南部战区、西部战区、北部战区、中部战区授予军旗并发布训令。五大战区正式授旗。习近平指出，战区担负着应对本战略方向安全威胁、维护和平、遏制战争、打赢战争的使命，对维护国家安全战略和军事战略全局具有举足轻重的作用。

2月7日，朝鲜宣布用远程火箭发射一颗卫星。韩国政府随后宣布，为应对来自朝鲜日益加剧的威胁，韩国与美国决定正式着手讨论美军在韩部署"萨德"反导系统事宜。8日，中国外交部在一份简短声明中说，中国外交部副部长刘振民紧急约见韩国驻华大使金章洙，就韩方的上述决定提出交涉。日本2月10日公布一系列对朝单边制裁措施，包括限制人员往来和对朝汇款，甚至原则上禁止朝鲜国籍者入境。3月2日，联合国安理会全票通过"史无前例"的对朝制裁决议，决定实施一系列制裁措施遏制朝鲜的核、导开发计划，并呼吁恢复六方会谈。

2月12日，日本广岛县吴市宣布，已在2015年度补充预算案中列入8000万日元，用于对昔日日本帝国海军军舰"大和"号的水下调查。这是自1945年"大和"号被美军击沉以来，日本首次政府推动的水下调查。

2月22日，中国全国人大常委会委员长张德江在人民大会堂会见出席中国全国人大与日本国会参议院定期交流机制第六次会议的日本参议院代表团。

2月29日，中国外交部部长助理孔铉佑与日本外务省审议官杉山晋辅在日本外务省进行中日外交当局定期磋商，就中日关系和双方共同关心的问题交换意见。日本外务省29日傍晚宣布，两国政府在当天的磋商中同意为年内实现外长互访展开协调，双方还力争实现高层经济对话。此次副外长级磋商涉及中国加强对南海实际控制的问题，日方向中方表达了严重关切。对于1月6日强行实施核试验的朝鲜，双方一致认为有必要"坚决应对"。

3月1日，日本众议院预算委员会以执政党多数赞成表决通过总额达96.7218万亿日元（约合人民币56.180亿元）的2016年度政府财政预算案，达到史上最大金额。2016年度预算案中，包括养老金和医疗费在内的社会保障费用达到 319.738 亿日元。旨在强化离岛防卫的防卫费增加 1.5%，达 50541 亿日元。日本政府开发援助（ODA）金额 17 年来首次增加，达 5519 亿日元，备用于七国集团（G7）伊势志摩峰会。此外，日本政府提出的"一亿总活跃社会"相关预算计入约 2.4 万亿日元，用于促进无偿幼儿教育的扩大和确保托儿接纳机制。

3 月 9 日，菲律宾宣布将从日本租赁 5 架教练机在南海巡航，以保护菲领土主权。10 日，中国外交部发言人洪磊主持例行记者会，就此事回答记者提问时表示：中方注意到相关报道。如果菲律宾有关行动是挑衅中国的主权、安全利益，中方将坚决反对。借此机会我想重申，日本不是南海有关争议的当事方，我们对其行动保持高度警惕。我们敦促日方谨言慎行，不要做使局势复杂化、有损地区和平稳定的事。

3 月 22 日，日本政府敲定有关中央政府部门迁往地方的基本方针草案，中央政府部门中的文化厅将在未来几年内"全面外迁"至京都府。关于德岛县申请的消费者厅与和歌山县申请的总务省统计局迁入，方案表示将在 8 月底前决定是否外迁，日本观光厅和专利厅等 4 个部门暂不外迁。

同日，日本政府在内阁会议上通过实施新安保法的政令。新安保法正式实施之后，与日本关系密切的其他国家受到攻击，发生"存亡危机"时，日本将可以行使集体自卫权。

3 月 25 日，日本政府召开内阁会议，决定任命外交官横井裕为新一任驻华大使，接替现任大使木寺昌人。

3 月 26 日，日本北海道新干线的"新青森—新函馆北斗"间路段正式通车。此段北海道新干线连接位于本州岛的青森和北海道的函馆，全长 148.8 公里。北海道新干线开通后，位于日本列岛北端的北海道将可以通过新干线与日本本州和南端的九州岛连接起来。从函馆到东京最短只需 4 小时 2 分钟，将加大北海道与日本东北、关东地区的交流。

3 月 27 日，日本主要在野党民主党和维新党在东京举行两党合并及组建新党仪式，新党取名为民进党。民进党在参众两院占有 156 个议席，成为日本最大在野党。新成立的日本"民进党"首任代表为冈田克也。

4月8日，日本众院全体会议一致通过"有人国境离岛地域等措施法"，该法案的主要内容是规定通过财政支援等维持离岛的地域社会生活，旨在妥善管理日本领海有人离岛及相关专属经济区（EEZ）。该法案通过众议院审议后移交参议院。4月20日，该法案在日本参院全体会议上审议通过，由此正式获得日本国会通过。北海道的礼文岛、利尻岛、奥尻岛以及新潟县的佐渡岛、石川县的舳仓岛、长崎县的对马和壹岐岛、鹿儿岛县的种子岛和屋久岛等8个都道县的总计71个岛屿入选。该法案于今年3月18日由日本自民党、原民主党、公明党等6党共同提交。该法为2017年4月起有效期十年的限时立法。

4月10日，为期两天的七国集团（G7）外长会在日本广岛举行，为将于5月举行的G7伊势志摩峰会做准备。日本是2016年七国集团峰会轮值主席国。与会国在外长会后发表涉及核裁军、核不扩散等问题的"广岛宣言"，还发布针对海洋安全保障的"有关海洋安保的声明"。会议期间，包括核武保有国在内的G7现任外长访问广岛核爆炸纪念设施，这是美国对广岛实施原子弹轰炸71年来的第一次。美国国务卿克里是首位访问该纪念设施的美国国务卿，同时也是访问该设施的最高级别的美国政府官员。但是美国方面表示，克里此次访问并非为美国原子弹轰炸日本而道歉。此次七国集团外长会发表的"有关海洋安保的声明"中涉及南海问题。12日，中国外交部召见七国集团驻华使节。在13日的中国外交部例行记者会上，发言人陆慷表示，中方对于这份声明中的有关言论并不认可，所以召见有关国家使节，表明中方立场。

4月14日，当地时间晚间9时26分左右，位于九州地区的熊本县发生里氏6.5级地震，震源深度11千米，地震摇晃剧烈程度的震度（类似地震烈度，最高为7）为最高的7度。当地时间16日凌晨1时25分左右，熊本县再次发生强烈地震，日本气象厅公布的暂定数值为震级里氏7.3级，震源深度约12公里，显示地震摇晃剧烈程度的震度为6度，地震规模与造成数千人死亡的1995年的阪神大地震属于同一个级别。其后，熊本县内发生多次震度为6或5的强烈余震。4月18日中国国家主席习近平就日本熊本县发生强烈地震向日本天皇明仁致电表示慰问。

4月16日，日本海上保安厅举行所谓的"尖阁专队体制"建成纪念仪式。日本由此组建一支船队，将在中国钓鱼岛海域从事"专门巡逻"。这支船队隶属日本第 11 管区海上保安本部，船队基地设在靠近钓鱼岛的冲绳县石垣岛的石垣海上保安部，配备 12 艘大型巡逻船，其中 10 艘为 1500 吨级新型巡逻船，全队有大约 600 人。

4 月 18 日，在中国外交部召开的例行记者会上，有记者问，据报道，日本政府日前发表了 2016 年度《外交蓝皮书》，批评中国进行岛礁建设并用于军事目的，并指责中国船只多次进入钓鱼岛附近海域。中方对此有何评论？外交部发言人陆慷回应称，中国对钓鱼岛及其附属岛屿、南沙群岛及其附近海域拥有无可争辩的主权。中方坚决维护国家领土主权和海洋权益，同时致力于同直接有关的当事国通过谈判协商解决有关争议。陆慷表示还注意到蓝皮书中指出，稳定的中日关系对亚太地区的和平与稳定不可或缺。他表示，如果日方真的希望稳定中日关系，维护地区和平，就应言行一致，包括停止炒作涉海问题，停止发表不负责任的言论，防止给中日关系和地区形势带来新的干扰。

4 月 19 日，在中国外交部召开的例行记者会上，有记者问，据报道，日本政府在内阁官房网站上公开了证明钓鱼岛和竹岛是日本"固有领土"的 750 份材料，这是继去年之后的第二次公布。中方对此有何评论？外交部发言人华春莹表示，钓鱼岛及其附属岛屿是中国固有领土，中国对钓鱼岛的主权拥有充分的历史和法理依据。甲午战争前，西方地图中也一直广泛使用钓鱼岛名称，并明确标注其属于中国。甲午战争以后，日本对包括钓鱼岛在内的台湾及其附属岛屿进行了长期的殖民统治。二战结束后，按照有关法律文件，钓鱼岛回归中国。日本费尽心机找出几份资料进行断章取义、割裂历史，丝毫不能改变钓鱼岛属于中国的事实。

4 月 21 日，日本靖国神社开始举行春季例行大祭。日本首相安倍晋三上午以"内阁总理大臣"的名义向靖国神社提供"真榊"供品。首相助理卫藤晟一和自民党绑架问题对策总部长古屋圭司 21 日分别进行了参拜。22 日上午，日本总务大臣高市早苗参拜靖国神社。高市早苗曾在靖国神社春秋大祭及日本战败日期间多次进行过参拜。另外，日本跨党派议员团体"大家都来参拜靖国神社国会议员之会"的 92 名众参两院议员于 22 日上午集体参拜靖国神社。其中，内阁副大臣和政务官有 6 人。从党派来看，其中自民党有 79 人、民进党 4 人、大阪维新会 3 人、The Party for Japanese Kokoro 党 2 人、无所属 4 人。23 日日本法相岩城光英进行参拜。

4 月 28 日,日本自民党政务调查会长稻田朋美与由其担任会长的自民党议员团体"传统与创造会"成员一起参拜靖国神社。1952 年 4 月 28 日《旧金山和平条约》生效,日本恢复了主权,该会每年选择这一纪念日进行参拜。

4 月 29 日至 5 月 1 日,日本外务大臣岸田文雄访问中国,成为安倍内阁 2012 年执政日本以来,第一位到访中国的外务大臣。30 日,中国外交部长王毅在北京与岸田文雄举行会谈。中日两国外长就经济合作、环保、国际恐怖主义、半岛事务等问题交换意见。王毅就改善中日关系提出四点希望和要求。岸田对熊本地震后中方的慰问和援助表示衷心感谢。岸田强调,中国的和平发展对日本是机遇。日方愿再次确认中日"互为合作伙伴、互不构成威胁"的共识。30 日,中国国务委员杨洁篪也会见了岸田文雄。

4 月 30 日下午,中国国务院总理李克强在北京中南海紫光阁会见到访的岸田文雄。李克强表示,发展长期健康稳定的中日关系,符合两国和两国人民的根本利益,有利于地区和世界的稳定繁荣。这几年中日关系走了一段弯路,当前两国关系有改善势头,但基础仍然较为脆弱,双方要以应有的责任感把握中日关系正确方向。中方愿本着"以史为鉴、面向未来"的精神同日方共同努力,增进政治互信,推动两国关系重回正常发展轨道。

5 月 3 日,正值日本的"宪法纪念日",数万民众当天在东京举行集会呼吁守护和平宪法,反对安倍政权图谋修宪之举。据主办方统计,当天的民众集会共有约 5 万人参加。在 5 月 3 日宪法纪念日到来之前,日本朝日新闻社于 3 月中旬至 4 月下旬期间,通过邮寄的方式实施了关于宪法的全国舆论调查。结果显示,回答"没有必要修改"宪法的人数,从 2015 年调查中的 48% 增长至 55%;而认为"有必要修改"的回复则从 2015 年的 43% 下降至 37%。

5 月 4 日,日本总务省公布的估算数据显示,截至 4 月 1 日,日本未满 15 岁的儿童为 1605 万人,比上一年度减少 15 万人,连续 35 年递减。据统计,日本总人口(12698 万人)中,儿童的比例为 12.6%,与上一年度相比减少 0.1%,创下历史新低,连续 42 年递减。

5月10日，日本和美国两国政府宣布，美国总统奥巴马将在5月26日至27日在日本参加西方七国首脑峰会（G7峰会）期间前往日本广岛，访问广岛原子弹爆炸纪念设施。奥巴马将是第一个在任期内访问该设施的美国总统。5月27日在日本召开的G7伊势志摩峰会闭幕后，奥巴马访问广岛。奥巴马在日本首相安倍晋三陪同下参观广岛和平纪念馆，向原子弹爆炸遇难者慰灵碑献花并发表演讲。奥巴马没有就美国当年用原子弹轰炸广岛和长崎向日本道歉。

5月15日，日本新任驻华大使横井裕正式抵京上任，接替已在中国工作三年多的前任大使木寺昌人。

5月26日，为期两天的第42届西方七国领导人会议在日本三重县的伊势志摩开幕，美国、英国、法国、德国、意大利、日本、加拿大首脑及欧洲委员会、欧洲理事会代表出席会议。两天议程中有关领导人围绕世界经济、贸易、政治外交、气候变化及能源、安全、开发等问题展开了讨论。会后G7领导人发表声明，称推动世界经济发展是"当务之急"，与此同时，全球共同面对难民危机挑战，必须找到全球性的解决方案。宣言还提及海洋安保问题，对南海、东海情况表示关切。中国外交部发言人华春莹在27日的例行记者会上回答记者相关提问时表示，对日方和七国集团峰会炒作有关问题表示强烈不满。

6月1日，是日本第190届国会会期的最后一天，日本首相安倍晋三在当天傍晚举行的记者会上，正式宣布将预定于2017年4月消费税税率上调至10%的原计划再度推迟至2019年10月。

同日，日本三菱综合材料公司在一份声明中说，公司当天与第二次世界大战期间被强征至日本的中国劳工受害者达成和解协议。三菱材料方面在声明中向中国受害劳工谢罪，并承诺向每名劳工或其遗属支付10万元人民币赔偿金，赔偿对象包括3765名中国劳工受害者。三菱材料1日说，公司将成立基金以寻找其他受害劳工或其遗属，还将在中国劳工工作过的矿场等地建立纪念碑。2015年7月，三菱材料高管曾在美国洛杉矶向近900名二战中在原三菱矿业被强迫劳动的美军战俘幸存者或遗属道歉。

同日，在中国外交部举行的例行记者会上，有记者问及中方是否欢迎三菱材料向二战受害劳工及其遗属支付赔偿的举动，外交部发言人华春莹说，我们注意到有关报道。强征和奴役劳工是日本军国主义在对外侵略和殖民统治期间犯下的严重罪行。希望日方本着对历史负责任的态度，认真对待并妥善处理这一历史遗留问题。

6月6日，日本外务省发布的统计结果显示，2015年面向中国人的签证发放数量比上年约增长85%，达378.0773万份，刷新此前最高纪录。2015年统计显示，以所有外国人为对象的签证发放数为476.8286万份，同样创新高。其中，向中国人发放的签证数占总数的八成左右，占据绝对多数。发放签证数排在第二的是菲律宾，比上年增长约38%，第三是印度尼西亚，约增长15%。此外，外务省还发布了2015年"在外日侨人数"，按所在国来分，最多的是美国，其次是中国，第三是澳大利亚。在中国的日本人比上年减少约2%，自2012年达到峰值后已连减3年。

6月27日，为期两天的中日韩自贸区第十轮谈判首席谈判代表会议在韩国首尔举行。在为期一天半的谈判中，三方就货物贸易、服务贸易、投资、协定领域范围等议题深入交换了意见。会议结束后，日本政府代表团表示，三方达成协议，将在政府采办、金融以及人员往来等5个领域展开正式谈判。在关税领域，贸易自由化框架是各方就关税展开具体谈判的基石，但三方在本轮会议上依然没能就此缩小分歧。日本和韩国要求实现较高水平的贸易自由化，而中国则重视保护国内产业，对撤销关税较为谨慎。中日韩下一次谈判会议将在中国举行，三方将继续展开协商。

7月1日，据日本共同社报道，作为全球最大的养老金管理基金之一，日本年金积立金管理运用独立行政法人（GPIF）2015财年出现超过5万亿日元亏损。这是2010年以来，日本养老金投资首次出现亏损状况。

7月5日，据《读卖新闻》报道，2016年上半年，中国大陆及台湾地区并购日本企业的案例不断增加。企业并购咨询公司RECOF表示，2016年上半期（1—6月）海外企业并购日本企业的件数与去年同期相比增加10件，为107件，并购总额达17350亿日元，是去年同期的3.5倍。其中，中国企业对日本企业的并购件数为26件，金额达9124亿日元，是去年同期的 9 倍，创下历史新高。

7 月 7 日下午，中国驻日本大使馆与"抚顺奇迹继承会""关东日中和平友好会""日中友好 8·15 之会""不战士兵市民之会"等日本民间友好团体共同举办纪念集会，纪念七七事变 79 周年。这四家友好团体自 1987 年开始每年举办七七事变纪念集会，多年来一直没有间断。

7 月 10 日，日本举行第 24 届参议院大选投计票。11 日上午选举结果揭晓，根据投票结果，此次改选的 121 个议席中，自民党获得 55 个议席，公明党获得 14 个议席，加上未改选议席，自民党和公明党组成的执政联盟在参议院共掌握了 145 个议席，较改选前的 135 个议席大幅增加，超过参议院半数。

7 月 12 日，由菲律宾阿基诺三世政府提起的"南海仲裁案"裁决出炉。对于仲裁结果，中国表示：不接受，不承认，不执行。当天，日本外务大臣就仲裁庭公布最终裁决称，根据《联合国海洋法公约》有关规定，裁决为最终结果，对当事国具有法律约束力，当事国有必要接受裁决，并称强烈期待当事国接受裁决。外交部发言人陆慷 12 日就日本外务大臣的相关表态答记者问时称，希望日方反思在南海问题上煽风点火的做法，停止插手和炒作南海问题，不要在错误的道路上越走越远。

同日，中国公共外交协会与日本孙中山文化基金会在东京共同主办"东京中山论坛"，纪念孙中山诞辰 150 周年。

7 月 13 日下午，由中国日本友好协会与日本公益财团法人关西经济团体联合会共同主办的第二届中日企业家交流会在北京举行。此届交流会以环境领域的商务合作以及中日旅游产业的发展为议题。

同日，日本 NHK 电视台爆出明仁天皇有意"生前退位"的消息，紧接着，13 日晚至 14 日，日本各大媒体争相报道这一消息。针对此种形势，主管日本皇室事务的宫内厅当天深夜否认此事。尽管如此，天皇希望"生前退位"的意向还是得到确认。鉴于日本天皇有意"生前退位"，日本政府开始研究应对措施。

同日，日本总务省根据居民基本台账公布日本最新人口数据。截至 2016 年 1 月 1 日，日本共有人口 125891742 人，与上一年度相比减少 271834 人。这已经是日本总人口连续第七年递减，且是近年来减幅最大的一年。

7月26日，东盟与中日韩（10＋3）外长会在老挝万象举行。

7月28日上午（美国当地时间），日本外相岸田文雄在纽约联合国总部以安理会轮值主席国外长身份主持了主题为"在非洲构建和平"的公开辩论。他表示，为了提高非洲的反恐能力，日本将单独提供相当于140亿日元的援助。他表示，这笔援助将包括人力资源发展援助，计划在2016年至2018年帮助非洲国家在情报和数据收集、边境管控以及治安维持方面培养3万名人才。公开辩论会的成果将在日本首相安倍晋三出席8月下旬于肯尼亚召开的非洲开发会议（TICAD）上得到反映。

7月31日，日本东京都知事选举揭晓，独立参选的自民党人士、日本首位女性防卫大臣小池百合子以绝对优势当选，成为日本首位女性东京都知事。

7月，中国赴日旅游的游客数量达到了73.14万人，创下单月之最。

8月2日，日本政府举行内阁会议，批准了2016年版《防卫白皮书》。白皮书汇总上年7月以来日本安保政策和防卫体制动向。白皮书首次单独设置新安保法相关章节，详尽介绍新安保法出台背景、具体内容和意义。白皮书继续炒作"中国威胁"和海洋安全问题，称因不稳定因素日益显著，"日本所处的安保环境越发严峻"。白皮书两次提到所谓的"南海仲裁案"，要求中国接受所谓仲裁结果。8月3日，外交部发言人华春莹就此事表示，日本新版防卫白皮书对中国正常的国防建设和军事活动进行无端指责，对中国内部事务说三道四。中方对此表示强烈不满，并向日方提出严正交涉。

同日，日本政府在临时内阁会议上通过规模达28.1万亿日元的经济刺激计划。旨在摆脱通货紧缩，提振国内经济和应对英国"脱欧"引发的市场不安情绪，重点领域为基础设施投资和社会福利服务。

同日，美国空军宣布，最先进隐形战斗机F-35已具备可以进行实战部署的"初始作战能力"。日本航空自卫队计划购入42架F-35替代日益老化的F-4战斗机。美国空军作战司令部司令赫伯特·卡莱尔在当地时间8月2日的记者会上表示，已打电话告知日本航空自卫队幕僚长杉山良行 F-35 具备了初始作战能力。

8 月 3 日，日本首相安倍晋三实施内阁改组，19 名新内阁成员名单确定。在皇宫举行认证仪式后，第三届安倍再改组内阁当天傍晚正式启动。

8 月 8 日下午，日本明仁天皇就"高龄天皇的理想形式"发布视频讲话，向日本民众直接表明"生前退位"的想法。据《朝日新闻》报道，朝日新闻社在 6 日、7 日两天实施的电话民意调查结果表明，回答赞成天皇生前退位的人达 84%，回答反对的人仅有 5%。

8 月 14 日，日本国民偶像组合 SMAP 宣布将于 2016 年 12 月 31 日解散。

8 月 15 日上午，由日本国会议员组成的"大家都来参拜靖国神社国会议员之会"成员 67 人集体参拜靖国神社。其中，众议院议员有 46 人，参议院议员有 21 人。另外，有众议院议员 72 人和参议院议员 29 人分别由代理人前往参拜。15 日上午，日本首相安倍晋三以自民党总裁的身份自费向靖国神社献上"玉串料（祭祀费）"。15 日下午，日本内阁总务大臣高市早苗和奥运担当大臣丸川珠代前往靖国神社进行参拜。外交部发言人陆慷 15 日就日本部分内阁成员参拜靖国神社问题表明坚决反对的态度。

同日，日本海上保安厅在官网上公布所谓日方巡逻船在钓鱼岛附近应对中国公务船的视频。日本海上保安厅将巡逻船和飞机于 8 月 5 日至 9 日拍摄的视频编辑成约 4 分钟长度，没带语音。其中可以看到巡逻船敦促驶入该海域的中国公务船离开，以及对众多中国渔船的监视情况。日本海上保安厅介绍称，5 日至 9 日共有中国海警船等公务船 28 艘次驶入钓鱼岛附近海域。

8 月 27—28 日，第六届非洲发展东京国际会议在东非国家肯尼亚首都内罗毕举行，这是日本首次在非洲大陆举办日非峰会。日本首相安倍晋三亲赴参会，并宣布日本政府和民间未来 3 年将向非洲投资 300 亿美元。

8 月 28 日，第八次中日韩文化部长会议在韩国济州岛召开。会上审议通过《济州共同文件》。文件进一步明确三国重点合作领域与合作项目，确定将于 2017 年在日本召开第九次中日韩部长会议。

8 月 29 日，日本海上保安厅在 2017 年度预算申请中划拨 474 亿日元，作为钓鱼岛周边主要的离岛及远海等的警备强化费用。

8月31日，日本防卫省宣布，防卫省将把2017财年（始于同年4月1日）预算申请额定为5.1685万亿日元（约合3344亿元人民币）。这一数字比上一财年增长2.3%，创史上最高纪录。

9月2日，纪念中国人民抗日战争暨世界反法西斯战争胜利71周年座谈会在北京举行，座谈会由中央宣传部、中央统战部、中央党史研究室、中央军委政治工作部联合举办。参加过抗日战争的老战士老同志代表、抗战烈士遗属代表，中央党政军群有关部门负责同志等约200人参加座谈会。

9月4日，日本首相安倍晋三与埃及总统塞西举行会谈，宣布将向该国首都开罗附近大埃及博物馆的建设再提供约494亿日元政府开发援助（ODA）。

9月4—5日，二十国集团（G20）领导人第十一次峰会在浙江省杭州市举行。中国国家主席习近平主持会议并致开幕辞。本届峰会的主题是"构建创新、活力、联动、包容的世界经济"。4日，日本首相安倍晋三抵达峰会会场。5日，习近平在杭州会见安倍晋三。

9月14—15日，第五轮中日海洋事务高级别磋商在日本广岛举行。双方举行磋商机制全体会议和机制下设的政治和法律、海上防务、海上执法与安全、海洋经济四个工作组会议，就东海相关问题交换意见，并探讨了开展海上合作的具体方式。

9月16日，围绕美军普天间机场搬迁至冲绳名护市边野古一事，日本福冈高等法院支部对日本政府要求认定冲绳县知事翁长雄志相关应对违法的诉讼作出裁定。判决支持政府一方，指出开展填海造地工程的必要性极高。判决还认定，前知事批准的许可未超出处理权限，翁长取消许可的做法违法。9月23日，冲绳县政府以不服福冈高等法院那霸支部裁定中央政府全面胜诉的判决为由，提起上诉。

9月17日，日本公明党在党大会上批准了山口那津男连任党首。

2016年是日本发动九一八事变85周年。9月份，辽宁省沈阳市档案馆首次向社会公布14卷沈阳县公署档案，包括九一八事变前日本在奉天地区非法设置警察机构、开展情报收集、掠夺土地资源及组织移民等侵略活动等内容。

9月18日上午，"勿忘九一八"撞钟鸣警仪式在辽宁省沈阳市九一八历史博物馆残历碑广场举行。中共中央政治局委员、国务院副总理刘延东出席仪式并讲话。

同日，中国国家图书馆发布东北抗日联军专题资源库的阶段性成果，包括入藏东北抗联老战士日记手稿、240小时的口述音频、"中国记忆"东北抗联系列图书的出版以及专题展览。

9月19日，安倍政府凭借在国会中的议席优势强行通过新安保法迎来一周年。当天下午，约2.3万日本民众在东京举行抗议集会，呼吁废除新安保法。日本最大在野党民进党前党首冈田克也在集会上说，新安保法违反日本和平宪法。

9月20日起，由日本经济团体联合会会长榊原定征、日本日中经济协会会长宗冈正二、日本商工会议所会长三村明夫率领的日本经济界代表团访问北京。21日，中共中央政治局常委、国务院副总理张高丽在人民大会堂会见代表团并同他们座谈。

9月23日，由北京市旅游发展委员会主办的"皇城韵味　畅游北京"2016年北京旅游资源推介会在日本大阪国际会议中心举行。

9月27—28日，由中国外文局和日本言论NPO共同主办的第十二届"北京—东京论坛"在日本东京举行。本届论坛的主题为"面向亚洲及世界和平与发展的中日合作"。日本外相岸田文雄在开幕式上致辞时宣布日本将进一步放宽中国公民赴日签证，并郑重宣布"新的放宽政策从10月17日起正式实施"。

9月29日晚，中国驻日本大使馆在东京新大谷饭店举行国庆招待会，庆祝中华人民共和国成立67周年。来自日本各界友好人士、各国驻日使节、华人华侨、中资机构代表等约2000人出席了招待会。

10月3日，2016年诺贝尔生理学或医学奖授予日本分子细胞生物学家大隅良典，以表彰其发现细胞自噬的机制。71岁的大隅是日本东京工业大学名誉教授。

10月8日，据印度尼西亚《雅加达邮报》报道，印尼已邀请日本参与建设连接雅加达与东爪哇省泗水市的半高速铁路。

10月9日，日本《朝日新闻》报道，京都大学保存有3.5万张1930年末至1940年初期间在华拍摄的照片，记录了当时铁路沿线的风俗、活动、风景、主要设施、碳矿与矿山、物资输送等，照片上还贴有记录拍摄对象与场所的衬纸。

10月12日，日本首相安倍晋三2013年7月访问菲律宾时承诺向菲律宾海岸警卫队提供总计10艘巡逻船，其中最先抵达的一艘"图巴塔哈"号就役入列仪式在菲律宾首都马尼拉举行，正式交付给菲方。其余9艘将在2018年底前交付。菲律宾总统杜特尔特出席了仪式并表示说："日本是在支援菲律宾方面作出最大贡献的国家"。

10月13日，日俄两国在莫斯科时隔约3年零8个月举行副外长战略对话会议。鉴于俄总统普京拟定于12月访日，日本政府希望通过此次会议为推进涵盖"北方领土"问题的两国和平条约谈判创造条件。

同日，由日本、印度尼西亚和印度三国共同举行的以应对海上可疑船只为假想内容的联合训练在印度尼西亚首都雅加达的近海海域举行。日本海上保安厅的巡逻船"越后"号以及印尼、印度的海上保安机构的舰艇等共7艘船只参加了训练。

10月17日，首次"关于减轻天皇公务负担等有识之士会议"在日本首相官邸召开。除日本首相安倍晋三、内阁官房长官菅义伟等，出席首次会议的还有日本经济团体联合会名誉会长今井敬、庆应义塾塾长清家笃、东京大学名誉教授御厨贵等六人。17日召开的首次会议上决定，今后将围绕天皇的角色、公务、减轻公务负担方法、设立摄政、国事行为的委任、可否退位、退位的制度化、退位后的地位与活动八项内容听取宪法及皇室制度专家的意见，女性继位问题不在本次研讨会讨论之列。此前的9月，日本政府决定组织"关于减轻天皇公务负担等有识之士会议"，希望通过该会议的讨论引导日本社会就天皇退位问题达成共识。10月13日，日本政府宣布，"关于减轻天皇公务负担等有识之士会议"将在2017年年初发布最终的讨论结果。日本政府会将讨论结果提交国会，让执政党和在野党进行同步讨论。

同日上午，安倍以"内阁总理大臣"的名义，向开始举行秋季例行大祭的靖国神社供奉了名为"真榊"的供品。日本跨党派议员团体"大家都来参拜靖国神社国会议员之会"部分成员亦前往参拜。

10 月 18 日，在远东国际军事法庭开庭 70 周年之际，《丸之内审判文献汇编》《伯力审判庭审记录》《二战日军战史资料汇编》三部历史文献在中国国家图书馆首发出版。国家社科基金抗日战争研究专项工程"日本战犯审判文献征集、整理与数据库建设"同时开题。

10 月 25 日，菲律宾总统杜特尔特抵达日本开始为期三天的访问。26 日与日本首相安倍晋三在首相官邸举行会谈。27 日拜会明仁天皇。

10 月，据日本媒体报道，日本学生支援机构（JASSO）日前进行的一项统计显示，2015 年 5 月在日本学习的外国留学生达 20.8379 万人，同比增长 13%。其中，亚洲留学生超过 19 万人。来自中国大陆的留学生达 9.41 万人，占最高比例。

11 月 1 日，在中国外交部举行的例行记者会上，有记者问：日本政府今天就中国船只在东海进行油气开采活动向中方提出抗议。中方对此有何回应？外交部发言人华春莹回答：关于此类问题，我们已经多次表明有关立场。中方在东海的油气活动均位于无争议的中国管辖海域。希望日方切实尊重中国主权权利和管辖权，不要对中方正当活动说三道四。

11 月 2 日，日本首相安倍晋三在东京会见访日的缅甸国务资政兼外长昂山素季。在与昂山的会谈中，安倍自称是"缅甸的朋友"，承诺向缅方提供总计 8000 亿日元的经济援助。

11 月 4 日，日本众议院跨太平洋伙伴关系协定（TPP）特别委员会当天以执政党多数赞成通过 TPP 批准案。

11 月初，日本自卫队根据《安保法》在冲绳县宇流麻市沿岸与美军举行联合训练，此次训练是日本陆海空自卫队与美国陆海空军两年一度举行的日美最大规模演习的一部分。包括夏威夷和加利福尼亚的美军部队在内共有约 3.6 万人参加。整个演习从 10 月 30 日持续到 11 月 11 日，在冲绳近海及关岛、提尼安岛等地举行。训练设想西南诸岛和朝鲜半岛发生紧急情况时，进行弹道导弹的应对和夺岛作战训练。

11 月 8 日，纪念孙中山先生诞辰 150 周年座谈会在中国驻日本大使馆举行。中国驻日公使郭燕、总领事王军、参赞张魏巍及华侨华人、中资机构和留学生代表共 50 余人出席。

11月9日（美国当地时间），唐纳德·特朗普击败民主党候选人希拉里·克林顿，当选第45任美国总统。

11月10日，印度总理莫迪抵达日本进行访问。11日日本天皇会晤莫迪，之后日本首相安倍晋三与莫迪举行首脑会谈，并召开联合记者会。鉴于印度首条高铁建设计划将采用日本的新干线模式，莫迪于12日在安倍陪同下参观位于日本兵库县的新干线工厂。据此前日本广播协会（NHK）报道，日本政府决定于印度总理莫迪访日期间，与其签署向印度出口核能相关技术的核能合作协定。这将是日本首次计划与和平利用核能的国际公约《不扩散核武器条约》（NPT）的缔约国以外的国家签署该协定。

11月15—17日，马来西亚总理纳吉布访问日本。安倍在与纳吉布的会谈中，提出将向马来西亚提供两艘大型巡逻舰，作为加强援助南海沿岸国家的措施之一。日本外务省称，双方就南海问题交换意见，确认"海洋法治和国际合作"的重要性。

11月17日至12月7日，安倍密集出访美国、秘鲁和阿根廷。11月17日安倍先抵美国会晤特朗普。之后安倍前往秘鲁APEC峰会，并在那里与俄总统普京举行会晤。

11月23日，韩日两国在首尔正式签署韩日《军事情报保护协定》。协定签署后，韩日双方不必经过美国便可迅速进行情报共享。对于韩日两国签署《军事情报保护协定》一事，中国外交部发言人耿爽23日表示，有关国家在开展军事合作时应切实尊重地区国家的安全关切。

11月，俄罗斯海军太平洋舰队机关报《战斗值班》报道称，俄罗斯在千岛群岛的国后岛上部署了"舞会"导弹营，在择捉岛上部署"堡垒"导弹营。对此，日本政府向俄方提出抗议。11月23日，俄罗斯总统新闻秘书佩斯科夫表示，俄在千岛群岛部署岸基导弹是有理由的，希望部署导弹一事不会影响俄日关系发展。

11月，据日本媒体报道，针对2016年开始朝鲜频发导弹，为加强导弹防御系统，日本防卫省将在近期成立以防卫副相若宫健嗣为首的应对委员会，讨论包括引进THAAD（萨德）终端高空区域防御系统等美军的新装备产品。此外，日本防卫省还将讨论引进将美国海军宙斯盾舰的雷达和SM3导弹移至陆上的"陆基宙斯盾系统（Aegis Ashore）"。这是在导弹处于较高高度的"中段阶段"进行迎击的系统，美军已经在东欧部署。

12月1日，日本2016年度的"新语·流行语大奖"结果揭晓，语词"很神"夺得大奖。流行语大奖活动票选前10名还包括特朗普现象、PPAP、上不了保育园，POKEMON GO、负利率等词。

12月8日，日美首次在珍珠港联合举办珍珠港事件75周年纪念仪式，悼念75年前在日军偷袭中死亡的美军官兵。

同日，日本经济产业省表示，日方已决定继续不承认中国是市场经济国家并将维持征收"反倾销税"做法。对此，中国外交部发言人陆慷9日在例行记者会上表示，日方解决好自己的履约责任问题后，中方愿同日方谈谈中国市场经济地位问题。

12月9日，日本参议院在全体会议上通过跨太平洋伙伴关系协定（TPP）批准案。

12月15日傍晚，俄罗斯总统普京抵达日本山口县，正式开启为期两天的访日行程。据日本共同社报道，按计划15日的会谈重点是日方表述的"北方四岛争端"，16日转往东京的会谈则主要讨论经济合作。安倍事后表示，在首脑会谈中围绕争议岛屿的问题，"就原岛民的自由访问、四岛在特别制度下的共同经济活动、和平条约问题实现了非常深入的讨论"。

12月22日，日本政府通过内阁决议批准2017财年政府财政预算案。其中防卫预算连续五年增长，并连续两年超过5万亿日元。日本政府确定的2017年度防卫省预算案中，110亿日元将作为科研经费，提供给展开"与军事装备有关"基础科学研究的大学等科研机构。这一数额是2016年的18倍。2015年防卫省为该制度准备的预算为3亿日元，2016年增长到6亿日元，在2017年防卫省预算案中，相关预算激增至110亿日元。对此，由日本学者等组成的民间组织"反对军学一体化联络会"当天在东京举行抗议集会。与会者指出，应征防卫省"安全保障技术研究推进制度"意味着协助政府开展军事研究，呼吁各大学研究机关不要参与有关课题申请。

同日，据《读卖新闻》报道，日本厚生劳动省公布的2016年人口动态统计年度推算数据显示，2016年出生的婴儿人数为98.1万人，这是自1899年统计开始以来，首次跌破

100 万。

同日，位于冲绳县的美军"北部训练场"部分归还给日本。日本政府在仪式上强调收回美军用地这一成果，希望在为促成普天间机场归还而进行的边野古搬迁一事上争取冲绳县民的支持。

12 月 26—27 日，安倍晋三在夏威夷进行为期 2 天的访问，访问期间，安倍晋三以现职首相身份参加多项悼念死于日军当年偷袭珍珠港的美军官兵的活动，并与奥巴马总统举行最后一次首脑会谈。

12 月 27 日，俄罗斯外交部宣布，从 2017 年 1 月 1 日起放宽日本人赴俄签证，包括延长签证有效期等。俄方强调，此举是对日方从同一时间起放宽俄罗斯人赴日签证的"呼应举措"，是 12 月中旬日本首相安倍晋三和俄总统普京会谈的决定之一。

2017 年

1月3日，中国教育部下发2017年1号函件《关于在中小学地方课程教材中全面落实"十四年抗战"概念的函》。教育部要求各级各类教材全面落实"十四年抗战"概念，并视情修改相关内容。"十四年抗战"是指，中国抗日战争开始于1931年的"九一八"事变，结束于1945年日本签订投降书，经过了14年艰难曲折的斗争历程。其中，以1937年的卢沟桥事变为界，前6年是局部抗战时期，后8年是全国抗战时期。

1月5日，日本首相、自民党总裁安倍晋三宣布自己的"新年决心"，表示2017年将深化对修宪问题的讨论。

1月12日，日本首相安倍晋三展开访问菲律宾、澳大利亚、印度尼西亚和越南四国的行程，当天下午安倍首先抵达马尼拉，与菲律宾总统杜特尔特举行会谈。日本媒体称，安倍将宣布今后5年向菲律宾提供1万亿日元援助。这是日本向单一国家提供的最大规模援助。菲律宾总统杜特尔特14日在达沃市商会发表演讲时透露，他拒绝日前到访的日本首相安倍向菲方提供导弹的提议。14日下午，安倍与澳大利亚总理特恩布尔在悉尼的总理府举行会谈，就日美澳三国将"牢固合作"达成一致。15日，安倍离开澳大利亚抵达印尼首都雅加达，安倍与印尼总统佐科在雅加达举行会谈。会见后安倍对外声称，他和佐科一起确认"在南海问题上，和平解决争端非常重要"。16日，日本首相安倍晋三与越南总理阮春福在河内的总理府举行会谈，表示将向越南提供6艘新造巡逻船，双方将强化在海洋安全领域的合作。

1月13日上午，日本防卫相稻田朋美访问美属关岛的安德森空军基地，考察美军最尖端陆基导弹拦截系统"萨德"（THAAD）。

1月16日，日本众参两院正式开始就围绕天皇退位的法律完善事宜展开磋商。两院的正副议长在国会内举行会谈，决定执政党与在野党的讨论由众参两院联合举行。此外还确认于19日召集各党各派代表，就讨论方式交换意见。

1月18日傍晚，美国海军陆战队的F-35B战机飞抵驻日美军岩国基地开始进行部署。

这是美国首次在本土以外地区部署该机型。10 架 F-35B 战机当地时间 1 月 9 日从美国亚利桑那州基地出发，途经阿拉斯加州的美军基地，其中两架于日本当地时间 18 日下午抵达岩国基地。

1 月 19 日，日本政府在国会第一天提出法案，决定将自卫队二手军备免费赠送给其他国家。据《朝日新闻》19 日报道，日本政府认为，在中国南海活动频繁的局势下，鉴于认为今后其他国家希望无偿获得日本二手军事设备的要求可能增加，日本政府决定修改有关法律，让免费转赠日本自卫队淘汰设备成为可能。报道称，日本政府今后将针对东南亚各国，以灾害救援等名义，免费转让训练用飞机等。

1 月 20 日，安倍在日本国会众议院发表 2017 年施政演说，内容涉及经济、外交和安保等方面。经济政策列举了"安倍经济学"取得的成果，表示将继续推进"地方创生"、工作方式改革等重点政策，使日本经济步入"良性循环"。在外交方面，安倍宣称将把日本打造成一个"闪耀于世界中心的国家"。重申日美同盟始终是日本外交和安保政策基轴；关于中日关系，安倍称，日本欢迎中国和平发展，愿本着战略互惠关系的原则，和中方共同努力改善双边关系；关于修宪问题，安倍宣称，2017 年是宪法实施 70 周年，国会宪法审查应该加深讨论，拿出具体方案。

同日，日本政府内阁会议批准 TPP，成为 12 个签署国中首个完成 TPP 国内批准程序的国家。

同日，日本政府向国会提交 2017 年度预算案及 2016 年度第三次补充预算案。

1 月 23 日，负责研讨日本明仁天皇退位问题的"关于减轻天皇公务负担等有识之士会议"公布了此前 9 轮会议的研讨报告，其中涉及对"是否仅适用于明仁天皇"和"是否建立永久性退位制度"等问题的正反面意见。之后该会议将继续就明仁天皇退位后的称谓、角色等细节问题开展讨论，并在预定于 4 月公布最终报告。日本政府将根据国会讨论结果和研讨会最终报告，于 4 月底或 5 月初正式向国会提交明仁天皇退位相关法案。

1 月 23 日中午（美国当地时间），美国新总统特朗普正式签署命令，开始启动美国撤出"跨太平洋伙伴关系协定"（也就是 TPP）的进程。

1月24日下午，日本防卫省的"防卫通信卫星"从鹿儿岛县种子岛宇宙中心成功发射升空。这是日本防卫省首次独立配备的卫星，部署在各地的部队将通过该卫星共享信息。

2月10—11日，安倍晋三访问美国。2月13日中国外交部举行的例行记者会上，有记者问：近日，日美领导人发表联合声明称，《美日安保条约》第五条适用于钓鱼岛，双方呼吁避免采取岛礁军事化等加剧南海紧张局势的做法。你对此有何评论？中国外交部发言人耿爽回答，中方对日美领导人联合声明有关钓鱼岛和南海言论表示严重关切和坚决反对。钓鱼岛及其附属岛屿是中国的固有领土。无论任何人说什么、做什么，都无法改变钓鱼岛属于中国这一事实，不会动摇中方维护国家主权和领土完整的决心和意志。"我们坚决反对日本以所谓《美日安保条约》为名拉美国为其非法领土主张背书。"

2月14日，日本文部科学省公布用于设定教育课程标准的新版中小学《学习指导要领》，首次明确写入要在中小学社会课上向学生说明钓鱼岛是日方"固有领土"，且中日之间"不存在领土问题"。中国外交部发言人耿爽15日表示，中方敦促日方尊重历史事实，停止挑衅，以正确的历史观教育年轻一代。

2月19日，参加由美军和泰国军方主办的多国联合军事演习"金色眼镜蛇"的日本自卫队，在泰国中部的乌塔堡海军航空基地等实施了保护海外侨民的训练，并向媒体公开了部分内容。据媒体报道，这是自卫队基于安全保障相关法实施，在海外为首次。

2月22日，俄罗斯国防部长绍伊古表示，俄计划年内在千岛群岛（日本称北方四岛和千岛列岛）部署新的师。对此，日本驻俄大使上月丰久22日在记者会上称"这与我国关于北方四岛的基本立场相悖"，对俄方的做法表示反对。

2月19—26日，第八届亚洲冬季运动会在日本北海道札幌市和带广市举行。

2月28日起，日本天皇夫妇对越南和泰国进行为期7天的访问。天皇对越南是首次进行访问，目的是促进两国友谊，还将与二战后一度留在当地的原日军士兵妻儿会面并表示慰问。5日天皇夫妇赴泰国，在泰国吊唁去年去世的前国王普密蓬，并会见新国王哇集拉隆功。

2月28日，韩国国防部与乐天集团签署有关确保部署"萨德"用地的易地协议。根据协议，乐天向国防部出让星州高尔夫球场，国防部将南杨州市军用地块转让给乐天。韩国军方将根据《驻韩美军地位协定》向美方供地，并启动设计、环评、施工等环节，争取在年内推进"萨德"反导系统入韩。韩国军方 28 日当天立即启动标桩立界工作，并宣称为节约时间，向美军出让土地和在"萨德"部署地设计作业将同时进行。美国将把部署在本土得克萨斯州的"萨德"反导系统中的 1 套转移至星州。

2 月，日本媒体曝出日本首相安倍晋三涉嫌与有右翼倾向的学校"森友学园"低价购地有牵连。日本在野党在国会就森友学园购地丑闻对安倍穷追猛打，不仅安倍及其妻子，安倍内阁防卫大臣稻田朋美也被爆出与此事相关，但安倍坚决否认与此事有任何关系。

3 月 8 日，日本内阁府公布的修正数据显示，2016 年第四季度日本国内生产总值（GDP）环比实际增长 0.3%，高于初次预估的 0.2%，折合年率增长 1.2%。这是日本经济连续第 4 个季度实现环比正增长。

3 月 10 日，日本大阪市的学校法人森友学园撤回原先计划在大阪府丰中市的原国有地设立小学的申请。森友学园理事长笼池泰典在大阪市内召开记者会，表明辞职的想法。23 日，日本参众两院分别在上午和下午传唤笼池泰典到国会作证，直接起因是其此前声称曾获日本首相安倍晋三 100 万日元捐赠，日本执政党及在野党议员针对此问题以及以超低价格购买国有土地等问题轮流对笼池泰典进行提问。日本官房长官菅义伟在 23 日上午召开的记者会上反驳称，不仅安倍首相没有捐赠，其夫人也没有捐赠。这一事件持续发酵，6 月 19 日，日本大阪地检特搜部以涉嫌欺诈和违反《补助金管理法》为由，对笼池泰典住所、系列保育园等展开入室搜查。森友学园问题发展为刑事案件。

3 月 12 日，沙特阿拉伯国王萨勒曼开始对日本进行访问，13 日傍晚萨勒曼与日本首相安倍晋三举行首脑会谈。

3 月 17 日下午，围绕日本天皇退位问题，日本众参两院正副议长在参院议长公邸召开各党派全体会议，正式敲定以制定仅限当今一代天皇允许退位的特例法为主要内容的国会见解。日本众议院议长大岛理森将内容告知首相安倍晋三。在除自由党外的朝野政党赞同的这份国会见解中，明确提出将在《皇室典范》附则中加入表明特例法与典范关系性的规定，将两者视为"一体"。此举旨在消除违宪嫌疑，作为今后天皇退位之际的先例。安倍表示将尊重国会意向，政府将以这份见解为核心框架推进法案起草工作，考虑在 5 月黄金周长假结束后向国会提交特例法案并力争在本届国会期间通过。

3 月 18 日，日俄两国政府在东京举行关于在两国争议岛屿（俄称南千岛群岛，日称北方四岛）上进行共同经济活动的首次副外长级正式磋商，双方提出渔业及旅游、医疗等领域合作的具体方案。3 月 20 日，日俄外长防长 2＋2 磋商在日本东京举行。双方就共同开发争议岛屿以及安倍晋三访俄等相关事宜进行协调。两国外长确认日本首相安倍晋三 4 月下旬访俄并与总统普京会谈一事。关于在日俄争议领土北方四岛（俄罗斯称南千岛群岛）部署地对舰导弹等俄罗斯强化军备的方针，双方主张出现对立。

3 月 24 日，日本文部科学省开会敲定并发布高中教材审定结果。日本 2018 年 4 月起投入使用的高中二年级社会科目 24 本教材中，有 19 本教材将竹岛表述成日本领土，或被韩非法占据。2016 年审定通过的日本高一社会科目教材中，大约 77% 包含类似内容。日本从 2018 年度开始投入使用的高中地理历史和公民教科书中加入关于安保相关法的详细记述。韩国外交部 24 日发表声明，谴责日本政府当天审定通过主张独岛（日本称"竹岛"）主权的高二教材，要求日方立即纠正。

3 月 25 日，日本总务副大臣赤间二郎访问台北，并出席"日本台湾交流协会"主办的日本文化宣介活动。对此事中国外交部发言人华春莹 27 日在例行记者会上表示，台湾问题是事关中日关系政治基础的重大原则问题。中方在台湾问题上的立场是一贯而明确的。日方现职副大臣访台明显违反只同台维持民间和地区性往来的承诺，严重背弃中日四个政治文件精神，中方对此坚决反对，已向日方提出严正交涉。

3 月 31 日，日本学生支援机构发布在日留学生人数。在 2016 年 5 月 1 日这个时间节点，在日本的大学及日语学校中就读的外国留学生人数为 239287 人，同比增加 30908 人。在大学及短期大学等高等教育机构就读的留学生人数增加约 1.9 万人。从生源国与地区来看，越南增加人数最多，增加 14925 人达 53807 人，有将近半数的 25228 人是在日语学校就读。人数最多的是中国，增加 4372 人达 98483 人。

4月，日本总务省发布的人口推算数据显示，截至 2016 年 10 月 1 日，包含在日外国人在内，日本总人口为 1.27 亿人。较 2015 年减少 16.2 万人，人口数量连续 6 年负增长。

4月 10 日，中国国务院总理李克强在北京人民大会堂会见日本前众议长、国际贸易促进协会会长河野洋平和他率领的日本经济界大型代表团。12 日该代表团到访吉林省并参加"吉林—日本经贸合作交流会"。

4月 14 日，经修改后的日美《物资劳务相互提供协定》(ACSA) 在日本参议院全体会议上获得通过。主要内容为扩大日本自卫队对美军的后方支援，以加强同盟关系。基于安保相关法，在原先的"战斗区域"提供弹药将成为可能。日本与澳大利亚间的修订版 ACSA 及与英国新缔结的 ACSA 也获得了批准。

4月 18 日，日本防卫省统合幕僚监部网站发布公告称，北京时间 18 日凌晨 2 时 30 分左右，经日本第 14 护卫队"松雪"号护卫舰确认，中国海军 529 号、530 号导弹护卫舰及 882 号综合补给舰在种子岛偏东约 50 公里处海域向西北偏北航行。随后，3 艘中国舰艇穿过大隅海峡进入东海海域。日本防卫省确认，上述 3 艘中国军舰曾于 3 月 23 日通过宫古海峡，从东海进入西太平洋。种子岛是日本重要的宇宙航天基地和卫星发射中心。与此同时，俄罗斯 2 架"伊尔 -38"反潜巡逻机 18 日当天从俄远东地区起飞后，一路沿日本领空日本海一侧空域南下，随后转变航向，向西北方向折返。日防卫省称，为防止俄军机进入日本领空，日本航空自卫队战机实施了紧急升空应对措施。

4月 21 日，负责研讨日本明仁天皇退位问题的"关于减轻天皇公务负担等有识之士会议"在首相官邸召开第 14 次会议，研讨会就仅适用于明仁天皇退位的最终报告达成共识，并正式将其提交给日本政府。首相安倍晋三对此表示，将在参考最终报告的基础上全力推进退位特别法的制定，并尽快提交国会审议。最终报告中明确，退位之后的明仁天皇和皇后将不会脱离皇室身份，新的称号被拟定为"上皇"和"上皇后"。退位之后，明仁天皇的"象征"地位将会传给继位天皇。日本政府将于 5 月提出根据此报告制成的特例法案，力争在本届国会上通过。退位的具体时间计划通过政令确定。日本政府在特例法通过后将立即加速新年号的选定工作。

4月21—23日，日本靖国神社进行一年一度的春季大祭。21日，日本首相安倍晋三向靖国神社供奉"真榊"。21日上午，日本总务大臣高市早苗前往靖国神社进行参拜。自2014年9月就任总务大臣职位以来，高市每逢靖国神社春秋大祭均会以公职名义前往参拜，并自费献上祭祀费。

4月25日，日本外务省向内阁会议提交2017年版《外交蓝皮书》，在内阁获得通过。蓝皮书专门列出一小节阐述"日益严峻的东亚安保环境"，其中最先提到中国。蓝皮书声称，中国在强化缺乏透明的军事力量，并试图单方面改变现状。它指责中国政府船只在钓鱼岛周边海域入侵日本"领海"的行为还在继续，并在东海进行单方面的资源开发。蓝皮书还列举中国在南海的各项行动，并呼吁国际社会联合起来，共同保持海洋的自由开放。新版蓝皮书为日本定下将继续坚持的外交三项基本方针：强化日美同盟，增进与邻国之间的关系以及推进促进日本经济成长的经济外交。《外交蓝皮书》中将韩国议员2016年访问独岛称为"无法容忍的行为"，对在日本驻釜山总领事馆前设置慰安妇少女像表示遗憾，并宣称落实《韩日慰安妇问题协议》是履行国际社会成员的职责。

4月27日，日本首相安倍晋三出访俄罗斯，与俄罗斯总统普京会面。日本内阁官房长官菅义伟26日表示，日俄在两国争议岛屿南千岛群岛（日称北方四岛）共同发展经济，将是两位首脑会谈首要议题，此外还会讨论朝鲜半岛局势。

5月3日，日本首相安倍晋三向在东京举行的呼吁修宪的集会送上视频寄语，表明"希望使2020年成为新宪法施行之年"。他提议在规定放弃战争等的《宪法》第九条中新增写明自卫队存在的内容，并呼吁在众参两院的宪法审查会推进讨论。当天，数万日本民众在东京举行集会，纪念"和平宪法"颁布70周年，抗议安倍政府的修宪企图。

5月4日，中国全国政协主席俞正声在北京会见以高村正彦为团长的日本日中友好议员联盟代表团。

5月10日，韩国共同民主党候选人文在寅在第19届总统选举中以41.08%的得票率获胜，当选新一任韩国总统。

5月14—15日，"一带一路"国际合作高峰论坛在北京举行。中国国家主席习近平出席论坛开幕式，并发表题为《携手推进"一带一路"建设》的主旨演讲。日本媒体关注习近平主席演讲中提及的"建设开放、包容、普惠、平衡、共赢的经济全球化"及以合作共赢为核心的新型国际关系——"中国不会干涉他国内政，不会输出社会制度和发展模式，更不会强加于人"。此外，日媒还关注中方将向丝路基金新增资金 1000 亿元人民币；中国国家开发银行、进出口银行将分别提供 2500 亿元和 1300 亿元等值人民币专项贷款；未来 3 年向参与"一带一路"建设的发展中国家和国际组织提供 600 亿元人民币援助等焦点内容。国家主席习近平 16 日在钓鱼台国宾馆会见了代表日本政府来华出席高峰论坛的日本自民党干事长二阶俊博。

5 月 17 日，日本最大在野党民进党称，他们获得的一份文件显示，安倍或曾出面干预"加计学园"开设兽医学部的计划。而"加计学园"的理事长正是安倍早年留学美国时的好友。日本《朝日新闻》当天也披露部分被怀疑是文部科学省的内部文件，内容涉及"加计学园"计划利用"国家战略特区"政策设立兽医学部一事，内容称加速推进新设兽医学部是"来自官邸最高层的指示""听说这是首相的意愿"。但文件内容的真实性随即遭到政府方面的否认。5 月底，安倍在国会答辩时承认自己曾在"加计学园"任职，并每年从该学园获得 14 万日元（约合 8700 元人民币）的报酬。但他否认利用权力对办学一事进行行政干预。5 月 19 日文科省在第一次调查后宣布说"没有查到存在该文件"。但后来，前文科省事务次官前川喜平召开记者会证明文件是存在的，在野党民进党也公布了显示文件在文科省曾经共享的邮件。随后，日本文部科学省宣布对加计学园问题进行再调查。文部科学省多名在职职员 6 月 6 日作证称写有"首相的意向"等的文件确实存在。6 月 15 日，文部科学省公布的再调查结果显示，确认了 14 份文件。其中，围绕加计学园新设兽医学部一事，确有文件记载了写有"首相的意见""来自官邸最高级别的声音"等文字内容。据日本媒体报道，日本政府已有 50 年以上未批准新设兽医教育机构。2017 年 1 月，加计学园获批利用"国家战略特区"制度在爱媛县今治市新设兽医学部。3 月，还获得政府无偿提供的建设用地，以及最高 96 亿日元（约合 5.9 亿元人民币）的建设补助。

5 月 19 日上午，日本政府在内阁会议上通过有关天皇退位的特例法案。法案的正式名称为《有关天皇退位的皇室典范特例法案》。由包括法律宗旨等在内的 5 条本则与实施日期等 11 条附则构成。法案实施之后，将会出现 1817 年光格天皇以来时隔 200 年的天皇退位，这也是明治时期天皇终身制确定以来的首个特殊情况。日本执政党与民进党等对法案表示赞同，预计在国会将会通过。6 月 2 日，日本众议院表决通过天皇退位特例法案。6 月 9 日，关于日本天皇"生前退位"的特例法案在参议院全体会议上获得通过。日本众参两院均通过后，该法案成立，并将于天皇正式宣布退位之日生效。

5 月 26 日，在中国国防部举行的例行记者会上，有记者提问：日前有日本媒体报道，中国在海南岛部署了红旗 -9 防空导弹系统，并据此认为，中方已经开始在南海划设"禁飞区"。能否予以证实？国防部新闻发言人任国强说，中国在海南岛部署武器装备完全是中国主权范围内的事。关于所谓"禁飞区"，完全是日本某家媒体臆造出来的，无中生有的尺度之大令我感到非常吃惊。

5 月 26 日上午（意大利当地时间），日本首相安倍晋三与美国总统特朗普在七国集团（G7）峰会召开地意大利南部西西里岛陶尔米纳举行会谈，双方确认"自由公正贸易"的重要性。

5 月 29—31 日，中国国务委员杨洁篪应邀访问日本并同日本国家安全保障局局长谷内正太郎共同主持第四次中日高级别政治对话。访日期间，杨洁篪还会见日本内阁官房长官菅义伟、外相岸田文雄、公明党代表山口那津男、自民党干事长二阶俊博、前首相福田康夫、前众议长河野洋平及经济界和社会各界友好人士。31 日，日本首相安倍晋三在东京会见中国国务委员杨洁篪。

5 月 31 日，据 NHK 电视台报道，日本于 2017 年 1 月决定向马来西亚提供 2 艘海上保安厅的巡逻船，其中的 1 艘巡逻船名为"隐岐"号，该船结束了在广岛县尾道市造船厂的改装作业，于 31 日上午启航前往马来西亚。马来西亚方面已经把这艘巡逻船的名字改为"亚劳"号。日方根据马来西亚的要求，在巡逻船上安装了最新式的雷达。"亚劳"号巡逻船经过约 1 周的航行抵达马来西亚后，将负责海上警备工作。日本海上保安厅表示，将在巡逻船的使用方面也提供援助。

6月5日，日本海洋研究开发机构等宣布，在距离日本房总半岛约350公里的日本专属经济区发现了大面积含有很多稀有金属的"富钴结壳"。"富钴结壳"分布在深度为1500米至5500米深处的海底山表面，范围约有950平方公里。岩石厚度最大为13厘米，在西北太平洋中发现的同类物质中是最厚的。"富钴结壳"中含有铂金及稀土元素。

6月6日，日本首相安倍晋三在东京与越南总理阮春福出席联合新闻发布会时表示，日本将向越方提供新的巡逻船和防务装备。安倍晋三还表示，日本将用其经验和技术，帮助越南改善基础设施和投资环境，并为越南劳动力提供培训。日本和越南5日签署总值220亿美元的商业协议。

同日，自民党的修改宪法行动正式启动。当天，自民党宪法改正推进本部举行第一次会议，提出了修宪的四项内容，确定在今年内制定出宪法修改案的日程表。

6月6—10日，由西藏自治区人大常委会委员、林芝市人大常委会主任多吉次仁为团长的全国人大西藏代表团对日本进行友好访问。

6月7日，日本冲绳县知事翁长雄志在该县政府召开记者会，宣布将于7月提起诉讼，要求停止美军普天间机场（宜野湾市）搬迁至该县名护市边野古的工程。

同日，日本参院全体会议表决通过允许向印度出口核电的《日印核能协定》。

6月10日，日本海上自卫队与美国、印度两国海军的海上联合演习"马拉巴尔"在印度南部金奈海域的印度洋孟加拉湾拉开帷幕，演习持续至17日。

6月12日下午，中国国务院副总理汪洋在中南海紫光阁会见日本经济团体联合会会长榊原定征率领的日本经济界访华团一行。双方就推进中日经贸、环保、医疗等领域深入合作交换意见。

6月18日，日本华侨华人联合总会第19届代表大会在大阪举行，东京华侨总会顾问廖雅彦被推举为新一任会长。

6月29—30日，第七轮中日海洋事务高级别磋商在日本福冈举行。

7月3—8日，中国国家主席习近平应邀对俄罗斯、德国进行国事访问并赴汉堡出席二十国集团领导人第十二次峰会。8日，习近平主席应约在汉堡会见日本首相安倍晋三。

7月12日，日本官房长官菅义伟召开记者会，在表态支持美国海军在南海的所谓"航行自由"行动的同时，表示"自卫队没有参加该行动的计划"。

7月28日，日本防卫相稻田朋美宣布辞职，安倍首相接受辞呈后，任命外长岸田文雄暂时兼任防长。

8月3日，日本首相安倍晋三进行内阁改组，并在皇居接受任命后，经过第三次改组的安倍内阁正式启动。

8月7日，中国外交部长王毅出席在菲律宾马尼拉举行的东盟与中日韩（10＋3）外长会。

同日，中国共产党与日本自民、公明两党的定期对话框架"中日执政党交流机制会议"在东京召开。

8月8日，日本政府举行内阁会议，批准了2017年版《防卫白皮书》。这份白皮书再次借助海洋安全问题鼓吹"中国威胁论"。新安保法再次独立成章。白皮书具体介绍新安保法实施后自卫队拓展的新任务，包括解禁日本自卫队南苏丹维和队伍开展"驰援护卫"活动等。就日美同盟，白皮书称日美同盟是日本安全保障的基础，在日本安全保障环境越发严峻的背景下，强化日美同盟变得更加重要。8月9日，中国外交部发言人耿爽就日本政府通过新版防卫白皮书答记者问时称，日本新版防卫白皮书再次罔顾事实，老调重弹，对中国正常的国防建设和军事活动进行无端指责，对中方海洋活动说三道四，在南海问题上搬弄是非。中方对此表示强烈不满和坚决反对，已向日方提出严正交涉。

8月10日，日本共同社称，日本海上保安厅巡逻船当日发现两艘中国海警船进入日本鹿儿岛县近海的日本领海。报道称，这是日方首次发现中国公务船进入该海域日本领海。

8月13日晚，在日本宣布无条件投降72周年纪念日到来之际，日本NHK（广播协会）电视台播出一部名为《731部队的真相》的纪录片，通过珍贵的历史资料，公开揭露日军731部队在二战期间犯下的残酷罪行。

8月15日上午，由日本众参两院议员组成的"大家都来参拜靖国神社国会议员之会"的63名成员集体参拜靖国神社。另外，由前防卫大臣稻田朋美以及自民党议员等组建的

"传统与创造之会"成员当日也参拜了靖国神社。15日上午，安倍晋三委托自民党总裁特别助理柴山昌彦以"自民党总裁安倍晋三"的名义向靖国神社供奉"玉串料"（祭祀费）。

同日，是日本战败并宣布无条件投降72周年纪念日。15日中午，由日本政府举办的"全国战殁者追悼仪式"在位于东京的日本武道馆举行。日本天皇、皇后和日本首相安倍晋三以及战亡者遗属共约6250人参加。

8月18日，在美国访问的日本防卫大臣小野寺五典正式向美国防部长马蒂斯表达日本将引进陆基宙斯盾反导系统的意向，希望得到美国支持。外交部发言人华春莹21日在回应日本防卫省希望加快引进美陆基宙斯盾导弹防御系统时表示，中方希望美日双方慎重行事，为促进本地区和平稳定发挥建设性作用，而不是相反。

8月23日，据韩联社报道，研究韩日历史的日本史学家久保井规夫日前公开的日本古代地图证实了钓鱼岛是中国固有领土，独岛（日称竹岛）属于韩国。久保井规夫22日在釜山举行的《独岛的真相》韩文版书籍出版纪念会上公开部分日本古地图，其中包括林子平所著的《三国通览图说》。从地图上可知，钓鱼岛的颜色和中国领土的颜色相同，是中国固有领土。久保井规夫表示，古地图还显示，独岛与当时朝鲜半岛颜色相同，且当时日本的明治政府曾明确表示独岛不属于日本而属于韩国。

8月25日，日本通过新的对朝单边制裁措施，对象包括中企等。对此，中国外交部发言人华春莹当日在中国外交部例行记者会上称，日方这一做法严重损害中方利益和司法主权，给中日关系改善进程制造新的政治障碍。

8月31日，日本政府截止了2018年度的政府各部门预算申请。一般会计申请总额达到101万亿日元左右，其中的防卫费、老龄化加之育儿支援重要性增加的社保费的增额尤其显著。防卫省申请了5.2551万亿日元，为至今最高金额。与2017年度原始预算相比，申请额增加了2.5%。

9月1日，中国外交部长王毅应约同日本外相河野太郎通电话，就朝鲜半岛局势交换看法。王毅重申中方反对朝鲜核导开发、愿同国际社会一道推动实现半岛无核化的原则立场，表示支持安理会就朝鲜最新射导发出的一致声音。河野太郎表示，日本强烈反对朝鲜再次试射导弹这一挑衅行为，主张国际社会严肃应对。日方重视中方在这一问题上的作用，希望同中方加强沟通协调。

9月8日晚，中日邦交正常化45周年纪念招待会在北京召开，中国全国人大常委会副委员长兼秘书长王晨，前国务委员、中日友好协会会长唐家璇、中国人民对外友好协会会长李小林、日本前众议院议长、日本国际贸易促进协会会长河野洋平等人出席并致辞。

9月13日，日本首相安倍晋三赴印度访问，14日与印度总理莫迪举行会谈。此行是安倍自2012年底第二次上台执政以来第三次访问印度。14日二人在印度的艾哈迈达巴德宣布启动孟买至艾哈迈达巴德高铁建设。

9月15日，日本内阁官房长官菅义伟在新闻发布会上表示，朝鲜当天早上发射的导弹飞过了日本领土，但未对飞机和船只造成损失。

9月18日，中俄"海上联合-2017"第二阶段演习正式开始，第二阶段演习在日本海彼得大帝湾至鄂霍次克海南部海域举行，双方参演兵力共同参加陆上阶段和海上阶段各科目的演习。

同日，"勿忘九一八"撞钟鸣警仪式在辽宁省沈阳市"九一八"历史博物馆残历碑广场举行。

9月23日，日本和俄罗斯开通了史上首条从日本到南千岛群岛的航线。

9月28日下午，日本众议院在全体会议上解散。在随后的临时内阁会议上，日本政府正式决定了"10月10日发布公告、22日投计票"的众议院选举日程。提前进行的日本众议院选举10日正式发布公告。公告之后，海外投票于11日至21日先期进行，22日进行投计票。

同日，中国驻日本大使程永华在东京新大谷饭店举行庆祝中华人民共和国成立68周年暨中日邦交正常化45周年招待会。日本首相安倍晋三、外务大臣河野太郎、前首相福田康夫等政要及华侨华人、中资机构、留学生代表等近2000名中外友好人士出席当日的活动。

10月22日，日本第48届众议院选举开票结果显示，自民党获得单独过半数的283个席位，再加上公明党获得的 29 个席位，自民党和公明党共计获得 312 席位，超过众议院三分之二的议席，取得了压倒性胜利。

10 月 27 日，中国外交部部长助理孔铉佑在日本东京同日本外务审议官秋叶刚男共同主持第十五次中日安全对话，两国外交、防务部门人员参加。同日，孔铉佑还会见日本外相河野太郎。

10 月 30 日，美军两架 F-35A 闪电 II 隐形战斗机抵达嘉手纳空军基地。本次部署计划是美军太平洋司令部"战区合作"项目的一部分，美国将首次在亚太地区部署 12 架该型号战斗机，部署期为 6 个月。

11 月 1 日，安倍晋三在日本众参两院总会上进行的首相指名选举中当选第 98 任日本首相。安倍当晚任命内阁阁僚，所有阁僚均留任。在经过天皇认可后，第四次安倍内阁启动。1 日傍晚，安倍首相与公明党代表山口那津男举行党首会谈，确认继续组成自民党和公明党的联合政权。自民党方面，二阶俊博干事长等主要成员继续留任。此外，副大臣与政务官也都是原班人马。

11 月 3 日是日本"和平宪法"公布 71 周年纪念日，当天在位于东京永田町的国会前，约 4 万日本民众走上街头，进行反对修宪的游行。

11 月 5 日上午，美国总统特朗普乘坐的专机抵达驻日美军横田基地，开启访问日本的行程。日本首相安倍晋三 6 日与到访的美国总统特朗普在东京举行了会谈，双方就加强日美同盟关系达成一致，并决定在经济对话框架内磋商解决日美贸易不平衡问题。

11 月 13 日，中国国务院总理李克强在菲律宾马尼拉下榻饭店会见日本首相安倍晋三。日本官房长官菅义伟在 11 月 13 日的记者会上表示，本次会谈是在中共十九大和日本的众议院大选刚刚结束后举行，是推动中日关系继续向前发展的新起点，会谈非常富有成果，很有意义。

11 月 15 日，美国军方称，隶属海军陆战队第 121 战斗飞行中队的最后一批 F-35B 战机将飞抵日本岩国美国海军陆战队航空基地，从而完成美军第一个常驻海外的第五代战机飞行中队的部署。迄今为止，这个中队拥有的 16 架 F-35B 战机已全部到位。

11月21日下午，中国国务院总理李克强在人民大会堂会见由日本经济团体联合会会长榊原定征等率领的日本经济界代表访华团并同他们座谈。这是该团自1975年以来的第43次例行访华，但此次250人的规模创下了历届之最。

11月29日，日本政府发布消息称，朝鲜在日本时间29日凌晨3点18分左右，从朝鲜西岸发射导弹，经过约53分钟时间飞行约1000公里后，在凌晨4点11分左右，落入了日本青森县西部约250公里处日本海日本专属经济区（EEZ）内。

同日，东盟与中日韩（10＋3）能源合作论坛在北京开幕。为期两天的论坛以"共商、共建、共享：推进东亚能源合作与可持续发展"为主题，旨在搭建促进东亚各国能源安全与合作的地区国家间能源业界和智库高端对话平台。论坛由中国国际问题研究院国际能源战略研究中心发起，联合中石油经济技术研究院、国土资源部油气资源战略研究中心、水电水利规划设计总院等知名能源智库、企业共同举办。

12月1日下午，中共中央政治局常委、国务院副总理汪洋在中南海紫光阁会见日本公明党党首山口那津男一行。

12月4日，据日本共同社报道，关于2019年4月30日日本天皇退位之际的仪式，日本政府正在协调，拟将其定名为"退位之礼"。退位仪式将是日本江户时代光格天皇以后约200年来的首次。

12月5日，第三轮中日企业家和前高官对话在日本东京举行，国务院原副总理、中国国际经济交流中心理事长曾培炎和日本前首相福田康夫及两国工商领袖、政府前高官及专家学者共70名代表参加对话。日本首相安倍晋三出席4日晚举办的欢迎招待会。

12月6日，日本参议院宪法审查会时隔约一年展开实质性讨论。日本自民党强调了修改《宪法》的必要性，要求将自卫队的存在明确写入第九条。在野党中的日本维新会和希望之党也表明将积极讨论；日本民进党、共产党和参院党团"希望之会（自由党和社民党）"表示反对。与自民党联合执政的日本公明党未发表见解。

12月12日，日本汉字能力检定协会在京都清水寺宣布，最能反映2017年日本世态民情的年度汉字为"北"。

12月16—17日，第十三届"北京—东京论坛"在北京举行。论坛主题为"中日共建更加开放的世界经济秩序与维护亚洲和平"。会议期间，中日两国数百名代表围绕政治、经济、外交、安全、媒体等多领域话题展开务实、深入的研讨。在取得广泛共识基础上，双方发表《北京共识》。

12月18日，由日本"新闻之新闻社"主办的"社会部长选出的今年十大新闻"评审会在东京举行。被评选出的2017年度日本十大社会新闻分别是：（1）日本神奈川县座间市发现9具遗体。27岁男性被捕。（2）小池百合子在东京都议会选举中获得压倒性胜利。在众议院选举中落败。（3）日本维和部队南苏丹日报隐瞒问题，前防相稻田朋美等人辞职。（4）森友、加计学园问题，安倍在国会上被追究责任，支持率急剧下滑。（5）朝鲜接二连三发射导弹，朝鲜半岛紧张局势升温。（6）日本九州北部遭遇大暴雨。福冈、大分38人死亡，3人失踪。（7）日本"天皇退位特别法案"获得通过。2019年5月改用新年号。（8）日本电通过劳死事件被判有罪。日本政府加速推进劳动方式改革。（9）《有组织犯罪处罚法》修正案通过。日本政府增加同谋罪。（10）日本将棋界捷报频传。藤井聪太四段取得29连胜、羽生善治获得"永世7冠"称号。

同日，日本宫内厅正式宣布，当今天皇退位后，夫妇两人将与皇太子一家互换住所。天皇夫妇首先离开皇宫，在住所无障碍化施工等期间暂居东京都港区的高轮皇族邸（旧高松宫邸）。日本皇太子一家居住的"东宫御所"（位于东京元赤坂）在天皇夫妇作为上皇和上皇后迁入后，将效仿先例改称"仙洞御所"。

12月19日，日本政府在内阁会议上决定，作为弹道导弹防御（BMD）强化措施，将引进两套陆上部署型拦截系统"陆基宙斯盾系统"。据日本防卫相小野寺五典此前宣布，已追加申请在2018年度政府预算案中列入7.3亿日元（1元人民币约合17日元）经费，用于引进两套陆上部署型陆基宙斯盾反导系统。这项追加申请的经费包括地质和测量调查费、研究部署的基本设计费等。小野寺称，日本需要加强"持续防护全国能力"。另一方面，日本防卫省的做法遭到在野党和媒体的强烈反对。日本社民党干事长又市征治12月11日发表了坚决反对防卫省在2018年度政府预算案中追加引进远程巡航导弹相关费用的声明。据《每日新闻》10日报道，日本政府部署陆基宙斯盾的候选地址是东北部秋田县秋田市的陆上自卫队新屋演习场和西部山口县萩市的睦（音译）演习场，都位于日本海沿岸。陆基宙斯盾系统将使用日本与美国共同开发的"标准-3IIA"（SM-3 Block 2A）增强型拦截导弹，射程覆盖方圆数百公里。《每日新闻》报道，依选址推断，两套陆基宙斯盾基本能够覆盖日本全境。防卫省力争2023年启用陆基宙斯盾，本月将在候选部署地作适应性调查。

12月22日，日本政府批准2018财年政府财政预算案，其中防卫预算连续6年增长，并连续3年超过5万亿日元。根据预算案，2018财年总预算达97.71万亿日元，较2017财年增加约2600亿日元，连续6年创历史新高。日本政府将在2018年初向国会提交这份预算案。

12月25—26日，由中国共产党和日本自民党、公明党共同举办的中日执政党交流机制第七次会议在福建厦门、福州举行。双方围绕政治、经济和人文交流专题进行探讨，通过《中日执政党交流机制第七次会议共同倡议》。

12月28日，中共中央总书记、国家主席习近平在北京会见来华出席中日执政党交流机制第七次会议的日本自民党干事长二阶俊博、公明党干事长井上义久及其率领的代表团。习近平积极评价中日执政党交流机制为推动双边关系发展所发挥的作用，赞赏两位干事长长期不懈致力于推进中日执政党交流，为促进两国务实合作和民间友好作出的努力。希望双方加强党际交往，深化沟通合作，为中日关系改善发展发挥引领作用。

2018 年

1月5日，日本首相安倍晋三在东京都举行的新年庆贺会上致词，表现出对改善中日关系的强烈意愿。1月8日，针对日方就中日关系的积极表态，中国外交部发言人陆慷表示，在新的一年里，希望日方同中方相向而行，在中日四个政治文件和四点原则共识基础上，切实抓住中日和平友好条约缔结40周年契机，为两国各领域交往合作创造有利条件，共同推动中日关系进一步改善发展。

1月11日上午，日本海上自卫队2艘舰艇先后进入赤尾屿东北侧毗连区活动，中国军舰对日方活动实施全程跟踪监控。之后日方舰艇离开有关毗连区。而同日日本防卫省则发布消息称，中国海军舰艇于当日进入钓鱼岛领海外的毗连区水域。中国外交部发言人陆慷在当日例行记者会上表示，中方敦促日方停止在钓鱼岛问题上制造事端，以实际行动为两国关系改善发展做出努力。

1月18日，澳大利亚总理特恩布尔访日。当天上午，日本首相安倍晋三与特恩布尔一同前往日本千叶县的陆上自卫队习志野演习场，视察负责反恐等任务的日本陆上自卫队特殊作战群的训练。傍晚两人在首相官邸举行会谈。安倍和特恩布尔共同表示，今后将继续加强两国在安全领域的合作，为使自卫队与澳军在对方国家顺利实施联合演习，双方已就尽快签署规定双方人员法律地位的《访问部队地位协定》（VFA）达成一致。

1月22日上午，国际多边经济谈判组织跨太平洋伙伴关系协定（TPP）协商会议在日本东京召开。11个签署国的首席谈判官员出席。

1月26日，2018年迎春暨中日和平友好条约缔结40周年招待会在位于东京的中国驻日本大使馆隆重举行，中国驻日本大使程永华、日本前首相福田康夫、日本前众议院议长、日本国际贸易促进协会会长河野洋平等约230人出席招待会。

1月27—28日，日本外务大臣河野太郎应邀对中国进行正式访问。这是河野就任外相以来首次访华。28日，中国国务院总理李克强、外交部部长王毅和中共中央政治局委员、国务委员杨洁篪分别会见了河野太郎。

2月1日，日本国会通过2017年度补充预算，追加支出达2.7073万亿日元，其中防卫费为2345亿日元，占8.6%。包括最初预算在内，2018年度防卫费总额是连续5年突破5万亿日元。2017年补充预算防卫费列出了搜集引进陆上"宙斯盾"反导系统所需情报和让"宙斯盾"舰具备弹道导弹防卫功能等相关费用。这是基于朝鲜核导开发等安全保障环境变化而提出的。

2月8日晚，由中国驻日本大使馆和日中友好七团体联合举办的中日和平友好条约缔结40周年纪念会在东京举行，中日两国各界800余人出席纪念会。

2月9日，在中国外交部召开的例行记者会上，有记者问：日前，台湾花莲发生地震后，日本个别高层政要向台湾方面表达慰问，但却公然使用台所谓的"官方职务"称呼台政要。中方对此有何评论？是否已经向日方提出交涉？外交部发言人耿爽在回应台湾花莲地震有关提问时表示，日方借赈灾慰问之名在国际上公然制造"一中一台"，有关做法违背一个中国原则，中方对此极为不满，并已向日方提出严正交涉。

2月23日，中共中央政治局委员、国务委员杨洁篪在北京同日本国家安全保障局长谷内正太郎举行会谈。

2月24日，日本防卫相小野寺五典在位于青森县的航空自卫队三泽基地出席日本自卫队首次部署最尖端隐形战机F-35A的纪念仪式。F-35A于2018年1月在三泽基地部署了首架。2018年度内计划进一步部署9架并正式投入运用。

3月5—20日，中华人民共和国第十三届全国人民代表大会第一次会议在北京召开。除常规议程外，3月11日下午，第十三届全国人大一次会议第三次全体会议经投票表决，通过《中华人民共和国宪法修正案》。3月17日，十三届全国人大一次会议在北京人民大会堂举行第五次全体会议，习近平全票当选为中国国家主席、中央军委主席。

3月6日，日本政府在内阁会议中，决定有关举行明仁天皇退位之际的仪式"退位之礼"的政令。退位之礼在日本《皇室典范》中并没有作出规定，因此此项政令也成为天皇退位仪式的法律依据。内容包含天皇、皇后退位后作为"上皇""上皇后"的生活费用及其警卫规制等。政令将于2019年4月20日与2017年6月所通过的天皇退位特例法一同施行。

同日，针对日本文部科学省要求高中生教育中加入钓鱼岛是日本"固有领土"的相关报道，中国外交部发言人耿爽6日表示，无论日方说什么、做什么，都改变不了钓鱼岛属于中国的事实。

3月7日，《每日新闻》报道，在日本学校法人"森友学园"购买国有土地时，日本财务省相关部门涉嫌将审批文件篡改，然而日本财务省却拒绝就此做出回答。在野党认为财务省没有做出明确回答，拒绝国会审议，国会也因此陷入一片混乱。就在此情况下，9日近畿财务局一名隶属于负责与森友学园方面进行交涉的部门的男性员工在兵库县内死亡，据认为是自杀。为承担造成国会混乱的责任，向国会提交审批文件时担任局长的佐川宣寿9日辞去国税厅长官职务。3月12日，日本财务省就有关审批文件疑似被改写一事，向国会报告调查结果。日本财务省12日在向国会提交的调查报告中承认，森友学园"地价门"2017年遭曝光后，财务省对14份相关文件共310处进行了篡改，其中包括删除安倍夫人安倍昭惠及多位政治家的名字。日本首相安倍晋三12日在首相官邸就财务省篡改文件一事向国民道歉，并委派财务大臣麻生太郎查明真相。麻生3月13日召开记者会，承认财务省下属机构篡改"地价门"文件并表示道歉。他说，修改文件主要目的是为了和时任理财局局长的佐川宣寿在国会上的答辩保持一致。3月13日，大阪地方检察厅特别搜查部认为，为了调查篡改行为是否涉嫌犯罪，对佐川宣寿展开调查将不可避免。此外，为了解是否有上级领导对篡改文件进行指示或批示，特别搜查部或将在国会传唤佐川宣寿之后，对其展开进一步调查。在民进、共产两党等在野党缺席的情况下，执政党在参院预算委员会理事会上决定14日召开曝出篡改问题后的集中审议。日本首相安倍晋三和副首相兼财务相麻生等出席集中审议，安倍坚决否认与"森友学园"购地一事有关。

3月21日，第二次中日韩教育部长会议在日本东京召开。中国教育部部长陈宝生、日本文部科学大臣林芳正、韩国副总理兼教育部长官金相坤出席了会议。会后，三国教育部长共同签署了《第二次中日韩教育部长会议联合公报》。

3月28日，日本2018年度预算在日本国会参议院全体会议上，凭借联合执政的自民、公明两党议员的支持，以多数赞成表决通过。预算案一般会计总额达97.7128万亿日元，创历史新高。根据预算案，因老龄化而大增的社保费达到创纪录的32.9732万亿日元。此外，防卫费也达到迄今最多的5.1911万亿日元。2018年度税收预计为59.079万亿日元，创下自1991年度后27年来的新高。新发国债额减少至33.6922万亿日元，但反映财政健全程度的基础财政收支仍有10.3902万亿日元赤字。2018年度预算在2月28日就获得众议院通过。

3月29日，日本陆上自卫队正式设立"水陆机动团"，以强化西南岛屿的防卫能力。陆上自卫队在本次改编中还新设指挥部门"陆上总队"，旨在强化与其他自卫队及美军之间的合作及指挥信息共享，"水陆机动团"也一并纳入其统筹管理。4月9日，中国外交部发言人耿爽主持例行记者会，就此事回答记者提问时表示：由于历史原因，日本的军事安全动向一直受到亚洲邻国的普遍关注。我们希望日方切实尊重邻国安全利益和关切，多做对地区和平稳定有利的事情，而不是相反。

3月，据日本总务省发布的数据显示，日本总人口为1.2652亿人，较上年同期减少23万人。

4月3日，在内阁会议上，日本政府制定关于明仁天皇退位和皇太子即位相关仪式的基本方针。明仁天皇退位的"退位礼正殿之仪"将于2019年4月30日，皇太子的"即位礼正殿之仪"将在同年10月22日举行。两次仪式都符合日本宪法所规定的国事标准，都将按照日本国事举办。

同日，驻日美军发布消息称，美国空军5架垂直起降的CV-22"鱼鹰"运输机将在本周后半周抵达横田基地。这是"鱼鹰"首次在冲绳县以外的日本国内基地部署，报道称，预计美军将在今后数年内，陆续部署共10架。

4月9日下午，国务院总理李克强在人民大会堂会见日本国际贸易促进协会会长河野洋平及该会代表团成员。

4月10日，由日本东京大学及日本海洋研究开发机构等组成的研究小组发现，在位于日本最东端的岛屿——小笠原诸岛南鸟岛周边的专属经济区海域蕴藏大量稀土资源，可供全球使用几百年，这项研究成果发布在当日的英国科学期刊 *Scientific Reports* 电子版上。

同日，日本爱媛县知事中村时广证实，找到相关文件证明当地政府和加计学园的相关人士曾为新设兽医学院一事拜访首相官邸，并与时任首相秘书、现任经济产业审议官柳濑唯夫会面。13日，农林水产大臣斋藤健证实在该部门找到相关文件，内容与爱媛县政府发现的文件基本一致。20日，文部科学省也宣布找到相关文件，证实爱媛县和加计学园的相关人士曾为新设兽医学院而拜访首相官邸。这是日本中央政府部门首次正式承认相关文件的存在。柳濑本人一直坚称自己对会面之事没有印象，但相关文件接二连三被曝光，也进一步引发各界对柳濑的质疑。5月，《朝日新闻》披露部分被怀疑是文部科学省内部文件的材料，其中部分文件标注"加速推进新设兽医学院是'来自官邸最高层的指示'"。

4月15—17日，中国国务委员兼外交部部长王毅应邀对日本进行正式访问，并同日本外相河野太郎共同主持召开第四次中日经济高层对话。16日，王毅在东京同日本外相河野太郎共同主持中日第四次经济高层对话。对话会上，中日两国外交和财政经济部门负责人围绕宏观经济政策、双边经济合作与交流、中日第三方合作、东亚经济一体化与多边合作等充分交换意见，达成一系列共识。16日，日本首相安倍晋三在东京会见王毅。访日期间，王毅还会见日本内阁官房长官菅义伟，同外相河野太郎举行会谈，并会见自民党干事长二阶俊博等政要及日中友好七团体和日本经团联负责人。

4月18日，中日韩三国合作国际论坛在日本东京举行。此次论坛主题为"开启三国合作新篇章：十年回首，十年展望"，以回顾10年间三国合作的丰硕成果，并展望未来十年三国合作之蓝图。来自中日韩的各界嘉宾及有关人士200余人出席会议。

4月19—20日，第九轮中日海洋事务高级别磋商在日本仙台举行。

4月20日，据朝中社报道，朝鲜劳动党第七届中央委员会第三次全体会议决定，自2018年4月21日起，朝鲜将中止核试验与洲际弹道导弹发射试验。

4月21—23日，靖国神社举行春季例行大祭。4月20日上午，大约80名来自日本跨党派国会议员团体"大家都来参拜靖国神社国会议员之会"的国会议员集体参拜靖国神社。21日，日本首相安倍晋三以"内阁总理大臣"的名义供奉被称为"真榊"的祭品。

4月24日，日俄两国政府就争议岛屿（俄称"南千岛群岛"，日称"北方四岛"）的共同经济活动，在东京召开了相关省厅的局长级工作组会议。双方达成共识，将以制定海产品养殖等5个项目对象事业的计划为目标，继续反复进行磋商。

4月26日，日本首相安倍晋三在官邸与美军太平洋司令部司令哈里斯举行会谈，双方确认进一步强化日美同盟至关重要。

4月27日，文在寅与金正恩在板门店韩方一侧"和平之家"举行会晤，并签署《为实现半岛和平、繁荣和统一的板门店宣言》。双方就改善南北关系、缓和军事紧张状态、推动停和机制转换及确立半岛无核化共同目标等问题达成共识。

4月28日，美国总统特朗普分别与韩国总统文在寅和日本首相安倍晋三通电话，讨论朝鲜半岛局势最新进展。

5月3日，由日本文部科学大臣林芳正率领的日中友好议员联盟代表团抵达北京，开启为期3天的访华活动。中国全国人大常委会委员长栗战书3日在人民大会堂会见林芳正一行。

5月4日，第21届东盟与中日韩（10＋3）财长和央行行长会议在菲律宾马尼拉举行。会议主要讨论了全球和区域宏观经济形势、10＋3区域财金合作等议题，并发表联合声明。中国财政部副部长余蔚平率中国代表团出席会议。

同日，中国国家主席习近平应约同日本首相安倍晋三通电话。习近平指出，一段时期以来，日本方面在对华关系上持续释放正面信息并采取积极举措，中方对此表示肯定。安倍晋三表示，日方高度重视发展对华关系，愿以中日和平友好条约缔结40周年为契机，推动两国关系全面改善和发展。就当前朝鲜半岛局势，习近平指出，不久前，朝韩领导人在板门店会晤并发表共同宣言。中方对此表示欢迎。作为朝鲜半岛近邻，中方坚持维护朝鲜半岛和平稳定、通过对话协商解决问题，愿同各方一道，通过对话协商寻求全面均衡解决各自关切，合力推动实现朝鲜半岛和本地区长治久安。希望日方也为此发挥建设性作用。安倍晋三表示，日方欢迎朝鲜半岛形势出现的积极变化，支持通过对话和平解决问题。日方高度重视中方在解决朝鲜半岛问题上的重要作用，希望同中方加强沟通。

5 月 8 日晚，应日本首相安倍晋三邀请，中国国务院总理李克强乘专机抵达东京，出席第七次中日韩领导人会议并对日本进行正式访问。当地时间 9 日中午，国务院总理李克强在东京经团联会馆与日本首相安倍晋三、韩国总统文在寅共同出席第六届中日韩工商峰会并致辞。当地时间 10 日上午，国务院总理李克强在东京皇宫会见日本天皇明仁。10 日中午，国务院总理李克强在东京同日本首相安倍晋三共同出席中日和平友好条约缔结 40 周年纪念活动暨欢迎李克强总理访日招待会并发表演讲。当地时间 5 月 11 日上午，在日本首相安倍晋三陪同下，参观考察位于苫小牧市的丰田汽车北海道厂区。

同日，李克强总理在日本最具影响力的报纸之一《朝日新闻》发表署名文章《让中日和平友好合作事业再起航》。

5 月 9 日，在李克强总理和安倍晋三首相共同见证下，中国商务部部长钟山与日本经济产业大臣世耕弘成共同签署《关于加强服务贸易合作的备忘录》，中国国家发展改革委、商务部与日本外务省、经济产业省共同签署《关于中日第三方市场合作的备忘录》。

5 月 15 日，日本外相河野太郎在内阁会议上汇报 2018 年《外交蓝皮书》的情况。据《日本经济新闻》报道，与往年相比，今年这一外交政策文件对中日关系的评价较为积极，称两国关系"改善的机会空前高涨"，2016 年和 2017 年的表述则为"可以看出改善的趋势"。《外交蓝皮书》说，在中日邦交正常化 45 周年的 2017 年，两国举行了 3 次首脑会谈，4 次外长会谈，"高级别对话频繁"。此外，中日关系"在应对朝鲜问题等各项国际事务中至关重要"。在中国巡航钓鱼岛、开发东海油气田等问题上，日本依旧表明牵制中国的态度，称不承认中国单方面改变现状的行为。

同日，日本防卫大臣小野寺五典称，日本政府力争 2023 年引进陆基"宙斯盾"反导系统，部署地点可能是秋田县和山口县。这是防卫省首次公开提及陆基"宙斯盾"的部署候选地。陆基"宙斯盾"系统将使用日本与美国共同开发的"标准 -3IIA"（SM-3 Block 2A）增强型拦截导弹，射程覆盖方圆数百公里。日本政府于 2017 年 12 月 19 日通过内阁决议，正式决定从美国引进两套陆基"宙斯盾"反导系统，计划 2023 年左右投入使用。

同日，日本政府召开内阁会议，通过作为日本今后 5 年海洋政策方针的《海洋基本计划》。据日本媒体报道，该计划将往年以海洋资源开发及保护等为主的经济发展基调，向安保、领海及离岛防卫等方向倾斜。日本《海洋基本计划》2008 年首次制定，每 5 年修改一次。

5 月 23 日，据"中央社"报道，日本"森友学园"案涉及贱卖国有土地，原本据称已被销毁的相关交涉记录日前被发现。日本财务省将这些文件提交给国会众议院预算委员会理事座谈会。据介绍，这份向众议院提出的交涉记录，包括 2013 年到 2016 年间，森友学园与理财局及近畿财务局，对土地贷款及出售的交涉过程，内容约 900 页。日本财务省理财局长太田充说，提交的文件包括遭篡改前的文件约 3000 页，及交涉纪录约 900 页，会向国会说明详细内容。大阪特搜部以制作虚假公文和伪造公文等嫌疑展开了调查，通过让佐川等自愿接受询问等方式设法查明其是否受人指使及篡改文件动机。日本媒体报道称，针对此事立案需要证明文件主旨有大幅改变，但因核心部分并无变化，检方判断似乎不能判定文件被改成了虚假内容。5 月 31 日，大阪地方检察厅特搜部基本确定，对因涉嫌制作虚假公文等被检举的前国税厅长官佐川宣寿等人作出不予起诉的决定。日本财务省 6 月 4 日公布对篡改相关文件事件的调查和处理结果，财务省公布的调查报告称佐川宣寿是下达一系列篡改、销毁记录指示的责任人，"对一切问题行为负有责任"。为此，日本副首相兼财务大臣麻生太郎决定给予佐川"停职 3 个月"的处罚。但由于佐川此前已辞职，财务省将从他 5000 万日元的退职金里减少 513 万日元，作为惩处。此外，日本财务省理财局总务课长被停职 1 个月，前事务次官将被减薪，官房长受到严重警告。6 月 4 日，麻生就财务省的一系列篡改行为向公众道歉，并称将返还 1 年薪水，但不会辞去财务大臣一职。他还否认是因为首相夫人牵涉到"地价门"中才篡改文件，表示此事与首相及其夫人无关。

5 月 24 日，日本首相安倍晋三启程访问俄罗斯。据日本 NHK 报道，安倍此行意欲就日俄领土问题等与俄罗斯总统普京展开磋商，另一重要目标是"加速推进关于'北方四岛'（俄称'南千岛群岛'）的共同开发"。此外，安倍此行还将就包括履行联合国安理会决议在内的实现朝鲜半岛无核化等问题与普京交换意见。此次会谈是日本首相安倍晋三与俄罗斯总统普京的第 21 次会谈，也是普京再次当选总统后二人的首次会谈。

6 月 1 日，位于岩手县奥州市的日本国立天文台水泽 VLBI 观测站正式启用天文类超级计算机"阿弓流为 2 号"。其运算速度是上一代"阿弓流为"的三倍，也是当今世界上最快的天文类超级计算机，将在银河系起源研究等方面发挥重要作用。

6 月 8 日起，中日两国将启用"海空联络机制"，双方防务部门将通过热线等直接对话避免纠纷，并定期开会。在 8 日的中国外交部例行记者会上，华春莹表示，中日双方在东海危机管控问题上的目标一致，此次双方建立并启动海空联络机制对双方加强管控海空危机、维护地区和平稳定意义重大。

同日，日本政府发布 2017 财年能源白皮书。这份白皮书将太阳能、风能等可再生能源定位为主力能源，计划到 2030 财年将可再生能源发电占比提高至 22%—24%。新版能源白皮书提出，今后要尽量降低日本对核电站的依赖度，强调安全最优先的核电站利用方针。

6 月 10 日下午，约 2.7 万日本民众冒雨来到国会前举行集会，呼吁彻查安倍政府所牵涉的森友、加计学园等一系列丑闻，要求安倍内阁集体下台。

6 月 12 日下午 1 时 20 分，一枚搭载情报收集卫星的 H2A 火箭在日本鹿儿岛县的种子岛宇宙中心成功发射，将卫星送入预定轨道。报道称，情报收集卫星可从数百公里处的高空拍摄地球上的任何地点。日本力争今后建成 10 颗卫星运行的情报收集卫星网。据报道，包括本次发射的卫星在内，日本在轨道上的情报收集卫星已增加至 8 颗，可以对地球上的任何地点每日拍摄一次以上。

6 月 13 日，日本参议院全体会议在东京表决通过《民法》等相关法律修正案，新法规定将成人年龄从之前的 20 岁下调至 18 岁。涉及成年人年龄界限的其他相关 22 部法律也被修改。新法将女性的法定结婚年龄从 16 岁上调至 18 岁，统一了男女法定结婚年龄。新法将于 2022 年 4 月 1 日正式实施。此前的 5 月 29 日，修正案在日本国会众议院全体会议通过。

6 月 24 日，第 20 次中日韩环境部长会议在中国江苏省苏州市举行。会议决定三国加强合作，共同解决海洋垃圾问题，其中包括可能影响海洋生态环境的微塑料问题。

6月26日，日本前首相、永青文库理事长细川护熙向中国国家图书馆捐赠了其收藏的4175册汉籍。27日中国外交部发言人陆慷表示，中方对日本前首相细川护熙捐赠大量珍贵汉籍的义举高度赞赏。希望两国各界继续开展多种形式的交流与合作，增进相互理解和友好感情，共同推动中日关系持续改善和发展。

7月4日，据日本NHK电视台报道，日本财务省发表的年度一般会计决算显示，日本2017年度的税收为58.7875万亿日元。日本2017年的所得税、法人税以及消费税均出现增长。2017年度税收相比前一年增加了约3.3万亿日元，好于预期。由于税收增加、支出减少，日本的国债发行额相较预期减少了两万亿日元，总计约33.5万亿日元。从2017年度决算整体情况来看，还剩余9094亿日元盈余。

7月7日，在中国全面抗战爆发纪念日来临之际，侵华日军第七三一部队罪证陈列馆向社会公布侵华日军细菌战部队——北支甲第一八五五部队的成员名册，其中包含了1242名该部队成员的真实姓名和个人信息，这是我国首次大规模实名公布一八五五部队成员信息。

7月17日，日本和欧盟领导人在东京正式签署经济伙伴关系协定（EPA）。共同社援引日方官员的话报道说，就参与方经济规模而言，这是迄今规模最大的自由贸易协定。根据协定，欧盟将取消99%从日本进口商品的关税；日本将取消94%欧盟进口商品关税，包括82%的农产品和水产品；今后数年内，将逐步取消99%欧盟进口商品关税。"经济伙伴关系协定"须经日本国会和作为欧盟立法机构的欧洲议会批准。后者审批环节可能需要数月。

7月18日，日本国会通过一项法案，决定把参议院的议席数从242个增加至248个。这是日本近半个世纪来首次增加参议院议席数。

同日，日本观光厅公布2018年1—6月的访日游客人数。2018上半年访日外国游客同比增加15.6%，达1589.9万人次，在过去的历年中，创上半年最高纪录。从客源地来看，访日外国游客中最多的是来自中国大陆地区，达405.6万人次，同比增长23.6%；其次是韩国，达 401.6 万人次，增长 18.3%。各客源国的游客都创下同期历史之最。

7 月 20 日晚，日本第 196 届例行国会在参议院全体会议宣布散会后闭幕。安倍晋三在随后召开的例行记者会上就国会会期内政府部门出现多个丑闻表示道歉，称这损害了国民的信任。日本第 196 届例行国会于 1 月 22 日开幕，原计划于 6 月 20 日结束，但是后来执政联盟为确保安倍政府力推的包括劳动方式改革在内的相关法案顺利通过，将本届国会延期至 7 月 22 日结束。

7 月 23 日，日本众议院议长大岛理森率团对中国进行为期 5 天的访问。这是日本国会众议院议长时隔 6 年再度访华。23 日，中日友好协会会长唐家璇在北京会见大岛理森一行。24 日，中国国务院总理李克强和中共中央政治局委员、全国人大常委会副委员长王晨分别会见大岛理森。大岛一行之后还赴陕西、深圳进行考察。

7 月 24 日，日本政府就创设新的在留资格、扩大引进外国人才问题召开了首次内阁会议。

7 月 30 日，日本防卫大臣小野寺五典对媒体表示，每套新型陆基宙斯盾导弹防御系统的采购费用在 1340 亿日元左右，总计比当初预计的费用猛增 500 多亿日元。

7 月 31 日，俄罗斯外交部长拉夫罗夫和国防部长绍伊古与到访莫斯科的日本外相河野太郎、防卫大臣小野寺五典举行 2＋2 会谈，侧重就安全问题进行对话。

7 月，根据日本财务省公布的 2018 年上半年财务速报显示，2018 年 1 月至 6 月出口额同比增长 6.2%，达 40.13 万亿日元，连续两年同比增长。自 2008 年以来，时隔 10 年后日本的半年出口额再次超过 40 万亿日元，主要是半导体等相关产品对华出口迅速增长。虽然货物贸易保持了盈余，但由于原油等资源产品价格走高，使日本贸易盈余有所下降，盈余额为 6067 亿日元。其中，对亚洲出口增长 6.6%，达到 21.85 万亿日元，创历史最高水平。

8 月 2 日，国务委员兼外交部部长王毅在新加坡出席东亚合作系列外长会议期间同日本外相河野太郎举行双边会见。

8 月 9 日，日本首相安倍晋三对 8 日去世的冲绳县知事翁长雄志去世表达了哀悼之意，并对翁长知事对冲绳发展所做的贡献深表敬意。

8月15日，日本宣布无条件投降73周年纪念日中午11点50分，"全国战殁者追悼仪式"在东京都千代田区的日本武道馆举行。日本天皇、皇后、首相安倍晋三以及约5500名战争遗属参加此次追悼仪式。

同日，日本自民党代理干事长萩生田光一、日本众议院运营委员长古屋圭司、日本财务副大臣木原稔、日本原防卫大臣稻田朋美等日本政要陆续进入靖国神社正殿进行参拜。日本首相安倍晋三当日上午通过代理人以自民党总裁的名义自费向靖国神社供奉"玉串料"（祭祀费）。

8月28日，日本政府批准2018年版《防卫白皮书》。白皮书详细介绍了安倍政府扩张性防卫政策的最新动向，包括日本改革陆上自卫队增强一体化运用、新设"日版海军陆战队"——水陆机动团、决定引进陆基宙斯盾反导装备等昂贵武器装备、防卫预算连续6年增长等。白皮书依旧渲染日本周边的安保环境"日趋严峻"，强调日本对朝鲜的核及导弹威胁的认识并未改变。白皮书同时继续渲染"中国威胁论"。

8月29日，围绕修改《防卫计划大纲》议题，日本"关于安全保障与防卫力的恳谈会"在首相官邸召开首次会议，确定应在太空和网络领域提升日本防卫能力。政府将参考恳谈会讨论结果，制定新大纲。恳谈会由政界、学界、商界9名专家学者组成，日本三大经济体之一、日本商工会议所会长三村明夫出任恳谈会主席。日本首相安倍晋三、副首相兼财务大臣麻生太郎、内阁官房长官菅义伟、外务大臣河野太郎、防卫大臣小野寺五典参加首次会议。恳谈会每两至三周召开一次，就不同议题深入讨论，预计12月上旬提交新大纲概要。现行防卫大纲2013年12月修改通过。

8月30日，第十次中日韩文化部长会议在哈尔滨召开。中国文化和旅游部部长雒树刚、韩国文化体育观光部长官都钟焕、日本文部科学大臣林芳正共同出席会议并发表讲话。

同日，中共中央政治局常委、国务院副总理韩正在中南海紫光阁会见来华出席第七次中日财长对话的日本副首相兼财务大臣麻生太郎。双方就中日关系、中日双边经济财金合作有关事宜交换意见。中共中央政治局委员、国务院副总理刘鹤也在京会见了麻生太郎。

8月31日，第七次中日财长对话在北京钓鱼台国宾馆举行。中国财政部部长刘昆和日本副首相兼财务大臣麻生太郎携双方财政部、央行及金融监管高级官员出席，展开对话交流。双方举行了四场专题会议，就中日宏观经济形势与政策及结构性改革、中日财政合作、中日金融合作以及中日在G20、10＋3等多边框架下的财金合作等议题进行深入讨论，取得多项合作共识。

9月初，据日本内阁府统计，在2019年度预算的概算要求中，日本政府整体的科学技术相关预算较2018年度的最初预算增加5100亿日元，创历史新高，其中包括给国立大学的补助金和私立学校助学金等。预算中，在培养AI人才方面的资金额增长了25%。

9月6日凌晨3时8分许，北海道发生6.7级地震，震源位于胆振地区的中东部，震源深度大约40千米。

同日，中共中央政治局常委、全国政协主席汪洋在北京会见由党首山口那津男率领的日本公明党代表团。

9月7日上午，日本自民党发布总裁选举竞选公告，此前已宣布参选的现任自民党总裁、日本首相安倍晋三和前自民党干事长石破茂分别提交竞选申请。20日，安倍晋三以绝对优势再次当选自民党总裁，成功实现连任。其任期将一直持续至2021年9月。

9月10日，日本政府公布的数据显示，第二季度日本经济折合成年率增长3.0%，增幅高于预期值的2.6%，也高于1.9%的初步估计，增长率自2016年1至3月以来，时隔9个季度首次超过年率3%，显示全球第三大经济体日本已重回增长轨道。

9月10—13日，应日本自民党邀请，福建省委副书记、福州市委书记王宁率中共代表团访问日本，访问期间会见自民党干事长二阶俊博、公明党干事长井上义久、内阁府特命担当大臣福井照及经团联、贸易振兴机构等经济界代表，并举行中日"一带一路"合作国际示范区暨福建（福州）投资环境推介会。

9月12日，国家主席习近平在符拉迪沃斯托克会见日本首相安倍晋三。丁薛祥、杨洁篪、王毅、何立峰等参加会见。

　　同日下午，国务院总理李克强在人民大会堂会见日本经济团体联合会会长中西宏明、日中经济协会会长宗冈正二、日本商工会议所会长三村明夫率领的日本经济界代表团并同他们座谈。日本主要企业负责人 200 余人出席。

　　9 月 21 日下午，日本自卫队校级军官代表团来到中国国际战略协会进行访问交流，这是中日青年军官交流项目的一环。他们于 19 日至 27 日走访北京、长春、上海等地，对中国进行为期 9 天的访问。

　　9 月 25 日，中共中央政治局委员、中央外事工作委员会办公室主任杨洁篪在江苏苏州同日本国家安全保障局长谷内正太郎共同主持中日第五次高级别政治对话。双方同意加强战略沟通，推动中日关系沿着正常轨道持续健康稳定向前发展。

　　同日，授予池田大作"中日友好贡献奖"仪式暨创价学会访华团欢迎招待会在中国人民对外友好协会举行，中国人民对外友好协会会长李小林、日本创价学会会长原田稔、日本驻华大使馆公使四方敬之以及日本创价学会访华团全体成员出席颁奖仪式及招待会。

　　9 月 27 日晚，中国驻日本大使馆在东京新大谷饭店举办招待会，热烈庆贺中华人民共和国成立 69 周年暨中日和平友好条约缔结 40 周年。中国驻日本大使程永华、日本文部科学大臣林芳正、外务副大臣中根一幸、前首相福田康夫等政界人士以及当地华侨华人、中资机构代表等 2000 余人出席。

　　9 月 30 日，日本冲绳县知事选举结果揭晓，反对在边野古建造美军新基地的前众议院议员玉城丹尼战胜由执政的自民党和公明党、日本维新会等共同推荐的宜野湾市前市长佐喜真淳，当选冲绳县知事。现年 58 岁的玉城丹尼是出生于冲绳县的日美混血儿，母亲为日本人，父亲是曾经驻在过冲绳的美军。玉城丹尼的当选，也使其成为首位混血知事。

　　10 月 1 日，凭借在癌症免疫治疗方面的贡献，日本京都大学教授本庶佑与他的美国同行詹姆斯·艾利森共同获得 2018 年诺贝尔生理学或医学奖。

　　10 月 2 日，日本首相、自民党总裁安倍晋三对自民党高层人事进行调整后，对内阁进行改组。此次自民党和内阁人事调整均保留了骨干，干事长二阶俊博和政务调查会长岸田文雄留任，作为内阁骨干的官房长官菅义伟和副首相兼财务相麻生太郎也留任。在 19 名阁僚中，留任的有 6 人，首次入阁的有 12 人。当天下午，在日本皇宫举行阁僚认证仪式后，第四届安倍改组内阁正式启动。

10 月 10 日，中国国务院总理李克强在北京中南海紫光阁会见参加第四轮中日企业家和前高官对话会的日方代表并座谈。同日，国务委员兼外交部部长王毅也在北京会见日方代表。

10 月 10—12 日，由中国共产党和日本自民党、公明党共同举办的中日执政党交流机制第八次会议在日本举行。中共中央对外联络部部长宋涛率中共代表团出席会议，并作主旨发言。双方围绕政治互信及务实合作进行坦诚深入交流，通过《中日执政党交流机制第八次会议共同倡议》，还举办中日"一带一路"合作国际示范区宣介会。11 日，日本自民党总裁、首相安倍晋三在东京会见了中联部部长宋涛。

10 月 11—12 日，第四轮中日企业家和前高官对话会在北京举行，两国的企业家、前政府高官及专家学者近 70 人与会。

10 月 12 日，日本政府在召开的内阁会议上决定设置"仪式典礼委员会"，准备皇位继承的系列仪式。会议还决定 2020 年 4 月 19 日举行现任皇太子的弟弟秋筱宫成为皇位第一继承人"皇嗣"的"立皇嗣之礼"。该委员会由日本首相安倍晋三担任委员长，今后将定期召开会议，商讨并确定各种仪式程序、出席人员等典礼相关细节。

10 月 14—15 日，第十四届北京—东京论坛在东京举行。本届论坛的主题为"深化互信与合作，共担亚洲及世界和平与发展责任——思考中日和平友好条约的现实意义"。

10 月 15 日，日本首相安倍晋三宣布，将按计划于 2019 年 10 月将消费税率从现行的 8% 提高至 10%。

10 月 17—20 日，靖国神社举行秋季例行大祭。18 日早晨，由日本超党派议员组成的国会议员联盟"大家都来参拜靖国神社国会议员之会"部分成员集体参拜靖国神社。

10 月 23 日，日本政府表示，计划于年内结束持续 40 年的对华政府开发援助（ODA）项目。中国外交部发言人华春莹 23 日在记者会上回答相关问题时表示，日本对华官方资金合作在中国改革开放和经济建设中发挥了积极作用，日本也从中获得了实实在在的利益。这是中日互利双赢合作的重要组成部分。中方愿结合新的形势发展，同日方就继续开展有关对话与合作保持沟通。

10月25—27日，应国务院总理李克强邀请，日本首相安倍晋三对中国进行正式访问。这是日本首相时隔7年正式访华。国务院总理李克强25日下午在人民大会堂与安倍晋三共同出席纪念中日和平友好条约缔结40周年招待会并致辞。国务委员兼外交部部长王毅等出席了相关活动。26日，中国国家主席习近平在钓鱼台国宾馆会见日本首相安倍晋三。26日李克强在人民大会堂与安倍晋三共同出席第一届中日第三方市场合作论坛并致辞。

10月29日晚，日本首相安倍晋三在首相官邸与到访的印度总理莫迪举行第12次日印首脑会谈。双方同意加强安全保障及尖端技术领域合作。根据会后联合声明，两国领导人决定设置外交和国防"2＋2"部长级别磋商机制，并开始就《相互提供物资与劳务协定》进行谈判。在经济合作方面，日本同意为决定引进新干线技术的印度西部高铁计划和东北部桥梁建设提供逾3100亿日元贷款。安倍和莫迪每年进行一次互访，这是莫迪就任印度总理后的第三次访日。

10月30日，针对冲绳县此前宣布撤销在驻日美军普天间机场搬迁地——边野古沿海地区填海造地的许可，日本国土交通大臣石井启一宣布，将停止执行该县的这一行政决定。11月1日日本中央政府不顾冲绳县民众反对，时隔两个月强行重新启动冲绳县边野古地区填海造陆工程。冲绳县知事玉城丹尼当天表达"遗憾"，要求与首相安倍晋三会面，讨论中央政府这一举动。11月6日，日本冲绳县知事玉城丹尼与内阁官房长官菅义伟举行会谈。菅义伟传达了继续施工的方针，对此玉城再次表明反对搬迁。日本政府12月14日通知冲绳县方面，将于当天开始向边野古沿岸投入沙土，启动填海造陆工程。

11月2日，日本政府在内阁会议上确定《出入国管理及难民认定法》（"入管法"）的修正草案。拟新设两种针对外籍劳动者的签证类型，符合条件者可获得永久居留权。日本政府希望以这项政策吸引更多外籍劳动者，应对部分行业劳动力短缺的现状。11月13日下午，在日本首相安倍晋三出席的众议院会议上，对包含该项内容的《出入境管理及难民认定法》进行审议。日本政府及执政党以期在此次国会上审议通过，在野党则要求其出示计划接收人数等内容。《出入国管理及难民认定法》修正案 12 月 8 日在参议院全体会议上获得通过。

11 月 7 日至 12 月 25 日，由北京画院、东京国立博物馆、京都国立博物馆和朝日新闻社共同主办的"中国近代绘画巨匠——齐白石"展在东京国立博物馆展出。

11 月 14 日，日本首相安倍晋三在新加坡与俄罗斯总统普京举行会谈。双方约定，以 1956 年《日苏共同宣言》为基础，加速推动包含南千岛群岛（日称北方四岛）领土问题和平条约缔结谈判。俄罗斯外交部发言人扎哈罗娃 11 月 22 日在例行记者会上表示，俄日双方没有就解决和平条约问题商定具体期限，两国会继续就此进行长时间且复杂的谈判，而会谈结果不应违背各方国家利益。

11 月 15 日上午，中国国务院总理李克强在新加坡会展中心出席第 21 次东盟与中日韩（10 + 3）领导人会议。东盟十国领导人以及韩国总统文在寅、日本首相安倍晋三共同出席。新加坡总理李显龙主持会议。

11 月 30 日，中国国家主席习近平在布宜诺斯艾利斯会见日本首相安倍晋三。习近平指出，安倍首相不久前成功访华，我们达成的各项共识正在逐步落实，中日关系呈现新的气象。双方要建设性地把握好中日关系发展方向，在中日四个政治文件原则基础上，共同开辟两国关系新前景。丁薛祥、杨洁篪、王毅、何立峰等参加会见。

12 月 3 日，由中国驻日本大使馆和日本最大的经济团体——经济团体联合会共同主办的"纪念改革开放 40 周年和中日经济合作研讨会"在东京举行。中日两国各界人士共同回顾了改革开放 40 年来中国经济发展的历程和成就，并就中国今后的改革开放政策以及中日经济合作新方向展开探讨。

同日，日本"2018 新语·流行语大奖"公布，十个反映今年社会热点、广受关注的流行语、新词入围。2018 年由于冬奥会、世界杯的举办，以及东京奥运会的临近，人们对体育的关注度较高，十个流行语中四个与体育相关。此外，田中圭主演的热播剧《大叔的爱》以及"灾害级酷暑"等也入选。

12 月 12 日，日本汉字能力检定协会在京都清水寺公布了反映当年世相民情的年度汉字。2018年，日本年度汉字为"灾"字。

同日，欧洲议会就欧盟和日本自由贸易协定进行投票表决，最终以474票赞成，156票反对，通过与日本的"经济合作协定"。该协定将于2019年2月1日实施。

12月13日，是第五个南京大屠杀死难者国家公祭日，侵华日军南京大屠杀遇难同胞纪念馆内举行了"世界和平法会"，180名中日僧侣为南京大屠杀遇难者念经祈祷、敬香、献花，缅怀逝者，警示后人，以史为鉴，维护和平。

同日，日本内阁府召开景气动向指数研究会，正式判定以2012年12月为起点的本轮经济复苏到2017年9月就已达到58个月，成为日本二战后第二长的景气扩张期。

12月17—18日，第十轮中日海洋事务高级别磋商在浙江省嘉兴市乌镇举行。

12月17日，日本"社会部长选出的2018年10大新闻"（"新闻之新闻社"主办）评审会在东京举行，日本每日、产经、日经、东京和共同社等东京的8家报社和新闻通讯社的社会新闻部长参加了评选。2018年度十大新闻具体评选结果如下：（1）森友问题财务省篡改文件，佐川等多名官员遭处分。（2）日产汽车董事长戈恩被逮捕，震惊世界。（3）奥姆真理教前教主松本等13人被执行死刑。（4）西日本暴雨死亡人数超过200人，台风酷暑袭击日本。（5）日本医科大医学部入学考试违规问题相继被曝光。（6）北海道地震致41人遇难，造成多地大面积停电。（7）在旧《优生保护法》下被强制实施绝育手术者相继起诉。（8）玉城丹尼当选冲绳县知事，日本政府重启普天间机场搬迁地填海造陆工程。（9）东京目黑区一名女童被虐待致死，曾写纸条"原谅我"。（10）日本财务省事务次官因性骚扰丑闻辞职。

12月18日，日本政府举行内阁会议，批准新版《防卫计划大纲》及与之配套的《中期防卫力量整备计划》，内容包含实现自卫队"跨域"防卫体制构建、现有舰艇航母化、大量采购新装备等内容。这是安倍政府自2013年以来，再度对防卫大纲进行修订。新版中期防卫计划则提出，未来5年内，日本将引进陆基"宙斯盾"反导系统、无人潜水机等一系列装备。为配合现有舰艇航母化设想，将引进可实现短距离起降的F-35B型隐形战斗机作为舰载机。日本未来5年防卫预算总额约27.47万亿日元（约合1.68万亿元人民币）。

日媒称，这一数字创造了日本 5 年间防卫预算额的新高。防卫大纲是指导日本中长期安保政策的基本纲领，中期防卫计划则是在防卫大纲基础上制定出的决定日本自卫队未来 5 年装备引进、防卫力量建设等方面的具体计划。针对日本政府日前审议通过新版防卫文件，外交部发言人华春莹 18 日表示，相关文件涉华内容对中方正常国防建设和军事活动说三道四，进行不实指责。中方对此表示强烈不满和反对，已向日方提出严正交涉。

12 月 21 日，日本厚生劳动省公布的人口动态统计预测显示，2018 年日本国内出生的婴儿为 92.1 万人，比上年减少 2.5 万人，连续 3 年低于 100 万人，是自 1899 年开始这项统计以来的最低纪录。

12 月 25 日，就未来扩大引进外国劳动者，日本政府召开内阁会议正式确定基本方针以及相关措施等。方针显示，若经济形势没有发生大的变化，日本政府未来 5 年间计划在 14 个相关领域最多接收约 34.5 万名外国劳动者。其中，护理行业接收人数上限最高，约为 6 万人。其次是餐饮行业，约 5.3 万人。建筑行业紧随其后，约 4 万人。

12 月 26—27 日，中日两国在北京举行"中日海空联络机制"6 月建立以来的首次年度会议。

12 月 28 日，日本政府召开与幼儿、高等教育无偿化有关的阁僚会议，确定该制度的具体方针。日本政府将在 2019 年的例行国会上提出相关的法案。

◦ 后记 ◦

突然爆发的新冠肺炎疫情给全人类带来巨大冲击，也必将对国际政治产生深远影响。事涉全球非传统安全问题的解决，无疑更需要各国通力合作。

作为国际合作的成果，本书具有特殊意义。相信疫情后的中日关系及国际政治走势，将在这一成熟的中日两国学者合作平台上，最早得到关注与深入研究。

日本原驻上海总领事、东京大学小原雅博教授，日本贸易振兴机构上海事务所小栗道明所长，任教于东北师范大学的日本学者太田英昭教授，上海市日本学会会长吴寄南研究员等，曾百忙中拨冗出席复旦大学举办的本战略报告书年度发布会。在合集即将出版之际，对他们给予的鼓励和期许深表谢意。吴寄南会长指出，中国社会科学院日本研究所每年发布日本研究"皮书系列"，复旦大学每年发布《中日关系战略报告书》，在国内形成一南一北呼应的局面，饶有意义。而"皮书系列"以严谨著称，报告书则以"海派日本研究"的包容性见长。

复旦大学教授贺平、青年副研究员王广涛，中国社科院世界近代史研究所助理研究员薛逸群，复旦大学国际问题研究院博士后奚伶，东京大学大学院综合文化研究科徐伟信博士，承担了日本学者所作评论的翻译工作，特致谢意！

复旦大学国际问题研究院学术服务中心陶伟烁主任全程参与各年度报告书的统筹工作，日本研究中心办公室华莉、卢月梅，助理研究员王棣等为各年度报告书及本书出版提供了诸多帮助。于此，一并衷心感谢！

日本卫材（Eisai）株式会社对复旦大学日本研究中心的事业发展，30多年来一以贯之给予友好、无私的支持。本书的出版，也得益于其大力襄助，于此谨表谢忱！

最后，在本书出版之际，对百忙中积极参与各年度《中日关系战略报告书》的中日两国学者，谨表敬意与谢忱！同时，也衷心期待本书续集能够应时而生，以副初心！

复旦大学《中日关系战略报告书》课题组　胡令远

庚子春于复旦燕园日本研究中心

图书在版编目(CIP)数据

中日关系. 2014—2018/胡令远,臧志军,(日)川
岛真主编. —上海:上海人民出版社,2023
(冷战后的日本与中日关系研究丛书/胡令远主编)
ISBN 978 - 7 - 208 - 18496 - 1

Ⅰ.①中… Ⅱ.①胡… ②臧… ③川… Ⅲ.①中日关
系-研究-2014—2018 Ⅳ.①D822.331.3

中国国家版本馆 CIP 数据核字(2023)第 173325 号

责任编辑　　罗　俊
封面设计　　零创意文化

冷战后的日本与中日关系研究丛书
胡令远　主编

中日关系:2014—2018
胡令远　臧志军　［日］川岛真　主编

出　　　版　上海人民出版社
　　　　　　　(201101　上海市闵行区号景路 159 弄 C 座)
发　　　行　上海人民出版社发行中心
印　　　刷　上海商务联西印刷有限公司
开　　　本　720×1000　1/16
印　　　张　32
插　　　页　8
字　　　数　406,000
版　　　次　2023 年 10 月第 1 版
印　　　次　2023 年 10 月第 1 次印刷
ISBN 978 - 7 - 208 - 18496 - 1/D · 4185
定　　　价　148.00 元